U0546639

本书系

山东青年政治学院学术专著出版基金
江苏宜兴市蒋氏文化研究会

资助出版

唐宋义兴蒋氏家族文化研究

刘冰莉 著

A Study of the Family Culture of
the Jiang's Clan in Yixing during Tang and Song

中国社会科学出版社

图书在版编目（CIP）数据

唐宋义兴蒋氏家族文化研究／刘冰莉著 . —北京：中国社会科学出版社，2020.10

ISBN 978 – 7 – 5203 – 7466 – 8

Ⅰ.①唐⋯ Ⅱ.①刘⋯ Ⅲ.①家族—研究—宜兴—唐宋时期 Ⅳ.①K820.9

中国版本图书馆 CIP 数据核字(2020)第 215506 号

出 版 人	赵剑英
责任编辑	李金涛
责任校对	赵雪姣
责任印制	李寡寡

出　　版	中国社会科学出版社
社　　址	北京鼓楼西大街甲 158 号
邮　　编	100720
网　　址	http://www.csspw.cn
发 行 部	010 – 84083685
门 市 部	010 – 84029450
经　　销	新华书店及其他书店

印刷装订	三河弘翰印务有限公司
版　　次	2020 年 10 月第 1 版
印　　次	2020 年 10 月第 1 次印刷
开　　本	710×1000　1/16
印　　张	24.25
插　　页	2
字　　数	385 千字
定　　价	136.00 元

凡购买中国社会科学出版社图书，如有质量问题请与本社营销中心联系调换
电话：010 – 84083683
版权所有　侵权必究

目　　录

绪　论 ……………………………………………………………（1）
　　第一节　学术史的回顾与问题的确立 ……………………………（2）
　　第二节　基本概念的界定 …………………………………………（7）
　　第三节　研究途径与方法 …………………………………………（10）

第一章　义兴蒋氏家族的发展轨迹 ………………………………（12）
　　第一节　蒋氏家族渊源世系考 ……………………………………（12）
　　第二节　蒋氏家族历史上的三次发展高潮 ………………………（24）
　　第三节　蒋氏家族三次发展高潮原因的探究 ……………………（50）

第二章　义兴蒋氏家族的姻亲、交游与女性 ……………………（57）
　　第一节　蒋氏家族的姻亲 …………………………………………（57）
　　第二节　蒋氏家族的交游 …………………………………………（67）
　　第三节　蒋氏家族中的女性 ………………………………………（88）

第三章　义兴蒋氏家族的科举与为官 ……………………………（97）
　　第一节　蒋氏家族的科举概况 ……………………………………（98）
　　第二节　蒋氏家族科举盛况的分析以及科举对其家族的
　　　　　　影响 ………………………………………………………（108）
　　第三节　蒋氏家族的仕宦概况 ……………………………………（119）
　　第四节　蒋氏家族的仕宦政绩 ……………………………………（128）
　　第五节　战乱对蒋氏家族的影响 …………………………………（138）
　　第六节　党争对蒋氏家族的影响 …………………………………（142）

1

第四章　义兴蒋氏家族的家风 (152)
第一节　家族图腾：三径竹 (153)
第二节　蒋氏家族的忠君孝亲 (156)
第三节　蒋氏家族的兄友弟恭 (159)
第四节　蒋氏家族的隐逸传统 (163)

第五章　义兴蒋氏家族的家学 (170)
第一节　蒋氏家族的儒学修养 (170)
第二节　蒋氏家族的史学传统 (182)
第三节　蒋氏家族的佛学成就 (189)
第四节　蒋氏家族的医学盛事 (195)
第五节　蒋氏家族的书画造诣 (198)

第六章　义兴蒋氏家族的文献 (210)
第一节　蒋氏的家族史研究文献与谱牒研究文献 (210)
第二节　蒋氏家族的其他研究文献 (217)

第七章　义兴蒋氏家族的文学 (226)
第一节　蒋氏家族文学情况概述 (226)
第二节　蒋氏家族的诗文辑佚 (244)
第三节　地域环境对蒋氏家族文学创作的影响 (253)

第八章　蒋之奇研究 (263)
第一节　蒋之奇生平考 (264)
第二节　蒋之奇诗文考 (271)
第三节　蒋之奇与佛教 (287)

第九章　蒋捷研究 (306)
第一节　宋代理学影响下的《竹山词》 (306)
第二节　"基层写作"：蒋捷漂泊行迹与《竹山词》创作考辨 (325)

结　语 …………………………………………（339）

附录一　唐代蒋氏大事记 ……………………（346）

附录二　蒋之奇年表 …………………………（357）

参考文献 ………………………………………（367）

后　记 …………………………………………（381）

绪 论

中国传统社会的一个重要特征是家国同构,家是缩小的国,国是放大的家,马克斯·韦伯称之为"家族结构式的社会",所谓"齐家、治国、平天下",齐家之术与治国之道相通。这种特殊的社会管理模式必然赋予我国古代传统的世家大族以更多的社会管理功能。

家族是社会的基本单位,以血缘关系为纽带的家族制度在我国古代社会占有极为重要的地位,对我国古代政治、经济、文化的发展产生了深远的影响。两汉时期,独尊儒术的确立,"士病不明经术,经术苟明,其取青紫如俯拾地芥耳"①,地方豪族大姓以通经入仕为途径,实现了家族与权力的结合,并由累世通经累世仕宦而发展为世族。同时世族化与士族化相适应,余英时先生认为:"士族的背后已附随了整个的宗族。士与宗族的结合,便产生了中国历史上著名的'士族'。"②魏晋南北朝时期,由于九品中正制的实行,世家大族凭借出身就可以参与政权管理,于是门阀制度确立,并逐渐走向鼎盛。隋唐以科举取士,给予寒门士子走向权力中心的机会,"学则庶民之子为公卿,不学则公卿之子为庶民"③。但世家大族仍旧享有政治上的特权,体现在婚姻关系上,蟾宫折桂的进士大都娶名门大姓的女子为妻,方可有政治上的前途,元稹弃崔莺莺,而娶出身望族的韦丛为妻,就是出于仕途的考虑,这也是唐代的普遍风气。④ 隋唐科举制度建立后,科举中第即可走向仕宦,为

---

① (汉)班固:《汉书》卷75,列传45,中华书局2011年版,第3159页。
② 余英时:《士与中国文化》,上海人民出版社1987年版,第221页。
③ (清)张英、王士禛:《御定渊鉴类函·劝学五》卷210,第987册,台湾商务印书馆1986年版《景印文渊阁四库全书》,第281页。
④ 参见陈寅恪《元白诗笺证稿·艳诗及悼亡诗》,生活·读书·新知三联书店2001年版,第84页。

了保持仕宦的权力，世家大族的子弟必须继续科举中第，这样的良性循环直接促使科宦家族的产生。这一时期，门阀家族与科宦家族并向发展，一直到宋代，门阀家族才彻底退出历史舞台。此后，历经元明清，伴随科考始末，科宦家族长期占据政治中心，左右了各个朝代政局的发展方向。

科宦家族的兴盛催生了文学家族的产生，以宋代的科举考试为例，可以看出基本是以考核士人的文学能力和文史知识为主，所以士人文学才华被提高到一个无与伦比的高度。当时的科举文官选拔机制左右了家族乃至整个社会的价值取向，从而引发了对于文学的重视，间接促使文学家族的涌现。

陈寅恪先生指出："盖自汉代学校制度废弛，博士传授之风气止息以后，学术中心移于家族，而家族复限于地域，故魏、晋、南北朝之学术、宗教皆与家族、地域两点不可分离。"[①] 其实不仅魏晋南北朝学术与家族不可分离，秦汉以来的中华学术皆与家族密不可分，闻一多先生甚至认为我国三千年来的文化"以家族主义为中心，一切制度、祖先崇拜的信仰，和以孝为核心的道德观念等等，都是从这里产生的"[②]。可见家族文化是中国文化的重要组成部分，研究中国文学必须研究家族文学，诚如罗时进先生所说："'文学家族学'之成立，是基于文学与家族之间存在的特定的、几乎与生俱来的联系。它主要通过研究社会、历史、地域及文化风会对家族的影响，探讨各种环境因素对家族成员文学创作、对一时一地乃至更广阔时空文学发展的作用与规律。它是文学与社会学、历史学、地理学等学科相交叉而派生的研究方向，是文学研究力求吸纳不同知识体的思想资源以深化本体研究的路径和方法。"[③]

第一节　学术史的回顾与问题的确立

18世纪我国古代文学杰出代表作《红楼梦》的横空出世，以一个

---

① 陈寅恪：《隋唐制度渊源略论稿·唐代政治史述论稿》，生活·读书·新知三联书店2002年版，第20页。
② 《闻一多全集》第2卷，湖北人民出版社1994年版，第356页。
③ 罗时进：《关于文学家族学建构的思考》，《江海学刊》2009年第3期。

家族的起落兴衰展现了当时社会政治经济文化的各个层面，堪称是三个世纪前的社会百科全书。20世纪30年代，欧美开始流行通过一个街区或是一个村庄或是一个家族来展现社会历史文化某个横断面的个案研究。在我国，自20世纪二三十年代起，一些社会历史学者率先开始致力于家族研究，代表作品有费孝通的《乡土中国》、陶希圣的《婚姻与家族》、吕思勉的《中国宗族制度小史》、王伊同的《五朝门第》、潘光旦的《明清两代嘉兴的望族》等。陈寅恪先生与钱穆先生开始将地域、家族、学术文化联系起来，陈寅恪先生的《金明馆丛稿初编》《金明馆丛稿二编》《唐代政治史述论稿》《隋唐制度渊源论略》等著述，钱穆先生的《略论魏晋南北朝学术文化与当时门第之关系》等文章，开研究中古家族学术文化之先河。之后，岑仲勉、王仲荦等学者，以及崔瑞德、池田温等外国学者也在家族文化的研究上取得了丰硕的成果。20世纪80年代以来，冯尔康等的《中国宗族社会》、徐扬杰的《中国家族制度史》、陈爽的《世家大族与北朝政治》、郭锋的《唐代士族个案研究——以吴郡、清河、范阳、敦煌张氏为中心》等专题论述的大量涌现，标志着社会历史领域中家族研究的繁荣。

自觉的家族文学研究始自20世纪90年代，标志着文学研究新格局的形成。这种格局变化从根本上说，是研究者对于以往陈旧的文学研究范畴的一次尝试性突破，是对跨学科研究的努力探索。在这种背景下，伴随着社会人类学的发展，家族文学成为研究热点，出现了一系列研究成果，如程章灿的《世族与六朝文学》、刘跃进的《门阀世族与永明文学》、李浩的《唐代关中士族与文学》等，反映出文学在家族视角下研究的趋势。据统计，近年来有关家族文学研究的硕博论文有三十余部，期刊论文有六十余篇。

综观这些论述，魏晋南北朝、唐宋为研究热点，其次是两汉，元代则最为冷清。这些研究成果根据内容大体可分为四种类型：一是对某一断代家族文学的整体研究。例如张剑、吕肖奂、周扬波的论著《宋代家族与文学研究》、梁尔涛的博士学位论文《唐代家族与文学研究》、何忠盛的硕士学位论文《魏晋南北朝的世家大族与文学》、孟祥娟的硕士学位论文《汉末迄魏晋之际文学家族述论》、张剑和吕肖奂的期刊论文《宋代的文学家族与家族文学》等。二是家族文学的个案研究，这是最普遍的一种研究类型。例如杜志强的论著《兰陵萧氏家族及其文学研究》、高田的博士学位论文《锡山秦氏家族文学研究》、李朝军的博士学位论文《宋代晁氏家族文学研究》、萧晓阳的期刊论文《明清毗陵庄氏家族文学雅集与姻娅关系》等。三是对某一特定区域家族文学的整体研究。例如朱丽霞的论著《清代松江府望族文学研究》、邢蕊杰的博士学位论文《清代阳羡文化家族文学活动研究》、王祥的博士学位论文《宋代江南路文学研究》、罗时进的期刊论文《太湖环境对江南文学家族演变及其创作的影响》等。四是有关家族文学理论研究的文章。对于家族文学研究,有关理论指导的论文相对滞后,但近年来这方面的理论研究也确实取得了令人鼓舞的成绩。先是李真瑜先生发表了《世家·文化·文学世家》《文学世家——一种特殊的文学家群体》等一系列文章,对文学家族的概念确定等进行了初步探讨,为家族文学研究打下了良好的基础。随后,罗时进、张剑、梅新林、吕肖奂等学者纷纷撰文,罗时进《关于文学家族学建构的思考》《家族文学研究的逻辑起点与问题视阈》、张剑《家族文学研究的分层与守界原则》、梅新林和陈玉兰《江南文化世家的发展历程与研究趋势》、梅新林《文学世家的历史还原》等,对家族文学的理论研究进行了深入阐述,且取得了丰硕的理论成果,对近年来以及今后的家族研究具有理论指导作用。张剑认为完整的家族文学研究应该包括五个方面:相对完整的家族谱系及家族文献梳理、历时性家族文学发展趋势和具体成员创作的分析、家族文学与外部因素的比较、家族成员之间创作的比较、家族文学的家法和家族意识。尤其指出家族谱系和家族文献是整个家族研究的基础,研究者在利用文献时,要善于理论思辨。在研究方法上,要避免模式化和描述化的研究,主张结构式、构成式和多元化的研究方法。① 罗时进认为家族文学是文学本体与他体的关系研究,包含家族文学的血缘性研究、家族文学的地缘性研究、家族文学的社会性关联研究、家族文学的文化性关联研究、家族文学与文人生活姿态及经济关联研究、家族文学的创作现场和成就研究。当前家族文学需要解决的主要问题是家族文献的收集和整理,主要包括家谱、家训、相关地方志、碑版,以及文集、诗集、画

---

① 张剑:《宋代以降家族文学研究的理论、方法及文献问题》,《文学评论》2010年第4期。

绪 论

谱等家族性文艺别集。① 迄今为止，学界家族文学研究的专著不多，如果期待家族文学研究有更加繁荣的前景，家族文学理论研究建设必须持续深入，才能有效地规范、指引家族文学研究的方向。

笔者硕士学位论文是《蒋捷研究》，蒋捷出身义兴②蒋氏，是宋末元初著名的隐逸词人。在搜集硕士学位论文材料的过程中，由于惊叹于蒋氏家学成就的辉煌，很想对这个家族做一系统的研究，加之在硕士学位论文写作过程中，得到了无锡五中退休教师周坤生老先生的无私帮助，在博士学位论文查找资料的过程中承蒙宜兴档案局副局长宗伟方先生的大力协助，获得了关于义兴蒋氏家族文学文献的一大批珍贵资料，为论文的写作奠定了扎实的文献基础。这算是本选题确立的缘起。

义兴蒋氏家族自汉末开始发迹，隋唐以来凭借门荫与科举，仕途宦达，出现了"一门五牧""四世六翰林""兄弟宰相""一门三甲"等仕途奇观，使义兴也逐渐成为人文渊薮之地。据统计，自唐至清，蒋氏家族科举及第的人数为79人，其中包括一名状元，一名榜眼，一名探花。另外蒋氏家族还通过姻娅关系来扩大家族影响，例如魏晋时与杜预、周处等家族的联姻，唐代与张镒、韩愈等家族的联姻。唐代蒋氏还出现了一位驸马，姻娅关系扩展到皇族。通过与皇室以及名门望族的联姻，蒋氏家族进一步奠定了家族繁盛的基础。受科举取士的影响，蒋氏家族的文学色彩浓厚，出现了一系列的文学名家，例如唐代有传奇作家蒋防、诗人蒋吉等；宋代有诗人蒋堂、蒋之奇，词人蒋捷等；清代有阳羡派词人蒋景祁等。蒋氏家族还有悠久的经学传统，蒋堂、蒋之奇、蒋捷等都有经学著作，蒋静还曾为宋徽宗讲《尚书·无逸篇》。到了清代，蒋氏还出现了著名的经学家蒋永修。在史学方面，仅唐一代，蒋氏就参与编写了《宪宗实录》《德宗实录》《文宗实录》；宋代，蒋帝整理曾祖父蒋之奇编撰的《北宋遗事稿》而成《逸史》二十卷。另外在书画艺术领域，蒋氏也代有才人出，如蒋堂、蒋之奇、蒋如奇父子、蒋璨等都是著名的书法大家，蒋子成的画被誉为"禁中三绝"之一。

---

① 罗时进：《关于文学家族学建构的思考》，《江海学刊》2009年第3期。
② 义兴（今宜兴），古称荆溪、荆邑、阳羡、宜兴，本书以"义兴"作为蒋氏家族的地域界定，主要源于在历史上义兴地域范围最广，最大范围内容纳了蒋氏家族发展繁衍的各个宗支。但本书所引文献，因时间段的不同有的称义兴，有的称宜兴，或是荆溪、荆邑、阳羡，皆以文献本文为准。

令人遗憾的是，义兴蒋氏作为显赫的世家大族，迄今为止却没有专门的著述，甚至连邢蕊杰的博士学位论文《清代阳羡文化家族文学活动研究》也将义兴蒋氏的文学成就忽略了。当前，学界对义兴蒋氏相关的研究多集中于对蒋氏族人个体的某方面文学现象的研究，如涉及蒋防的论文有《21世纪以来大陆〈霍小玉传〉研究综述》（《延安职业技术学院学报》2013年2期）、方坚铭的《作为爱情悲剧和攻击型传奇作品的〈霍小玉传〉》（《中南大学学报》2005年6期）、张应斌的《关于〈霍小玉传〉的几个问题——兼与谭优学、卞孝萱先生商榷》（《湖北民族学院学报》1990年1期）、郑新安的《论我国古典小说人物画廊中的霍小玉形象》（《河南大学学报》2006年5期）、关四平的《唐传奇〈霍小玉传〉新解》（《文学遗产》2005年4期）、唐桃的《女萝秋扇的悲剧——蒋防〈霍小玉传〉的女权主义批评》（《哈尔滨学院学报》2012年3期）、刘凯的《六朝到唐宋连州静福山的道教发展——以唐蒋防〈连州静福山廖先生碑铭〉为中心》（《岭南文史》2011年4期）等；涉及蒋吉的论文有张琴的《唐代民歌"竹枝"与文人竹枝词》（《山西大学师范学院学报》1999年3期）、俞香顺的《中国文学中的采莲主题研究》（《南京师范大学文学院学报》2002年4期）、徐颂列的《唐诗中的僧道衣服词考》（《浙江教育学院学报》2003年3期）等；涉及蒋堂的论文有官性根的《成都知府与宋代蜀学的发展》（《求索》2006年5期）、程章灿的《唐宋元石刻中的赋》（《文献季刊》1999年4期）、刘培的《论北宋中期辞赋的淑世精神》（《西北师大学报》2004年6期）等；涉及蒋之奇的论文有张宏明、谭庆龙的《北宋蒋之奇五言律诗题刻研究》（《东南文化》1993年5期）、韩秉方的《〈香山宝卷〉与中国俗文学之研究》（《北京科技大学学报》2007年3期）、沈松勤的《论王安石与新党作家群》（《杭州大学学报》1998年1期）、杜若鸿的《北宋重要诗案与诗歌发展的转向》（《浙江大学学报》2012年3期）等。据粗略统计，涉及蒋捷的论著，共有专著3部，论文百余篇，其中博士论文1篇，硕士论文16篇。[①] 有关蒋捷研究的专著有陈燕的《蒋捷及其词研究》、杨景龙的《蒋捷词校注》、黄明校点的

[①] 主要据人大复印报刊资料及中国期刊网全文数据检索系统统计，亦包括海外港台地区论文。

《竹山词》。比较有影响的论文有马茂军和张海沙的《蒋捷三考》、朱鸿的《蒋捷生平考略》、杨海明的《关于蒋捷的家世和事迹》、林琳的《论〈竹山词〉传本》、李娜的《蒋捷词风初探》、路成文的《好奇而别有所获——简论蒋捷的几首福唐独木桥体词》等。硕士学位论文以高莹的《蒋捷〈竹山词〉接受史研究》较为突出，详细论述了宋末至晚清《竹山词》的接受情况，资料翔实，论述分明。总之新时期以来，大陆对蒋捷及其《竹山词》的研究主要集中在词人生平考证、具体作品分析、作品综合研究等方面。笔者的硕士学位论文《蒋捷研究》试图避开已有的研究热点，例如《竹山词》的白话倾向、咏物特色、意象特点、对稼轩词的继承等，利用田野调查得来的新材料，从另一角度研究蒋捷及其作品，例如重新考证词人的生卒年、佚诗、宋儒学对《竹山词》的影响等，对蒋捷研究的深度进行了一定程度的拓展。

综上，学界尚未有对蒋氏家族文化的专门著述，所以本选题首次将唐宋时期义兴蒋氏家族文化作为一个整体对象纳入研究视野，家族整体研究与个案研究双轨并进，以期对蒋氏家族文化进行全面的论述。

第二节　基本概念的界定

家族文化研究是涉及社会、历史、地理、文学等多学科的交叉研究，所覆盖的研究范围比较广，经常会使用若干基本的概念。这些概念在研究中有特殊的文化存在语境，需要进行清晰的界定。

一　家族与宗族

族，《说文解字注》："族，矢锋也。束之族族也。从㫃从矢，从所以标众。众矢之所集。"[①] 郑玄注《周礼》："族，犹类也，同宗者，生相近，死相迫。"[②] 班固《白虎通义》："族者，凑也，聚也，谓恩爱相流凑也。上凑高祖，下至玄孙，一家有吉，百家聚之，合而为亲，生相

---

① （汉）许慎撰，（清）段玉裁注：《说文解字注》，上海古籍出版社2006年版，第312页。
② （清）阮元校刻：《十三经注疏·周礼注疏》，中华书局1980年版，第706页。

亲爱死相哀痛，有会聚之道，故谓之族。"① 这两者的释义都有凝聚、生死相守之意，而凝聚相守的内在纽带就是共同的血缘。

冯尔康等学者认为家庭是指五服之内共祖共财者（一般为直系），家族是指五服之内共祖不共财的若干家庭的总体，宗族是指五服以外的同姓共祖者。② 徐扬杰认为："（家族）是同一个男性祖先的子孙，若干世代相聚在一起，按照一定的规范，以血缘关系为纽带结合而成的一种特殊的社会组织形式。"③ 张剑赞同家族是同一个男性祖先的子孙之说，但认为不必世代相聚在一起。④ 从家族成员的迁徙、仕宦等状况看，家族成员是不可能世代相聚在一起的，所以张剑的观点比较符合家族的实际情况。宗，《说文解字注》："尊祖庙也"⑤，"宗族"也即是在同一个祖庙里祭祀的亲族。徐扬杰认为："家族，又称宗族。"⑥ 即认为家族等同于宗族。这种说法在先秦以后的语境中是可以的，因为在周代，宗族与家族概念完全不同，宗族是以祭祀而言，而家族是以封邑而言。随着秦王朝的建立，郡县制代替宗法制，家族与宗族的概念合一，名异实同，家族即宗族。文化家族研究中所涉及的家族概念也即是宗族概念。

二 姓与氏

姓，《说文解字注》："人所生也。古之神圣人母，感天而生子，故称天子。"⑦ 《左传》载："天子建德，因生以赐姓，胙之土而命之氏。"⑧ 氏，《说文解字注》："至也。本也。从氏下著一。一，地也。凡氏之属皆从氏，卧也。"⑨ 陈祥道《礼书》曰："姓非天子不可以赐，

---

① （汉）班固：《白虎通德论》卷8《宗族》，上海古籍出版社1990年版，第62页。
② 参见冯尔康《中国社会结构的演变》，河南人民出版社1994年版；柳立言《宋代明州士人家族的形态》，《"中央"研究院历史语言研究所集刊》，2010年。
③ 徐扬杰：《宋明家族制度史论》，中华书局1995年版，第1页。
④ 张剑：《宋代家族与文学——以澶州晁氏为中心》，北京出版社2006年版，第7页。
⑤ （汉）许慎撰，（清）段玉裁注：《说文解字注》，上海古籍出版社2006年版，第342页。
⑥ 徐扬杰：《宋明家族制度史论》，中华书局1995年版，第1页。
⑦ （汉）许慎撰，（清）段玉裁注：《说文解字注》，上海古籍出版社2006年版，第612页。
⑧ （周）左丘明撰，杨伯峻注：《春秋左传注》，中华书局2009年版，第60页。
⑨ （汉）许慎撰，（清）段玉裁注：《说文解字注》，上海古籍出版社2006年版，第628页。

而氏非诸侯不可以命。姓所以系百世之正统，氏所以别子孙之旁出。"①诸侯之姓由天子所赐，诸侯之下如再进行逐级分封，则不可以用姓，所以天子会给他们命氏以便分封，这个氏之下相应也会衍生出更多的小氏。各种氏的由来，不仅"其后分封，用国为姓"②，而以官职、以字等为姓也很普遍。③ 由此可以看出，姓区别的是先天的血缘关系，具有恒久、稳定的特征；氏带有上古时代贵族的印记，区别的是不同的等级，常处于分化状态，具有多变性。从血缘等级的观念来说，所谓"姓别婚姻，氏别贵贱"。秦汉之后，宗法制消亡，姓与氏逐渐合一。

三 文学世家与文学家族

"世家"一词最早出现于《孟子·滕文公下》："（陈）仲子，齐之世家也。"司马迁著《史记》，也单列世家一体。"世家"初意是指"世卿大夫之家"④，后世引申为门第高世代为官的家族，又引申为世代相继从事某种职业或专业的人家，比如梨园世家、经学世家等。李真瑜先生最早对文学世家下了定义："它是由同属于一个家族的几代文人构成的文学家群体。"⑤ 当前学界存在着"文学家族"与"文学世家"通用的现象，梅新林认为"家族"的概念具有特指与泛指的双重含义，特指为"家庭—家族—宗族"三个序列中的中间序列，泛指包括所有的家族类型。而世家则重在凸现某种职业专业累世相续之意。比较而言，梅新林认为"文学世家"更能体现概念的对应性、传承性、开放性。⑥ 但实际情况是当前学界较多采用的还是"文学家族"一说，所以"文学世家"与"文学家族"虽是两个不同的词组，但是概念范畴大体相当，大部分研究者认为"文学家族"更符合人们的认知性，更易于为人所接受，所以还是采用"文学家族"这一说法。当前，研究界普遍认同李真瑜对文学家族所定义的特征：一是家族在文化上的长期积

---

① （宋）陈祥道：《礼书》卷62，台湾商务印书馆1986年版《景印文渊阁四库全书》，第130册，第391页。
② （汉）司马迁：《史记》卷2，《夏本纪第二》，中华书局2011年版，第89页。
③ 参看《左传》《史记》等相关记载。
④ （汉）赵岐注，（宋）孙奭疏：《孟子注疏》卷6下，中华书局1957年版，第281页。
⑤ 李真瑜：《明代一个引人注目的文学世家》，《光明日报》1986年1月28日。
⑥ 梅新林：《文学世家的历史还原》，《中国社会科学》2011年第1期。

累；二是理论和创作上的家学特点；三是女性作家的出现；四是延续时间长；五是家族作品的编辑刊刻。① 以此来衡量义兴蒋氏家族，会发现蒋氏家族完全具备以上特征：一是蒋氏家族在文化上的积累，有文献可考的上起隋唐，下迄明清，可谓是长期积累。二是理论和创作上都体现出文学、经学、史学等方面的家学特点。三是有女性作家的出现，其中较有影响的是唐蒋凝女与宋蒋兴祖女。蒋凝女，其诗《答诸姊妹戒饮》入《全唐诗》，蒋兴祖女，其词《减字木兰花·题雄州驿》入《全宋词》。四是从汉末到清末，蒋氏家族延续时间长达近两千年。五是有家族作品的编辑刊刻，例如蒋堂的《吴门集》、蒋之奇的《三径集》、蒋捷的《竹山词》等。

第三节　研究途径与方法

陈寅恪先生在考察隋唐制度、政治与史学时提出了"地域—家族"的研究理念，其后越来越多的研究者意识到"地域"对中国文学发展产生的影响，进而从"家族"的角度来研究文学发展的走向。本选题力图借鉴陈寅恪先生所提出的"地域—家族"的研究理念，从科举、党争、地域、家族等不同的视角进行文学研究，打破以往从文学到文学单向研究的格局，以更广阔的文化视角展开对文学现象的分析研究。

在研究方法上，本选题采用文史互证的方法，尽可能广泛地搜集与选题有关的文献资料，如正史、谱牒、地方志等。在此基础上甄别比较，去伪存真，提炼有价值的材料，力图全面真实地再现义兴蒋氏家族文化发展的风貌，并将之置于社会历史发展的大背景下进行研究。在具体的研究过程中主要采用以下三种方法：首先是宏观论述与个案研究相结合，既有对蒋氏家族文化在唐宋时期发展状况的梳理，全面展现家族文学、思想、学术、交游等各方面的情况，也有对家族成员个体在文学作品、思想、宦游等方面细致的分析研究，做到点面结合，以个案研究充实家族的整体研究。其次采用纵向横向相结合的研究途径，以对蒋氏家族文化纵向发展进行梳理为主线，对不同时空下蒋氏家族在科举、婚

---

① 详见李真瑜《文学世家：一种特殊的文学家群体》，《文艺研究》2003年第6期。

绪　论

娅、交游、仕宦等方面的情况进行横向研究，力求全面再现蒋氏家族在文学等领域所取得的成就。再次是充分利用现存的各蒋氏宗谱丰富对家族文化的研究。家谱是家族史料的重要形式，义兴地处江南，经济文化发达，几乎姓姓修谱、族族建祠。作为一种文化的传承，家谱中包含了非常丰富的文化信息，对文学、经济学、民俗学等学科的研究均具资料价值。蒋氏家族是义兴首屈一指的望族，据蒋氏宗谱（永思堂）、茗岭蒋氏宗谱（贻谷堂）等谱所载，亙亭系蒋氏宗谱初修于唐（蒋防）、整修于北宋崇宁初，宋版蒋氏宗谱由蒋堂初辑、蒋之奇和苏轼修订而成。其后历代有重修、续修。北宋谱牒大家欧阳修曾语"义兴（宜兴）邑志，半为颖叔（蒋之奇）家乘"，苏轼也称"江南无二蒋，尽是九侯家"，可见蒋氏修撰族谱之盛。

上海图书馆现存蒋氏宗谱二百余种，其中属于义兴蒋氏的宗谱有十余种，宜兴档案局馆藏近三十种，其中大部分为义兴蒋氏宗谱，还有一些宗谱收藏在民间。在利用过程中，本着科学的态度，对家谱提供的资料要存疑、要谨慎，充分利用正史和地方志等进行佐证。在研究中，为了更直观地说明问题，本选题计划采用统计学的相关方法，进行数据统计，绘制出相应的图表或表格。

第一章　义兴蒋氏家族的发展轨迹

蒋氏源于北方，兴盛于江南，义兴（今宜兴）为蒋氏在江南地区的发源地。义兴，古称荆溪、荆邑，又称阳羡、宜兴。秦始皇二十六年（公元前221）建县，义兴春秋时属楚，因"吴楚间谓荆为楚"，所以"秦以子楚，改为阳羡"①，遂为阳羡县，属会稽郡。永兴元年（304），"晋惠帝以周玘创义讨石冰，分阳羡为义兴郡，以表其功"②。义兴属扬州，下辖义乡、永世、平陵、国山、临津、阳羡六县。隋开皇九年（589），隋文帝撤义兴郡，合国山、临津、阳羡为义兴县，属常州。宋太平兴国元年（976），避太宗赵光义讳，改义兴为宜兴，仍隶常州。

本书以"义兴"作为蒋氏家族发展繁衍的地域界定，主要缘于其地域范围的广度，最大范围地容纳了蒋氏家族发展繁衍的各个宗支；以"唐宋"为时间限定，主要因为这个时期是蒋氏家族发展的最高峰，最能代表蒋氏家族的各项成就。

第一节　蒋氏家族渊源世系考③

蒋氏出于姬姓，《左传·僖公二十四年》载："凡、蒋、邢、茅、胙、祭，周公之胤也。"④ 又《左传·襄公十二年》载："为邢、凡、蒋、茅、胙、祭，临于周公之庙。"杜预注："六国皆周公之支子，别封为国，共

---

① （宋）李昉等撰：《太平御览》卷170，中华书局1960年版，第829页。
② （宋）欧阳忞撰：《舆地广记》卷23，四川大学出版社2003年版，第658页。
③ 笔者硕士论文《蒋捷研究》曾对蒋氏的世系有过考证，所以本章节与硕士论文的部分内容会有重合之处。
④ （周）左丘明撰，杨伯峻注：《春秋左传注》，中华书局2009年版，第423页。

祖周公。"① 蒋氏作为周公的后裔，通常认为是周公第三子伯龄封于蒋，后子孙以蒋为氏。如《新唐书·宰相世系表》曰："蒋氏出自姬姓。周公第三子伯龄封于蒋，其地光州仙居县是也，宋改为乐安，蒋为楚国所灭，子孙因以为氏。"② 蒋氏第九十世北宋蒋之奇曾作《蒋氏姓源辨说》，亦认为："蒋之为氏自伯龄始。伯龄者，周公之第三子也。"③

从现有文献看，伯龄为周公第三子的说法最早出于《左传》，其后《新唐书》进一步确立了这一观点。此后，包括唐齐光乂所撰《后汉亚亭乡侯蒋澄碑》等蒋氏家族文献都认定始祖伯龄为周公第三子。但《元圣裔周氏族谱》对此却有不同的记载："始祖一世，元圣周公，讳旦，文王第四子，武王同母兄弟也。佐武王定天下，肇封于鲁，未就封，留相王室，食邑岐周，后相王位，冢宰建官立政，制礼作乐。……生子八，长子伯禽，就封于鲁；次子伯羽（《尚书·周书》《竹书纪年》称之为君陈），袭周公爵；三子伯瞵，封凡；四子伯龄，封蒋；五子伯羿，封邢；六子伯翂，封茅；七子伯翅，封胙；八子伯翔，封祭。"④ 不仅家谱中明确指出伯龄为周公第四子，相关古文献也暗示了周公第四子为伯龄。如《竹书纪年》："王命周平公治东都。"沈约按："周平公即君陈，周公之子，伯禽之弟。"⑤ 又《四书释地·君陈》云："郑康成《礼记》注：'君陈盖周公之子，伯禽之弟。疏引康成诗谱曰：'元子伯禽封鲁，次子君陈世守采地。'"⑥ 如果君陈为周公次子的话，那么伯龄应为周公第四子。但所据文献并非十分确凿，暂且存疑。

伯龄封地于蒋，"蒋"是古代的一种植物，许慎《说文解字注》："蒋，苽蒋也。"⑦ "蒋"即是古代六谷之一的"雕胡米"，又称"蒋实""苽米"，后根茎变异为"茭白"，退出六谷行列。有研究者认为，河南修武的蒋村是蒋姓的发源地。在上古的蒋村一带，生活着一个部落，他

---

① （周）左丘明撰，杨伯峻注：《春秋左传注》，中华书局2009年版，第996页。
② （宋）欧阳修、宋祁：《新唐书》卷75下，中华书局2011年版，第3416页。
③ （清）蒋汝铭等：《蒋氏宗谱》，光绪三十年修，宜兴档案馆藏，资料号：1—2—3189—3204。
④ 周传忠等：《元圣裔周氏族谱》，《中华周氏联谱》，2009年续修，国家图书馆藏。
⑤ （周）佚名撰，李民等译注：《古本竹书纪年》，中州古籍出版社1990年版，第60页。
⑥ （清）阎若璩：《四书释地又续》卷上，清乾隆王氏眷西堂刻本，第22页下。
⑦ （汉）许慎撰，（清）段玉裁注：《说文解字注》，上海古籍出版社2006年版，第36页。

们沿水而居，渴饮泉水，饥则食"蒋实"，即雕胡米，他们以"蒋实"为生，所以自称蒋部落。后来这支部落南迁至河南固始一带，建立了蒋国。① 据文献考证，古蒋国在今河南淮滨县期思镇一带，杜预《春秋经传集解》注："蒋在弋阳期思县。"② 弋阳为郡，辖固始黄川等地。郦道元《水经注·淮水篇》："过期思县北，古蒋国，周公之后。"③ 考古学家李绍曾认为："早在三千年前，期思就是西周初期的蒋国都城。"④

大约在商朝时，蒋国被灭。周初，伯龄封地于蒋，重新建立了蒋国。后蒋国为强国楚所灭，《水经注》载："（期思）县，故蒋国，周公之后也。春秋文公十年，楚王田于孟诸，期思公复遂为右司马。楚灭之以为县。"⑤《新唐书·宰相世系表》也持此说："蒋为彊国所灭，子孙因以为氏。"⑥ 蒋之奇《蒋氏姓源辨说》也证："故凡蒋氏子孙去其故国而散之四方者，避楚之难故耳。"⑦

蒋国为强楚所灭后，只有少部分蒋姓留居河南，其他大部分外迁。秦汉之际，有蒋姓西迁入陕西，是为杜陵一系；另有蒋姓北迁入山东，形成蒋姓的两大郡望：乐安郡和东莱郡；再有南迁的蒋姓形成晋陵郡；留居河南的蒋姓是为弋阳郡（亦称汝南郡）。苏轼《敕修蒋氏宗谱序》对蒋氏这段迁移史的描述是："余阅蒋氏宗史，肇封汉水之东，迁封弋阳之郡，采邑如漆水辽城（今山西境内），大族如乐安郡。"⑧《后汉亭乡侯蒋澄碑》的记载则是：

（伯龄）封土期思，为汉东之国，后以吞削，楚实尽之，而子孙散于郡县，苗裔守业，重侯累相，有若来叶。到弋阳之徙，大族

---

① 详见蒋继申《蒋姓》，东方出版社2011年版。
② （西晋）杜预：《春秋经传集解》，上海古籍出版社1988年版，第347页。
③ （北魏）郦道元撰，陈桥驿注：《水经注》卷30《淮水篇》，浙江古籍出版社2013年版，第401页。
④ 李绍曾：《淮上文物史迹纵横谈》，河南人民出版社1993年版，第38页。
⑤ （北魏）郦道元撰，陈桥驿校：《水经注校证》，中华书局2013年版，第677页。
⑥ （宋）欧阳修、宋祁：《新唐书》卷75，中华书局2011年版，第3416页。
⑦ （清）蒋汝铭等：《蒋氏宗谱》，光绪三十年修，宜兴档案馆藏，资料号：1—2—3189—3204。
⑧ （宋）苏轼：《敕修蒋氏宗谱序》，（清）蒋柏清等：《回图蒋氏宗谱》卷首，宣统元年修，宜兴档案馆藏，资料号：1—2—111—112。

致杜陵之迁，则亦龟组连徽，熊番并拜。①

乐安、东莱、弋阳、晋陵为蒋氏的四大郡望，其中尤以乐安、弋阳最为著名，一直为蒋氏后人所沿用。例如宋绍圣九年（1094），第九十世蒋之奇被封为弋阳郡开国侯；宋皇祐五年（1053），第八十九世蒋堂以礼部侍郎加封乐安伯。以郡望为封号，体现着中国古代传统社会地缘与血缘关系的紧密结合。从这个意义上说，郡望是"血缘的空间投影"②。从蒋氏的发展史来看，郡望与籍贯是一致的，但是后来由于氏族的迁徙，地缘与血缘、籍贯与郡望开始分离。岑仲勉先生认为：

> 就最初言之，郡望、籍贯，是一非二。历世稍远，支胤衍繁，土地之限制，饥馑之驱迫，疾疫之蔓延，乱离之迁徙，游宦之侨寄。基于种种情状，虽不能不各随其变，散之四方，而望与贯渐分，然人仍多自称其郡望者，亦以明厥氏之所从出也。③

这种籍贯与郡望的分离到了唐宋愈加严重，所谓衣冠旧族为了彰显血缘的高贵，仍多称前代旧望。所以蒋氏宗族多以"乐安堂"为堂号，以示不忘祖先郡望荣耀之意。

江南地区保存的义兴蒋氏宗谱很多，各大图书馆馆藏和民间收藏的宗谱对蒋氏的世系记载很翔实。例如蒋之奇的《蒋氏姓源辨说》《蒋氏近祖考要》、蒋氏后裔所作《分封考》等都对蒋氏的世系进行了考证。《蒋氏涧桥宗谱》《蒋氏茗岭宗谱》等都录有《汉阳期思蒋氏宗史》和《杜陵世表》，对蒋氏远祖的世系进行了详细的梳理。

一 汉阳期思蒋氏宗史

据《茗岭谱》载，期思蒋氏宗史由蒋氏三十五世裔孙宗周原辑，记载蒋氏世系自一世起，至三十六世止。

---

① （唐）齐光义：《后汉亭乡侯蒋澄碑》，《全唐文》卷354，中华书局1983年版，第3585页。
② 费孝通：《乡土中国》（修订版），上海人民出版社2013年版，第67页。
③ 岑仲勉：《唐史馀瀋》，中华书局1960年版，第229页。

第一世：伯龄公，周公第三子（或为第四子）。我祖为汉阳蒋国公，国于期思，子孙因以为氏。配齐国姜文公女，生子二：本立、本道。寿八十二，生于武王元年己卯，薨于昭王十二年庚子，谥曰"正"。葬封都，钦赐万寿陵。

第二世：本立公，伯龄公长子。康王召拜为相，让国于弟，外统邦几，内辅国政，天下治安，刑措不用者四十余年。配翟古公女，生子四：仲仞、仲传、仲位、仲信。寿九十三，生于成王二十一年丙午，薨于昭王五十年戊寅，赠宗国公，葬期思永寿陵。

第三世：本道公，伯龄次子。受兄让国，袭父封土。昭王巡狩，面劳之曰："卿祖父开国元勋，宜竭力辅治。"答奏曰：茅土同拜，敢不赤心，王命以蒋为氏，改封汉国公。配闳申公女，生子二：仲孝、仲义。寿八十六，生于成王二十四年己酉，薨于昭王四十六年甲戌。谥曰"缪"，葬期思永寿陵。……

第三十五世：宗周公，字希文。大中公长子。母怀三载，一孕而生兄弟三人。公身长九尺八寸，髻间有一黑痣。年三十二，辑世本，纂修大宗世谱。时值始皇秦政三十四年戊子，李斯奏毁天下书，公乃密藏石窟。是岁，始皇特诏求周公像。公亲赍□见始皇。命拱南而礼之。起读赞毕，命李斯亦为赞，斯即赞曰……赐公博士，不受。至二世三年甲午，出从沛公灭秦，复得周公真像，珍藏以垂后世，及汉王御极，封摘秦侯。配陆贾公女，生子三：立身、立节、立纲。寿八十，生于赧王五十九年乙巳，薨于汉文帝三年甲子。赠文定公，葬北邙山。……

第三十六世：立敬公，字仁父。希本公长子。配代胜吉公女，生子八：一清、一慎、一勤、一和、一经、一纶、一贯、一古。八子皆贵显，加封平原君府君。寿九十七，生于秦始皇嬴政九年癸亥，薨于汉文帝后元二年己亥（按：疑误，"后元"为汉武帝年号）。赠谥"文宪"。葬北邙山。①

从以上所列部分世系可以看出，《汉阳期思蒋氏宗史》并不确实可信。首先是每一世的卒年都在八九十岁，年龄太大；其次是部分记述没有史实依据，且文字讹误，所结姻亲多为陆贾、贾谊等名门，可信度不

---

① （清）蒋惟高等：《茗岭蒋氏宗谱》，康熙年间修，宜兴档案局馆藏，资料号：1—2—113—128。

高；最后是所辑者宗周，其人显然带有神话色彩，既封摘秦侯，但史书并没有相关记载。

二 杜陵蒋氏世表

谱载《杜陵世表》由东汉荆南刺史四十九世孙政原辑，自蒋氏三十七世起，至四十七世止。

第三十七世：一清公字公明，仁父公长子。龙腮凤眼，燕颔虎头。时汉徙贤豪以强京辅，公迁居杜陵。汉文帝三年甲子，召兄弟八人上殿，试对太平治安策云："凡扫秦氛以宽仁政，除虐政，创立圣制，以礼乐开太平。"擢为太史令，号曰"杜陵八秀"。配耿肃公女，生子三：允复、允兴、允泰。寿八十三，生于秦始皇秦政二十八年壬午，薨于汉武帝建元四年甲辰。葬鄠县杜陵。……

第四十二世：满公字怀概，斯重公子。幼敏慧，五岁能应对宾客，涉猎书史。汉宣帝朝初为上党令。志行峻洁，酌水投钱。宣帝闻之，召拜为淮南相，赐黄金绯袍，问曰："卿在雍州何所居乎？"曰："九曲蓝溪环玉带，四围盘岭御金城。"喜曰："山明水秀必出宰相。"配霍光公女，封泰国夫人，生子一：万。寿七十五，生于汉武帝元封四年甲戌，薨于汉元帝竟宁元年戊子。葬杜陵钦山。

第四十三世：万公字彦明，怀概公子。貌猛烈，性耿介，有文武才，年二十一为北地都尉，威震塞外。与父同诏征见。上曰："父子宜同日剖符。"即下诏，父为淮南相，子为弘农守。号粮二千石。后封乐安郡公。配丞相丙吉公女，封安国夫人，生子一：诩。寿七十三，生于汉昭帝始元元年乙未，薨于汉成帝永始三年丁未。葬杜陵。[①]

上列杜陵世系，虽是部分，但仍旧可以看出所存在的问题。首先还是每一代年龄偏大，这在中古时期是不太可能的。其次，人物描述依旧充满传奇色彩，语句不顺，逻辑错乱。再者，所记事例多有与历史不符者，比如汉淮南王谋反后，淮南国灭，至汉宣帝时，已无"淮南相"这一官职，所谓父子"同日剖符"，缺乏可信度。

陈布雷所修《武岭蒋氏宗谱》对蒋氏家族文献做过一番精审的考

---

① （清）蒋惟高等：《茗岭蒋氏宗谱》，康熙年间修，宜兴档案局馆藏，资料号：1—2—113—128。

证，他在蒋杙《周秦世系阙疑说》后加了按语："蒋氏远祖出于周公，传有明文。惟自伯龄以下名讳无考，书阙有间，本无足怪。今宜兴、临海、天台诸谱，周秦两汉世次具备，且各自为书，彼此雠校，全无合者。宜兴各谱所列四十余世之名书为二名，既立一文作排行，更用偏旁相比次，此宋元以后命名之法，奈何施诸周汉之世乎？"① 颜师古认为："私谱之文出于闾巷，家自为说，事非经典，苟引先贤，妄相假托，无所取信，宁足据乎？"② 可见，蒋氏后人出于敬宗爱祖之心，对期思宗史、杜陵世表做了一定程度的杜撰，作为家族宗史的开端，其可信度不高。

义兴《蒋氏大宗谱》载蒋杙《周秦世系阙疑说》：

> 吾蒋氏再见春秋，详载杜注，然自期思复遂从楚子田于江南，而其他弗闻焉。删书断唐虞，必以乐安郡公为始，一传而兖州刺史诩，四传而大将军横，五传而亭乡侯澄，是为义兴滆湖西始祖。嗣后皆传信而不传疑。若汉以前，多未可以信者，……满公以前存而不论，满公以后至有宋二十四世，以各支旧谱为征。③

然而蒋氏家谱有关蒋满的记载就有误，遂对其可信度产生怀疑。《武岭蒋氏宗谱》载："哀帝时有讳诩者为兖州刺史，蒋氏先系确有世次可稽者，断自兖州君始。"④ 笔者认为这一论断是较为合理的，《三辅决录》载："蒋诩字元卿，隐于杜陵，舍中三径，唯羊仲、求仲从之游，二仲皆挫廉逃名之士。"⑤ 蒋诩生平入汉书，其事迹信而有征，如《汉书·鲍宣传》载："而杜陵蒋诩元卿为兖州刺史，亦以廉直为名。王莽居摄，（郭）钦、诩皆以病免官，归乡里，卧不出户，卒于家。"⑥

据史书、地方志和各蒋氏宗谱载，义兴蒋氏世系确有考者，始自蒋

---

① 陈布雷等：《武岭蒋氏宗谱》，中华书局1948年版，第3页。
② （唐）颜师古注：《汉书》卷75，中华书局1962年版，第3153页。
③ （清）蒋玉琪等：《双桥蒋氏宗谱》卷1，光绪二十八年修，上海图书馆藏，资料号：919033—39。
④ 陈布雷等：《武岭蒋氏宗谱》，中华书局1948年版，第4页。
⑤ （汉）赵岐：《三辅决录》，中华书局1991年版，第26页。
⑥ （汉）班固：《汉书》，中华书局1983年版，第3096页。

第一章 义兴蒋氏家族的发展轨迹

诩。蒋诩以下世系历历可考，《增修宜兴县旧志》载："诩生会稽太守助，助生司徒晃，晃生横，仕光武朝为将军。"① 据此，我们可以厘清这一时期蒋氏的世系：

诩—助—晃—横。蒋横九子分别为：颖、郑、川、耀、渐、巡、稔、默、澄。九子最初避难江左，隐居金陵钟山，所以金陵也是义兴蒋氏最初的家族栖息地，后钟山一度改为蒋山，金陵一度改为蒋州②，苏轼《敕修蒋氏宗谱序》曰："陈隋唐建金陵曰蒋州，盖以江南蒋氏之盛，始盛于汉，继盛于唐，尤盛于宋。"③ 蒋氏九子避难蒋山，之后不久又分道扬镳，除第七子稔奔至楚地，隐居淮南外，其余皆隐匿于江浙一带，其中第八子默与第九子澄来到义兴，分居滆湖东西。"帝以觉悟，覆羌路之族焉，诸子各于所居之处受封。"④

    颖，字仲远，封金华侯，其子孙因居东阳兰溪建德，为东阳枝；郑，字文源，封会稽侯，其子孙散居信安、义乌、暨阳，为暨阳枝；川，字兹明，封临江侯，为丹阳枝；耀，字正礼，封镇湖侯，徙居零陵营道，为零陵枝；渐，字兴嗣，封留苏侯，为会稽枝；巡，字淑明，封浦亭侯，其子孙徙居吴城之钱塘，为钱塘枝；稔，字孝方，袭父爵九江侯，为九江枝。默，字秀芳，封云阳侯，居义兴滆湖之东，为云阳枝；澄，字少明，封亭侯，居义兴滆湖之西，为亭枝。⑤

义兴流传有蒋氏"九子八封侯""尽是九侯家"之语，考地方志和

---

① （清）嘉庆《增修宜兴县旧志》卷8《人物志》，《中国地方志集成》，江苏古籍出版社1991年影印本，第249页。
② 《蒋氏楼王谱》卷2载："蒋州，古金陵地，因蒋氏九侯得名。蒋山即钟山，在金陵城北，蒋氏九侯寓此得名，后人以其居为寺，又蒋子文逐寇钟山，死为神，立庙祀之，因名蒋山。"《搜神记》也有类似记载。
③ （宋）苏轼：《敕修蒋氏宗谱序》，（清）蒋柏清等：《回图蒋氏宗谱》卷首，宣统元年修，宜兴档案局馆藏，资料号：1—2—111—112。
④ （唐）齐光乂：《后汉亭乡侯蒋澄碑》，《全唐文》卷354，中华书局1983年版，第3585页。
⑤ 参见蒋之奇《蒋氏远祖总要》，《武岭蒋氏宗谱》卷2《先系考》，中华书局1948年版，第68页。

义兴各蒋氏家谱,第七子稔隐居楚地,后袭父爵九江侯,所以"九子八封侯""尽是九侯家"之语皆不谬。

云阳侯默与亚亭侯澄是为义兴蒋氏始祖,至德二年(757),蒋氏第七十四代(按:蒋氏总世系排行)裔孙蒋晃请集贤院学士齐光义撰写了《后汉亚亭乡侯蒋澄碑》,碑文主要述亚亭侯蒋澄生平,但也侧面详述了自后汉亚亭侯蒋澄至唐至德年间监察御史蒋晃之间的世系。唐天宝十五载(756)三月,第二十代世孙(云阳支系排行)吏部侍郎蒋洌撰写了《蒋氏大宗碑记》,同年七月,给事中蒋涣撰写了《云阳亭侯碑》。前者叙述了蒋氏自始祖伯龄至云阳亚亭支的世系,后者详细列出了自后汉云阳侯至唐天宝间云阳支的世系。云阳与亚亭支相较,"其间最号胜者,无如亚亭支焉"①。亚亭侯子孟、通、休、政、玄,五子皆并职刺史,时人称"番阳五牧",又号"蒋氏五龙",从此义兴的西部就有一个名为"五牧"的村落(今宜兴徐舍镇五牧村)。

蒋休,唐《宰相世系表》称其自乐安徙义兴,不确。蒋之奇认为:"盖不见阳羡二碑,徒得其概而未尽也。"②"嗣子丹阳太守休,袭亚亭乡侯,可谓公孙之子有后于鲁敬仲之裔,复为正卿乎。"③ 至唐,休后裔係、伸、偕、仙、佶,前两位官至宰辅,偕任太常少卿,后两位官至刺史,所以他们的家乡也被称为"五贤乡",而且一直延续到清末民初。至唐,蒋俨封义兴县子,蒋乂封义兴县公;至宋,又有乐安伯蒋堂、魏国公蒋之奇、词人蒋捷等蒋氏名贤。义兴蒋氏多由亚亭侯所出,所以欧阳修感叹:"义兴邑乘,半为颖叔(蒋之奇)家乘也。"④

令人费解的是,义兴蒋氏云阳支系却在唐之后杳然无闻。查阅蒋氏各族谱后,笔者大胆揣测,云阳一支与亚亭一支合谱,因亚亭后裔名声日炽,遂云阳支湮没于亚亭支系中。《蒋氏楼王支宗谱》卷三《义兴云

---

① (宋)苏轼:《敕修蒋氏宗谱序》,(清)蒋柏清等:《回图蒋氏宗谱》卷首,宣统元年修,宜兴档案局馆藏,资料号:1—2—111—112。
② (宋)蒋之奇:《蒋氏近祖总要》,《武岭蒋氏宗谱》卷2《先系考》,中华书局1948年版,第68页。
③ (唐)齐光义:《后汉亚亭乡侯蒋澄碑》,《全唐文》卷354,中华书局1983年版,第3585页。
④ (宋)苏轼:《敕修蒋氏宗谱序》,(清)蒋柏清等:《回图蒋氏宗谱》卷首,宣统元年修,宜兴档案局馆藏,资料号:1—2—111—112。

阳亣亭蒋氏世纪卷之四》详述了蒋氏云阳亣亭支自四十八至八十六世系。第八十六世经历了后汉隐帝、后晋高祖、宋太祖、宋太宗和宋真宗等朝代，也即是在唐末宋初之际已完成云阳与亣亭支系的合谱。

北宋蒋之奇曾作《亣亭侯支系赞》，赞曰：

> 于皇我祖，派列宗周，姬旦七子，析县分州。曲阜是宅，弋阳载侯，其土惟蒋，居之惟敂。子孙世守，荆人作仇，伯龄祀废，社稷墟坵。肃肃三径，既和且柔，世胄赫奕，笃生逡道。烈烈惟武，宣威佐刘，八子南迈，罔极包羞。上天悔过，光武载求，侯复亣亭，子袭通休。义係与伸，同源共流，充苗作裔，宁干斯继。诸幼炽昌，侯土乃弃，式宦异邦，式崇及第。明明我祖，亣亭嫡裔，授子传孙，封土不离。周之子孙，本支百世，天佑我家，嵩岳呈瑞。必生异人，勤王佐帝，上绍侯封，钦承祚庇。济济宗苗，历登禄位，籍籍英名，灿然昭著。迨至宋朝，端平之始，幸毓应龙，凌云志气。荷国厚恩，敕婚赵氏，驸马联封，弥宠御嗣。世世光荣，古今丕美，泽及孙支，绵绵无已。地久天长，家生靡替。[①]

义兴蒋氏后裔多出自亣亭侯一系，其支脉强悍，四处迁徙，栖居之处遍布江南。至明万历八年（1580）三月，蒋氏《建庙合谱支派录》载："奉上曰清查亣亭侯后裔迁移江南各郡县嫡支共五十八派，……宜兴共十七派。"[②] 其中较为知名的蒋氏派别有五牧、回图、洴涋、花店等，至清代则有茗岭、西馀、大华、蒋府圩、武岭等。茗岭支始迁祖蒋思振，为亣亭系一百零一世孙，因喜好张渚东南山水，在元末避乱迁居茗岭道塘里（今岭下村南），苑坞、山门玕皆有其后裔。洴涋支始迁祖蒋益祖为亣亭系九十二世孙，蒋之奇嫡孙，于宋政和二年（1112）由官林南庄迁居洴涋，其后裔亦有分迁。大华始迁祖蒋诠祖为亣亭系九十二世孙，宋宣和年间，因力拒金寇，遭秦桧所忌，遂罢职归乡，退居离云

[①]（宋）蒋之奇：《亣亭枝系赞》，蒋永成等：《楼王蒋氏宗谱》卷1，1940年修，上海图书馆藏，资料号：919520-27。

[②] 这次官府奉旨清查亣亭侯后裔，经过五个多月的调查，形成文书材料呈报省宪院，复由户部下帖，免除入册蒋氏的差派徭役。清查行动虽采用行政手段进行，但所参与的五十八派仅是亣亭后裔的一小部分而已。

阳东南六十余里的大华村奉母终老。蒋府圩始迁祖蒋勤为亚亭系一百零二世孙，自亚亭迁居蒋府圩。武岭始迁祖为蒋士杰，元代由三岭迁居武岭（今溪口），是为溪口蒋介石祖先。据民国初年陈布雷修蒋氏宗谱时考证，两晋时蒋澄的第十代孙蒋枢任吴郡太守，后迁居浙江台州，至唐代，蒋枢的第二十孙蒋显任四明监盐官，生子蒋光，蒋光又生二子：长子蒋宗祥、次子蒋宗霸，北宋时，蒋宗霸之孙蒋浚明始迁奉化三岭，蒋浚明的第十代孙即为蒋士杰。①

义兴蒋氏家族自汉末登上历史舞台，历经汉、三国、魏晋南北朝、隋唐两宋、元明清，长盛不衰。至民国时期，亚亭侯衍生出一百二十六个分支，蒋氏遍及三吴，散落九州。如今蒋氏已成为宜兴人数排名第一的大姓，涌现出如蒋百里等一系列名人，堪称是中国家族史上的一大奇迹。

早在北宋，蒋之奇作《蒋氏世系赋并序》，详述蒋氏自伯龄起至蒋堂止的两千年发展史：

> 之奇读屈原《离骚经》自言："帝高阳之苗裔兮，朕皇考曰伯庸。"及读班固《幽通赋》又云："系高顼之玄胄兮，氏中叶之炳灵。"至如韦孟潘岳，亦皆自陈阀阅之盛，则古人所谓，褒大光烈，发扬祖德者，非以为夸也，致孝之意也，且告曾者，我之所自出也。有传序而弗知，有潜德而弗扬，恶在其为人后也。之奇既次远祖，以作谱而藏之矣，遂撰其媺为世系云。
>
> 系姬旦之末流兮，鼻祖出于期思。肇伯龄之祚土兮，肆婵娟乎于兹。由上党及弘农兮，继父子而得麊。②巨君摄政滔天兮，兖州拂衣而去之。筑三径于杜陵兮，乃坚卧以阖扉。③曾纷浊之莫予污兮，终清节之弗移。侯逸道之崛起兮，兴扫殄于赤眉。④纵厚诬以臧良兮，伊逸人之罔极。瞰神明之难欺兮，感妖氛之充塞。愤功业之夭枉兮，泯弗书于载。籍九子播于广陵兮，爰渡江而假息。揭阳

---

① 武岭蒋氏源出义兴亚亭支系，所以我们也把其纳入义兴蒋氏的研究范畴。
② 述汉代蒋满、蒋万父子事。
③ 述汉代蒋诩事。
④ 述汉代蒋横事。

羡之届止兮，侯亭以发迹。① 爰锡命以即封兮，由奸仇而覆焘。琬相蜀以扬声兮，羌定兆乎牛首。② 通辅魏以腾实兮，忠吞吴以奄有。③ 壮护军之戡难兮，底江表于载宁。易帷帐而给田兮，终好学而扬名。④ 翼独步于江淮兮，以才辩而见称。⑤ 子文之尉秣陵兮，瘁厥职以励精。死追寇以伤额兮，栖北山而赫灵。挥白羽以荐趾兮，表青骨以见形⑥。司业之佐猗氏兮，摧剧盗于止源。⑦ 扬芳于集贤兮，挺高义于中兴。斥墨缞之渎嘉兮，动折衷于礼经。图圣历之口诵兮，仰学问之该明。介然特立以不倚兮，拒叔文而遏延龄。直历朝于两主兮，功调和于鼎铗。淮阳泣诤以辩诬兮，称良笔于实录。⑧ 绵三叶以缮修兮，世故多藏于日历。⑨ 翰林之不附离兮，倚昌词之莫续。⑩ 悼祖德之失传兮，尚称扬于五牧。⑪ 龙骧文藻而操绳尺之剧兮，北方亦悉青州之蒋族。⑫ 中丞抗言后无亚献兮，折钦明以媿恧⑬。骑省清政之不可挠兮，汾阳之兵得蔬馈而亦足。⑭ 奔奉天而居于贼兮，至泾绝粒而逃伏。巩丞见留于奕府兮，虽并死而不辱。⑮ 碑大宗于天宝兮，赖文部之维贤。⑯ 伤乃考之弗耀兮，则历刺于湖延。尚书却日本之遗兮，止取其一幅之笺。⑰ 孝哉昆仲之庐于墓侧兮，坏松柏而逾千年。⑱ 世清白以弗替兮，亹流庆之绵

---

① 述汉代蒋澄事。
② 述三国蜀蒋琬事。
③ 述三国魏蒋济事。
④ 述三国吴蒋钦事
⑤ 述三国魏蒋干事。
⑥ 述三国吴蒋歆事。
⑦ 述唐代蒋将明事。
⑧ 述唐代蒋係事。
⑨ 述唐代蒋偕事。
⑩ 述唐代蒋防事。
⑪ 述唐代蒋係、伸、偕、仙、佶事。
⑫ 述南北朝蒋少游事。
⑬ 述唐代蒋钦绪事。
⑭ 述唐代蒋沇事。
⑮ 述唐代蒋清事。
⑯ 述唐代蒋洌事。
⑰ 述唐代蒋涣事。
⑱ 述唐代蒋洌、蒋涣事。

绵。① 詹事之贻书游岩兮，责唯唯以穷年。见囚于离支窟室兮，嘉忠节之终完。② 惟累世之旷辽兮，慨中微以发叹。鲁既起而复振兮，炳初牒而先传。靡刚柔之吐茹兮，必公正以直言。蔼群芬之在人兮，阅九州以于藩。何修能而不登乎三仕兮，郁雅志以不宣。扬娥眉于众嫭兮，贾憎妒其必然。③ 咨绵历之茕茕兮，惧肯堂之倾圮。勉弓冶之余绪兮，惕渊冰之临履。命坎壈以弗前兮，才窭乏于屡试。孰云世业之可怀兮，伊荷担之惟恐坠。于赫先祖之光兮，曾孤蒙之莫企。抚厥土以勤谟兮，寄余颜于悲愧。幸流景之未暮兮，犹将高驰而远致。神听之式谷兮，尚不愆于斯世。④

第二节　蒋氏家族历史上的三次发展高潮

孟子曰："君子之泽，五世而斩。"（《孟子·离娄下》）江南多望族，然有的家族不过繁盛风光几代，随即湮没于历史长河中，如《阳羡蒋氏先烈考序》所述：

> 宜兴著姓皆衣冠之胄也，而得侯者两家，曰蒋氏，曰周氏。周氏在司马氏时，一门五侯，可谓盛矣！而权势相倾，卒为王敦所忌，芟刈殆尽，而其后遂无闻焉。独蒋氏之后代有传人，自汉而唐而宋，而明载于传志者，班班可考，或以德行，或以事功，或以文学，尚论之事，皆能言之，以为蒋氏流泽之长，未有匹也。⑤

义兴蒋氏随历史的变动而起落，与政治中心保持着或远或近的距离，时代的巨变和重大的历史事件主导了其发展状态，从而形成了义兴蒋氏在历史上的三次发展高潮。

---

① 钦绪、沆、洌、涣皆为云阳系后裔。
② 述唐代蒋俨事。
③ 述宋代蒋堂事。
④ （宋）蒋之奇：《蒋氏世系赋》，《武岭蒋氏宗谱》卷1《先系考》，中华书局1948年版，第72页。
⑤ （清）蒋惟高等：《阳羡蒋氏先烈考序》，《茗岭蒋氏宗谱》卷2，康熙年间修，宜兴档案馆藏，资料号：1—2—113—128。

一　蒋氏发展的第一次高潮：汉末魏晋

前文已述义兴蒋氏世袭确有可考者始自东汉蒋诩（前69—前17），但家谱和相关史料对汉宣帝（前91—前49）时的蒋满与蒋万所述甚详。上文已证，蒋满、蒋万父子二人"同日剖符"与史实不符，因汉宣帝时淮南国已灭，蒋满不可能任淮南相。对于蒋满任淮南相的记述见于《万姓统谱》和蒋氏家谱中，但笔者在翻检《西汉文纪》《全汉文》等相关资料时，发现有这样的记载："蒋满父子拜爵诏：上党太守满，经行笃著，信行山东，其以满为淮阳王相，诲导东藩，弘农股肱郡，其以万为弘农太守。"① "淮阳王相"与"淮南王相"一字之差，但是如确为"淮阳王相"的话，则是符合史实的。考汉宣帝时，其子刘钦被封淮阳宪王，在位时间是前63—前27年，蒋满为汉宣帝淮阳宪王相是极有可能的。《汉杂事》曰：

> 蒋满为上党太守，长子万为北地都尉，次子辅为安定太守，满与万俱知名，并见征用。时征为二千石者十三人，俱引见，万却退，不敢与父并。诏遣问谒者曰："何以不齐？"左右曰："此乃父子也。"宣帝叹息曰："乃父子剖符耶。"即下诏父子同日拜于前，上甚嘉之。②

《汉杂事》编入《太平御览》，而《太平御览》是宋朝初期的一部著名类书，它所记载的汉代史实应该是具有可信度的。蒋满与蒋万父子"同日剖符"是极有可能的，只不过家谱载蒋满为淮南相不确，应为淮阳相才符史实。

家谱载："诩公字元卿，彦明公（蒋万）子，质直好义，著廉洁名。"③ 蒋诩为蒋万子，为蒋满孙，《万姓统谱》载："蒋诩，杜陵人，尝于舍前竹下开三径，惟故人求仲、羊仲从之游。哀帝时为兖州刺史，

---

① （明）梅鼎祚：《西汉文纪》卷3，明崇祯刻本，第19—20页。
② （宋）李昉等：《太平御览》卷260，中华书局1960年版，第971页。
③ 佚名：《杜陵世表》，《涧桥蒋氏宗谱》卷13，民国年间修，宜兴档案馆藏，资料号：1—2—1598—1601。

以廉直著名。王莽居摄，以病免官，归乡里，卧不出户。"①"天下有道则见，无道则隐"（《论语·泰伯》），蒋诩首开蒋氏家族隐逸之风，"三径"不仅成为历史上著名的典故，意喻"归隐者的家园"，"三径竹"也成为蒋氏家族二千多年来永恒的家族徽章。至今，宜兴蒋氏后人还以"三径家声远，九侯世泽长"等为堂联，铭记祖先的荣耀。

《江南通志》载："汉蒋默字秀芳，杜陵人，兖州刺史诩孙，父横从光武征赤眉有功封侯。"②据家谱和《增修宜兴县旧志》载，蒋诩之后，还有蒋助、蒋晃，而唐齐光义所撰《后汉亭乡侯蒋澄碑》则明确指出，蒋横为蒋诩四世孙。《江南通志》载蒋默为蒋诩孙显然有误，但载蒋横事却与家谱、地方志的记载相合："（蒋横）坐谮死，九子皆南徙，七寓广陵，二栖阳羡，后帝悟其诬，就其居封之。"③蒋横子颖、郑、川、耀、渐、巡、稔、默、澄皆就地封侯，默与澄分居义兴滆湖东西，默开云阳支，澄启亭支。

唐蒋涣《云阳侯谏议大夫碑》是为其始祖云阳亭蒋默所作，文中称：

> 公即大将军第八子也，讳默，字秀芳，以建武二年渡江来居阳羡滆湖之东，今为义兴人也。公幼而慷慨，壮而雄伟，洞知稼穑，材兼文武，藏器于身……故能复振家声，平雪冤耻，……长子曰何，前将军，居身清正，临阵勇决，封邵陵侯。④

宋《毗陵志》亦载：

> 蒋默字秀芳，诩四世孙，父横仕为大将军，从光武讨赤眉有功，以司隶羌录谮诛。默兄弟九人渡江散处，帝寻悟，命录其后，

---

① （明）凌迪知：《万姓统谱》卷86，台湾商务印书馆1986年《景印文渊阁四库全书》，第957册，第263页。
② （清）赵宏恩等：《江南通志》卷172，台湾商务印书馆1986年《景印文渊阁四库全书》，第511册，第896页。
③ 同上。
④ 佚名：《云阳亭侯谏议大夫碑》，《蒋府圩蒋氏宗谱》卷7，1927年修，宜兴档案馆藏，资料号：1—2—2721—2727。

默居阳羡滆湖东，封为云阳亭侯，终谏大夫，子何，前将军、邵陆侯（谱为邵陵侯），孙志袭祖封。①

蒋默之子蒋何任东汉前将军，封邵陆侯，《云阳侯大夫谏议碑》载，其后代十余世者，皆有威望多任武职。蒋默后裔中还有一个传奇式的人物，就是蒋之奇《蒋氏世系赋并序》中提到的蒋歆。

> 蒋子文（蒋歆字子文）者，广陵人也。嗜酒好色，佻达无度。常自谓己骨清，死当为神。汉末为秣陵尉，逐贼至钟山下，贼击伤额，因解绶缚之，有顷遂死。及吴先主之初，其故吏见文于道，乘白马，执白羽扇，侍从如平生。见者惊走。文追之，谓曰："我当为此土地神，以福尔下民。尔可宣告百姓，为我立祠。"②

此后吴主孙权令筑蒋公庙于山中，敕为土地神，以护卫当地百姓，并加封为中都侯，改中山为蒋山。

后世对蒋歆不断追封，如明世宗朱后熜追封蒋歆为忠烈侯，每年的春秋两季都遣太常卿临庙致祭。蒋歆的事迹带有鲜明的神异色彩，也正是这个原因，蒋氏家谱将其归入"蒋氏历代征异"类。③传说虽然有神话色彩，但也侧面凸显了蒋氏族人的影响力。如全祖望在《蒋金紫园庙碑》中所述："吾乡里社之神，多出自前代巨室之甲第，园亭岁久，遂享居民之祀。"④义兴蒋氏家族中，汉代蒋澄、宋代蒋将明亦为乡间里社之神。⑤

蒋澄，宋《毗陵志》载："澄，字少明，横幼子，居阳羡滆湖西亭，封亭乡侯，仕至刺史。……唐秘监齐光义撰碑略曰：'澄怀忠国

---

① （宋）史能之：《咸淳重修毗陵志》卷16，明初刻本。
② （晋）干宝撰、曹光甫校点：《搜神记》卷5，上海古籍出版社2012年版，第46页。
③ 蒋永成等：《蒋氏历代征异》，《楼王蒋氏宗谱》卷2，1940年修，上海图书馆藏，资料号：919520—27。
④ 转引自《武岭蒋氏宗谱》卷214《事状志》。
⑤ 全祖望《蒋金紫园庙碑》："城南兢渡湖之支流为小湖，其西为竹湖，有庙焉。盖宋金紫光禄大夫蒋公浚明之园神，而后遂以为里社之祀。"

之志，立全家之道，虽灭迹江湖，而克雪前耻云。'"① 《蒋氏宗谱·亚亭侯讳澄公传》载：

> 澄公生五子：孟封东亭侯，通封西亭侯，休为丹阳太守，袭封亚亭侯，政荆南刺史，元兖州刺史。……五子俱庐墓侧，三年服阕，其四子政于回图立庙祀之，迄今神灵显濯，通地无不敬祭之。厥后丕昌，黼黻盈朝，簪缨载道，其子孙蔓衍，难以亿万计，孰非公之盛德所致欤。②

蒋澄次子休袭封亚亭侯，子孙世居回图，休为蒋氏回图始祖③，亚亭侯之后以回图支最盛。《新唐书》言："汉有蒋诩十世孙休，自乐安徙义兴阳羡县。"④此处记载有误，蒋休为蒋诩六世孙，休之父澄已经徙居义兴，至休已为第二代。《毗陵人品记》载："蒋政，字景化，阳羡人，性笃孝，光武朝仕为荆南刺史，父殁请柩于都山之阳，庐于墓侧。馁守三年服阕，又不忍离，始宅于回图居焉。"⑤可见，蒋澄三子孟、通、元仍居五牧村，政、休徙居回图村，为父母守孝。

蒋休的五世孙蒋澄，谱载：

> 澄字居润，幼颖异，年十八入太学，蔡邕见而异之，曰："先生圭璋特达，机警有锋，不徒东南之美，实为海内之英。"于是知名，号曰"亚岳文宗"。汉灵帝熹平初，召拜为太子洗马。⑥

可惜，有关蒋澄的记载仅见于家谱，没有相关史料的佐证，只能暂且列出存疑。

---

① （宋）史能之：《咸淳重修毗陵志》卷16，明初刻本。
② 蒋永成等：《历世文传》，《楼王蒋氏宗谱》卷2，1940年修，上海图书馆藏，资料号：919520—27。
③ 佚名：《亚亭侯支迁徙》，《蒋府圩蒋氏宗谱》卷11，1927年修，宜兴档案馆藏，资料号：1—2—2721—2727。
④ （宋）欧阳修、宋祁：《新唐书》卷75下，中华书局1975年版，第3416页。
⑤ （明）吴亮：《毗陵人品记》卷1，万历四十六年刻本。
⑥ 蒋永成等：《云阳亭蒋氏世纪》，《楼王蒋氏宗谱》卷3，1940年修，上海图书馆藏，资料号：919520—27。

蒋澄子蒋佩,《毗陵人品记》载:

> 蒋佩字服思,阳羡人,儒雅廉介,事亲至孝,仕汉由太丘内史,累迁冀州刺史,在郡清俭,妻自负薪入,为尚书令,澹约终其身。①

谱载:"(佩)配郭公泰女,封安国夫人。"② 郭泰(128—169),字林宗,太学生首领,所传弟子多达数千,文名遍传天下。

蒋佩的孙子蒋干,并非如《三国演义》中演绎的那般庸碌无为,史载:

> 干以才辩见称江淮间,布衣幅巾,自托私行诣瑜,瑜迎劳之,谓曰:"子翼良苦,远涉江湖,为曹操作说客耶?"干曰:"吾与足下州里,中间别隔,遥闻芳烈,故来叙挈阔,并观雅规,而云说客,无乃逆诈乎。"……干但笑,终无所言。干还,称瑜雅量高致,非言辞所能间。③

可见,蒋干是极有见识的,他与周瑜互敬,也并没有中所谓的反间计,徒惹人耻笑。

蒋干的五个儿子松、枞、枢、坛、彬,谱载皆并职郡守:

> 松字应云,干公长子也,景元初进为阳范郡守。时兄弟并仕魏朝,以政著称。元帝(曹奂)表为"柱国五牧"。枞字应梁,干公次子也,魏景元初进为灵邱郡守。枢字应长,干公三子也,魏景元初进为太邱郡守。坛字应春,干公四子也,别序谓为唐虞部员外郎,而此云魏景元初仕为魏郡守,恐另有其人也。彬,字应文,干

---

① (明)吴亮:《毗陵人品记》卷1,万历四十六年刻本。
② 蒋永成等:《云阳亭蒋氏世纪》,《楼王蒋氏宗谱》卷3,1940年修,上海图书馆藏,资料号:919520—27。
③ (宋)萧常:《萧氏续后汉书》卷29,台湾商务印书馆1986年《景印文渊阁四库全书》,第384册,第566—567页。

公五子也，景元初仕为武都郡守。①

蒋氏五兄弟的后人也很有名，谱载："五人所生二十八子名曰'二十八秀'。"②据说这股势力被西晋武帝时镇南大将军杜预看中，其中的蒋秀亢也成为杜预的女婿，最终封为常熟侯。可惜，这段历史仅见于家谱，没有史料的佐证。

蒋佩的曾孙蒋琬，《三国志》载：

> 蒋琬字公琰，零陵湘乡人也。弱冠与外弟泉陵刘敏俱知名。琬以州书佐随先主入蜀……军事将军诸葛亮请曰："蒋琬，社稷之器，非百里之才也。其为政以安民为本，不以修饰为先，愿主公重加查之。"……先主为汉中王，琬入为尚书郎。……亮卒，以琬为尚书令。③

这里载蒋琬为零陵湘乡人，实际是其父蒋昕因仕宦才由义兴迁居零陵，蒋琬还有一个弟弟蒋瑜，谱载曾任雍、梁二州刺史，卒后归葬义兴亓亭西墓，"五十七世昕，徙居湘州零陵，五十八世琬，守零陵，瑜归义兴。"④

"壮护军之戡难兮，底江表于载宁。易帷帐而给田兮，终好学而扬名。"这是蒋之奇《蒋氏世系赋》中提及的蒋钦。据他的名字"钦"字可推测应与亓亭支五十六世蒋镈、蒋錞同辈。谱载："初，公（蒋钦）屯宣城，徐盛收公屯史斩之，盛常畏公因他事害己，而公于权前每称其善，盛既服德，论者美焉。"⑤史载："蒋钦，字公奕，九江寿春给事，孙策为右护军，权尝入其堂内，钦母疎帐缥被，妻妾布裙。权叹其在贵

---

① 蒋永成等：《云阳亭蒋氏世纪》，《楼王蒋氏宗谱》卷3，1940年修，上海图书馆藏，资料号：919520—27。
② 同上。
③ （晋）陈寿：《三国志》卷44，列传第14，中华书局2011年版，第1057页。
④ 佚名：《亓亭侯支迁徙》，《蒋府圩蒋氏宗谱》卷10，1927年修，宜兴档案馆藏，资料号：1—2—2721—2727。
⑤ 蒋潮淙等：《汉传·汉吴荡寇将军奕公传》，《大华蒋氏宗谱》卷3，1930年修，宜兴档案馆藏，资料号：1—2—2082—2093。

守约。"①蒋钦早年追随孙策平定丹阳、吴郡、会稽、豫章四郡,又与贺齐并力讨贼,后因功迁"荡寇将军"。

"龙骧文藻而操绳尺之剧兮,北方亦悉青州之蒋族"。时至北魏,蒋氏家族又出了一位"操绳尺"的建筑匠师。《北史·蒋少游》传载:

> (蒋少游)性机巧,颇能画刻,有文思,吟咏之际,时有短篇。……后于平城将营太庙太极殿,遣少游乘传诣洛,量准魏、晋基趾。……及华林殿沼修旧增新,改作金墉门楼,皆所措意,号为妍美。②

蒋少游不仅是建筑大师,主持了孝文帝时都城洛阳的宫殿设计,而且在书法和绘画上均有极高的造诣,《历代名画记》称曰:"少游敏慧机巧,工书画。"③

南朝频繁的朝代更替中,蒋氏家族又出了两位武将军。蒋有政,《江南通志》载:"湘阴侯蒋有政墓在宜兴县白塔村,亚亭侯裔孙也。"④《散骑常侍安远将军湘阴侯有政公墓志铭》载:

> 公侍陈,为散骑常侍,内尽笃棐之忱,外竭恭顺之道,殚才犹以经济,悉智虑以图谋,将以立一代之鸿休,振在陈之大业,……帝鉴其忠,迁为安远将军。公居是任,靖恭之心愈勤,匪躬之节愈励。其于按兵不举则制度严明,奸宄无可投之隙,其或出师临敌,则设奇善战,交刃有攻,……俾大陈于一统。……公固逡道侯裔也,自逡道侯第九子亚亭侯始来居阳羡,至公凡几世为公侯者数十人。⑤

---

① (宋)乐史:《太平寰宇记》卷129,台湾商务印书馆1986年《景印文渊阁四库全书》,第469册,第470页。
② (唐)李延寿:《北史》卷90,中华书局2011年版,第2984页。
③ (清)倪涛:《六艺之一录》卷323,台湾商务印书馆1986年《景印文渊阁四库全书》,第837册,第4页。
④ (清)赵宏恩等:《江南通志》卷39,台中华文书局1967年版,第449页。
⑤ (清)蒋聚祺等:《墓志》,《西徐蒋氏宗谱》卷4,民国九年修,宜兴档案馆藏,资料号:1—2—1538—1557。

墓志渲染了蒋有政的功勋，同时提及其曾祖蒋绍英任宋世袭指挥使兼骠骑将军，其祖蒋伟绩是梁领六州都督，其长子统中为陈散骑将军，次子胤中为晋陵太守。谱载蒋有政是蒋休的第十八世孙。①

蒋元逊，谱载："元逊字礼让，邦穆公之子也，……敢勇有谋，从陈武帝平侯景有功，加辅国将军。"② 蒋元逊之父为邦穆，蒋有政之父为邦雄，邦穆与邦雄同为蒋伟绩之子，元逊与有政为堂兄弟。《陈书》载："隋师济江，方泰与忠武将军南豫州刺史樊猛、左卫将军蒋元逊领水军于白下，往来断遏江路。"③ 可见蒋元逊曾与樊猛等一起守长江抗击隋军。

二　蒋氏发展的第二次高潮：唐宋

时至唐宋，蒋氏家族迎来了第二次发展高潮。《蒋氏楼王宗谱》曰："（蒋氏）自东汉以还，终全唐之世，代有闻人。"④《武岭蒋氏宗谱》载："蒋氏当有宋一代，人文最盛，故黄晋卿云：'宋三百年，蒋氏与之相始终。'"⑤ 唐初，云阳与亭两支的发展皆繁盛，可谓不相上下，但云阳支逐渐衰落，亭一枝独秀，"其间最好盛者，无如亭侯支焉"⑥，江南蒋氏也多为亭侯后裔。

唐蒋洌为云阳侯支后裔，其撰写《蒋氏大宗碑》曰："曾祖建安府君，进退观时，偃仰超世，邴生自勉，陶令来归，赋清白于子孙，乐琴书于亲友，任道安命，推才重贤，名士闻风，自远而至。"⑦ 蒋洌的曾祖蒋子慎仕终建安尉（建安县，今福建建瓯市），《新唐书》记载了其与同乡高智周的一段逸闻：

---

① （清）蒋惟高等：《亭大宗世表》，《茗岭蒋氏宗谱》卷7，康熙年间修，宜兴档案馆藏，资料号：1—2—113—128。
② 蒋永成等：《云阳亭蒋氏世纪》，《楼王蒋氏宗谱》卷3，1940年修，上海图书馆藏，资料号：919520—27。
③ （唐）姚思廉：《陈书》卷14，列传第8，中华书局2011年版，第212页。
④ 蒋永成等：《重修楼王宗谱序》，《楼王蒋氏宗谱》卷1，1940年修，上海图书馆藏，资料号：919520—27。
⑤ 陈布雷等：《凡例》，《武岭蒋氏宗谱》卷1，中华书局1948年版，第26页。
⑥ （清）蒋玉琪等：《序三》，《双桥蒋氏宗谱》卷1，光绪二十八年修，上海图书馆藏，资料号：919033—39。
⑦ 陈布雷等：《先系考》，《武岭蒋氏宗谱》卷1，中华书局1948年版，第64页。

第一章 义兴蒋氏家族的发展轨迹

智周所善义兴蒋子慎，有客尝视两人，曰："高公位极人臣，而嗣少弱；蒋侯宦不达，后且兴。"子慎终达安尉。其子绘往见智周，智周方贵，以女妻之。生子挺（《旧唐书》为"捷"），历湖、延二州刺史。生子洌、涣，皆擢进士。……洌子鍊，涣子铢，又有清白名。而高氏后无闻。[1]

据蒋鏐墓志载："（鏐）曾祖绘，皇郑州司兵。祖挺，皇延州都督。父洌，谏议大夫。君即谏议之第四子也"[2]，蒋鏐墓志由其父蒋洌所撰，可信度高，所以据墓志，《新唐书》"挺"为确。

蒋挺，《全唐文》收有其文，"挺，义兴人。武后朝官殿中侍御史内供奉，历湖延二州刺史。"[3]《唐刺史考》载蒋挺条："开元十三年自国子司业为湖州刺史。"[4]《唐故楚州长史源公夫人乐安蒋氏墓志铭》称："唐故延州都督公讳挺之顺孙。"[5] 源公夫人蒋氏即蒋琬，蒋涣之女，蒋挺之孙。另据《吴兴志》云："蒋挺，开元五年自国子司业授；选申王府长史。"[6]《全唐诗》卷三唐玄宗《题诸州刺史以题座右》诗下小注曰："开元十六年。帝自择廷臣为诸州刺史。……蒋挺湖州。"[7] 考《新唐书·许景先传》："（开元）十三年，帝自择刺史，……国子司业蒋挺湖州"，可知，蒋挺任湖州刺史的时间应为开元十三年，《全唐诗》等误。

蒋洌，《新唐书》载："洌为尚书左丞。"[8] 洌与涣皆擢进士第，洌还受过陆馀庆的举荐："馀庆于寒品晚进，必悉力荐藉。人有过，辄面折，退无一言。开元初，为河南、河北宣抚使，荐富春孙逖、京兆韦述、吴兴蒋洌、河南达奚珣，后皆为知名士。"[9]《唐魏州参军事裴迥故

---

[1] （宋）欧阳修、宋祁：《新唐书》卷106，列传第31，中华书局2011年版，第4042页。
[2] 周绍良等：《唐代墓志汇编续集》，上海古籍出版社2001年版，第606页。
[3] （清）董诰等：《全唐文》卷208，中华书局1983年版，第212页。
[4] 郁贤皓：《唐刺史考全编》卷10，安徽大学出版社2000年版，第249页。
[5] 周绍良等：《唐代墓志汇编》，上海古籍出版社1992年版，第1880页。
[6] 转引自郁贤皓《唐刺史考》，江苏古籍出版社1987年版，第1703页。
[7] （清）彭定求等：《全唐诗》卷3，中华书局1979年版，第27页。
[8] （宋）欧阳修、宋祁：《新唐书》卷106，中华书局2011年版，第4042页。
[9] （宋）欧阳修、宋祁：《新唐书》卷116，中华书局2011年版，第4239页。

夫人李氏墓志铭》载："太子校书郎蒋洌撰"①，可见蒋洌也曾担任太子校书郎一职。安史之乱中，蒋洌与弟蒋涣被迫接受伪职，后不知所终。

蒋涣，曾任右散骑常侍、工部侍郎、太子司议郎、鸿胪卿，以尚书左丞为华州刺史，充镇国军潼关防御使，以检校礼部尚书充东都留守等职。蒋涣曾入《新唐书·廉吏传》："涣，永泰初历鸿胪卿，日本使尝遗金帛，不纳，唯取笺一番，书以贻其副云。……涣终礼部尚书，封汝南公。"②

蒋镇，《旧唐书》载：

> 蒋镇，常州义兴人，尚书左丞洌之子也。与兄鍊并以文学进。天宝末举贤良，累授左拾遗、司封员外郎，转谏议大夫。……韩滉虑盐户减税，诈奏雨不坏池，池生瑞盐，镇庇之饰诈，识者丑之。转给事中、工部侍郎，以简俭称于时。
>
> 其妹婿源溥，即休之弟也，以姻媾之故，与休交好。泾师之叛，镇潜窜，夜至鄠县西，马蹶堕沟涧中。伤足不能进。时兄鍊已与源休相率受贼伪官。镇仆人有逃归投鍊，云镇病足在鄠。鍊与源休闻之大喜，遂言于贼泚。泚素慕镇清名，即令二百求之鄠县西。明日，拥镇而至，署为伪宰相。既知不免，每忧沮，常怀刃将自裁，多为兄鍊所救而罢。数日后，复谋窜匿，竟以性懦畏怯，计终不果。然源休与泚频议，欲逼胁潜藏衣冠，大加杀戮，镇辄力争救，获全者甚众。至是，与兄鍊等并授伪职，斩于东市西北街。
>
> 初，镇父洌、叔涣，当禄山、思明之乱，并授伪职，然以家风修整，为士大夫所称。镇兄弟亦以教义礼法为己任，而贪禄爱死，节隳身戮，为天下笑。③

据考，蒋洌还有子镝、鏠、鐩，鐩早夭，蒋洌曾为其撰写墓志。镝曾任无锡尉，鏠曾任千牛。④ 蒋涣还有子：铢、鉥，女：婉。鉥曾

---

① 周绍良等：《唐代墓志汇编》，上海古籍出版社1992年版，第1224页。
② （宋）欧阳修、宋祁：《新唐书》卷106，中华书局2011年版，第4202页。
③ （后晋）刘昫等：《旧唐书》卷127，中华书局2011年版，第3578页。
④ （唐）任华《西方变画赞》载："前殿中侍御史蒋鍊，鍊弟前右拾遗镇，镇弟前无锡尉镝，镝弟前千牛鏠，鏠弟前协律郎錡等，泣血三年，哀过乎。"《全唐文》卷376。

为妹婿源溥撰写墓志,署名为"宣德郎守起居舍人乐安蒋鈇"①。鈇无闻。

云阳侯支的没落,当与朱泚叛乱有关,蒋氏族人或主动或被迫卷入这场政权的博弈中,最终招致杀戮之祸,且身败名裂,家族从此湮没无闻。

唐初,义兴蒋氏还有一支非常令人瞩目,但是这支属于云阳后裔还是亭后裔,已无法考证。据《大唐故朝散大夫上护军行魏州武圣县令蒋府君墓志铭并序》载:

> 府君讳义忠,字□政,吴郡义兴人也。自金陵霸改,石城隍复,帝宅中原,衣冠北徙,今为京兆人焉。传曰:"凡□□□文之昭也。"……其词曰:"文昭之后,伯龄以昌,象贤不替,诞降惟良。"②

蒋义忠为义兴蒋氏之后,自是无疑,只是此时的蒋氏后裔多因仕宦离开义兴,迁徙别处,尤以迁居都城长安人数为众。"曾祖子英,梁金紫光禄大夫、上明郡太守、平固县侯,食邑三千户;祖歕,皇朝使持节通州诸军事、通州刺史;父孝璋,朝议大夫、上柱国、行尚药局奉御。"③"(永徽六年)八月,尚药奉御蒋孝璋员外特置,仍同正。员外同正,自蒋孝璋始也。"④蒋孝璋还曾医治过玄奘法师:

> (玄奘)今夏五月因热追凉,遂动旧疾,几将不治。道俗忧惧,中书闻奏,敕遣供奉上医尚药奉御蒋孝璋、针医上官琮专看……孝璋等给侍医药,昼夜不离,经五日方损,内外情安。⑤

可见,蒋孝璋的医术是十分高明的。但身为御医,蒋孝璋却未得享

---

① 见《唐代墓志汇编》周绍良藏拓本《唐故朝议郎守楚州长史赐绯鱼袋源公墓志铭并序》。
② 周绍良等:《唐代墓志汇编续集》,上海古籍出版社2001年版,第443页。
③ 同上。
④ (后晋)刘昫等:《旧唐书》卷4,中华书局2011年版,第74页。
⑤ 光中编著:《唐玄奘三藏传史汇编》,东大图书股份有限公司1989年版,第198页。

高年，据其夫人墓志载：

> 方期松竹并茂，岂谓生死遽分，仪凤三年二月十一日，奉御府君俄先朝露，夫人崩城起恸，怀刃自明，顾只剑而斯摧，对孤莺而载绝。①

据墓志载，蒋孝璋另有子蒋义弼，任越府功曹参军。

与蒋孝璋同时代的义兴蒋氏另有一位名医，据《唐故殿中侍御医上护军蒋府君墓志》载：

> 公讳少卿，义兴阳羡人，陈灭入随（隋），因家于长安，曾祖天宝，齐桂州刺史；祖硕，尚梁散骑常侍、右军将军、将乐县开国伯；父子翼，陈鄱阳王国常侍、随（隋）永和令。②

蒋少卿虽是侍奉皇帝的御医，但史书缺乏相关记载，墓志可谓是记载其生平的重要文献。墓志载其嗣子为唐代著名的良吏——蒋俨；蒋少卿夫人的墓志亦载："长子监门将军俨、次子益府法曹静。"③蒋俨，《新唐书》有传：

> 蒋俨，常州义兴人。擢明经第，为右屯卫兵曹参军。太宗将伐高丽，募为使者，人皆惮行，俨奋曰："以天子雄武，四夷畏威，蕞尔国敢图王人？有如不幸，固吾死所也。"遂请行。为莫离支所囚，以兵胁之，不屈，内窟室中。高丽平，乃得归。帝奇其节，授朝散大夫。为幽州司马，刘祥道以巡察使到部，表最状，擢会州刺史。再迁殿中少监，数陈时政病利，高宗辄优纳。进蒲州刺史，……永隆二年，以老致仕。未几，复召为太仆卿，以父讳辞

---

① 佚名：《唐故尚药奉御蒋府君夫人刘氏（令淑）墓志铭并序》，吴钢主编：《全唐文补遗》，三秦出版社1999年版，第387页。
② 《唐故殿中侍御医上护军蒋府君墓志》，西安市文物保护考古所：《西安唐殿中侍御医蒋少卿及夫人宝手墓发掘简报》，《文物》2012年第10期。
③ 《唐故朝议郎行尚药侍御医上护军蒋府君夫人陇西郡太君墓志铭并序》，西安市文物保护考古所：《西安唐殿中侍御医蒋少卿及夫人宝手墓发掘简报》，《文物》2012年第10期。

官，徙太子右卫副率。中宗在东宫，俨数争过失，不见用。………
俨寻徙右卫大将军，封义兴县子，以太子詹事致仕。卒，年七十
八。中宗立，以旧恩赠礼部尚书。①

《刺史考》载："《元和姓纂》卷七'义兴蒋氏'：'安遇，鄆州刺史。'按其父蒋俨，约总章时为蒲州刺史。"② 可见，蒋俨之子为蒋安遇，曾任鄆州刺史

谱载蒋俨谱名为蒋孝璋，有子曰蒋岑。但蒋岑子蒋伦墓志铭载：

> 君讳□之，字伦，常州义兴人也。其先，周公之胤，纪于春秋。世有冠冕，为江南□族。曾祖，通议大夫、成州刺史。祖，朝散大夫、秘书丞。……皇考讳岑，正议大夫、司农少卿，赠汾州刺史。当玄宗之盛德，显于朝右。③

显然，蒋岑之父祖与蒋俨、蒋孝璋不符，家谱记载有误。蒋伦亦为义兴𠚪亭蒋氏，虽官位不显，但居官颇有政绩："君以大夫门子，解褐左监门卫胄曹参军。三迁至封丘令，又宰摄福昌县。所居之官，必有能政。"④ 墓志载蒋伦还有弟昱、晃等，特别提及晃："君有子三人，皆□笄冠。晃躬自教训，加之以慈爱。"⑤ 蒋伦妻墓志铭提及："有胤子三人：伯曰均，仲曰埙，季曰堭，皆年在幼冲，哀毁过制。"⑥ 蒋岑还有一女，《唐苏州别驾李公故夫人蒋氏墓志铭并序》载："夫人公旦之胤，姓系尚矣。先父岑，开元中少司农赠汾州刺使，冠裳问望。"⑦
唐代书法家王无悔为夫人撰写的《唐义兴蒋夫人墓志铭并序》曰：

---

① （宋）欧阳修、宋祁：《新唐书》卷100，中华书局2011年版，第3943页。
② 郁贤皓撰：《唐刺史考全编》卷193，安徽大学出版社2000年版，第2642页。
③ （唐）殷亮：《唐故摄福昌县令蒋君（伦）墓铭并序》，吴钢主编：《千唐志斋新收墓志》，三秦出版社2006年版，第253页。
④ 同上。
⑤ 同上。
⑥ （唐）杨论：《大唐蒋公夫人房氏墓志铭并序》，吴钢主编：《千唐志斋新收墓志》，三秦出版社2006年版，第238页
⑦ 佚名：《唐苏州别驾李公故夫人蒋氏墓志铭并序》，吴钢主编：《全唐文补遗》，三秦出版社1999年版，第456—457页。

"曾祖讳岑，皇司农少卿，赠汾州刺史，娶柳氏女生祖晃，检校户部员外郎，充淮南节度判官。"① 谱载："晃字吉甫，岑公三子也。方正有干略，仕为唐监察御史时，请以凌霞观为坟刹，乃建大宗正亭乡侯二碑于观之左右。"② 可见蒋晃曾任检校户部员外郎、充淮南节度判官、监察御史。

蒋晃之子为蒋环，蒋环为蒋乂祖，蒋环之子、蒋乂之父为蒋将明。蒋将明，《新唐书载》：

（蒋乂）父将明，天宝末，辟河中使府。安禄山反，以计佐其师，全并、潞等州。两京陷，被拘，乃阳狂以免。虢王巨引致幕府，历侍御史，擢左司郎中、国子司业、集贤殿学士。③

蒋乂，《新唐书·蒋乂传》对其所述甚详：

乂性锐敏，七岁时，见庾信《哀江南赋》，再读辄诵。外祖吴兢位史官，乂幼从外家学，得其书，博览彊记。逮冠，该综群籍，有史才，司徒杨绾尤称之。将明在集贤，值兵兴，图籍殽舛，白宰相请引乂入院，助力整比。宰相张镒亦奇之，署集贤小职。……十八年，迁起居舍人，转司勋员外，皆兼史任。帝尝登凌烟阁，视左壁颓剥，题文漫缺，行才数字，命录以问宰相，无能知者。遽召乂至，答曰："此圣历中侍臣图赞。"帝前口以诵补，不失一字。……会诏问神策军建置本末，中书讨求不获，时集贤学士甚众，悉亡以对。乃访乂，乂条据甚详。宰相高郢、郑珣瑜叹曰："集贤有人哉！"明日，诏兼判集贤院事。父子为学士，儒者荣之。……乂在朝廷久，居史职二十年。每有大政事议论，宰相未能决，必咨访之，乂据经义或旧章以参时事，其对允切该详。初以是被遇，终亦忤贵近，介介不至显官。然资质朴直，遇权臣秉政，辄

---

① （唐）王无悔：《唐义兴蒋夫人墓志铭并序》拓本。
② 蒋永成等：《云阳亭蒋氏世纪》，《楼王蒋氏宗谱》卷3，1940年修，上海图书馆藏，资料号：919520—27。
③ （宋）欧阳修、宋祁：《新唐书》卷132，中华书局2011年版，第4531页。

数岁不迁。尝疏裴延龄罪恶及拒王叔文，当世高之。结发志学，老而不厌，虽甚寒暑，卷不释于前，故能通百家学，尤明前世沿革。家藏书至万五千卷。①

自蒋乂起，蒋氏两代四人参与修史。"未几，（蒋乂）改秘书少监，复兼史馆修撰，与孤独郁、韦处厚修《德宗实录》"②。蒋乂长子係，"善属文，得父典实。太和初，授昭应尉，直史馆。明年，拜右拾遗、史馆修撰，与沈传师、郑瀚、陈夷行、李汉参撰《宪宗实录》"③。蒋乂次子蒋伸曾在懿宗时，兼刑部尚书，监修国史。蒋乂三子蒋偕：

> 偕以父任，历右拾遗、史馆修撰，转补阙、主客郎中。初，柳芳作《唐历》，《大历》以后阙而不录，宣宗诏崔龟从、韦澳、李荀、张彦远及偕等分年撰次，尽元和以续云。累迁太常少卿。大中八年，与卢耽、牛丛、王沨、卢告撰次《文宗实录》。……（蒋氏）三世踵修国史，世称良笔，咸云"蒋氏日历"，天下多藏焉。④

蒋係，史载其仕途显赫：

> （係）历膳部员外、工礼兵三部郎中，皆兼史职。开成末，转谏议大夫。……出为桂管观察使，人安其治。复坐汉贬唐州刺史。宣宗立，召为给事中、集贤殿学士判院事。转吏部侍郎，历兴元、凤翔节度使。懿宗初，拜兵部尚书，以弟伸位丞相，恳辞，乃检校尚书右仆射，节度山南东道，封淮阳郡公。徙东都留守。⑤

蒋伸，史载曾位至宰辅：

---

① （宋）欧阳修、宋祁：《新唐书》卷132，中华书局2011年版，第4531—4533页。
② 同上书，第4533页。
③ 同上书，第4534页。
④ 同上书，第4535页。
⑤ 同上书，第4534页。

伸字大直，第进士。大中二年，以右补阙为史馆修撰，转驾部郎中，知制诰。白敏中领邠宁节度，表伸自副，加右庶子。入知户部侍郎。九年，为翰林学士，进承旨。十年，改兵部侍郎，判户部。宣宗雅信爱伸，每见必咨天下得失。伸言："比爵赏稍易，人且偷。"帝愕然曰："偷则乱矣。"伸曰："否，非遽乱，但人有觊心，乱由是生。"帝嗟叹，伸三起三留，曰："它日不复独对卿矣。"伸不谕。未几，以本官同中书门下平章事。逾四月，解户部，加中书侍郎。懿宗即位，兼刑部尚书，监修国史。咸通二年，出为河中节度使、同中书门下平章事，徙宣武。俄以太子少保分司东都。七年，用为华州刺史。再迁太子太傅，表乞骸骨，以本官致仕。①

蒋仙，谱载："仙字大真，乂公四子也。仕唐为汝州刺史，累迁至中书侍郎。"②

蒋佶，谱载："佶字大正，乂公五子也，为同州刺史。懿宗咸通中留守东都，是时威震华夷，寇患屏息，帝表之赐以金紫。"③ 蒋佶还是唐代著名诗人，《全唐诗》收录其诗十五首，但作者名"蒋吉"，据岑仲勉《读全唐诗札记》考证：蒋吉，疑为蒋佶之讹。

蒋曙，《新唐书》载：

（蒋系）子曙，字耀之。咸通末，由进士第署鄂岳团练判官，除虞、工二部员外，改起居郎。黄巢之难，曙阖门无噍类，以是绝意仕进，隐居沈痛。中和二年，表请为道士，许之。④

蒋曙子诚，蒋诚子防。
蒋防，《万姓统谱》载：

---

① （宋）欧阳修、宋祁：《新唐书》卷132，中华书局2011年版，第4534—4535页。
② 蒋永成等：《云阳亭蒋氏世纪》，《楼王蒋氏宗谱》卷3，1940年修，上海图书馆藏，资料号：919520—27。
③ 同上。
④ （宋）欧阳修、宋祁：《新唐书》卷132，中华书局2011年版，第4534页。

蒋防，字子征，义兴人，澄之后。年十八，父诫令作《秋河赋》，援笔即成，警句云："连云梯以迥立，跨星桥而径渡"。于简遂妻以子。李绅即席命赋《鞲上鹰》，诗云："几欲高飞天上去，谁人为解绿丝绦。"绅识其意，荐之。后历翰林学士、中书舍人。①

蒋防还曾任刺史，据《刺史考》：

《全文》卷七一九蒋防《连州静福山廖先生碑铭并序》："长庆末，余自尚书司封郎知制诰翰林学士得罪，出守临汀，寻改此郡。"又见《唐诗纪事》卷四一。《宝刻丛编》卷十九《复斋碑录》："《唐放生池铭》，宝历元年四月二十一日刺史蒋防立。"……《舆地碑记目》卷三《连州碑记》有《梁廖冲飞昇碑》，注云："刺史蒋防立。"②

蒋防还是唐代著名的文学家，《全唐诗》录有其诗，撰有著名的传奇作品《霍小玉传》。

蒋凝，蒋防曾孙，《全唐文》录有其文，名下简介为："凝，字仲山，咸通中进士。"家谱载：

凝字海涵，执古公长子也。生而姿容如玉，敏哲睿人，咸通中进士及第，进为侍读学士，每到朝，士众以为祥瑞，时明中号为玉笋班。懿宗雅爱之，召尚良庆公主。③

《北梦琐言》云："蒋凝侍郎亦有人物。每到朝士家，人以为祥瑞，号'水月观音'。前代潘安仁、卫叔宝何以加此。唐末朝士中有人物者，时号'玉笋班'。"④蒋凝不仅貌过潘安，且极有风度文采，《唐摭

---

① （明）凌迪知：《万姓统谱》卷86，台湾商务印书馆1986年《景印文渊阁四库全书》，第957册，第264页。
② 郁贤皓：《唐刺史考全编》卷169，安徽大学出版社2000年版，第2461页。
③ 蒋永成等：《云阳亭蒋氏世纪》，《楼王蒋氏宗谱》卷3，1940年修，上海图书馆藏，资料号：919520—27。
④ （五代）孙光宪撰，贾二强点校：《北梦琐言》卷5，中华书局2002年版，第103页。

言》载：

> 乾符中，蒋凝应宏辞，为赋止及四韵，遂曳白而去。试官不之信，逼请所试，凝以实告。既而比之诸公，凝有得色，试官叹息久之。顷刻之间，播于人口。或称之曰："白头花钿满面，不若徐妃半妆。"①

经过五代十国的战乱，蒋氏的发展势头有所衰弱，到了宋代，才重新开始繁盛起来。

> 义兴蒋氏以东汉亟亭侯澄为□祖，距今千余年，兵气侵扰，国势迁移，名臣巨屋捐坟墓、弃印绶，老死岩谷，何可胜数！而后世之兴，往往不知其族之所自出。义兴之蒋，祖孙相望，名迹斑斑。然以官学世其家为闻姓，奕世显融，以至宋兴，尚占数义兴谱。……咸平中有讳堂者，以进士起家，侍仁宗朝为吏部侍郎、枢密直学士，赠太尉，而犹子太师魏公之奇又以文学政事称天下，繇开封府尹，擢翰林学士，知枢密院，尊显三朝，而蒋氏子孙有名籍于朝者比比出焉。②

蒋堂的爷爷蒋宏谨，"凝公曾孙，父讳幼蟾，妻史氏生子九皋五岁而寡，时年二十二，誓不嫁，诲子以学，居滆湖西，窭甚，育鹅自给。"③ 史氏将子九皋抚养成人，九皋子堂，是宋代义兴第一名进士，因居二品高官，其祖母史氏得封庆国夫人。

> 蒋堂字希鲁，常州宜兴人。擢进士第，为楚州团练推官。满岁，吏部引对，真宗览所试判，善之，特授大理寺丞、知临川

---

① （五代）王定保：《载应不捷声价愈振》，《唐摭言》卷10，上海古籍出版社1978年版，第105页。
② （宋）孙觌：《宋故右大中大夫敷文阁待制赠正议大夫蒋公墓志铭》，《鸿庆居士集》卷42，台湾商务印书馆1986年《景印文渊阁四库全书》，第1135册，第393—396页。
③ （清）蒋聚祺等：《先烈》，《西徐蒋氏宗谱》卷4，民国九年修，宜兴档案馆藏，资料号：1—2—1538—1557。

县。……庆历初，诏天下建学。汉文翁石室在孔子庙中，堂因广其舍为学官，选属官以教诸生，士人翕然称之。……徙河中府，又徙杭州、苏州。以尚书礼部侍郎致仕，卒，特赠吏部侍郎。堂为人清修纯饬，遇事毅然不屈，贫而乐施。好学，工文辞，延誉晚进，至老不倦，尤嗜作诗。①

蒋之奇，蒋堂从子，《宋史》亦有传：

蒋之奇字颍叔，常州宜兴人。以伯父枢密直学士堂荫得官。擢进士第，中《春秋三传》科，至太常博士；又举贤良方正，试六论中选，及对策，失书问目，报罢。英宗览而善之，擢监察御史。……岁恶民流，之奇募使修水利以食流者。……用工至百万，溉田九千顷，活民八万四千。……徙河北都转运使、知瀛洲。辽使耶律迪道死，所过郡守皆再拜致祭。之奇曰："天子方伯，奈何为之屈膝邪！"祭而不拜。……徽宗立，复为翰林学士，拜同知枢密院。……之奇为部使者十二任，六曲会府，以治办称。且孜孜以人物为己任，在闽荐处士陈烈，在淮南荐孝子徐积，每行部至，必造之。②

蒋之勉，"字敬叔，义兴人，博通图典，为西浙大儒，屡荐不仕，号荆南先生。③"

蒋之美，《宋诗纪事》卷二十六载："之奇弟，宜兴人，熙宁六年进士。"④ 谱载："之美，字彦叔，滂公次子。宋神宗熙宁六年癸丑（佘中榜）进士，授太傅卿。……赠正议大夫。"⑤

蒋之翰，谱载：

---

① （元）脱脱等：《宋史》卷298，中华书局2011年版，第9912页。
② （元）脱脱等：《宋史》卷343，中华书局2011年版，第10915—10917页。
③ （明）吴亮：《毗陵人品记》卷3，万历四十六年（1618）刻本。
④ （清）厉鹗：《宋诗纪事》，上海古籍出版社1983年版，第654页。
⑤ （清）蒋惟高等：《正亭大宗世表》，《茗岭蒋氏宗谱》卷7，康熙年间修，宜兴档案馆藏，资料号：1—2—113—128。

字文叔，宋乡举进士，……知苏州，又知亳州，转汴州节度判官，迁荆南军府事兼管畿内劝农使，充荆湖北路兵马都钤辖，以朝请大夫上柱国武功县开国男食邑三百户，赐紫金鱼袋致仕。①

蒋之瀚研究《楚辞》很有造诣，认为：

《离骚经》，若惊澜奋湍，郁闭而不得流，若长鲸苍虬，偃蹇而不得伸，若浑金璞玉，泥沙掩匿而不得用，若明星皓月，云汉蒙蔽而不得出。②

蒋长源，蒋堂子。据其子蒋彝墓志铭载：

公则亚亭侯之后也。曾祖讳九皋，累赠太傅。祖讳堂，尚书礼部侍郎，为时名臣，国史有传，累赠少师。考讳长源，庄重博雅，不以势利累心，官至朝奉大夫。③

蒋长源是北宋著名书画家和收藏家，米芾在《画史》中称："蒋长源，字仲永，吾书画友也。"④

蒋璨，蒋之美子，其墓志载：

公讳璨，字宣卿。曾祖九皋，赠太傅。祖滂，江宁县主簿，赠太师。考之美，奉议郎，通判亶州，赠正议大夫。……公生十三岁而孤，鞠于世父魏公，诵习群书，操笔为章句，已卓越不凡。……未几召见，擢尚书比部员外郎，知通州，转右朝奉大夫通州……明年召归，擢户部侍郎，除集贤殿修撰，知平江府。进敷文阁待制，

---

① （清）蒋惟高等：《亚亭大宗世表》，《茗岭蒋氏宗谱》卷7，康熙年间修，宜兴档案馆藏，资料号：1—2—113—128。
② （明）杨慎：《升庵集》卷52，台湾商务印书馆1986年《景印文渊阁四库全书》，第1270册，第453页。
③ （宋）程俱：《北山集》卷30，台湾商务印书馆1986年《景印文渊阁四库全书》，第1130册，第297页。
④ （宋）米芾：《画史》，中华书局1985年版，第3页。

右大中大夫。……遇人无贵贱少长,洵洵然,自州县小官贵为公卿,人不见其小……其在官府,驭吏民如家人,待僚吏如宾友……故人畏而爱之。①

蒋璨擅书,《书录》载:"(蒋璨)善行书,亦长于大字。今家藏数帖,皆有韵度。豫章诸寺庙匾额多其所书,圆媚缜密,然少萧散。"②

蒋静,蒋之仪子,《宋史》有传:

  蒋静字叔明,常州宜兴人。第进士,调安仁令。俗好巫,疫疠流行,病者宁死不服药,静悉论巫罪,聚其所事淫像,得三百躯,毁而投诸江。……徽宗初立,求言,静上言,多诋元祐间事,蔡京第为正等,擢职方员外郎;……明年,迁国子司业。帝幸太学,命讲《书·无逸篇》,赐服金紫,进祭酒,为中书舍人。……越九年,召为大司成,出知洪州。复告归,加直学士。卒,年七十一,赠通议大夫。③

蒋偕,《万姓统谱》载:

  蒋偕,字梦锡,之奇子。元祐进士,以明经荐徽宗,擢为大司乐,与梁司成议乐舞不合。偕曰:"一代礼典当质经。"不顾而去。燕、云初复,廷臣议上尊号,偕曰:"裕陵郤徽号为万世法,奈何故说以亏盛德?"卒止之。④

蒋津,谱作聿,家谱载:

---

① (宋)孙觌:《宋故右大中大夫敷文阁待制赠正议大夫蒋公墓志铭》,《鸿庆居士集》卷42,台湾商务印书馆1986年《景印文渊阁四库全书》,第1135册,第393—396页。
② (宋)董更:《书录》卷下,台湾商务印书馆1986年《景印文渊阁四库全书》,第814册,第310页。
③ (元)脱脱等:《宋史》卷356,中华书局2011年版,第11211—11212页。
④ (明)凌迪知:《万姓统谱》卷86,台湾商务印书馆1986年《景印文渊阁四库全书》,第957册,第266页。

公字公济，宜兴人，朝请大夫之翰子。熙宁三年第进士，自兖州教授召为直学，迁太常博士。元丰三年，除江东提刑使，有政声，诏进秩一等，除右正言，辞不就。……绍圣四年，除吏部侍郎，后以敷文阁待制终。以直言忤时相蔡京，与世父之奇名列党籍。①

蔡京所立元祐党人碑，文臣曾任执政官二十七人，司马光起，蒋之奇止，曾任侍制官以上四十九人，苏轼起，朱服止。余官一百七十七人，秦观起，梁士止。蒋津在余官内。

蒋兴祖，《宋史》有传：

蒋兴祖，常州义兴人，之奇之孙也。以荫累调饶州司录。……以功迁官，知开封府阳武县。阳武，古博浪沙地，土脉脆恶，大河薄其南。当积雨泛溢，堨且溃，兴祖躬救护，露宿其上，弥四旬，堤以不坏。治为畿邑最，使者交荐之。靖康初，金兵犯京师，道过县，或劝使走避，兴祖曰："吾世受国恩，当死于是。"与妻子留不去。监兵与贼通，斩以徇。金数百骑来攻，不胜，去。明日师益至，力不敌，死焉，年四十二。妻及长子相继以悻死。诏赠朝散大夫。②

蒋圆，《左中奉大夫充秘阁修撰蒋公墓志铭》载：

公讳圆，字粹仲。蒋氏系出周公，至汉左卫司马员外郎散骑常侍郑，领会稽郡，子孙因家暨阳，公即其后也。郑弟亚亭乡侯澄，居义兴，故礼部侍郎堂，知枢密院之奇，即其后也。冠冕相属，为毗陵右族。……中元祐六年进士第，调海州司理参军，治狱明恕，当死者必生路，所全活甚众。迁润州丹徒令，有能名。夏不雨，行路多暍死，公凿井道傍九十有三，人赖其惠，或号

---

① （清）蒋惟高等：《先烈考》，《茗岭蒋氏宗谱》卷2，康熙年间修，宜兴档案馆藏，资料号：1—2—113—128。

② （元）脱脱等：《宋史》卷452，中华书局2011年版，第13288页。

第一章　义兴蒋氏家族的发展轨迹

"蒋公泉"……未几，徙知沂州。宋江啸聚亡命，剽掠山东一路，州县大震，吏多避匿，公独修战守之备，以兵扼其冲，贼不得逞，祈哀假道。公吭然阳应，侦食尽，督兵麾击，大破之，余众北走龟蒙间，卒投戈请降。……上问宋江事，公敷奏始末，益多其才。……实建炎四年七月十七日也，享年八十有八，积官至中奉大夫，爵宜兴县开国男，食邑三百户。①

蒋芾，《宋史》有传：

蒋芾字子礼，常州宜兴人，之奇曾孙。绍兴二十一年，进士第二人。孝宗即位，累迁起居郎兼直学士院。时宦者梁珂事上潜邸，挠权，尹穑论珂，与祠，芾缴奏罢之。……芾采众论，参己见，为《筹边志》上之。……明年，拜右仆射、同中书门下平章事兼枢密使。会母疾卒，诏起复，拜左仆射，芾力辞。……再提举洞霄宫，卒。②

蒋重珍，蒋兴祖曾孙，由宜兴迁居无锡胡埭，《宋史》有传：

蒋重珍字良贵，无锡人。嘉定十六年进士第一，签判健康军，……乞召真德秀、魏了翁用之，……迁著作郎兼权司封郎官、起居舍人，……以集英殿修撰知安吉州，权刑部侍郎，三辞不许，自劾其不能取信朝廷之罪，……诏守刑部侍郎致仕，赠朝请大夫，谥忠文。③

蒋捷，蒋之奇的六世孙，是南宋著名词人，有《竹山词》传世。《毗陵人品记》载：

---

① （宋）张守：《左中奉大夫充秘阁修撰蒋公墓志铭》，《毘陵集》卷13，中华书局1985年版，第191页。
② （元）脱脱等：《宋史》卷384，中华书局2011年版，第11818页。
③ （元）脱脱等：《宋史》卷411，中华书局2011年版，第12352页。

蒋捷，字胜欲，阳羡人，徙武进。德祐进士［按：蒋捷应为咸淳十年（1274）进士］，平生喜著述，主于理义，不为剿说。其于小学详断，发明旨趣尤奥。元初，遁迹不仕，大德间宪臣交章荐捷，不就。不臣二姓，盖天植其操云。家竹山，学者称为竹山先生。①

三　蒋氏发展的第三次高潮：明清

南宋灭亡后，义兴蒋氏大都选择了同新朝不合作的态度。有元一代，蒋氏族人皆隐逸不仕，"我蒋氏为邑中望族，宋元更代，隐复懋著，深厚栽培，有明御宇，科名鹊起，弈叶蝉联"②。也正因为这一时期的"隐复懋著，深厚栽培"，时至明清，蒋氏迎来了第三次发展高潮。

蒋子成，《江南通志》载："蒋子成，宜兴人，善画山水人物，其水墨大士像尤为世所珍。永乐间征入京师，与同时赵廉画虎、边文进翎毛并推绝技。"③蒋子成还曾奉命画"天子真相"，赐予藩国，名重京师。

蒋守约，《明一统志》载："蒋守约，宜兴人，为人端谨，永乐中历太常赞礼协律郎，累升太常寺卿，终礼部尚书。"④蒋守约初为道士，后因胡濙举荐，官至礼部尚书。洪熙宣德间被遣回乡，正统元年（1436）复起，仍为礼部尚书。蒋守约是明代道士为高官的第一人，且两度为礼部尚书，足见其人学问才干的卓越之处。

蒋应震，字中复，幼时家贫，励志读书，万历十一年（1583）第进士，知宜春县，升礼部主事，后为建昌知府，曾续编《毗陵人品记》。《蒋府圩蒋氏宗谱》载，其于万历二十九年（1601）参与重建蒋氏大宗碑。

蒋允仪，《明史》载：

---

① （明）吴亮：《毗陵人品记》卷4，万历四十六年刻本。
② 佚名：《祠规序》，《涧桥蒋氏宗谱》卷11，民国年间修，宜兴档案馆藏，资料号：1—2—1598—1601。
③ （清）赵宏恩等：《江南通志》卷170，台湾商务印书馆1986年《景印文渊阁四库全书》，第511册，第873页。
④ （明）李贤等：《明一统志》卷10，台湾商务印书馆1986年《景印文渊阁四库全书》，第472册，第262页。

第一章 义兴蒋氏家族的发展轨迹

蒋允仪，字闻韶，宜兴人。万历四十四年进士。授桐乡知县，移嘉兴。天启二年擢御史。……会议红丸事，力诋方从哲，请尽夺官阶、禄荫。其党恶之。……疏入，魏忠贤、刘朝辈皆不悦。以丁巳主察之人不指名直奏，责令置对。……（魏忠贤）又使给事中苏兆先劾其为门户渠魁，遂削籍。……崇祯元年荐起御史，……寻擢太仆少卿，……（崇祯）十五年，御史杨而铭、给事中倪仁祯相继论蒋，未及用而卒。①

蒋如奇，《续书史会要》载：

蒋如奇字一先，号盘初，南直宜兴人。万历丙辰进士，官湖西大参。性笃孝友，情钟山水，不以仕禄为念，故其书法特潇洒绝俗。董思白称其："天骨超逸，功力复深"，……所镌有晋、唐、宋诸大家《净云枝》等帖行世，吾乡中购其大幅匹书，不啻鸡林焉。②

蒋如鼎，谱载：

公字国器，号莲洲，宜兴人。以序贡授永康训导，……崇祯四年，知分水县，分俗民贫则典妻，生女则溺而不育，其富家又多锢侍婢，终其身不得配，如鼎一切禁绝之。……七年告归，分民泣送，行李萧然，惟图书数箧而已。燕居必正襟危坐，经史自娱。年逾七十，手不释卷，铭其楹曰"市隐"。③

蒋永修，《江南通志》载：

---

① （清）张廷玉等：《明史》卷235，中华书局2011年版，第6134—6137页。
② （明）朱谋垔：《续书史会要》，台湾商务印书馆1986年《景印文渊阁四库全书》，第814册，第846页。
③ （清）蒋惟高等：《先烈考》，《茗岭蒋氏宗谱》卷2，康熙年间修，宜兴档案馆藏，资料号：1—2—113—128。

蒋永修，字纪友，宜兴人。顺治丁亥进士，知应山县，劳来有恩，邻境贼起，练民兵守御，贼不敢逼。举卓异，擢刑科给事中，出知贵州平越府，清丈苗民虚税八千有奇，擢湖广提学副史，振兴文教，楚风为之一变。①

蒋景祁，蒋永修子。《皇朝文献通考》载："蒋景祁，字京少，义兴人。"② 蒋景祁是阳羡词派代表人物之一，与陈维崧词风相近，自称"阳羡后学"。一生酷爱诗词，与陈维崧相交甚密，在其去世后完成了《陈检讨集》的编撰，并作序三篇，真情实感溢于字里行间，一时为世人称颂。蒋景祁还曾编成《瑶华集》二十二卷，博采众长，不持门户之见，成为研究清词的珍贵文献。

蒋锡震，《钦定四库全书总目》载："锡震，字岂潜，宜兴人，康熙乙丑进士。"③ 锡震少好诵庄骚文选，工诗。康熙五十七年（1718）为直隶庆云令，多有善政，为官三年，不得提升，赋诗辞官。其著作颇丰，有《青溪诗》十卷、《坡山集》一卷、《秋风集》一卷等。

第三节　蒋氏家族三次发展高潮原因的探究

所谓"君子之泽，五世而斩"（《孟子·离娄下》），但纵观历史，潘光旦先生认为："当门第婚姻盛行之时代，往往有积十数世而不败者；盖优越之血统与优越之血统遇，层层相因，累积愈久，蕴藉愈深，非社会情势有大更变、大变动，有若朝代之兴替，不足以摧毁也。"④

义兴蒋氏自汉末至今，繁荣兴盛何止"十数世"，即使遇朝代兴替之社会大变革，也只是暂时韬光养晦，一遇适宜之时机，即会重兴。这不禁引人深思，这个家族历时弥久的持续发展，其背后的深层原因到底

---

① （清）赵宏恩等：《江南通志》卷142，台湾商务印书馆1986年《景印文渊阁四库全书》，第511册，第167页。
② （清）张廷玉等：《皇朝文献通考》卷215，台湾商务印书馆1986年《景印文渊阁四库全书》，第637册，第88页。
③ （清）永瑢等：《四库全书总目》卷184，中华书局1965年版，第1670页。
④ 潘光旦：《江苏通志增辑族望志议》，《潘光旦文集》第8卷，北京大学出版社2000年版，第263页。

是什么？如果仅仅用"盖优越之血统与优越之血统遇，层层相因，累积愈久，蕴藉愈深"来解释显然是远远不够的，注目义兴蒋氏的历史发展，笔者尝试从以下几个方面分析其繁荣兴盛的原因。

一 随时代更替成功转型

汉末魏晋是一个战乱频仍、社会动荡的时代，身处乱世，蒋氏自然是以军功起家。早在东汉初，义兴蒋氏的始祖蒋默与蒋澄之父蒋横就仕为大将军，从光武帝讨赤眉军，获军功封逡遒侯；蒋默之子蒋何任东汉大将军，封邵陵侯；蒋秀亢等"蒋氏二十八秀"为西晋镇南大将军杜预所用；蒋钦因战功被东吴孙权封为"荡寇将军"；南朝陈，蒋有政迁为"安远将军"，蒋元逊从陈武帝平侯景有功，加"辅国将军"。这一时期的蒋氏屡获军功，子孙也因此踏入仕途。东汉蒋佩累迁冀州刺史，后官至尚书令；蒋横的九个儿子皆封侯，所谓"江南无二蒋，尽是九侯家"；蒋干的五个儿子松、枞、枢、坛、彬皆并职郡守，人称"柱国五牧"……可以说，蒋氏是因军功而走上仕途，继而起家兴盛。

时至唐宋，社会转型，门阀家族衰落，官位不再世袭，科举考试催生了科宦家族。在科举社会中，一个家族要想长盛不衰，就要科举及第，进而踏入仕途，科举与做官相互交替，良性循环，促进家族发展。蒋氏在唐宋时期，以科举起家，据统计义兴蒋氏在此时期共有79人进士及第，包括一名状元、一名榜眼、一名探花，可谓是科举盛族。累代科举及第累代仕宦，最终将蒋氏家族推向了江南望族的地位。

科举考试的内容也催发了蒋氏在儒学、文学方面的成就，并最终推动了蒋氏家族由科宦家族向文学家族的转变。有唐一代，如蒋洌，闻一多先生认为其作品可算作是全唐诗中宫体诗的白眉；蒋涣，其作品代表了盛唐、中唐时期的一般风格[1]；中唐时期蒋氏还出现了传奇作家蒋防，作品被称为"唐人最精彩动人之传奇"（胡应麟《少室山房笔丛》）；至唐末，有诗人蒋佶。北宋，有学者兼诗人的蒋堂、蒋之奇；至南宋末，出现了著名词人蒋捷，其词"红了樱桃，绿了芭蕉"脍炙人口，流传至今。到了明清，蒋氏家族逐渐从仕宦中淡出，身份向学者

---

[1] 参见闻一多《唐诗杂论》，中华书局2009年版，第260页。

转化，出现了著名学者蒋永修等。蒋氏在这一时期的转型远离了政治中心，弱化了政治旋涡带给家族的消极影响。

纵观蒋氏的发展，真正做到了儒家所提倡的"达则兼济天下，穷则独善其身"（《孟子·尽心上》）。太平盛世，做官治学双轨并进，时代更替，则盛行隐逸，做学问以明志，赋诗词以自娱。

蒋氏于汉末魏晋、唐宋、明清三次发展高潮的出现与家族在不同时代所做的不同选择有关，每一次的正确选择都使得家族成功转型，适应了时代的特性，将家族的发展导向了正确的方向。

二 家教

论及魏晋南北朝学术时，钱穆先生认为："当时门第传统共同理想，所希望于门第中人，上自贤父兄，下至佳子弟，不外两大要目：一则希望其能具孝友之内行，一则希望其能有经籍文史学业之修养，此两种希望，并合成为当时共同之家教。"[①] 家教也即包括了德行和学业两个方面，对于前者，中古时期的家庭教育多注重孝悌仁爱、敬宗睦族等传统的礼教传承，对于后者，多注重家族藏书的积累、家族学术风气的培养以及对子弟学术才能的发现、培养与呵护等。

蒋氏的家族教育注重在血缘的基础上，家族成员血亲相爱，慎终追远，使家族作为一个强有力的整体排除一切困难，长久地繁荣发展下去。例如北宋能臣蒋之奇早孤，自幼由伯父蒋堂抚养，并"以伯父枢密直学士堂荫得官"。蒋璨是蒋之奇的侄子，父之美早亡，"公生十三岁而孤，鞠于世父魏公"[②]。蒋伦墓志载："君有子三人，皆□笄冠，晁躬自教训，加之以慈爱。男登清秩，□□良士。岂唯晁□至性欤！"[③] 蒋圆墓志铭亦载："抚四女弟如其子，皆择配嫁之。"[④] 诸如此类的例子

[①] 钱穆：《略论魏晋南北朝学术文化与当时门第之关系》，《中国学术思想史论丛》，安徽教育出版社2004年版，第159页。

[②] （宋）孙觌：《宋故右大中大夫敷文阁待制赠正议大夫蒋公墓志铭》，《鸿庆居士集》卷42，台湾商务印书馆1986年《景印文渊阁四库全书》，第1135册，第393—396页。

[③] （唐）殷亮：《唐故摄福昌县令蒋君（伦）墓铭并序》，吴钢主编：《千唐志斋新收墓志》，三秦出版社2006年版，第253页。

[④] （宋）张守：《左中奉大夫充秘阁修撰蒋公墓志铭》，《毘陵集》卷13，中华书局1985年版，第191页。

在蒋氏家族可谓举不胜举，正是家族成员之间孝悌友爱，相互扶持，才使得家族兴旺，后继有人。

蒋氏家族还注重对子弟道德操守以及待人处事的教育，亟亭侯蒋澄在其父被冤谗死后：

> 虽灭迹江湖，而克雪冤耻。大将军初遘祸薨也，为司隶羌路所谮，延以非罪，泣血枕戈，誓将仇复。……帝以觉悟，复羌路之族焉，诸子各于所居之处受封。……公所怀罔极，以逮形消，取彼谗人，感于天罚。孝者德之本，又何加焉。①

仇人已经得到应有的处罚，对于过去的仇恨就不要再耿耿于怀，这种阔达的胸襟也教育了蒋氏后人，恕人如恕己，有仇必报是英雄的胸襟，忘记仇恨、宽恕他人更是一种高尚的胸怀。

家族的德行教育对于家族子弟心性、修养有最为直接的重要作用，从蒋氏家训中可以看出家族对子弟的谆谆教导。例如家训告诫子弟要敦孝悌、敬尊长、宜家室、教子弟、慎交游、和乡党、守世业、存厚道、勤耕读等。② 家训对家族婚姻有明确详细的规定，例如"婚男嫁女之事须是称家有无，而其始第一要门户相当，看是读书质朴，家风便是上等。世俗有攀附富贵，不惜倾赀者，殊不知娶妇有娇贵气习，未必操家，嫁女适豪富之门，恐非书种，殆误儿女终身，追悔何及"③。又如"凡议婚必先择其婿与妇之性行，但求彼我清白相当，勿慕富贵，须十四五以上方见贤愚，勿贪简便，蹈俗人指腹割衿鄙俗之说"④。再如"择婿择妇不可徒贪财势，不可徒籍门楣，必其祖考有忠厚遗风，父兄有端方品行，一切母仪教训闺门腔范确有可取者，方可议亲"⑤。姻娅

---

① 陈布雷：《先系考》，《武岭蒋氏宗谱》卷1，中华书局1948年版，第51页。
② （清）蒋惟高等：《家训》，《茗岭蒋氏宗谱》卷首，康熙年间修，宜兴档案馆藏，资料号：1—2—113—128。
③ 同上。
④ 佚名：《家规》，《涧桥蒋氏宗谱》卷11，民国年间修，宜兴档案馆藏，资料号：1—2—1598—1601。
⑤ （清）蒋玉琪等：《家训》，《双桥蒋氏家谱》卷1，光绪二十八年修，上海图书馆藏，资料号：919033—39。

关系是家族发展的原动力之一，它不仅关系到家族血缘基因的优劣，而且是家族寻求社会结盟的重要手段。所以蒋氏家族特别注重子弟姻缘的择配，良好的婚姻关系，促进了家族良性循环，不断繁荣发展。

蒋氏家族还注重对子弟的培养：

> 立义学，凡子弟六岁以上父兄贫不能教，遂至埋没人才多少，陆放翁家训云："子孙才分有限，无如之何？然不可不使之读书。"即不能上进，但教诲蒙童，以给衣食，使书种不绝亦为好。……故于祠内设立义学，每岁给银若干，助众延师教子诲孙。……子弟学业有成，府试者给盘费银三钱，院试者给盘费银五钱，入泮者给蓝衫银三两……①

在对子弟悉心教育培养的同时，蒋氏家族还善于发现子弟的文学才能，如蒋防年幼时"颖敏过人，为文辄有奇气，父延翰公钟爱之。年十八做《秋河赋》，其辞曰：'连云梯以迥立，跨星桥而径渡'"②。又如蒋璨，"公生十三岁而孤，鞠于世父魏公，诵习群书，操笔为章句，已卓越不凡。魏公喜而赋诗曰：'渥洼之驹必汗血，青云之干饱霜雪'，器重盖如此"③。蒋之奇是北宋有名的书法大家，其侄蒋璨在书法上亦有很高的造诣，正是家族长辈对子侄孙辈才能的发现和培养，使得蒋氏家族家学深厚，代代相传。

三 迁徙

罗时进先生认为"家族的播迁是较为复杂而又相当具有学术意义的问题，是研究血缘家族衍化以及人文意识转变的重要环节"④。笔者认为频繁的迁徙保证了蒋氏的开枝散叶，这样做的结果，一方面使得蒋氏在江南大地四处生根，一方面分散了蒋氏的力量，使之不足以产生与朝

---

① 佚名：《家规》，《涧桥蒋氏宗谱》卷11，民国年间修，宜兴档案馆藏，资料号：1—2—1598—1601。

② 程毅中：《唐代小说史》，人民文学出版社2011年版，第149页。

③ （宋）孙觌：《宋故右大中大夫敷文阁待制赠正议大夫蒋公墓志铭》，《鸿庆居士集》卷42，台湾商务印书馆1986年《景印文渊阁四库全书》，第1135册，第393—396页。

④ 罗时进：《关于文学家族学建构的思考》，《江海学刊》2009年第3期。

廷相抗衡的势力,从而保全了家族。例如东晋时,义兴得侯者两家,分别为蒋氏与周氏,周氏盛时曾一门五侯,最终因权力相倾而覆亡。蒋氏早在光武帝时,因蒋横为谗言所潜,其九子奔赴江南隐居避祸,始居蒋州(今南京),后又四处藏匿,八子默与九子澄来到义兴,却又分居滆湖东西,所以从家族开始兴旺之初,蒋氏就保持了迁徙的家族传统。谱载,蒋氏在一个村落居住的时间一般不可以超过五代,五代之后必须迁居他处,而迁徙之地也是有选择的,"迁就必择营耕之地、仁睦之乡,为子孙世守计也"①。

蒋氏家族的迁徙既有跨地域的大迁徙,也有地域内的小范围迁徙。前者如锦溪蒋氏,"惟有世居阳羡一支,历汉唐宋明千数百年间迁滆湖,再迁三岭,祖二十五府君光迨、十二世宣议公又迁青修岭,十三世宣议公子仕杰即我始祖也,同弟仕修公又徙锦溪"②。如此跨地域的迁徙,近则至邻近郡县,如平江(今苏州)、四明(今宁波)等;远则至零陵(今湖南)、福州等地。迁徙多是由蒋氏去各地仕宦所引发,属于主动迁徙的范畴。而地域内的小范围迁徙则是被动迁徙,是家族固有的"五世则迁"的规定所致。如蒋氏九十世"之"字辈的迁徙,谱载:"之勉徙柚山;之正迁前花;之清徙坍江;之武迁陶村;之策徙陵上;之仪迁柯庄;之翰迁袁村;之彦迁鹏程桥落霞。"③几乎是每一个人都迁离了祖居地。

蒋氏的迁徙很早就形成了规模,"至六朝唐宋,族盛丁繁,散居他乡郡邑者一百二十六支"④。到了明朝万历八年(1580),据《蒋氏建庙合谱支派录》载:"亭侯后裔迁移江南各郡县嫡支共五十八派,宜兴共十七派。"⑤ 这个统计是很保守的,蒋氏在江南地区的迁移必不只是五十八派,而迁徙江南之外的派支亦不在少数。直至今日,福州三明市

---

① 陈布雷等:《旧谱考》,《武岭蒋氏宗谱》卷2,中华书局1948年版,第117页。
② 同上书,第99页。
③ (清)蒋惟高等:《迁徙》,《茗岭蒋氏宗谱》卷6,康熙年间修,宜兴档案馆藏,资料号:1—2—113—128。
④ 蒋潮淙等:《丁未谱序》,《大华蒋氏宗谱》卷1,1930年修,宜兴档案馆藏,资料号:1—2—2082—2093。
⑤ (清)蒋惟高等:《建庙合谱支派录》,《茗岭蒋氏宗谱》卷4,康熙年间修,宜兴档案馆藏,资料号:1—2—113—128。

还存有唐蒋洌书写的《蒋氏大宗碑》,这是当年迁居福州的蒋氏族人所建。

"有百世不迁之宗,有五世则迁之宗"(《礼记·大传》),在不断的迁徙中,蒋氏以始迁祖为祭祀的祖宗,但昭穆之序仍追溯到亭侯蒋澄,这就使得蒋氏虽散居各处,但仍旧因宗法关系而具有强大的凝聚力,这种凝聚力也成为蒋氏不断发展的动力之一。

第二章 义兴蒋氏家族的姻亲、交游与女性

中国古代最基本的人际关系,大体可分为血缘(宗族纽带)、地缘(乡邻交往)、业缘(职业接触)、社缘(交游与结社)。① 潘光旦先生认为家族之间的通婚是优越之血统与优越之血统的相遇。从这个意义上讲,名门望族之间的姻娅关系可以看作一种次血缘的关系,家族成员与外界的交游则无疑是一种社缘关系。当前学界提倡家族文学研究的分层与守界原则,一方面将家族研究不断系统化和深化,力求在多层次中立体把握研究对象;一方面循名责实,使各概念、各层次之间不相混淆,具有边界清晰的适用范围。② 家族的姻亲与交游则很适合这两种研究原则的运用。在家族研究的宏大视野中,"在概念严谨而功能对应的家族范围内,深入研究影响和决定家族及其文学活动特性的诸多层次的因素,准确阐述他们在家族文学中所起的各种作用,才能提供真正认识和理解家族文学活动的解释,揭示家族文学在整个文学史中的地位和价值"③。

第一节 蒋氏家族的姻亲

"婚礼者,将合二姓之好,上以事宗庙,而下以继后世也。"④ "两姓"即是两个家族,我国封建传统社会里,"在宗法制度之下,婚姻是

---

① 参见周扬波《宋代士绅结社研究》,中华书局2008年版。
② 参见张剑《家族文学研究的分层与守界原则》,《华南师范大学学报》2011年第3期。
③ 张剑:《家族文学研究的分层与守界原则》,《华南师范大学学报》2011年第3期。
④ (汉)郑玄注,(唐)孔颖达正义:《礼记正义》,中华书局影印阮元校刻《十三经注疏》嘉庆刊本,中华书局2011年版,第3647页。

两族的事，不是两人的事"①。婚姻既然是两个家族的事，那么家族之间的联姻实际上是一种政治行为，是靠姻娅关系来扩大加强家族势力，所以士大夫阶层特别重视与其他家族的联姻，"士大夫仕宦苟不得为清望官，婚姻苟不结高门第，则其政治地位、社会阶级，即因之而降低沦落"②。陈寅恪先生所指的虽是南北朝士大夫家族之间的通婚情况，但却普遍适用于传统的宗法社会。对于文化家族来说，联姻不仅具有政治结盟的意义，而且"由于坚持在文化层次相当的情况下建立家族婚姻关系，因此其姻娅脉络实际上成为在原有家族基础上扩张的文学网络。这一姻党外亲网络同样成为文学创作互感互动的平台，甚至被设置成文学创作的现场"③。

蒋氏家族有关姻娅关系的记载最早可追溯到第一世伯龄，谱载："配齐国姜文公女"④，此后历代婚配皆有详细记录，但终因年代久远，不足为信。汉代，与蒋氏有姻娅关系的则有贾谊、周勃、主父偃、张骞、霍光等家族⑤，这些姻娅关系从时间上来说，大体相合，如第四十二世蒋满与霍光同为汉宣帝（前91—前49年）时期人，有结亲的可能，但由于缺乏相关的文献佐证，则令人难以信服。至三国两晋，蜀汉一代名臣蒋琬的弟弟蒋瑜，曾任雍州、梁州刺史，是名士庞统的女婿；蒋秀亢是蒋松之后，兄弟二十八人皆具文韬武略，西晋都督大将军杜预将蒋氏兄弟罗致麾下，并选中蒋秀亢做自己的乘龙快婿；宜兴岐耕堂《荆南周氏世谱》载，周处有一女，适同邑蒋澄之后蒋煜，蒋煜时为晋陵、会稽、吴兴三郡都督，曾从舅兄周玘平定钱璯之乱。遗憾的是，这些有关蒋氏婚配的记载仅见于家谱，缺乏可信度。

唐代以后，蒋氏家族的姻娅关系才有翔实的记载。现根据史书、地方志、墓志等相关文献，整理出蒋氏家族在唐宋两代与其他家族的通婚情况。

---

① 陶希圣：《婚姻与家族》，上海书店1992年版，第36页。
② 陈寅恪：《元白诗笺证稿》，生活·读书·新知三联书店2001年版，第86页。
③ 罗时进：《在地域和家族视野中展开清代江南文学研究》，《苏州教育学院学报》2010年第3期。
④ 参见《汉阳期思蒋氏宗史》，《茗岭蒋氏宗谱》卷7，康熙年间修，宜兴档案馆藏，资料号：1—2—113—128。
⑤ 参见《杜陵世表》，《茗岭蒋氏宗谱》卷7，康熙年间修，宜兴档案馆藏，资料号：1—2—113—128。

第二章　义兴蒋氏家族的姻亲、交游与女性

唐宋义兴蒋氏婚配情况表

朝代	蒋氏通婚人物	婚姻关系	通婚对象	文献来源
唐	蒋伦	娶	清河房氏（陆浑县丞愔之第四女）	殷亮撰：《唐故摄福昌县令蒋君（伦）墓志铭》（《全唐文补遗》）
唐	蒋岑女	嫁	苏州别驾李公（李公名不可考，李之大父、叔父世为相国）	《唐苏州别驾李公故夫人蒋氏墓志铭并序》（《唐代墓志汇编》）
唐	蒋义忠	娶	金城县君李氏（曾祖纲，皇朝礼部尚书，祖普弘，左卫将军，父思俭，司勋郎中）	《大唐故朝散大夫上护军行魏州武圣县令蒋府君墓志铭并序》（《隋唐五代墓志汇编》）
唐	蒋少卿	娶	李宝手（曾祖师子梁右领军通直舍人上仪同周鄜原二州刺史赠骁骑大将军，祖礼宾陈延陵令，父璜隋任芳洲司户汜水令始参军事）	《唐故朝议郎行尚药侍御医上护军蒋府君夫人陇西郡太君墓志铭并序》（西安市文物保护考古所：《西安唐殿中侍御医蒋少卿及夫人宝手墓发掘简报》）
唐	蒋绘	娶	高氏（御史大夫、右散骑常侍高智周之女）	《旧唐书》卷一百八十五，传一百三十五
唐	蒋琬	嫁	楚州长史傅源（祖修业，皇泾州刺史赠相州刺史，父光誉，皇京兆尹赠太子太傅）	傅晋撰：《唐故楚州长史源公夫人乐安蒋氏墓志铭》、蒋鈇撰：《唐故朝议郎守楚州长史赐绯鱼袋源公墓志铭并序》（《唐代墓志汇编》）
唐	蒋镇	娶	崔氏（司直伯陵崔公第四女，崔公第三女适独孤及，蒋镇与独孤及为连襟）	独孤及撰：《唐司直伯陵崔公故夫人赵郡李氏墓志铭》、（《全唐文》卷三百九十一）
唐	蒋坛女（曾祖岑，祖晁）	嫁	岭南观察支使、监察御史王无悔（唐代书法家）	王无悔撰：《唐义兴蒋夫人墓志铭并序》（墓志为拓本隶书，王无悔书写）
唐	蒋将明	娶	吴氏（谏议大夫、修文馆学士、卫尉少卿监修国史、台州刺史、加银青光禄大夫吴兢之女，吴为著名史学家）	《新唐书》卷一百四十五，列传五十七

续表

朝代	蒋氏通婚人物	婚姻关系	通婚对象	文献来源
唐	蒋乂	娶	张氏（宰相张镒之女）	《蒋氏茗岭宗谱》卷七下《新唐书》卷一百四十五，列传五十七
唐	蒋係	娶	吏部侍郎韩愈女（与吏部侍郎李汉为连襟）	《新唐书》卷一百四十五，列传五十七
唐	蒋伸	娶	李氏（浙东都团练观察使、刑部尚书李逊之女）	《蒋氏茗岭宗谱》卷七下《旧唐书》卷一百五十五，列传一百五
唐	蒋仙	娶	裴氏（宰相裴坦之女）	《蒋氏茗岭宗谱》卷七下《旧唐书》卷一百四十八，列传九十八
唐	蒋凝	娶	良庆公主（唐懿宗之女）	《蒋氏茗岭宗谱》卷七下《唐摭言》卷五
唐	蒋凝女	嫁	湖州司法参军陆蒙	《氏族大全》卷十六，《试论历代中国女性与酒》
宋	蒋堂女	嫁	开封府推官、京西转运使邵必（邵为蒋堂门人）	《宋故枢密直学士乐安伯礼部侍郎赠吏部侍郎太尉少师蒋公墓志铭》《范仲淹与江南士人交游研究》
宋	蒋之奇	娶	第一位夫人胡氏（枢密副使、观文殿学士胡宿之女，之奇与胡宿从子胡宗愈为同年进士，同列"毗陵四友"）	《蒋氏茗岭宗谱》卷七下 李纲撰：《宋故观文殿大学士枢密使刑部侍郎赠太师魏国公墓志铭》《宋史》卷三百一十八，列传七十七
宋	蒋之奇	娶	第二位夫人沈氏（尚书主客员外郎钱塘沈扶之女，之奇与主客郎中周尹、考功郎中王子韶为连襟）	王安石撰：《乐安郡君翟氏墓志铭并序》（《唐宋八大家文集·王安石》卷一百）
宋	蒋静	娶	刘氏（江阴刘谷之女，谷有隐操，熙宁间尝为修撰）	《毗陵人品记》卷三
宋	蒋璨女	嫁	朝请大夫李处全（大理寺少卿李传正之子，传正为邯郸公李淑之曾孙）	《建康志·李处全小传》、王明清：《挥麈余话》、孙觌撰：《宋故右大中大夫敷文阁待制赠正议大夫蒋公墓志铭》（《鸿庆居士集》卷三十七）

续表

朝代	蒋氏通婚人物	婚姻关系	通婚对象	文献来源
宋	蒋宁祖	娶	慕容氏（刑部尚书太子宾客慕容彦逢之女，河南王慕容延钊之后）	韩驹撰：《安人慕容氏墓志铭》（《宋韩驹陵阳集》）
宋	蒋重珍	娶	胡氏（国子博士、大理少卿胡璲之女）	《宋史》卷四百十一，传一百七十

以上表格所列蒋氏婚配情况仅是有文献可考证的一小部分，从表格所列来看，蒋氏在唐初所结姻娅，如清河房氏大都为名门望族，但官位并不显，至蒋绘娶高智周女，蒋氏开始发迹：

> 智周所善义兴蒋子慎，有客尝视二人，曰："高公位极人臣，而嗣少弱；蒋侯宦不达，后且兴。"子慎终达建安尉。其子绘往见智周，智周方贵，以女妻之。生子挺，历湖、延二州刺史。生子洌、浼，皆擢进士。洌为尚书左丞，浼，永泰初历鸿胪卿，……洌子錬，浼子铢，又有清白名，而高氏后无闻。①

此后，蒋氏又与宰相张镒、裴垍等权贵结亲，强强联合的态势下，家族迅速发展。至唐后期，蒋凝尚良庆公主，蒋氏最终与皇室联姻，风光显赫。唐末宋初，蒋氏家族的发展陷入低潮。至宋初蒋堂、蒋之奇相继进士及第后，蒋氏所结姻娅始自显赫，尤其是蒋之奇先后两位夫人分别为义兴胡氏、钱塘沈氏，皆江南望族。这样的姻亲关系对蒋氏家族的发展起到极大的促进作用，蒋氏的发展又迎来新的高潮。

婚姻对于家族发展来说，无疑具有重要的作用，罗时进曾指出："姻娅亲谊对文化家族发展的意义大致有四：一是声誉相互借重使共同提升，二是道义上相互支持使威势扩大，三是危难时的相互救助使解除困顿，四是教育上相互利用使资源共享。"② 简单来说，可以概括为互

---

① （宋）欧阳修、宋祁：《新唐书》卷106，中华书局2011年版，第4042页。
② 罗时进：《地域·家族·文学：清代江南诗文研究》，上海古籍出版社2010年版，第61页。

助与资源共享，家族联姻的意义大致不超过此范畴。唐初，陷入发展低谷的蒋氏家族借助与高智周家族的联姻获得了发展的契机，此后家族繁衍昌盛，所结姻娅多为名门望族，"著姓名族一般坚持在文化层次相当的条件下建立家族婚姻关系，多利用世家道谊发展为姻娅亲缘，这使家族文学集群变得相当凝合、坚固"①。蒋防，"幼颖敏过人，为文辄有奇气，父延翰公钟爱之。年十八作《秋河赋》，其辞曰：'连云梯以迥立，跨星桥而径渡。'公之志为何如哉，是以于简公器重之，以女妻公"②。于公以女适蒋防，《万姓统谱》等书也有相关记载。于简为何人，已不可考，但据推测在当时也是有声望有地位的人物，他因赏识蒋防的才华而结姻娅，想来家族的文化层次背景也是相当的。"将明在集贤，值兵兴，图籍淆舛，白宰相请引义入院，助力整比。宰相张镒亦奇之。"③可见，张镒也是器重蒋义的才干，又因为与蒋氏的"世家道谊"，才把女儿许配给蒋义的。蒋之奇先后娶过四位夫人，第一位夫人胡氏的家族是毗陵望族，其父亲胡宿《宋史》有传：

> 胡宿字武平，常州晋陵人。登第，为扬子尉。县大水，民被溺，令不能救，宿率公私船活数千人。以荐为馆阁校勘，进集贤校理。……其后湖学为东南最，宿之力为多。筑石塘百里，捍水患，民号曰胡公塘，而学者为立生祠。久之，为两浙转运使。召修起居注、知制诰。……治平三年，罢为观文殿学士、知杭州。……宿为人清谨忠实，内刚外和，群居不哗笑，与人言，必思而后对。……其笃行自励，至于贵达，常如布衣时。④

胡宿的从子胡宗愈，与蒋之奇为同年进士，同列"毗陵四友"。《宋史》载："宗愈字完夫，举进士甲科，为光禄丞。宿得请杭州，英宗问：'子弟谁可继者？'以宗愈对。"⑤蒋之奇进士及第前就与胡宿女

---

① 罗时进：《家族文学研究的逻辑起点与问题视域》，《中国社会科学》2012年第1期。
② （唐）唐彦随撰：《唐故翰林学士中书舍人前秘书少监蒋公墓志铭》，（清）蒋惟高等：《茗岭蒋氏宗谱》卷15，康熙年间修，资料号：1—2—113—128。
③ （宋）欧阳修、宋祁：《新唐书》卷132，中华书局2011年版，第4531页。
④ （元）脱脱等：《宋史》卷318，中华书局2011年版，第10366—10369页。
⑤ 同上书，第10370页。

成婚，之后中进士做官自然也少不了这位岳父的大力提携。据欧阳修撰写的《集贤校理丁君墓表》载："女一人，适著作佐郎、集贤校理胡宗愈。"丁君即丁宝臣，与兄丁宗臣于仁宗景祐元年（1034）同榜高中进士，后丁宝臣官至尚书司封员外郎。丁氏兄弟与欧阳修、王安石等人交谊很深，丁宗臣之子丁骘与蒋之奇、胡宗愈为同榜进士，也为"毗陵四友"之一。蒋氏、丁氏、胡氏同为义兴的名门望族，他们之间通过复杂的姻娅关系联结起来，关系愈加紧密，势力越发强大。

> 吴地自唐宋，尤其是南宋以来，宗族力量颇为强大，种姓血缘群体相当庞大。对这个血缘群体的研究，应注意其姻娅网络的人际互动和文化传播，这个网络是种姓血缘网络的扩张和延伸，一些家族的姻娅网络几乎覆盖了江南地区，使吴地"熟人社会"的特征更为突出。①

连环交错的姻娅网络使义兴的各大家族成为利益相关的共同体，也使得各大家族在强强联合中共享家族资源，不断发展壮大。

家族文化除受到父系血脉的作用外，又受到母系血脉的影响，但以往人们注重父系血缘的研究，而忽略了母系血缘的重要性。潘光旦先生认为：

> 遗传的因缘又可以分两部分说，一是血缘，二是姻缘，姻缘与血缘虽不能完全划分，但先得有姻缘然后可以有血缘。如今以往的种种地方氏族的作品，几乎全部只注意到了血缘，并且只不过是父系一面的血缘，一若此种血缘的形成与母系全无干系。这不能不说是一个很大的挂漏。②

所以，母系血缘的影响日益引起研究者的重视，与此相适应，"外家养成"是近年来家族文学研究的一个越发引起学者兴趣的研究视角。

---

① 罗时进：《吴文化的典范建立与知识建构》，《苏州大学学报》2013年第2期。
② 潘光旦：《明清两代嘉兴的望族》，《民国丛书》第3编，第13期，上海书店1937年版，第5页。

两个家族坚持在文化层次相当的情况下婚配所产生的一个积极的效果就是文化资源的优势互补。例如蒋将明的岳父为唐代著名史学家吴兢，"（兢）励志勤学，博通经史。……尝以梁、陈、齐、周、隋五代史繁杂，乃别撰《梁》《齐》《周史》各十卷，《陈史》五卷，《隋史》二十卷"①。将明之子蒋乂，"性锐敏，七岁时，见庾信《哀江南赋》，再读辄诵。外祖吴兢位史官，乂幼从外家学，得其书，博览彊记"②。"兢家聚书颇多，尝目录其卷第，号《吴氏西斋书目》"③，该书目一卷，录图书13468卷，这在当时可谓藏书颇丰。这笔藏书在吴兢去世后转入蒋乂手中，此后蒋乂长子"係善属文，得父典实。太和初，授昭应尉，直史馆。明年，拜右拾遗、史馆修撰，与沈传师、郑瀚、陈夷行、李汉参撰《宪宗实录》。……历膳部员外、工礼兵三部郎中，皆兼史职"④，次子伸"大中二年，以右补阙为史馆修撰，转驾部郎中，知制诰……懿宗即位，兼刑部尚书，监修国史"，三子偕"以父任，历右拾遗、史馆修撰，……大中八年，与卢耽、牛丛、王沨、卢告撰次《文宗实录》"。"蒋氏世禅儒"，然自蒋乂起，"三世踵修国史，世称良笔，咸云'蒋氏日历'，天下多藏焉"⑤。追根溯源，这得益于外家的史学熏陶与藏书资源。

蒋氏世儒禅，然进入盛唐后家族的文学色彩逐渐浓厚，"伸及係子兆能以辞章取进士第"，这其中的转变与姻娅对象也有关系。如蒋镇与著名古文家独孤及为连襟，《唐司直博陵崔公故夫人赵郡李氏墓志铭》载："（李氏）有女四人：长女夭于襁褓；次女适范阳卢履纯；第三女适河南独孤及，年若干早逝；少女适乐安蒋镇。"⑥再如蒋係和李汉同为文学大家韩愈的女婿，李汉是当时闻名的散文家，也是韩愈的门人。"由于坚持在文化层次相当的情况下建立家族婚姻关系，因此其姻娅脉络实际上成为在原有家族基础上扩张的文学网络。这一姻党外亲网络同

---

① （后晋）刘昫等：《旧唐书》卷102，中华书局2011年版，第3182页。
② （宋）欧阳修、宋祁：《新唐书》卷132，中华书局2011年版，第4531页。
③ （后晋）刘昫等：《旧唐书》卷102，中华书局2011年版，第3182页。
④ （宋）欧阳修、宋祁：《新唐书》卷132，中华书局2011年版，第4534页。
⑤ 同上书，第4535页。
⑥ （唐）独孤及：《唐司直博陵崔公故夫人赵郡李氏墓志铭》，《全唐文》卷391，中华书局1983年影印本，第3979页。

样成为文学创作互感互动的平台,甚至被设置成文学创作的现场"①。

在文学背景深厚的姻娅关系影响下,有唐一代,蒋氏出现了传奇小说家蒋防,诗人蒋涣、蒋洌、蒋佶等;到了宋代,则有诗人蒋堂、蒋之奇,词人蒋捷等。与蒋氏诗词唱和的多是当时的知名文人,如苏轼、黄庭坚、秦观、曾巩等,蒋氏家族彻底转变成文学家族。

蒋氏与姻娅家族资源互补的另一个表现是书法上的造诣,蒋堂、蒋之奇、蒋璨等都是当时知名的书法大家,蒋氏的书法成就与姻娅家族的影响也有关系。唐代,蒋坛女嫁著名书法家王无悔,无悔传世作品有《唐义兴蒋夫人墓志铭并序》《大唐赠礼部尚书杜公墓志铭》等。无悔擅隶书,其笔法刚劲,法度严谨,造诣颇高。蒋之奇岳父沈扶有两子,分别为沈遘、沈辽,加上沈扶的堂弟,也是《梦溪笔谈》的作者沈括②,合称为"三沈"。沈遘曾"举进士,廷唱第一"③,沈辽"幼挺拔不群,长而好学尚友,傲睨一世。读左氏、班固书,小摹仿之,辄近似,乃锄植纵舍,自成一家。趣操高爽,缥缥然有物外意,绝不喜进取"④。王安石称誉为"风流谢安石,潇洒陶渊明"⑤。沈辽在书法上更是成绩卓著,张邦基称之为:"以书得名,楷、隶皆妙。"⑥沈括在《梦溪笔谈》中也推崇这位侄儿的书法造诣:"书之神韵,虽得之于心,然法度必资讲学",又云:"运笔之时,常使意在笔前。"⑦王安石、曾布都曾向其学习书法,据说王安石"得其清劲",曾布"传其真楷"。虽然未见蒋之奇与沈辽书法交流的文献记载,但沈辽为之奇妻子兄弟,同处一个姻娅网络中,相互的影响自是必不可少。蒋之奇的书法造诣又影响到他自幼抚养的从子蒋璨,璨也最终成为书法大家。到明代,蒋氏还

---

① 罗时进:《在地域和家族视野中展开清代江南文学研究》,《苏州教育学院学报》2010年第3期。

② 《宋史》列传90称沈括为沈遘的从弟,误,沈括的父亲为沈周,与沈扶的父亲沈同为亲兄弟,沈括为沈扶的从弟。

③ (元)脱脱等:《宋史》卷331,中华书局2011年版,第10651页。

④ 同上书,第10652页。

⑤ 同上。

⑥ (宋)张邦基:《沈睿达作赞并做楷法大轴置甘宁庙》,《墨庄漫录》卷9,中华书局2002年版,第252页。

⑦ (宋)沈括撰,胡道静校:《书画》,第294条,《梦溪笔谈校证》卷17,上册第560—561页。

出现了书法家蒋如奇，书法也遂成为蒋氏的家学之一。

唐宋科举以辞章取士，在家族文学氛围日益浓厚的背景下，蒋氏佳子弟辈出，中进士的多达几十人。人称"玉笋班"的蒋凝以出众的容貌、卓越的才华赢得唐懿宗的赏识，成为当朝驸马，也意味着蒋氏与当时最有权力的王室联姻，整个家族的地位也随之提升。至南宋，"璹尝择婿得蒋重珍，后举进士第一"①，在岳父胡璹（时任常州知府）的大力辅助下，蒋重珍成功地状元及第，也将家族的声誉推向了最高峰。

蒋氏与其他家族的联姻，多从家族发展的长远利益着眼，大多为包办婚姻，但其中也不乏伉俪情深的例子，如蒋宁祖与妻河南著姓慕容氏之女：

> 宜兴蒋季平丧其妻慕容氏，过时而哀不忘。余往吊之，季平曰："非丧吾妻也，丧吾贤友生也。"因谓余称其贤，余盖耸然异之，然后知季平非溺于爱，其不忘固当。……诚如季平言，安人女而孝，妇而恭，娣姒而和，妻而顺，亲属见之，归曰："使吾妇得如慕容氏可矣！"为娣姒者亦然，殁而哭之皆悲，使其夫怀其义，可谓贤矣。……三世而尚书显。安人少禀庭训，慈祥可顾，其侪丽服游观，心不善之。年十九嫁季平，调娱上下无间言，诵经文，知名教，议论缅缅，不类闺阃中语。……季平名宁祖，故观文殿学士之奇之孙，大司乐瑎之子。及进士第，仕为校书郎，好学而文，声称藉甚。然季平自谓安贫守义，视富贵不汲汲，盖安人有助云。②

宁祖进士及第，"好学而文，声称藉甚"，慕容氏"诵经文，知名教，议论缅缅，不类闺阃中语"，所谓才子佳人之间唱和必多，惜已无文献可考。

蒋氏家族的发展得益于与望族的联姻，但有时这种联姻也会带来意想不到的负面影响，如"宰相李德裕恶李汉，以係友婿，出为桂管观

---

① （元）脱脱等：《宋史》卷411，中华书局2011年版，第12352页。
② 曾枣庄、刘琳主编：《全宋文》卷3511，上海辞书出版社、安徽教育出版社2006年版，第162册，第30—31页。

察使"①，蒋係因连襟李汉的连累而一度仕途蹭蹬，却是意料之外的事。再如蒋镇：

> 其妹婿源溥，即休之弟也，以姻媾之故，与休交好。泾师之叛，镇潜窜，夜至鄠县西，马蹶堕沟涧中，伤足不能进。时鍊已与源休相率受贼伪官。镇仆人有逃归投鍊，云镇病足在鄠。鍊与源休闻之大喜，遂言于贼泚。泚素慕镇清名，即令骑二百求之鄠县西。明日，拥镇而至，署为伪宰相。既知不免，每忧泪，常怀刃将自裁，多为兄鍊所救而罢。数日后，复谋窜匿，竟以性懦畏怯，计终不果。然源休与泚频议，欲逼胁潜藏衣冠，大加杀戮，镇辄力争救，获全者甚众。至是，与兄鍊等并授伪职，斩于东市西北街。②

蒋镇是蒋洌之子，蒋洌弟蒋涣之女蒋琬嫁源溥，源溥的哥哥为源休，蒋镇的悲剧虽源于其犹疑不决的个性，但错综复杂的姻娅关系也是将其推入不复之地的重要原因。

总之，蒋氏在唐初兴起多借助于姻娅之力，但在唐末衰落确也因姻娅之故，姻娅关系对家族兴衰的重要性来说可见一斑。

第二节　蒋氏家族的交游

"嘤其鸣矣，求其友声"（《诗经·小雅·伐木》），嘤鸣求友是文人雅士普遍的心理诉求，"以文字相交，其深处是情感的交流，最终往往形成生命的结盟"③。友人之间的唱和，促发了一大批华美的诗篇，也成为家族文学文献积累的一个重要途径。蒋氏家族文献中保存了许多友人的唱和之作，据此我们对其家族的交游进行了考证，虽未必全面，但大致可反映唐宋时期蒋氏家族的交游状况。

崔融（653—706），字安成，唐代齐州全节（今济南章丘）人，应八科制举皆擢第，历任宫门丞、著作郎、国子司业等。神龙二年

---

① （宋）欧阳修、宋祁：《新唐书》卷132，中华书局2011年版，第4534页。
② （后晋）刘昫等：《旧唐书》卷127，中华书局2011年版，第3578页。
③ 罗时进：《基层写作：明清地域性文学社团考察》，《苏州大学学报》2012年第1期。

（706）修《则天实录》成，《旧唐书》载："封清河县子，赐物五百段，玺书褒美，融为文典丽，当时罕有其比，朝廷所须《洛出宝图颂》《则天哀册文》及诸大手笔，并手敕付融。……有集六十卷。"① 崔融有诗《哭蒋詹事俨》，为义兴县子蒋俨所作：

江上有长离，从容盛羽仪。一鸣百兽舞，一举群鸟随。应我圣明代，巢君阿阁垂。钩陈侍帷扆，环卫奉旌麾。雅量沧海纳，完才庙廊施。养亲光孝道，事主竭忠规。贞节既已固，殊荣良不訾。朝游云汉省，夕宴芙蓉池。汲黯言当直，陈平智本奇。功成喜身退，时往惜年驰。镇国山基毁，中天柱石颓。将军空有颂，刺史独留碑。芜漫藏书壁，荒凉悬剑枝。昔余参下位，数载忝牵羁。置榻恩逾重，迎门礼自卑。竹林常接兴，黍谷每逢吹。逸翰金相发，清谈玉柄挥。不轻文举少，深叹子云疲。遗爱犹如在，残编尚可窥。即今流水曲，何处俗人知。②

张说（667—730），字道济，一字说之，河南洛阳人，永昌元年（689）参加制科考试，策论为第一，历任太子校书郎、凤阁舍人、中书令等职，封燕国公。张说为开元前期一代文宗，与苏颋齐名，号称"燕许大手笔"。蒋乂外祖父吴兢撰《则天实录》："言宋璟激张说使证魏元忠事。说修史见之，知兢所为，谬曰：'刘五殊不相借！'兢起对曰：'此乃兢所为，史草具在，不可使明公枉冤死者。'同僚皆失色。其后说阴祈兢改数字，兢终不许。"③ 张说与蒋岑交好，有诗作《南中别蒋五岑向青州》：

老亲依北海，贱子弃南荒。有泪皆成血，无声不断肠。此中逢故友，彼地送还乡。愿作枫林叶，随君度洛阳。④

---

① （后晋）刘昫等：《旧唐书》卷94，中华书局2011年版，第3000页。
② （清）彭定求等：《全唐诗》卷68，中华书局1979年版，第767页。
③ （宋）司马光：《资治通鉴》卷212，中华书局2013年版，第6954页。
④ （清）彭定求等：《全唐诗》卷87，中华书局1979年版，第951页。

第二章 义兴蒋氏家族的姻亲、交游与女性

刘长卿（约726—约786），字文房，河间（今河北沧州）人，开元二十一年（733）进士及第，历任监察御史、转运使判官、淮西岳鄂转运留后等职。《唐才子传》载："长卿清才冠世，颇凌浮俗，性刚，多忤权门，故两逢迁斥，人悉冤之。诗调雅畅，甚能炼饰，其自赋伤而不怨，足以发挥风雅。权德舆称为'五言长城'。"①《全唐诗》载刘长卿有《送蒋侍御入秦》，家谱作《蒋侍郎入秦》，现以《全唐诗》为准。考蒋将明曾担任侍御史一职，且年代与刘长卿相合，蒋侍御应为蒋将明。

> 朝见及芳菲，恩荣出紫微。晚光临仗奏，春色共西归。楚客移家老，秦人访旧稀。因君乡里去，为扫故园扉。②

耿湋（763年前后在世），字洪源，河东（今山西永济市）人，宝应二年（763）进士及第，官右拾遗、大理司法等职。耿湋工诗，与钱起、卢纶、司空曙诸人齐名，号"大历十才子"。湋诗不深琢削，而风格自胜。耿湋有诗《奉送蒋尚书兼御史大夫东都留守》，蒋氏家族中蒋涣、蒋係都曾担任过尚书、东都留守职务，据傅璇琮所考当为蒋涣。

> 副相威名重，春卿礼乐崇。锡珪仍拜下，分命遂居东。高斾翻秋日，清铙引细风。蝉稀金谷树，草遍德阳宫。教用儒门俭，兵依武库雄。谁云千载后，周召独为公。③

钱起（生卒年不详），字钟文，吴兴人，天宝十载（751）进士及第，曾任考功郎中、翰林学士，与卢纶、李端等号称"大历十才子"。与郎士元齐名，人曰："前有沈宋，后有钱郎。"（高仲武《中兴间气集》）其诗风格清空闲雅，流丽纤秀。钱起有诗《送蒋尚书居守东都》，蒋尚书为蒋涣。

---

① （元）辛文房撰，周绍良笺证：《唐才子传笺证》卷2，中华书局2010年版，第268页。
② （清）彭定求等：《全唐诗》卷147，中华书局1979年版，第1501页。
③ （清）彭定求等：《全唐诗》卷269，中华书局1979年版，第2996页。

凤辇幸秦久，周人偎帝情。若非君敏德，谁镇洛阳城。前席命才彦，举朝推令名。纶言动北斗，职事守东京。郑履下天去，蓬轮满路声。出关秋树直，对阙远山明。肃肃保厘处，水流宫苑清。长安日西笑，朝西衮衣迎。①

朱庆馀（生卒年不详），名可久，字庆馀，越州（今浙江绍兴）人。宝历二年（826）进士，官至秘书省校书郎。朱庆馀作《近试张水部》行卷诗，有"妆罢低声问夫婿，画眉深浅入时无"句，名噪一时。《上翰林蒋防舍人》为朱庆馀干谒蒋防之作：

清重可过知内制，从前礼绝外庭人。看花在处多随驾，召宴无时不及旬。马自赐来骑觉稳，诗缘得后意长新。应怜独在文场久，十有余年浪过春。②

薛能（约817—约880），字太拙，汾州人，会昌六年（846）进士，历御史、官刑部员郎中、工部尚书等职。能癖好诗，据传日赋一章，人称"诗古赋纵横，令人畏后生"（无可作《送薛秀才游河中兼投任郎中留后》）。薛能有诗《蒙恩除侍御史行次华州寄蒋相》，《唐刺史考》认为"蒋相"即是蒋伸。③

林下天书起遁逃，不堪移疾入尘劳。黄河近岸阴风急，仙掌临关旭日高。行野众喧闻雁发，宿亭孤寂有狼嗥。荀家位极兼禅理，应笑埋轮著所操。④

独孤及（725—777），字至之，河南洛阳人。天宝末，以道举高第，补华阴尉，历任左拾遗、太常博士、礼部员外郎、濠州刺史、舒州刺史、检校司封郎中等职。独孤及为唐代散文大家，"其为文章明善

---

① （清）彭定求等：《全唐诗》卷238，中华书局1979年版，第2662页。
② （清）彭定求等：《全唐诗》卷514，中华书局1979年版，第5874页。
③ 详见《刺史考》京畿道，华州，咸通七年—九年（866—868）条。
④ （清）彭定求等：《全唐诗》卷559，中华书局1979年版，第6490页。

恶，长于议论"①。独孤及与蒋镇为连襟，与蒋晃交好，有《送蒋员外奏事毕还扬州序》：

> 扬州牧赵国崔公，使其部从事侍御史吴兴蒋晃如京师，条奏官府之废置、岁月之要会。其来也，吴楚之众君子，酒而诗之，而薛水部弁、李司直翰双为之序，以冠篇首。既将命，赵公拜左仆射，蒋侯加尚书郎之位。其还也，之子曰执书卷以言于朝曰："始者与数贤别，赖斯文，故常若在眼。今幸而迁秩，行车在门，明旦离群，想今日之会，亦犹于此而思彼也。非置书袖中，人谓我何？"然后西人之旧者，皆赋韵道别，而鄙夫和之。诗大略盖美蒋侯以才智任职，有周爰咨诹之用，而将事不坠，专对不辱，能一其心以佐大府之政。政靡小大，惟公是谋，谋之臧归于府，不知我者则谓我专。赵公所以有成瑨坐啸之论而无惭，示乐羊谤书之箧而不疑，斯可谓之明矣。今也于归，腰曳两绶。然浊泾素浐，春水始生，秦原青青，诸草皆秀，可共乐也，而又别焉。凡我同僚，是以有瞻望不及之叹，故送远之志，悉形于文。②

杜牧（803—约852），字牧之，号樊川居士，京兆万年人。太和二年（828）进士及第，授弘文馆校书郎，历国史馆修撰、司勋员外郎、黄州刺史等职。杜牧诗歌以七言绝句著称，与李商隐并称"小李杜"，有文《代人举蒋係自代状》：

> 伏准某年月日勅，内外文武常参官上后三日，宜举一人自代者。伏以前件官仁义素彰，文学早著，扬历台阁，宣昭令名。尝为谏官，无所避忌；及领藩镇，实惠疲羸。顷者不附权臣，例遭左官，今逢明代，犹典小州。伏以封还诏书，驳正时事，职业实重，选择宜精。今若以臣此官，回与蒋係，既不虚受，实为陟明。伏乞

---

① （宋）欧阳修、宋祁：《新唐书》卷162，中华书局2011年版，第4993页。
② （唐）独孤及：《送蒋员外奏事毕还扬州序》，《全唐文》卷387，中华书局1983年版，第3939页。

圣慈，允臣所请。谨状。①

徐积（1028—1103），字仲车，楚州山阳人，治平四年（1067）登进士第，神宗数召对，以耳聋不能仕，元祐初被近臣举荐，以扬州司户参军为楚州教授，转和州防御推官，改宣德郎。政和六年（1116），赐谥节孝处士。徐积"屏处穷里，而四方事无不知"（《宋史》），闻蒋之奇得广帅，曰："初至，蛮酋必以琉璃瓶注蔷薇水挥洒于太守。"（《节孝集》卷三十一）徐积与蒋之奇交好，两人之间有许多唱和之作，如《赠颖叔》《和蒋龙图》《寄蒋大漕》《代诸生送蒋守二首》《答颖叔》《和蒋颖叔二首》等。其《昨日之夕和蒋颖叔》写的饶有趣味，生动地记录了两人之间诗歌唱和的情景：

> 昨日之夕谁扣扉，大使遣人来索诗。吟声一发巢鸟飞，一夜清风摇木枝。吟亦不住风不停，安知半夜风出城。大使船上风霜清，更添南郭吟哦声。②

许有谷（生卒年不详），宋代诗人，生平不详，《续茶经》存有其佚句："陆羽名荒旧茶舍，却叫阳羡置邮忙。"许有谷与蒋之奇交往，蒋氏家谱中存有其佚诗两首：

> 耕云烟一陇，钓月夜千寻。功成祈身退，于此老吾生。
> 　　　　　　　　　　　　　　《题南庄赠颖叔》其一③
> 功成身退欲投闲，颖叔湖南买旧田。自有耕云钓溪月，几家分粟共炊烟。
> 　　　　　　　　　　　　　　《题南庄赠颖叔》其二④

曾巩（1019—1083），字子固，建昌军南丰（今江西南丰县）人，

---

① （唐）杜牧：《代人举蒋係自代状》，《全唐文》卷750，中华书局1983年版，第7778页。
② （宋）徐积：《节孝集》卷4，明嘉靖四十四年刻本。
③ 蒋永成等：《历世文传》，《楼王蒋氏宗谱》卷2，1940年修，上海图书馆藏，资料号：919520—27。
④ 同上。

第二章 义兴蒋氏家族的姻亲、交游与女性

嘉祐二年（1057）进士及第，与苏轼、蒋之奇等为同年，历齐州、明州、沧州等知州。曾巩为"唐宋八大家"之一，《宋史》评论其文曰："立言于欧阳修、王安石间，纡徐而不烦，简奥而不晦，卓然自成一家。"① 曾巩有诗赠蒋之奇：

> 收科同日曳华裾，砉划惊闻刃有余。骢马已腾双阙路，木牛还实太仓储。多歧易惑千名别，置袖空荣一纸书。欲佩左符瓯越去，更从南斗望单车。
>
> 《酬江西运史蒋颖叔》②

张舜民（？—1100），字芸叟，号浮休居士，又号碇斋，邠州人（今陕西彬县），治平二年（1065）进士，历任监察御史、吏部侍郎、集贤殿修撰等职。张舜民擅画，能文词，尤工诗，曾有诗送蒋之奇：

> 梁苑瑶池醉梦阑，忽随北客度燕山。马头点缀飞才密，日脚微明意尚悭。疏布久抛南海上，貂裘初袭两河间，好留幕府陪樽俎，刚被行人不放闲。
>
> 《至瀛洲小雪贻蒋颖叔》③

余良肱（生卒年不详），字康臣，洪州分宁（今江西修水）人，第进士，历荆南司理参军、大理寺丞、三司使判官、知宣州等职，有能政，敢直言，得罪权贵，仕途蹭蹬。良肱与蒋之奇有唱和：

> 画舸夷犹紫翠间，暮云如扫月如环。三山六刺须臾过，恰似严陵七里滩。
>
> 《和蒋颖叔泾溪》④

---

① （元）脱脱等：《宋史》卷319，中华书局2011年版，第10392页。
② （宋）曾巩：《元丰类稿》卷8，上海商务印书馆1937年版，第87页。
③ （宋）张舜民：《画墁集》卷3，台湾商务印书馆1986年《景印文渊阁四库全书》，第1117册，第18页。
④ 傅璇琮等主编：《全宋诗》卷177，北京大学出版社1998年版，第3册，第2019页。

范仲淹（989—1052），字希文，大中祥符八年（1015）登进士第，授广德军司理参军，后历任秘阁校理、邠州观察使、苏州知州等职。《宋史》称曰："仲淹内刚外和，性至孝，……泛爱乐善，士多出其门下，虽里巷之人，皆能道其名字。……为政尚忠厚，所至有恩，邠、庆二州之民与属羌，皆画像立生祠事之。"① 范仲淹与蒋堂交游，有诗《依韵和苏州蒋密学》：

> 余杭偶得借麾来，山态云情病眼开。此乐无涯谁可共，诗仙今日在苏台。②

范祖禹（1041—1098），字淳甫，一字梦得，少孤，闭门读书，所交皆一时闻人。举进士甲科，从司马光编修《资治通鉴》，在洛十五年不事进取。王安石当国，尤爱重之，而祖禹却不往谒见。历任右正言、著作郎兼侍讲、右谏议大夫、礼部侍郎等职，著有《唐鉴》十二卷、《帝学》八卷等，《宋史》本传载其著文集五十五卷。范祖禹有诗与蒋之奇唱和：

> 诗书谋帅得豪英，去拥洮河十万兵。舒卷风云为号令，笑谈樽俎是功名。胡尘不近弹筝峡，汉月长悬细柳营。莫谓安边无上策，农桑千里见升平。
>
> 《送蒋颖叔赴熙州》③

丁骘（？—1094），字公点，晋陵（今江苏常州）人，丁宗臣之子，嘉祐二年（1057）进士，历任太常博士、右正言、左正言、司封员外郎等。"李定用事辟骘为属，以疾辞。苏轼、曾肇、孔文仲辈交荐骘。司马光当国，骘谒之独后，光曰：'真自重之士也'。"④ 丁骘为文自成一家，有文集二十卷。以经学倡后进尤衷于《易》《春秋》。丁氏

---

① （元）脱脱等：《宋史》卷314，中华书局2011年版，第10276页。
② （宋）范仲淹：《范文正集》卷4，台湾商务印书馆1986年《景印文渊阁四库全书》，第369册，第48页。
③ 傅璇琮等主编：《全宋诗》卷888，北京大学出版社1998年版，第15册，第10376页。
④ （明）吴亮：《毗陵人品记》卷3，万历四十六年刻本。

与蒋氏同为义兴望族，两族之间有姻亲关系，且丁骘与蒋之奇、苏轼同为嘉祐二年进士，丁骘女嫁苏轼侄孙苏彭。蒋之奇曾为丁骘撰写墓志铭。①

郭祥正（1035—1113），字功父，太平州当涂（今安徽当涂县）人，皇祐五年（1053）进士，历任秘书阁校理、太子中舍、朝请大夫等，所到之处，多有政声。郭祥正诗风酷似李白，纵横奔放，著有诗集《青山集》三十卷。郭祥正与蒋之奇交往甚密，留下了许多唱和之作，如《同颖叔修撰登番塔》《广州越王台呈蒋帅待制》《蒲涧奉呈蒋帅待制》《和颖叔千岁枣》等。

> 春风归未归，白日一何速。偶陪御史骢，逶迤傍林麓。名花结深洞，繁枝缀寒玉。疏青爱老柏，壮节咏孤竹。诸君皆俊贤，笑傲失羁束。何生家最穷，昨日旋籴粟。尚能邀我饮，盘馔逮张烛。今夕宁须辞，酪酊故所欲。醉则骑马归，官长定不辱。酒行姑徐之，聊用讲心曲。
>
> 《蒋颖叔席上》②

米芾（1051—1107），字元章，北宋书画大家，历任太常博士、礼部员外郎等职。米芾"特妙于翰墨，沈著飞翥，得王献之笔意。画山水人物，自名一家，尤工临移，至乱真不可辨。……王安石常摘其诗句书扇上，苏轼亦喜誉之"③。米芾与蒋之奇以及蒋之奇的堂弟蒋长源交往密切，其著名的《廷议帖》就是写给蒋之奇的，帖中流露了希望自己能得到荐引之意：

> 芾老矣！先生勿恤浮议，蒋之曰："襄阳米芾，在苏轼、黄庭坚之间，自负其才，不入他党。今者老矣，困于资格，不幸一旦而死，不得润色皇猷，黼黻王度，臣僚惜共惜之。愿圣天子去常格料

---

① 参见《全宋文》卷1707。
② 傅璇琮等主编：《全宋诗》卷760，北京大学出版社1998年版，第13册，第8836页。
③ （元）脱脱等：《宋史》卷444，中华书局2011年版，第13124页。

理之。"先生以为何如？①

蒋之奇可谓是米芾的老友，两人之间多有唱和，米芾跋所得王右军《范新妇帖》诗，蒋一韵和三首。米芾书斋名"净名"，就是取自蒋所赠诗中句。米芾还因书画与蒋长源（蒋之奇堂弟）结缘，长源曾从米芾手中购得薛稷的《二鹤图》，芾著名的《相从帖》是写给蒋长源的。米芾也曾赠诗《元祐己巳岁维扬后斋为亳州使君蒋公仲永写》：

水竹风清一梦苏，涛生月破紫瓯须。满堂爱客谈书画，且展宣王扇喝图。②

范师道（生卒年不详），字贯之，苏州长洲（今江苏苏州）人，天圣八年（1030）进士及第，历任抚州判官、广南东路转运使、兵部员外郎等职。《宋史》称："师道厉风操，前后在言责，有闻即言，或独争，或列奏。……夺王拱辰宣徽使、李淑翰林学士；及王德用、程戡领枢密，宦官石全彬、阎士良升进，皆尝奏数其罪焉。"③ 范师道为范仲淹族侄，与蒋堂有交游，曾有诗《题隐圃赠蒋希鲁》：

勇退人难事，明公识虑长。波涛济舟楫，霜雪见松篁。林下开前圃，花间出亚枪。二疏良宴会，老杜好篇章。道向清来胜，机于静处忘。当除印如斗，试一较闲忙。④

强至（1022—1076），字几圣，杭州人，庆历六年（1046）进士，历官东阳、元城令，祠部郎中等。强至卒后，其子收集父诗文，编《祠部集》四十卷，曾巩作序，已佚。蒋堂以礼部侍郎致仕时，强至有诗相赠：

---

① （清）潘永因：《宋稗类钞》卷15，书目文献出版社1985年版，第649页。
② （宋）米芾：《宝晋英光集》卷5，中华书局1985年版，第33页。
③ （元）脱脱等：《宋史》卷302，中华书局2011年版，第13124页。
④ （清）厉鹗：《宋诗纪事》卷13，商务印书馆1937年版，第342页。

第二章 义兴蒋氏家族的姻亲、交游与女性

忆昔初登第，公时再镇杭。诸生尽宾礼，贱子正亲丧。顾在齐衰下，难瞻棨戟傍。无依绕树鹊，欲进触藩羊。岂谓两千石，容趋数仞墙。襟怀一虚接，位貌两俱忘。复坐蒙严诲，穷居庇末光。寒踪深退省，感遇剧中藏。俄解武林印，复怀吴郡章。重经所憩杜，俯近必恭桑。政绩前遗爱，州存旧大纲。风骚挥韦白，术业驾龚黄。众有台衡议，朝推治状良。栋材抡杞梓，庙器荐圭璋。车马还非远，冥鸿趋莫量。傥来轻弁冕，思去傲沧浪。俞诏优贤降，安车就第康。鸿枢辞密辅，碧落应文昌。世外风波息，斋中日月长。静怜诗酒地，回笑利名场。愚也生无似，公乎惠未偿。昨官从一椽，去德越三霜。邃听解华绂，末由称贺偿。旅巢今甚迩，恩馆密相望。倾仰心摇旆，兢惭背负芒。功成何以祝，五福具无疆。

《上致政蒋侍郎二十六韵》[1]

张伯玉（1003—约1070），字公达，福建建安（今建瓯）人，天圣二年（1024）登进士第，又举书判拔萃科，曾知福州，移越州、睦州，终官至司封郎中，著有《蓬莱集》二卷，已佚。张伯玉在福州任上时，因天气暑热，召集百姓按户种植榕树，出现"绿荫满城，暑不张盖"的景象，福州也因此得名"榕城"。张伯玉能诗，曾有诗寄蒋堂：

遂翁亭畔碧桃开，招隐溪头画舫回。曾奉云鸿此真赏，到今羽翼出尘埃。闲窥玉字书千卷，渴饮金茎露一杯。别后霜天苦寥阔，海云深处望公台。

《到新定后却寄苏州蒋侍郎》[2]

王安石（1021—1086），字介甫，号半山，临川（今江西抚州）人，庆历二年（1042）进士及第，拜参知政事、同中书门下平章事、观文殿大学士等。王安石主持变法，著书立说，创"荆公新学"，文学上有突出成就，名列"唐宋八大家"。诗风含蓄深沉、深婉不迫，自成一家，世誉"王荆公体"，有《临川集》等。王安石与蒋堂、蒋之奇皆

---

[1] 傅璇琮等主编：《全宋诗》卷597，北京大学出版社1998年版，第10册，第7047页。
[2] 傅璇琮等主编：《全宋诗》卷383，北京大学出版社1998年版，第7册，第4727页。

有交往，有《上蒋侍郎书》《贺杭州蒋密学启》《与蒋颖叔帖》等，并与蒋之奇诗歌唱和，有《戏示蒋颖叔》等诗。

近者伏审拜命徽章，升荣北省，伏惟庆慰。窃以上大夫为内谏，汉擢忠良；府学士统要藩，唐称优显。逮宋兼任，非贤不居。恭惟某官，天与粹温，岳储灵哲。凤抱经济，游天子之彤庭；首见推明，为士林之高选。断直躬以自处，伏大节而不回。名动一朝，官历两省。望之补外，理固非宜；阳城拜官，贺者甚众。上方图任，久有召书。某展庆未惶，抃心窃倍。顾言沉冗，将幸坯陶，依戴所深，翰墨难致。

《贺杭州蒋密学启》①

承枉顾，深慰久阔乡往。衰疾畏风，未获遣诣。请过宿，幸早赐驾也。余留面赋，不宣。安石启上颖叔。

《与蒋颖叔帖》②

司马光（1019—1086），字君实，号迂叟，世称涑水先生。宋仁宗宝元元年（1038）进士及第，英宗时进龙图阁直学士，神宗时因反对王安石变法被迫离开朝廷，哲宗时拜相。他主持编纂了历史上第一部编年体通史《资治通鉴》，生平著作等身，有《涑水记闻》《稽古录》《温国文正司马公文集》等。司马光与蒋之奇、蒋之美等蒋氏族人有交往，曾作《之美举进士寓京师此诗寄之》：

结发声华盛，无疑屈未伸。何妨久垂翅，从此欲惊人。鹰击天风壮，鹏飞海浪春。行当解故褐，不惜化京尘。③

秦观（1049—1100），字太虚，又字少游，扬州高邮（今属江苏）人，元丰八年（1085）中进士，历定海主簿、太学博士、杭州通判等。

---

① 曾枣庄、刘琳主编：《全宋文》卷1397，上海辞书出版社、安徽教育出版社2006年版，第64册，第259—260页。
② 同上书，第259页。
③ 傅璇琮等主编：《全宋诗》卷502，北京大学出版社1998年版，第9册，第6086页。

《宋史》称："见苏轼于徐,为赋黄楼,轼以为有屈、宋才。又介其诗于王安石,安石亦谓清新似鲍、谢。"① 著有《淮海集》《淮海居士长短句》等。秦观与蒋堂有交游,作有《怀乐安蒋公唱和诗序》:

> 会稽之为镇旧矣,岂惟山川形势之盛,实控扼于东南哉?其胜游珍观,相望乎枫楠竹箭之上,枕带乎藻荇芙蕖之滨,可以从事云月、优游而忘年者,殆亦非他州所及。而卧龙山、鉴湖尤为一郡佳处。盖府第之所占,城堞楼雉之所凭,非若穷崖绝壑,游鹿豕而家鱼龙,不可与民同乐者也。前太守二卿乐安蒋公,尝以山富草木,樵苏所采,为令于公府止之;湖地沃衍,由于豪夺,为表于朝廷复之。又废山西淫祠,分湖之别派,覆以缔构,为流觞曲水,以追永和故事。于是湖山自然之观,始深密空明,不复为人力所败。闻山水间,棹歌之诗,至今称焉。熙宁十年,广平程公以给事中、集贤殿修撰来领州事,览其遗迹而叹曰:"此前贤所以遗后来也,使予无一日之雅,犹当奉以周旋,况尝被其知遇乎?"乃述乐安之志,手植松千余章于卧龙山之上。狂枝恶蔓,斩薙以时,秀甲珍牙,无得辄取。每春秋佳日,开池篽,具舟舰,与民共游而乐之。复为诗以记其事,元老名儒属而和者凡六人,而乐安之从子金部预焉。公素以诗名天下,其所述作,必有深属远寄,不独事章句而已。翟公曰:"一死一生,乃见交情。"时乐安之没几三十年,而公想像风流,眷眷不忘如此。然则是诗之作也,岂特与山水俱传而不朽哉?闻其风者,可以兴起矣!②

秦观与蒋之奇相交甚密,唱和频繁,有《次韵蒋颖叔南郊祭告上清储祥宫》《次韵出省马上有怀蒋颖叔》等,元祐八年(1093),蒋之奇由户部侍郎出知熙州,秦观写诗相送:

> 侍臣不合出都门,为有威名蕃汉尊。户部左曹回妙手,匈奴右

---

① (元)脱脱等:《宋史》卷444,中华书局2011年版,第13112页。
② 曾枣庄、刘琳主编:《全宋文》卷2577,上海辞书出版社、安徽教育出版社2006年版,第119册,第373页。

臂落清樽。挥毫珠璧生谈笑，转盼龙鸾在梦魂。瀚海一空何足道，归来黄阁坐调元。

《送蒋颖叔帅熙河二首》其一①

沈辽（1032—1085），字睿达，熙宁（1068）初任审官西院主簿，因与王安石意见不合罢职，后以太常寺奉礼郎监杭州军资库，转运使摄华亭县，因县民纷争受株连遭罢官流放。《宋史》称："间作为文章，雄奇峭丽，尤长于歌诗，曾巩、苏轼、黄庭坚皆与唱酬相往来。"② 有《云巢集》二十卷，现存十卷。沈辽是著名的书法大家，传世墨迹有《秋杪帖》《颜采帖》《动止帖》，其中《秋杪帖》是写给蒋之奇的。与蒋之奇多有诗歌唱和：

昔年曾到洛城中，玉碗金盘深浅红。行上荆溪溪畔寺，愧将白发对东风。

《奉陪颖叔赋锁院牡丹》③

彭汝砺（1042—1095），字器资，饶州鄱阳（今属江西）人，治平二年（1065）举进士第一名，历任监察御史里行、江西转运判官、吏部侍郎等，有《易义》《诗义》及《鄱阳集》等。彭汝砺与蒋之奇有唱和：

百千妙法寄微尘，更向人间见大身。何怪黎阳七十尺，当时广倍百由旬。

《黎阳大佛高七十尺和颖叔侍郎韵》④

苏颂（1020—1101），字子容，泉州同安（今福建厦门）人，庆历二年（1042）进士，历集贤校理、淮南转运使、太子少师等，有《苏

---

① 徐培均：《秦少游年谱长编》卷5，中华书局2002年版，第494页。
② （元）脱脱等：《宋史》卷331，中华书局2011年版，第10653页。
③ （清）厉鹗：《宋诗纪事》卷24，台湾商务印书馆1986年《景印文渊阁四库全书》，第1484册，第480页。
④ （宋）彭汝砺：《鄱阳集》卷12，台湾商务印书馆1986年《景印文渊阁四库全书》，第1101册，第319页。

第二章 义兴蒋氏家族的姻亲、交游与女性

魏公文集》七十二卷。苏颂是宋代著名天文学家、天文机械制造家、药物学家,曾以制作水运仪象台闻名于世。苏颂与蒋之奇诗歌唱和频繁,有《次韵蒋颖叔同游超化院》《次韵蒋颖叔〈同游南屏见惠〉长篇》《和蒋颖叔亳州矮桧》《次韵蒋颖叔金部〈游介亭望湖山〉二十四韵》等。

> 贤良才识明,御史风望清。命驾千里至,高谈一座惊。旧故偶获道,离忧自兹平。揭来湖上寺,共语堂西楹。念昔一交臂,几年两摇旌。契阔信靡定,邂逅欣偕行。日薄聊顿辔,兴来再飞觥。霜林陨丹叶,泉坻结新冰。湖月金炯炯,竹风玉玲玲。峰峦封三山,楼殿如九成。南州足奇丽,此地尤兼并。因君发题咏,足使增嘉声。
>
> 《次韵蒋颖叔同游超化院》[1]

齐光义(生卒年不详),开元十五年(727)任郴州博士,后任秘书省正字、集贤院修纂、宣城郡长史、秘书少监等,有诗送贺知章归乡,曾与李白交往。齐光义与蒋晃交好,曾受邀撰写《后汉亢亭乡侯蒋澄碑》[2]。

朱熹(1130—1200),字元晦,又字仲晦,徽州婺源(今属江西)人,绍兴十八年(1148)进士,历任漳州知府、浙东巡抚等职。朱熹是南宋著名的理学家,世称朱子,有《四书章句集注》《太极图说解》等著述。淳熙六年(1179),朱熹应铅山县令蒋亿之邀做学记,称:"亿才高志远,盖尝有意合兵万里,为国家立非常之功矣,其办一邑,固当有余力。"[3]

苏轼(1037—1101),字子瞻,号东坡居士,眉州眉山(今四川眉山市)人,嘉祐二年(1057)进士,历任礼部郎中、起居舍人、翰林承旨等职。苏轼是宋代著名的文学大家,宋代文学最高成就的代表,有

---

[1] 傅璇琮等主编:《全宋诗》卷522,北京大学出版社1998年版,第10册,第6332页。
[2] (唐)齐光义:《后汉亢亭乡侯蒋澄碑》,《全唐文》卷354,中华书局1983年版,第3585页。
[3] 蒋亿为词人蒋捷之祖父,朱熹撰写的学记已佚,但《江西通志》卷63以及真德秀所撰《铅山县修学记》对蒋亿与朱熹的交往有记载。

《东坡乐府》《东坡七集》等。蒋之奇与苏轼为同榜进士,"琼林宴"上两人结识后成为挚友,苏轼在常州买田,皆因蒋之奇所言义兴山水之美的缘故。两人在几十年的相交过程中,唱和诗篇无数,有《次韵蒋颖叔扈从景灵宫》《送蒋颖叔帅熙河》《送蒋颖叔荣归》等。

  多买黄封作洗泥,使君来自陇山西。高才得兔人人羡,争欲寻踪觅旧蹄。
《次韵钱穆父马上寄蒋颖叔》其二①

  黄庭坚(1045—1105),字鲁直,号山谷道人,洪州分宁(今江西修水)人,治平四年(1067),黄庭坚进士及第,历任汝州叶县县尉、集贤校理、秘书丞等职,著有《山谷词》。黄庭坚为"江西诗派"开山祖,《宋史》称:"庭坚学问文章,天成性得,陈师道谓其诗得法杜甫,学甫而不为者。善行、草书,楷法亦自成一家。与张耒、晁补之、秦观俱游苏轼门下,天下称为四学士,而庭坚于文章尤长于诗,蜀、江西君子以庭坚陪轼,故称'苏、黄'。"②黄庭坚与蒋之奇多有唱和,有《赠荆溪蒋颖叔》《题蒋氏大宗正亭二碑》等。

  金城千里要人豪,理君乱丝须孟老。文星合在天东壁,清都紫微醉云璈。荆溪居士傲轩冕,胸吞云梦如秋毫。三品衣鱼人仰首,不见全牛可下刀。秦川渭水森长戟,方壶蓬莱冠巨鳌。万钉宝带珊瑚席,献纳论思赭赭袍。连营貔虎湛如水,开尽西河拥节旄。何时出入诸公间,淮湖阅船今二毛。凿渠决策与天合,支祈窘束缩怒涛。衣食京师看上计,陛下英武收英髦。春风淮月动清鉴,白拂羽扇随轻刀。下榻见贤倾礼数,后车载士回风骚。斫鼻于郢,观鱼于濠。小夫阅人盖多矣,几成季咸三见逃。
《别蒋颖叔》③

---

① (宋)苏轼:《苏东坡全集》卷21,上海中央书店1936年版,第9页。
② (元)脱脱等:《宋史》卷444,中华书局2011年版,第13110页。
③ (宋)黄庭坚:《山谷集》外集卷5,台湾商务印书馆1986年《景印文渊阁四库全书》,第384册,第652页。

第二章　义兴蒋氏家族的姻亲、交游与女性

崔致远（857—?），字孤云，新罗末期人，是朝鲜籍学者、诗人，被誉为朝鲜汉文学的开山鼻祖。崔致远十二岁离开朝鲜来到长安求学，咸通十五年（874）进士及第，之后任溧水县尉、承务郎等职。中和四年（884），崔致远返回朝鲜继续宦途，但仕途坎坷，遂晚年归隐，不知所终。崔致远在唐时，结交了一大批文人朋友，相互唱和，诗文互进，著有《桂苑笔耕集》。崔致远与蒋泳相识，有《考功蒋泳郎中》：

特劳专介，忽辱荣缄，过垂轩冕之褒，永置巾箱之宝，实惭彼已，岂敢当仁。郎中学士暂避艰时，偶劳侨迹，今者官清司绩，职峻集仙。麟趾殿中，久侍骖鸾之客；螭头阶上，则亲吐凤之才。岂唯举四善之精详？盖必备九重之顾问。铺陈组绣，演畅丝纶。则也虞夏商周之书，重行圣代；萧曹魏邴之位，更属何人？讵可守三径之寂寥，虑千山之险阻？许垂访别，专冀祗迎。伏惟眷私，幸赐鉴察。①

邓忠臣（?—1106或1107），字慎思，长沙人，熙宁三年（1070）进士及第，历任大理丞、秘书省正字、考功郎等职，著有《注杜诗》。邓忠臣与蒋之奇时相唱和：

梦罢静思岩野迥，何心商鼎作羹梅。东门祖帐新光宠，北斗枢星旧冠魁。无敌弟兄真可乐，相忘父子总多才。扁舟若向东吴去，几杖何由日夕陪。

《和胡宿韵寄蒋之奇二首》其一②

李商隐（约813—约858），字义山，号樊南生，怀州河内（今河南沁阳）人，开成二年（837）进士及第，历任秘书省校书郎，检校工部员外郎等职，著有《樊南文集》。李商隐与蒋侑③交游，作有《剑州

---

① （清）董诰等：《全唐文》附《唐文拾遗》卷38，山西教育出版社2002年版，第6431页。
② 傅璇琮等主编：《全宋诗》卷877，北京大学出版社1998年版，第10册，第10211页。
③ 《唐刺史考》"山南西道·梁州·蒋係大中八年—十一年条"李商隐文中"伯氏南梁，重弓二矛"句认为蒋侑为蒋係之弟，但考史料蒋係没有名蒋侑的兄弟，但李文中确实提到蒋係与蒋侑有亲缘关系，所以蒋侑或许为蒋係的堂弟；《樊南文集详注》卷8《剑州重阳亭铭并序》的注释认为蒋侑可能为蒋係的族人。

重阳亭铭并序》：

> 陪臣未尝屡睹天子宫阙，矧得舞殿陛下耶！然下国伏地读甲乙丙丁诏书，亦有以识天子理意，尺度尧舜，不差毫撮，于绝远人意尤在。不然者，安得用江陵令，使上水六千里，挽大小虎牙、滟滪、黄牛险，以治普安。□令既为侯，讲天子意，三年大理。田讼断休，市贾平，狱户屈膝，落民不识胥吏，四方宾颇来，系马靡牛□树肤不生。乃大铲险道，绳石见土，其平可容考工车四轨，建为南北亭，以经劳饯。又亭东山，号曰重阳，以醉风日。南北经贯，若出平郡，无有噎□□□三年，民恐即去，遮观□□请留，□□东山，实在亭下。侯蒋氏名侑。文曰：
>
> 仁之为道，隆磊英杰。天简其老，羡以事物。为君之□□蒋是□撮取不穷，如武有库。蒋之有世，以仁为归。伯氏之宜，仲氏之思。厥弟承之，绳而不纨。以令为侯，天子之德。汝侯为理，剑有盈戾。君南臣北，父坐子伏。饮牛沤菅，田讼以直。市正狱清，谒归告休。朝雨滂沱，湿其梢头。民乐以康，愿有显庸。侯作南亭，北亭是双。至于东山，乃三其功。摧险为夷，大石是扛。亦既三年，民走乞留。伯氏南梁，重弓二矛。古有鲁卫，惟我之曹。惟仁之归，有世在下。其撼其超，尾马鬣马。惟蒋之融，由唐庞椵。惟是亭铭，得其粗且。
>
> 唐大中八年九月一日太学博士河南李商隐撰。①

温庭筠（约812—约866），字飞卿，旧名岐，并州（今山西太原）人，宰相温彦博之孙，多次科考均落第，历任方城尉、国子助教等职。温庭筠精通音律，工诗词，与李商隐、韦庄齐名，有《汉南真稿》《握兰集》等传世。温庭筠有《上蒋侍郎启二首》，皆为参加进士试前行卷以求延誉的书信。考蒋係、蒋伸均曾担任过侍郎一职，但蒋伸大中十一年（857）担任侍郎时，温庭筠已经在襄阳徐商幕府，不再参加科举考试，故此二首是上蒋係之启：

---

① （唐）李商隐：《剑州重阳亭铭并序》，《全唐文》卷779，中华书局1983年版，第8136页。

第二章　义兴蒋氏家族的姻亲、交游与女性

某闻有以疏贱而间至贵者,古人之所讥笑;有以单外而蕲末契者,君子之所兢戒。何则?无因以至,岂庸辨其妍媸;有为而然,曾不计于能否。有谈嘲异状,诡激常姿,希彼顾赡,斯为衔造。则亦受嗤于识者,见诋于通人者矣。抑又闻三月而行,士人之常准;十年乃字,女子之常期。永为干世之心,厥有后时之叹。某寻常爵里,谬嗣盘盂。离方遁圆,因陋成寡。亦尝研究简籍,耽味声诗。颇识前修之懿图,盖闻长者之余论。颛愚自任,并介相应。质文异变之方,骊翰殊风之旨。粗承师法,敢坠缇缃。伏以侍郎宏继之机谋,运搜罗之默识。思将菲质,来挂平衡。遂扬南纪之清源,谨效东皋之素谒。越石父彼何人也,凤佩遗文;赵台卿敢欺我哉,敬承余烈。辄以常所为文若干首上献。①

孙觌(1081—1169),字仲益,号鸿庆居士,常州晋陵(今江苏武进)人,大观三年(1109)进士,历任秘书省校书郎、中书舍人、吏部侍郎等职,孙觌为人依违无操,但善属文,尤长四六,有《鸿庆居士集》等传世。孙觌与蒋璨交好,曾为其作墓志,有《寄题蒋宣卿景坡堂并序》:

东坡先生与蒋魏公(蒋之奇)游最善,宣卿(蒋璨)侍郎蓄东坡诗文自公始也。心慕手追,遂入手于室。尝某赋景坡堂诗。宣卿谓余知音者,遂标藏之椟中,比守吴门治有状,玺书褒今待制敷文阁。某驰小舟往贺,宣卿出诗三章见属,句法华妙为一时绝唱,有云:"正索解人那复得,其谁知我固无从",此真东坡语也,辄次韵书于卷末。

家声籍籍冠中州,健笔纵横贯九流。三世祖孙吴郡牧,两朝人物晋亭侯。颠印自快披云睹,衰陋空遗倚玉羞。便恐追锋天上去,不辞投辖为公留。

---

① (唐)温庭筠:《上蒋侍郎启二首》,《全唐文》卷786,中华书局1983年版,第8224页。

《寄题蒋宣卿景坡堂并序》其一①

另据家谱载，苏轼、苏辙兄弟与蒋夔交好。蒋夔字子隆，谱载："及祖公子，宋高宗建炎二年（1128）进士②，累官兵部侍郎、直学士院，除陕西安抚制置使兼京兆府事，生于徽宗政和三年（1113）癸巳，卒于孝宗淳熙四年（1177）丁酉。"③苏轼、苏辙兄弟与其多有诗歌唱和：

我生百事常随缘，四方水陆无不便。扁舟渡江适吴越，三年饮食穷芳鲜。金齑玉脍饭炊雪，海螯江柱初脱泉。临风饱食甘寝罢，一瓯花乳浮轻圆。自从舍舟入东武，沃野便到桑麻川。剪毛胡羊大如马，谁记鹿角腥盘筵。厨中蒸粟埋饭瓮，大杓更取酸生涎。柘罗铜碾弃不用，脂麻白土须盆研。故人犹作旧眼看，谓我好尚如当年。沙溪北苑强分别，水脚一线争谁先。清诗两幅寄千里，紫金百饼费万钱。吟哦烹噍两奇绝，只恐偷乞烦封缠。老妻稚子不知爱，一半已入姜盐煎。人生所遇无不可，南北嗜好知谁贤。死生祸福久不择，更论甘苦争蚩妍。知君穷旅不自择，因诗寄谢聊相镌。
苏轼《和蒋夔寄茶》④

都城广大漫如天，旅人骚屑谁与欢。北风号怒屋无瓦，夜气凝冽冰生盘。雪声旋下白玉片，灯花暗结丹砂丸。叩门剥啄惊客至，吹火仓卒怜君寒。明时未省有遗弃，高论自笑终汗漫。识君太学嗟岁久，至今客舍犹泥蟠。正如憔悴入笼鹤，坐见摧落凌风翰。明朝尚肯过吾饮，有酒不尽行将酸。
苏辙《次韵蒋夔寒夜见过》⑤

---

① （宋）孙觌：《鸿庆居士集》卷6，台湾商务印书馆1986年《景印文渊阁四库全书》，第1135册，第652页。
② 谱载："苏谱云蒋夔时年十六与杨怀远卿评备考，合总括图夔不载进士，存疑。"
③ （清）蒋惟高等：《㢘亭大宗世表》，《茗岭蒋氏宗谱》卷7，康熙年间修，宜兴档案馆藏，资料号：1—2—113—128。
④ （宋）苏轼：《苏东坡全集》卷7，上海中央书店1936年版，第2页。
⑤ （宋）苏辙撰，陈宏天、高秀芳点校：《苏辙集》，中华书局1990年版，第116页。

第二章 义兴蒋氏家族的姻亲、交游与女性

但考蒋夔生活的年代与苏轼兄弟不符,蒋夔出生于徽宗政和三年（1113）,此时苏轼早已过世。据《宋史》载:"京兆府学教授蒋夔请以颜回为兖国公,毋称先师,而祭不读祝,仪物一切降杀,而进闵子骞九人亦在祀典。"① 疑此京兆府学教授蒋夔为苏轼兄弟好友,苏氏兄弟还有两首送蒋夔赴代州学官的诗:

忆游太学十年初,犹见胡公岂弟余。遍阅诸生非有道,最怜能赋似相如。青衫共笑方持板,白发相看各满梳。暂免百忧趋长吏,勉调三寸事新书。

苏辙《送蒋夔赴代州教授》②

功利争先变法初,典刑独守老成余。穷人未信诗能尔,倚市悬知绣不如。代北诸生渐狂简,床头杂说为爬梳。归来问雁吾何敢,疾世王符解著书。

苏轼《次韵子由送蒋夔赴代州学官》③

从苏辙诗中意,可看出与蒋夔相识于太学中,二人相识已久。京兆府学教授蒋夔是苏氏兄弟诗歌唱和的友人,而非南宋蒋氏后裔蒋夔。至于前者蒋夔是否是义兴蒋氏族人,已不可考,但从南宋蒋氏后裔蒋夔的名讳来看,似不应与先祖重名,所以京兆府学教授是蒋氏族人的可能性不大。

以上所列只是义兴蒋氏家族在唐宋时有文献可考的家族交游的一部分,但所涉及的交游对象,如张说、杜牧、李商隐、苏轼、黄庭坚等大多为唐宋文坛非常有影响力的人物,另有米芾、沈辽等为当时的书法大家。蒋氏家族与这些声名显赫人物的交往无疑提高了家族文学修养与书法造诣水平;与朝鲜诗人崔致远的交往,则显示了蒋氏家族交游面的广阔,随着崔致远文集在朝鲜的流传,蒋氏族人也为外域熟知;与不知名诗人的交游,如许内谷,蒋氏家谱录有其若干首佚诗,客观上也起到了保存文献的作用;与朱熹等理学家的交往,一定程度上促进了蒋氏家族

---

① （元）脱脱等:《宋史》卷105,志第58,中华书局2011年版,第2548页。
② （宋）苏辙撰,陈宏天、高秀芳点校:《苏辙集》,中华书局1990年版,第121页。
③ （宋）苏轼:《苏东坡全集》卷8,上海中央书店1936年版,第5页。

87

理学的发展，并使理学成为蒋氏家族的家学之一；与郭祥正等封疆大吏的唱和，则使少数民族的风俗重现于诗歌中得以流传，并成为珍贵的文献。纵观与蒋氏家族交游的官员，如范仲淹、王安石等大都为忠贞正直且有政绩之辈，这无疑对蒋氏家风也有一定程度的影响。

第三节　蒋氏家族中的女性

"家人，利女贞"（《易经·家人卦》）。女性在家族中处于举足轻重的地位，这不仅是指女性所带来的父系家族的教育文化等资源，更为重要的是女性在家庭中担负着教育子女的重任。"除家塾教养外，吴地母教力量显著，在人才早期培养乃至'终身教化'方面发挥了重要的作用，是吴地长期保持文化繁荣的原动力"[①]。蒋氏家族的女性大多有文学涵养，"擅以蔡词，工于班史"[②]，家族长期的繁荣兴盛，与蒋氏女性在家族中所起到的教化作用密不可分。

一　蒋氏女性的懿容闺范

在漫长的封建社会中，礼教对于女性的规范与约束由来已久，如班昭的《女诫》、张华的《女史箴》、李恕的《戒子拾遗》等。这些对女性的规范概括起来不外是讲仪容明礼法、倡贞静戒游乐、孝翁姑睦妯娌、敬夫君教子女等。虽带有强烈的礼教色彩，但在一定程度上规范了女性的言行，突出了妇德在家族发展中所起的重要作用。蒋氏家族的墓志铭中，处处可见女性成员在礼教约束下的懿容闺范。

蒋伦妻：

> 夫人姓房氏，清河人也。……夫人禀纯懿之和，挺柔嘉之质。言而可法，动不逾礼。至如主馈瀚衣之勤俭，内则母仪之风规。敬以睦亲，慈以抚下，洁于时享，□乃家人。虽智称敬姜，孝曰莱妇，方之夫人，不是遇也。故得致族之党，彼姻之属，皆与能归美

[①] 罗时进：《吴文化的典范建立与知识建构》，《苏州大学学报》2013年第2期。
[②] 佚名：《大唐故鄂州永兴县令陈府君蒋夫人墓志铭并序》，吴钢主编：《全唐文补遗》，三秦出版社1999年版，第388—389页。

矣。不然曷可光配君子，弼成家道焉。①

蒋岑女：

　　夫人公旦之胤，姓系尚矣。先父岑，开元中少司农赠汾州刺史，冠衮问望。初夫人之归于李，李胄子也，大父叔父，世为相国，而纳采求偶，选高门和馨之子。贤莪来聘，宜室正内，廿余岁，妇道显，六姻美，待光二姓。②

蒋婉（蒋涣女）：

　　蒋氏望乐安，裔吴郡，清风礼范世所称，太师仁明，有唐是仰。夫人承德门之重，守礼训之则，德仇君子，故归我家，性弘宽和，志气静检，事上精于孝敬，抚下积于仁慈，礼行汪汪，美谈众口。③

刘令淑（蒋孝璋妻）：

　　夫人凝脂宝婺，挺质金娥，蕙间发于龆初，兰仪彰于卯序。年十有八，归于蒋门。鸣凤之兆克谐，睢鸠之诗允洽。三从早备，四德咸修。举案申齐眉之礼，奉馈展如宾之敬。方期松竹并茂，岂谓生死遽分。仪凤三年二月十一日，奉御府君俄先朝露，夫人崩城起恸，怀刃自明。顾只剑而斯摧，对孤鸾而载绝。④

---

① （唐）杨谕：《大唐蒋公夫人房氏墓志铭并序》，吴钢主编：《千唐志斋新收墓志》，三秦出版社2006年版，第238页。
② 佚名：《唐苏州别驾李公故夫人蒋氏墓志铭并序》，吴钢主编：《全唐文补遗》第6辑，三秦出版社1999年版，第456—457页。
③ （唐）溥晋：《唐故楚州长史源公夫人乐安蒋氏墓志铭》，周绍良主编：《全唐文新编》卷480，吉林文史出版社2000年版，第5660—5661页。
④ 佚名：《唐故尚药奉御蒋府君夫人刘氏（令淑）墓志铭并序》，吴钢主编：《全唐文补遗》，三秦出版社1999年版，第387页。

蒋建妻：

　　太夫人温惠淑德，令誉显著，执庄敬之仪，以奉舅姑之养。顷岁遭处士之凶衅，昼哭以哀，夜专禅诵。居孀操殆卅年，抚孤而育于女男。训男以儒，诲女□礼，不严而治，不肃而成。咸皆成立，则知何代无孟轲之母者焉。①

蒋环女：

　　夫人柔明懿茂，睦□□家，事长孝闻，抚孤义著，奉女功之业，为妇道之光，服瀚濯事，蘋藻俭□，中礼勤□。②

李宝手（蒋少卿妻）：

　　夫人弱岁柔嘉，幼年□朗，三星既曜，四德仍兼，待年而笄，归于蒋氏，若乃织纴组绁之务，咸盟中馈之规，妇道聿修，母仪光备，既而所天□从子命尊，始封陇西县太君，寻加陇西郡太君。③

　　"在家族文学研究中，女性是一个具有标志意义的群体，能够体现家族关系、家族情感、家族意识和家族氛围"④，女性对夫君、子女以及其他家人都具有潜移默化的影响，如蒋宁祖之妻：

　　（慕容氏）三世而尚书显。安人少禀庭训，慈祥可顾，其侪丽服游观，心不善之。年十九嫁季平，调娱上下无间言，诵经文，知名教，议论缅缅，不类闺阃中语。至与季平商榷进退，凛然如老书生，疾革，气不乱，谓季平曰："吾舅姑老矣，子尚自爱，无以吾

---

① （唐）张允初：《唐故北海蒋处士（建）陇西李夫人墓记》，吴钢主编：《全唐文补遗》，三秦出版社1999年版，第391页。
② （唐）王无悔：《唐义兴蒋夫人墓志铭并序》拓本。
③ 《唐故朝议郎行尚药侍御医上护军蒋府君夫人陇西郡太君墓志铭并序》，西安市文物保护考古所：《西安唐殿中侍御医蒋少卿及夫人宝手墓发掘简报》，《文物》2012年第10期。
④ 罗时进：《家族文学研究的逻辑起点与问题视阈》，《中国社会科学》2012年第1期。

故伤其意。"……季平名宁祖，故观文殿学士之奇之孙，大司乐瑎之子。及进士第，仕为校书郎，好学而文，声称藉甚。然季平自谓安贫守义，视富贵不汲汲，盖安人有助云。①

对慕容氏的描述并非谀墓之辞，《夷坚甲志》载："蒋宁祖者，待制瑎之子，年四十，官至朝请郎。当迁大夫，不肯就。父母强之，不得已自列。既受命，即丐致仕，自是不御朝衣，常著练布道服"。②"然季平自谓安贫守义，视富贵不汲汲，盖安人有助云"，此叙述是真实的。蒋宁祖安贫乐道、视富贵如闲云与妻慕容氏的影响是有关系的。

二 寡母课子：庆国夫人与蒋氏中兴

母仪与母教是家族教育的重要组成部分，"中国古代社会结构，男主外，女主内，男性忙于举业，奔波宦途，照顾子女的任务更多落到了女性身上"③。翻开历史典籍，贤母教子的例子举不胜举，如孟母三迁，岳母刺字，苏轼、苏辙母程氏对二人的教育等。《武岭蒋氏宗谱》收有《蒋母教子图》，该图再现了清代蒋士铨之母钟氏在其幼时教其读书的情景：

> 记母教铨时，组绣纺绩之具，毕陈左右；膝置书，令铨坐膝下读之。母手任操作，口授句读，咿唔之声，与轧轧相间。儿怠，则少加夏楚，旋复持儿而泣曰："儿及此不学，我何以见汝父！"至夜分寒甚，母坐于床，拥被覆双足，解衣以胸温儿背，共铨朗诵之；读倦，睡母怀，俄而母摇铨曰："可以醒矣！"铨张目视母面，泪方纵横落，铨亦泣。少间，复令读；鸡鸣，卧焉。④

---

① 曾枣庄、刘琳主编：《全宋文》卷3511，上海辞书出版社、安徽教育出版社2006年版，第162册，第30—31页。
② （宋）洪迈撰，何卓点校：《夷坚志》，中华书局2006年版，第43页。
③ 张剑：《宋代以降家族文学研究的理论、方法及文献问题》，《文学评论》2010年第4期。
④ （清）蒋士铨：《鸣机夜课图记》，刘世南、刘松来选注：《清文选》，人民文学出版社2006年版，第246页。

"在家族文学研究中，女性是一个具有标志意义的群体，能够体现家族关系、家族情感、家族意识和家族氛围"①。蒋士铨是清代著名戏曲家，曾任翰林编修，蒋母钟氏出身于世家，知书达理，蒋士铨之父长年游学在外，教育幼子的责任就落在钟氏的身上，母亲的教诲成为蒋士铨终生难以磨灭的记忆。

> 铨九龄，母授以《礼记》《周易》《毛诗》，皆成诵。暇更录唐宋人诗，教之为吟哦声。母与铨皆弱而有病。铨每病，母即抱铨行一室中，未尝寝；少痊，辄指壁间诗歌，教儿低吟之以为戏。母有病，铨则坐枕侧不去。母视铨，辄无言而悲，铨亦凄楚依恋之。尝问曰："母有忧乎？"曰："然。""然则何以解忧？"曰："儿能背诵所读书，斯解也。"铨诵声琅琅然，与药鼎沸声相乱，母微笑曰："病少差矣。"由是母有病，铨即持书诵于侧，而病辄能愈。②

此外，寡母教孤则是家族教育中一个特殊的现象，如欧阳修"四岁而孤，母郑，守节自誓，亲诲之学，家贫，至以荻画地学书"③。一个家族的长盛不衰与"寡母教孤"所起的作用密不可分，"一般来说因为在婚嫁上讲究'德配'，即不仅重视联姻的门第层次，而且重视其文化和道德层次，因此所出嫁的大都是同样的文化家族。这样的家族需要她们在遇到丈夫长期游宦在外抑或不幸早逝时，亦严亦慈，教育和培养子女"④。

蒋氏家族在宋初曾一度衰落，它的再次中兴与一位女性有关。"史氏，义兴蒋弘谨妻也。生子五岁而寡，时年二十有二，誓不嫁，诲子以学。孙堂仕显，封庆国夫人。初居滆湖，窭甚，育鹅自给，朝纵去暮，揭旗于岸，则毕集焉"⑤。蒋弘谨是唐代驸马号称"水月观音"的蒋凝

---

① 罗时进：《家族文学研究的逻辑起点与问题视阈》，《中国社会科学》2012年第1期。
② （清）蒋士铨：《鸣机夜课图记》，刘世南、刘松来选注《清文选》，人民文学出版社2006年版，第246页。
③ （元）脱脱等：《宋史》卷319，中华书局2011年版，第10375页。
④ 罗时进、陈燕妮：《清代江南文化家族的特征及其对文学的影响》，《江苏社会科学》2009年第2期。
⑤ （宋）史能之：《咸淳重修毗陵志》卷30，明初刻本。

曾孙，其子蒋九皋在史氏的教养下官至兵部尚书，其墓志载：

> （史氏）其困苦如此，而所守愈坚，且督公勤学不敢废业。卒至名播于朝，表旌其节。公既长，知母氏之困穷，抚字恩逾罔极，是以至爱存心，萃顺承事，及太夫人年就衰，定省温清之仪益笃，夙夜侍奉唯谨，公盖至性纯孝人也。①

蒋九皋先后娶了三位夫人，生子十一人，长子蒋常仕为朝奉大夫，次子蒋航擢太子洗马，蒋当为太学博士，蒋堂登祥符五年（1012）进士第，为殿中侍御史，蒋昂为凉州经略使，蒋相为奉直大夫，蒋章为驾部大中大夫，蒋滂为国子监主簿，"孙二十八人，俱见英敏器宇"②。蒋堂进士及第，苏轼称之为"占本邑之开科，擅儒林之硕望"③，其后蒋之奇、蒋之美、蒋之方、蒋之策、蒋之杰、蒋之武、蒋津、蒋静、蒋瑎、蒋宁祖、蒋及祖、蒋荣祖、蒋益祖、蒋夔、蒋芾、蒋重珍等三十多个蒋氏族人登进士第，"虽支脉不同，里居亦异，然原其所自出，率皆庆国夫人之后也"④，正如义兴籍状元佘中《题蒋氏大宗丐亭二碑》所云：

> 双珉耀目美凌霞，锦绣文章属大家。周汉胙封千古迹，当今科第亦无涯。⑤

北宋能臣蒋之奇为感念曾祖母史氏的恩德，也曾赋诗一首曰：

> 凌风泛浪白于云，野牧湖中晓至昏。一举招旗毕来集，至今人

---

① （宋）张铸：《宋故赠太傅兵部尚书蒋公墓志铭》，（清）蒋聚祺：《西徐蒋氏宗谱》卷4，民国九年修，宜兴档案馆藏，资料号：1—2—1538—1557。
② 同上。
③ （宋）苏轼：《敕修蒋氏宗谱序》，（清）蒋柏清等：《回图蒋氏宗谱》卷1，宣统元年修，宜兴档案局馆藏，资料号：1—2—111—112。
④ （清）蒋聚祺等：《墓志》，《西徐蒋氏宗谱》卷4，民国九年修，宜兴档案馆藏，资料号：1—2—1538—1557。
⑤ 《官林镇志》编纂委员会编：《官林镇志》，新华出版社1998年版，第225页。

号养鹅墩。①

自此,"养鹅墩"也成为蒋氏家族标志性的景点之一。

三 诗酒风流:蒋氏家族女性与文学

文化家族的重要特征之一是有女性作家的出现,所谓"一门风雅"就包括了男性作家和女性作家。冼玉清在《广东女子艺文考》中提及女性作家成长的三种因素:"其一名父之女,少禀庭训。有父兄为之提倡,则成就自易。其二才士之妻,闺房唱和,有夫婿为之点缀,则声气易通;其三令子之母,侪辈所尊,有后嗣为之表扬,则流誉自广。"②其实文化家族中的女性往往兼具这三种因素中的两种或者全部,如作有《答诸姊妹戒饮》一诗的蒋氏,为唐驸马蒋凝之女,同时又是湖州名士陆蒙之妻,同时兼具名父之女和才士之妻的两种身份。当然这在文化家族中是很寻常的,名父之女自然会选择嫁名士,婚姻不是两个人的事,而是两个家族的结盟。

《全唐诗》收有蒋氏的诗一首:

平生偏好酒,劳尔劝吾餐。但得杯中满,时光度不难。③

此诗前有小注曰:"蒋以嗜酒成疾,姊妹劝其节饮酒加餐,应声吟答。"

唐代女性并不避讳她们对酒的热爱,公开表达她们以酒消愁以及醉酒后的感觉,可见当时的社会对女性饮酒还是比较宽容,并没有逃避负面的意象和限制。唐代女子陆蒙之妻蒋凝之女,因酒成疾,姊妹们劝她节饮加餐,她作诗回答:"平生偏好酒,劳尔劝吾餐。但得杯中满,时光度不难。"(《答诸姊妹戒饮》)这位女子直抒胸臆,用"嗜酒成性"来形容也不过分了,只要有酒喝,便能

---

① 傅璇琮等主编:《全宋诗》卷688,北京大学出版社1993年版,第12册,第8034页。
② 冼玉清:《广东女子艺文考》,商务印书馆1941年版,第1页。
③ (清)彭定求等:《全唐诗》卷799,中华书局1979年版,第8995页。

轻松的生活。①

笔者认为，蒋氏的这首诗，如果我们不从饮酒的角度来解读的话，会发现这首诗所表现的是唐代女性思想自由言行豪放的一种风格，颇具魏晋风度。

《诗话总龟》记载了蒋氏戏弄诗僧知业的一段趣闻：

> 唐湖州参军陆蒙妻蒋氏，善属文。……僧知业有诗名，与蒙善，一日访蒙谈玄，蒋使婢奉酒。知业云："受戒不饮。"蒋隔帘谓曰："上人诗云：'接岸桥通何处路，倚楼人是阿谁家？'观此风韵得不饮乎！"知业惭而退。②

蒋氏的这种风度，固然和唐代开放的社会风气有关，但考虑到蒋氏的出身，不得不承认父系和夫系两个家族对其产生的影响，才会形成潇洒不羁诗酒风流的豪放个性。

蒋兴祖女，韦居安《梅涧诗话》云："靖康间，金人犯阙，阳武蒋令兴祖死之。其女为贼虏去，题字于雄州（今河北雄县）驿中，叙其本末，乃作《减字木兰花》词。"③ 蒋兴祖（1085—1126）为蒋之奇孙，蒋瑎次子，以荫补饶州（今江西鄱阳县）司录，迁阳武县令（今河南原阳），金兵入侵时死节，《宋史》有传。其女被虏北行，途经雄州，作词题雄州驿：

> 朝云横度。辘辘车声如水去。白草黄沙。月照孤村三两家。　　飞鸿过也，万结愁肠无昼夜。渐近燕山。回首乡关归路难。④

词的上半阕，以景渲情，辘辘车声恰如流水，车骑北行，无休无

---

① 张明雪：《宋代女性词人酒意象研究》，硕士学位论文，苏州大学，2009年。
② 郭绍虞辑：《宋诗话辑佚》卷下，中华书局1980年版，第473页。
③ （元）韦居安：《梅涧诗话》卷下，丁福保辑《历代诗话续编》（中），中华书局2006年版，第571页。
④ 唐圭璋等：《中国古典文学精华·宋词》第3卷，北京十月文艺出版社1995年版，第341页。

止,时间的绵延恰如流水永无间断。愁思无尽,更何况满眼是白草黄沙,凄清的月光下,是孤寂的三两人家。下半阕直抒胸臆,抬首仰望归鸿,羡慕它们可以自由地飞向南方,而自己愁肠百结,燕山(今北京)越行越近,回首遥望故乡,却再也无法回归。

这首词哀怨痛切,可与蔡琰的《悲愤诗》相比,陈寅恪在翻阅柳如是诗文时曾感叹:

> 往往窥见其孤怀遗恨,有可以令人感泣不能自已者焉。夫三户亡秦之志,《九章》《哀郢》之辞,即发自当日之士大夫,犹应珍惜引申,以表彰我民族独立之精神,自由之思想,何况出于婉娈倚门之少女,绸缪鼓瑟之小妇。①

蒋兴祖女记叙的虽是一己之不幸,却反映了在异族欺凌背景下整个民族的惨痛经历,堪称以词来记叙历史的典范。

"蒋令(蒋兴祖),浙西人②,其女方笄,美颜色,能诗词,乡人皆能道之"③。这位年轻貌美且极具才华的蒋兴祖女,被乱世裹挟着,流落异乡,其结果无从可知,但想来她没有蔡琰的幸运,令人不胜唏嘘。

---

① 陈寅恪:《陈寅恪集·柳如是别传》,生活·读书·新知三联书店2001年版,第4页。
② 此处误,蒋兴祖为蒋之奇孙,义兴人。
③ (元)韦居安:《梅磵诗话》卷下,丁福保辑:《历代诗话续编》(中),中华书局2006年版,第571页。

第三章　义兴蒋氏家族的科举与为官

在涉及家族文学研究时，钱穆先生指出："门第之盛与学业之盛并举，惟因其门第之盛，故能有此学业之盛，亦因其学业盛，才见其门第之盛。"① 家族门第之盛与学业之盛相辅相成，科举及第则是家族学业之盛的一个重要衡量尺度。

隋炀帝大业年间始置科举考试制度，隋朝国祚短暂，进士及第可考证者不过寥寥数人。但这项制度的建立却对此后一千多年的中国封建社会产生了巨大的影响。唐初，承隋旧制，于长安开府取士。及李世民登基，更是着手通过科举考试擢拔人才以巩固其统治基础。科举考试为寒门学子开辟了通往权力高峰的途径，打破了以往门阀世族对权力的垄断，无疑具有划时代的意义。但有唐一代，科举考试还处于完善期，由于采用"公荐制"，即考试和推荐相结合的办法，加之"温卷"之风盛行，这对于门阀家族的举子来说显然更有优势。

唐科举考试的录取名额有限，据统计，整个唐代近三百年录取进士6656人，而两宋录取进士则高达40000余人②，因此，"这是一个基于从九品中正制度到科举制度新旧双重制度转化以及文学史与家族史交互作用而发生内在蜕变的特殊阶段，主要呈现为'门阀—文学世家''科宦—文学世家'混合形态的交替与演进"③。时至两宋，与"唐宋变革论"相适应，宋代的经济文化制度与之前有了很大的变化，体现在科举考试中就是在承续唐代科举制度的同时加以彻底改革，除

---

① 钱穆：《略论魏晋南北朝学术文化与当时门第之关系》，《中国学术思想史论丛》，安徽教育出版社2004年版，第190页。
② 参见刘海峰、李兵《中国科举史》附录一《历代登科表》。
③ 梅新林：《文学世家的历史还原》，《中国社会科学》2011年第1期。

了进士录取名额大幅度增加之外，严格规范考试制度，废除"公荐制"，推行"别头试""锁厅试"以及限制官员报考，所谓"有官人不为状元"①（王铚《默记》卷下），实行试卷糊名、试卷誊录等规则。这些相对公平制度的实行才真正为寒门士子提供了改变自身命运的机会，彻底打开了社会上层与下层垂直流动的通道，为统治阶层补充了新鲜血液，优化了统治阶层的结构，进一步巩固了统治基础。但是，由于各方面的原因，豪门巨族在科举考试中仍占据了优势地位，"由科举制度产生的科宦世家才真正成为士人阶层的主体，由三国延续于唐代的门阀世家至此（宋）终于退出历史舞台，而唐代门阀与科宦世家双轨并行的局面也至此终结"②。

义兴蒋氏是科宦世家，科举与仕宦是家族繁盛的两大支撑，由于科举方面的出色成就，蒋氏家族的仕宦也相当显赫。唐宋两朝，蒋氏家族五品以上的高官人数众多，从而也就造就了家族在这个时期的繁盛与辉煌。

第一节　蒋氏家族的科举概况

义兴蒋氏在唐宋时期成功转型为科宦家族。这一时期，有文献可考的进士及第的家族成员多达79名，蒋氏家谱特辟有进士名录，对此有专门记载。③ 但由于年代久远，仅以家谱记载不足为凭，现根据《新唐书》《旧唐书》《宋史》《湖州进士题名录》《广卓异记》《毗陵志》《元和姓纂》《登科记考》《全唐文》《唐摭言》《太平广记》《太平治迹统类》《杨港镇志》《蒋氏宗谱》、蒋氏祠墓志、叶适《水心集》等文献加以统计，整理出蒋氏家族在唐宋时期的登科情况，具体如下。

唐宋义兴蒋氏进士名录：

| 姓名 | 时间 | 文献出处 |
| 蒋俨 | 贞观初（举明经） | 《毗陵志》《新唐书》《全唐文》 |

---

① 例如《梦溪笔谈》作者沈括的侄子沈遘，22岁廷试第一，但因为之前做过官，只能与第二名对调为榜眼。
② 梅新林：《文学世家的历史还原》，《中国社会科学》2011年第1期。
③ 例如《茗岭蒋氏宗谱》卷2辟有《宋明蒋氏进士榜》。

蒋子慎	贞观年间（约634）	《湖州志》①
蒋岑	高宗时（举明经）	《茗岭蒋氏宗谱》
蒋挺	景云年间	《登科记考》《广卓异记》
蒋励己	开元年间（擢书判拔萃科）	《全唐文》
蒋洌	天宝年间	《登科记考》《毗陵志》《广卓异记》《新唐书》
蒋涣	天宝年间	《登科记考》《毗陵志》《广卓异记》《新唐书》
蒋至	天宝六载（747）	《登科记考》《元和姓纂》《全唐文》②
蒋环	天宝年间	《新唐书》
蒋播	不详	《广卓异记》
蒋准	肃宗朝（擢书判拔萃科）	《广卓异记》《全唐文》
蒋鍊	不详	《登科记考》《旧唐书》《广卓异记》
蒋铢	不详	《登科记考》《旧唐书》
蒋镇	天宝末	《登科记考》《旧唐书》
蒋伸	大中年间	《登科记考》《毗陵志》
蒋兆	大中年间	《登科记考》《新唐书》
蒋凝	咸通年间	《登科记考》《新唐书》《太平广记》《全唐文》
蒋泳	咸通七年（866）	《登科记考》《唐摭言》
蒋曙	咸通十五年（874）	《登科记考》《新唐书》
蒋堂	大中祥符五年（1012）	徐奭榜 《毗陵志》《宋史》
蒋之奇	嘉祐二年（1057）	章衡榜 《毗陵志》《宋史》《太平治迹统类》
蒋之方	嘉祐年间	《官林镇志》《茗岭蒋氏宗谱》
蒋之杰	嘉祐年间	《官林镇志》《茗岭蒋氏宗谱》
蒋之策	嘉祐年间	《官林镇志》《茗岭蒋氏宗谱》
蒋津	熙宁三年（1070）	叶祖洽榜 《宋史》《毗陵志》

---

① 蒋子慎寄籍湖州，故《湖州志·进士题名录》有载。
② 《全唐文》卷四百七误载蒋至为天宝十载进士，应以《登科记考》《元和姓纂》为准。

《江南通志》

　　蒋之美　熙宁六年（1073）　余中榜　《宋史》《江南通志》《毗陵志》《无锡县志》

　　蒋天麟　元丰二年（1079）时彦榜　《茗岭蒋氏宗谱》《江南通志》

　　蒋静　元丰二年（1079）时彦榜　《宋史》《毗陵志》

　　蒋猷　元丰八年（1085）　　《宋史》《武进蒋氏宗谱》《浮溪集·蒋猷墓志》

　　蒋瑎　元祐三年（1088）李常宁榜　《毗陵志》《浮溪集·蒋瑎墓志》

　　蒋圆　元祐六年（1091）马涓榜　《毗陵志》《蒋氏宗谱》《毗陵集·蒋圆墓志》

　　蒋芊　元祐六年（1091）马涓榜　《茗岭蒋氏宗谱》

　　蒋琳　元祐六年（1091）马涓榜　《毗陵志》《茗岭蒋氏宗谱》

　　蒋安上　元祐九年（1094）毕渐榜　《杨港镇志》《茗岭蒋氏宗谱》《毗陵志》《江南通志》

　　蒋之武　绍圣四年（1097）何昌言榜　《毗陵志》《茗岭蒋氏宗谱》

　　蒋璹　绍圣四年（1097）　　《武岭蒋氏宗谱》《浙江通志》

　　蒋庄　崇宁年间　　《丹阳蒋氏宗谱》

　　蒋宁祖　政和二年（1112）莫俦榜　《茗岭蒋氏宗谱》《毗陵志》《陵阳集·安人慕容氏墓志铭》

　　蒋益祖　政和二年（1112）莫俦榜　《茗岭蒋氏宗谱》

　　蒋全　政和八年（1118）王嘉榜　《茗岭蒋氏宗谱》《毗陵志》

　　蒋仲龙　政和八年（1118）王嘉榜　《毗陵志》《蒋氏宗谱》

　　蒋及祖　宣和三年（1121）何涣榜　《茗岭蒋氏宗谱》《毗陵志》

　　蒋荣祖　宣和三年（1121）何涣榜　《毗陵志》

　　蒋夔　建炎二年（1128）李易榜　《宋史》《毗陵志》

　　蒋汝功　建炎二年（1128）李易榜　《茗岭蒋氏宗谱》《毗陵志》

　　蒋珪　绍兴二年（1132）张九成榜　《茗岭蒋氏宗谱》

　　蒋烈　绍兴八年（1138）黄公度榜　《毗陵志》

蒋鹏　　绍兴十八年（1148）　　　　《茗岭蒋氏宗谱》

蒋行简　绍兴二十年（1150）　　　　《水心集·朝议大夫知处州蒋公墓志铭》《万姓统谱》

蒋芾①　绍兴二十一年（1151）赵逵榜　《宋史》《毗陵志》

蒋亿　　绍兴二十一年（1151）赵逵榜　《毗陵志》

蒋繁　　隆兴元年（1163）木待问榜　　《毗陵志》

蒋佑　　淳熙八年（1181）黄由榜　　　《毗陵志》

蒋谊　　淳熙十四年（1187）王容榜　　《毗陵志》《茗岭蒋氏宗谱》

蒋廷英　淳熙十四年（1187）　　　　　《茗岭蒋氏宗谱》

蒋侃　　淳熙十四年（1187）　　　　　《茗岭蒋氏宗谱》

蒋本②　绍熙四年（1193）陈亮榜　　　《茗岭蒋氏宗谱》《毗陵志》

蒋惟晓　绍熙四年（1193）陈亮榜　　　《茗岭蒋氏宗谱》《毗陵志》

蒋志行　庆元二年（1196）　　　　　　《茗岭蒋氏宗谱》

蒋岘　　庆元二年（1196）　　　　　　《余姚县志》《万姓统谱》

蒋衰然　嘉泰二年（1202）傅行简榜　　《茗岭蒋氏宗谱》《毗陵志》

蒋垔　　嘉定元年（1208）郑自诚榜　　《茗岭蒋氏宗谱》《毗陵志》

蒋公择　嘉定四年（1211）赵建大榜　　《茗岭蒋氏宗谱》《毗陵志》

蒋重珍　嘉定十六年（1223）蒋重珍榜　《毗陵志》

蒋安仁　嘉定十六年（1223）蒋重珍榜　《毗陵志》

蒋熊　　嘉定十六年（1223）　　　　　《茗岭蒋氏宗谱》

蒋孝参　宝庆二年（1226）王会龙榜　　《毗陵志》《茗岭蒋氏宗谱》

蒋汝通　宝庆二年（1226）　　　　　　《茗岭蒋氏宗谱》③《宜

---

① 家谱或载蒋芾为榜眼，或载为探花，《毗陵志》载为一甲第三名，《宋史·蒋芾传》载："绍兴二十一年，进士第二人"，现以《宋史》为准。

② 家谱又写作蒋术、蒋木，今以《毗陵志》为准。

③ 家谱载蒋汝通为绍定二年（1229）黄朴榜进士，今以《宜兴县志》为准。

兴县志》

  蒋应新 绍定五年（1232）徐元杰榜 《茗岭蒋氏宗谱》《毗陵志》

  蒋芝瑞 嘉熙二年（1238）周坦榜 《茗岭蒋氏宗谱》《毗陵志》

  蒋橆 淳祐四年（1244）刘梦炎榜探花 《茗岭蒋氏宗谱》《毗陵志》

  蒋尧臣 淳祐七年（1247）张渊微榜进士 《武岭蒋氏宗谱》

  蒋岩 宝祐四年（1256）文天祥榜 《茗岭蒋氏宗谱》《毗陵志》

  蒋孝聿① 开庆元年（1259）周应炎榜 《茗岭蒋氏宗谱》

  蒋应炎 咸淳元年（1265）阮登炳榜 《茗岭蒋氏宗谱》《毗陵志》《江南通志》

  蒋鹄 南宋末 《宜兴县志》

  蒋禹玉 南宋末 漕举进士 《湖岭蒋氏宗谱》《万姓统谱》

  蒋禹璛 南宋末 漕举进士 《湖岭蒋氏宗谱》

  蒋捷② 咸淳十年（1274） 《万姓统谱》《全宋词》

  以上是根据现有文献资料，对唐宋时期义兴蒋氏家族进士及第情况的大致统计。由于文献搜集未必完全，蒋氏家族在此时期进士及第的人数必不止以上所列，但可以反映出蒋氏在唐宋时及第的大致情况。

  蒋氏在唐宋时期科举及第人数为79人，其中唐代及第19人，宋代及第60人。从人数上看宋代远远超过唐代，这既源于唐宋科举制度的不同，也与蒋氏家族在唐宋的不同情况有关。唐初，蒋氏家族成员致力于经史著述研究，《旧唐书》曰："蒋氏世以儒史称，不以文藻为事，唯伸及係子兆有文才，登进士第。"③ 唐宋科举考试在唐初和宋末带有

---

  ① 《宋会要辑稿》载嘉定十年（1217）正月二十九日，新知忠州蒋孝聿罢新任；《全宋文》卷6863有嘉定十年正月李楠劾蒋孝聿奏。据此，蒋孝聿不当开庆元年（1259）中进士，暂且存疑。

  ② 一说德祐二年（1276）误，《文献通考》卷35《宋登科记总目》载，宋代进士科末科为宋度宗咸淳十年，且德祐二年正月元军即攻破临安城，南宋宣告灭亡。

  ③ （后晋）刘昫等：《旧唐书》卷149，列传第99，中华书局2011年版，第4029页。

浓厚的经学气息，除此之外大都重视辞章之学，以诗赋取士成为定制。处于由经史世家向文学世家过渡中的蒋氏，在有唐一代进士及第的人数不多也就情有可原了。宋初，蒋堂成为蒋氏家族第一个进士及第的成员，前文已述，蒋堂进士及第与祖母史氏有关。这位勤劳坚韧的女性在为蒋氏延续香火的同时，也造就了蒋氏家族的再度辉煌。蒋堂之后，之奇、之美、芾、廷英等三十多人进士及第，蒋重珍更是高中状元。

从唐宋进士录可以看出，蒋氏一连几代中进士的事例比比皆是。例如《广卓异记》卷十九《一家六人进士及第》条载："右按《登科记》，蒋挺二子洌、涣，挺弟播，播子准，洌子鍊（錬），一家父子孙六人，并进士及第。"① 《旧唐书》《登科记考》亦载，蒋伸及其子泳、侄兆、侄曙，两代四人也先后登进士第。及至宋代，父子兄弟先后进士及第的现象愈加普遍，如蒋堂子侄辈有之奇、之美、之方、之杰、之策、之武进士及第，孙辈有瑎、静、琳进士及第，曾孙辈有宁祖、益祖、及祖、荣祖进士及第，玄孙辈有芾、夔、綮进士及第。同一科，往往也有数人及第，比如家谱《簪缨》"一科三凤"条下载："元祐六年马涓榜：圆、琳、芊；淳熙十四年王容榜：谊、侃、廷英；嘉定十七年蒋重珍榜：重珍、安仁、熊。"② 此外，元丰二年，蒋天麟、蒋静同榜及第；绍圣四年，蒋之武、蒋璿同榜及第；政和二年，蒋宁祖、蒋益祖同榜及第；政和八年，蒋仲龙、蒋全同榜及第；宣和三年，蒋及祖、蒋荣祖同榜及第；建炎二年，蒋夔、蒋汝功同榜及第；绍兴二十一年，蒋芾、蒋亿同榜及第；绍熙四年，蒋本、蒋惟晓同榜及第；宝庆二年，蒋孝参、蒋汝通同榜及第。

蒋氏科举及第除唐代有明经、书判拔萃科外，其余皆为进士，这与当时科举考试中科目设置的变化状况有关。"隋置明经、进士科。唐承隋，置秀才、明法、明字、明算，并前六科"，"士人所趋，明经进士二科而已"③。唐初，科举考试重明经尤甚于进士，当时风气所致，加之蒋氏家族在经学上的深厚造诣，蒋俨于贞观初、蒋岑于高宗时分别擢

---

① 《登科记考》载："蒋洌子鍊、蒋涣子銇，皆进士举"，《旧唐书·良吏传》亦载；所以《广卓异记》所载不全，应为一门七人进士及第。
② 佚名：《蒋府圩蒋氏宗谱》卷10《簪缨》，谱载嘉定十七年误，应为嘉定十六年。
③ （清）徐松撰，赵守俨点校：《登科记考》，中华书局1984年版，第1130页。

明经第。其后，科考风气才转变为"进士尤为贵，其得人亦最为盛焉"①，蒋氏族人也就多以进士及第为荣。值得注意的是蒋励已于开元年间、蒋准于肃宗朝分别擢书判拔萃科。书判拔萃在唐代中期以后属于吏部诠选的范畴，本与礼部试无关，傅璇琮先生等就此有专门的论述，这是毋庸置疑的。但《登科记考》凡例中曰："宏词试文三篇，拔萃试判三条，是吏部选人之法，原无关于礼闱。惟《册府元龟》《唐会要》宏词、拔萃皆与制科类序。《文苑英华》诗赋门宏词与省试同载，其《典同度管判》常非月名下注，引《登科记》'月'作'自'，是《登科记》载宏词、拔萃之证。今亦按年序入，以备一代之制。"② 又如宋代乐史《广卓异记》卷十九所引唐人《登科记》云，皆将拔萃、宏词与进士科并录，所以蒋氏家族的擢拔萃科也一并载入进士录。

唐人推崇进士，"进士为时所尚久矣，是故俊乂实在其中"③，又"既捷，列名于慈恩寺塔，谓之题名。大宴于曲江亭子，谓之曲江会"④，"搢绅虽位极人臣，不由进士者终不为美，以至岁贡常不减八九百人。其推重谓之白衣公卿，又曰一品白衫。"⑤ 唐高宗时，宰相薛元超亦曾言："吾不才，富贵过人。平生有三恨：始不以进士擢第，不娶五姓女，不得修国史。"⑥ 在此风气盛行下，公卿望族常把进士放榜、曲江宴集看作选取东床快婿的大好时机，"曲江之宴，行市罗列，长安几于半空。公卿家率以其日拣选东床，车马阗塞，莫可殚述"⑦。不仅公卿之家择婿如此，就连皇室也将新科进士作为驸马的最佳人选，所以很多进士就升格成了驸马，义兴蒋氏也出了这么一位驸马爷。蒋凝，字仲山，为唐代著名传奇作家蒋防之后，咸通中进士及第，因其风姿秀美，人以为祥瑞，号"水月观音"，尚良庆公主。《唐摭言》载：

> 乾符中，蒋凝应宏辞，为赋止及四韵，遂曳白而去。试官不之

---

① （清）徐松撰，赵守俨点校：《登科记考》，中华书局1984年版，第1121页。
② 同上书，第7页。
③ 同上书，第1128页。
④ 同上书，第1129页。
⑤ 同上。
⑥ （宋）王谠撰，周勋初校证：《唐语林校证》卷4，中华书局1987年版，第384页。
⑦ （五代）王定保：《散序》，《唐摭言》卷3，上海古籍出版社1978年版，第25页。

第三章 义兴蒋氏家族的科举与为官

信,逼请所试,凝以实告。既而比之诸公,凝有得色,试官叹息久之。顷刻之间,播于人口。或称之曰:"白头花钿满面,不若徐妃半妆。"①

蒋凝中途罢考与当年陈子昂当众摔琴有异曲同工之妙,此举固然是唐代人率性而为气度的体现,但更为重要的是在极短时间内为事主赢得了声誉,颇具宣传效应。

唐代的惯例是一旦进士及第则极讲排场,《云麓漫钞》曰:"期集谢恩了,从此使著披袋、篚子、骡从等,仍于曲江点检,从物无得有阙,阙即罚钱。"②《唐摭言》载:

> 咸通中,进士及第过堂后,便以骡从,车服侈靡之极;稍不中式,则重加罚金。蒋泳以故相之子,少年擢第。时家君任太常卿,语泳曰:"尔门绪孤微,不宜从世禄所为,先纳罚钱。慎勿以骡从也。"③

可见,时至唐末,蒋氏家族日趋没落,其子孙行事也转入低调。

及宋,科举制度日益完善,蒋氏家族也攀上了科举盛事的高峰,除大批子弟进士及第外,时至南宋还出现了一位状元、一名榜眼和一名探花。蒋重珍,字良贵,号一梅,为蒋之奇的六世孙,义兴亍亭人,生于无锡胡埭里,幼时家贫,寄居僧舍,因聪颖为尤袤所重,收为弟子,旦夕攻读,于嘉定十六年(1223)举进士第一,成为义兴蒋氏科举史上唯一的状元。蒋芾,字子礼,晚号惟一居士,为蒋之奇的曾孙。芾少年即致力于学,移籍京师后,文名朝野,于绍兴二十一年(1151)进士及第,为赵逵榜榜眼。另据家谱载,蒋橘为淳祐四年(1244)刘梦炎榜探花。

即使在科举录取人数最多的宋代,高中进士也非易事,《登科记

---

① (五代)王定保:《载应不捷声价愈振》,《唐摭言》卷10,上海古籍出版社1978年版,第105页。
② (宋)赵彦卫:《云麓漫钞》卷7,古典文学出版社1957年版,第108页。
③ (五代)王定保:《慈恩寺题名游赏赋咏杂纪》,《唐摭言》卷3,上海古籍出版社1978年版,第31页。

105

考》曰：

> 其艰难谓之"三十老明经，五十少进士"。其负倜傥之才，变通之术，苏、张之辩说，荆、聂之胆气，仲由之武勇，子房之筹画，弘羊之书记，方朔之诙谐，咸以是而晦之。修身慎行，虽处子之不若。其有老死于文场者，亦无所恨。故有诗云："太宗皇帝真长策，赚得英雄尽白头"①。

因此，进士及第的年龄对于家族科举状况的研究也就显得至为重要，虽然年代久远，但我们还是能从相关文献中查到部分蒋氏家族成员中进士时的年龄数据。大体来说，相当一部分蒋氏家族成员中进士的年龄偏低，如家谱载：

> 安上，字元忠，天麟公子。宋哲宗绍圣元年（1094）甲戌科毕渐榜进士，时年十有五岁。
> 夔，字子隆，及祖公子。宋高宗建炎二年（1128）戊申科李易榜进士，时年十六，与杨怀远卿评备考。②
> 廷英，字英彦，仲龙公子。宋孝宗淳熙十四年（1187）丁未科王容榜进士，时年三十有五。
> 木，字茂春，蘩公长子，宋光宗绍熙四年（1193）癸丑科陈亮榜进士，时年二十有九。
> 熊，字仁卿，佑公次子，宋宁宗嘉定十六年（1223）癸未科蒋重珍榜进士，时年三十有六。
> 惟晓，字东明，亿公次子，宋光宗绍熙四年（1193）癸丑科陈亮榜进士，时年三十有一。
> 橞，字明桂，垕公长子，宋理宗淳祐四年（1244）甲辰科刘梦炎榜进士，时年二十有一。
> 芝瑞，字伯祥，熊公子，宋理宗嘉熙二年（1238）戊戌科周

---

① （清）徐松撰，赵守俨点校：《登科记考》，中华书局1984年版，第1130页。
② （清）蒋惟高等：《亚亭大宗世表》，《茗岭蒋氏宗谱》卷7，康熙年间修，宜兴档案馆藏，资料号：1—2—113—128。

坦榜进士,时年二十有五。

应炎,字时仲,惟景公子,宋度宗咸淳元年(1265)乙丑科阮登炳榜进士,时年二十有三。

孝聿,字奉颜,哀然公三子,宋理宗开庆元年(1259)己未科周应炎榜进士,时年二十有四。

芊,字子盛,兴祖公三子,宋哲宗元祐六年(1091)辛未科马涓榜进士,时年十六。

烈,字国桢,全公长子,宋高宗绍兴八年(1138)戊午科黄公度榜进士,时年十有八。

苇,字子礼,绍祖公长子,宋高宗绍兴二十一年(1151)辛未科赵逵榜进士,时年三十有五。①

另据《唐摭言》载,蒋泳"少年擢第",估计中进士时年龄当不会超过二十岁;蒋重珍中进士的年龄家谱没有记载,但据其生年为淳熙十五年(1188),中进士的时间是嘉定十六年(1223),可推算出高中状元的时候也不过三十五岁。

如果把以上所列13位蒋氏成员作为一个样本的话,我们会发现年龄在二十岁以下的有4人,占整个样本的30.8%,年龄在二十岁至三十岁之间的有5人,占整个样本的38.4%,年龄在三十岁至四十岁之间的有4人,占整个样本的30.8%。由此可看出,蒋氏成员及第的年龄多在青少年和壮年,这也侧面说明义兴蒋氏家族在科举中的出色表现。

义兴蒋氏对科举考试的参与可谓是全方位的,其中一个重要体现是家族曾先后出现了两位主持科举考试的官员。《登科记考》载:"'景福元年(892),知贡举:蒋泳。'旁注:'见《唐才子传》未知何官。'"②《登科记考·别录上》亦载:"神龙元年以来,累为主司者,房光庭再,……蒋涣再,大历九年、十年。"③也即是在景福元年、大历九年、

---

① (清)蒋惟高等:《亓亭大宗世表》,《茗岭蒋氏宗谱》卷7,康熙年间修,宜兴档案馆藏,资料号:1—2—113—128。
② (清)徐松撰,赵守俨点校:《登科记考》,中华书局1984年版,第899页。
③ 同上书,第1156—1157页。

大历十年，蒋泳、蒋涣分别知贡举，主持了科举考试。蒋涣时任东都留守，《登科记考》载："（大历九年）知贡举：上都，礼部侍郎张谓。东都，留守蒋涣。……（大历十年）知贡举：上都，礼部侍郎常衮。东都，留守蒋涣。"① 可见蒋涣主持的是东都洛阳的科举考试。

《蒋氏湖岭宗谱》载，南宋末蒋氏还出了两位漕贡进士，分别是蒋禹玉②和蒋禹瓛。所谓漕贡亦称漕试，是宋代贡举的方式之一。景祐年间，各路转运司类试现任官员子弟，此后形成制度。漕试合格，即赴省试。漕试的初衷是为了防止各地官员因子弟赴科举考试而营私舞弊，但由于漕试解额（录取率）高，漕试实际上成为照顾官员子弟而开辟的科举特别通道。

第二节 蒋氏家族科举盛况的分析以及科举对其家族的影响

据现有统计，义兴蒋氏唐宋科举及第的总人数为79人，其中唐朝为19人，约占唐朝及第总人数的0.29%，宋朝为60人，约占宋朝及第总人数的0.15%。③ 百分比单看并不高，但是考虑到当时参加科举考试的总基数，这两个百分比数字就很可观了。另据毛汉光《唐代统治阶层的社会变动》④ 一文统计，唐代科举的总数中，士族登进士科者为589人，举明经科者81人。据此，蒋氏登进士科的人数占士族总人数的3.2%，举明经者占士族总人数的2.5%，这两个数字就非常突出了。蒋氏在唐宋的科第盛举也直接带动了蒋氏在其后的科举盛业，据统计，明清蒋氏家族也有几十人金榜题名，并陆续有榜眼、探花出现。

一个家族在隋唐以来的科场上有如此出色的表现，这种现象值得深思。探究其原因，我们认为可以从当时的政治、经济、文化三个方面的状况加以分析。

---

① （清）徐松撰，赵守俨点校：《登科记考》，中华书局1984年版，第385—388页。
② 蒋禹玉中漕举，《万姓统谱》亦载。
③ 据刘海峰、李兵《中国科举史》附录一《历代登科表》载：唐代录取进士6656人，宋代录取进士40000余人。
④ 毛汉光：《唐代统治阶层的社会变动》，博士学位论文，台北政治研究所1968年。

第三章 义兴蒋氏家族的科举与为官

首先，优越的政治地位是促发蒋氏科举及第率比较高的一个重要因素。"唐代科举之柄，颛付之主司，仍不糊名，又有交朋之厚者为之助，谓之通榜。"[1] 因为通榜，所以盛行"投次""行卷"等，从积极方面看，"故其取人也，畏于讥议，多公而审"；从消极方面看，"亦有胁于权势，或挠于亲故，或累于子弟，皆常情所不能免者"[2]。其后"行卷""投次"之风愈烈，以至于"贵者以势托，富者以财托，亲故者以情托，此岂复有真贡举哉"[3]。有唐一代，蒋氏曾同时出了三名宰相，其他高官更是不尽数，是当之无愧的"贵者"。即为贵者，那么利用手中的权力为子弟谋取科场上的优势就是很自然的事情了。况且，蒋氏家族还曾先后出了两名科举主试官，蒋泳知贡举一次，蒋涣知贡举两次，这无疑也对蒋氏子弟科场及第有很大的帮助与推动。另外，唐代各地的进士解额宽窄不同。所谓解额是进士解于乡的名额，唐代京兆地区的解额明显高于其他地方。蒋氏虽是义兴望族，但随着族人的官宦变动，很多人移居京都。如蒋氏墓志载："府君讳义忠，字□政，吴郡义兴人也。自金陵霸改，石城隍复，帝宅中原，衣冠北徙，尽为京兆人焉。"[4] 又如《新唐书》载："蒋乂字德源，常州义兴人，徙家河南。"[5] 蒋建墓志铭亦载："（建）洎因大历之初，从祖故刑部尚书讳焕（涣），任东都留守，薨位于洛师，其子孙遂为洛阳人焉。"[6] 可见，在家族的迁徙中，很大一部分家庭成员移居京都地区[7]，这就在科举考试的解额上占据了优势。

到了宋代，科举制度日益完善，虽然统治者有意识地抑制豪族而提升寒族，阶层之间的垂直流动速度加快，表现在科举中则是寒门子弟及第的人数日益增多。但是仔细研究宋代一些具体的科举政策，则发现这些貌似公允的政策实则非常有利于世家大族。例如胄试、别头试、锁厅

---

[1] （清）徐松撰，赵守俨点校：《登科记考》，中华书局1984年版，第1162页。
[2] 同上。
[3] 同上书，第1132页。
[4] 佚名：《大唐故朝散大夫上护军行魏州武圣县令蒋府君墓志铭并序》，周绍良等：《唐代墓志汇编续集》，上海古籍出版社2001年版，第443页。
[5] （宋）欧阳修、宋祁：《新唐书》卷132，列传第57，中华书局2011年版，第4531页。
[6] （唐）张允初：《唐故北海蒋处士（建）陇西李夫人墓记》，吴钢主编：《全唐文补遗》，三秦出版社1999年版，第391页。
[7] 包括京都长安和东都洛阳。

试等，这些特殊考试的本意是出于公平起见，是对参与科举的官员子弟以及官宦家族中蒙恩荫入仕的子弟另行开辟的考试，但由于这些考试解额宽，故中进士的可能性远远超过一般的科举考试，所以官宦家族的子弟在此类考试中占尽了优势。例如蒋氏家族在南宋末就有两位漕贡进士，漕贡即是别头试。

当一个家族跻身科宦家族后就会产生良性循环，"一个家族一旦有一两个成员通过科举而仕宦，这个家族就可能因此享有科举制度的一些优惠政策，从而保持家族科举的连续性，以至于形成不同于六朝门第世族的'新世族'——科宦家族。"① 从这个意义上看，蒋氏家族至宋代已经完全转型为科宦家族，几乎每一代都有进士及第也就毫不为奇了。

其次，蒋氏家族在经济上的富足也是影响其科举及第的重要因素。蒋氏累代世宦，积累了大量财富，尤其是宋代，文官待遇丰厚，物质上极度富有。虽然所传文献缺少有关蒋氏家产的记载，但是有关蒋氏园林的记述，侧面反映了其家族的富裕。宋代龚明之《中吴纪闻》曾载：

> 蒋堂字希鲁，尝两守此郡。后既谢事，因家焉，自号曰"遂翁"，所居曰"灵芝坊"，作园曰"隐圃"。圃之内，如岩扃、水月庵、烟萝亭、风篁亭、香岩峰，皆极登临之胜。②

蒋之奇墓志载："（蒋之奇）又筑室于袁村，经营圃中，置望湖亭，勑书'阁曲水池'，以为晚年行乐之地。"③ 家谱亦载有园林曰乐安墩，"在晋陵滆湖西大圩荡中，蒋氏所筑，旧有梵院，四围悉种荷花，为岗角村居八景之一"④。另外，蒋氏家族有忠愍公祭产、凌霞观（后改为冲寂观）、显亲追孝禅寺、亚亭侯古庙等祠产，这也对家族的经济起到了有力的支撑。

蒋氏族人众多，故亦贫富不均，为使族中贫寒子弟安心读书，不为

---

① 吕肖奂、张剑：《两宋科举与家族文学》，《西北师大学报》2008 年第 4 期。
② （宋）龚明之撰，孙菊园点校：《中吴纪闻》，上海古籍出版社 2012 年版，第 23 页。
③ （宋）李纲：《宋故观文殿大学士枢密使刑部侍郎赠太师魏国公墓志铭》，（清）蒋惟高等：《茗岭蒋氏宗谱》卷 15，康熙年间修，宜兴档案馆藏，资料号：1—2—113—128。
④ （清）蒋聚祺等：《遗迹》，《西徐蒋氏宗谱》卷 4，民国九年修，宜兴档案馆藏，资料号：1—2—1538—1557。

衣食累，蒋之奇曾置义田。谱载："南庄，在宜兴县西北六十里，宋蒋之奇置义田千亩以赡族人。"① 府县古迹志："南庄在县北五十二里，蒋颖叔尝置义田于此，因名之。尝自赋诗，又许有谷有题南庄诗。"② 蒋之奇墓志亦载："致政归闲，置义田于南庄，诗云：'功成乞身去，于此老吾生。'"③ 一千亩田是相当大面积的土地，在农耕社会可算是不小的田产，况且义田位于江南富庶的平原地区，有这笔田产收入，蒋氏子弟自然可以衣食无忧，安心读书了。

再次，蒋氏在教育环境与资源上的优势也是影响子弟登科的一个重要因素。中国传统社会学而优则仕，教育是通往仕宦的必经之路，所以官宦世家特别重视对子弟的教育，蒋氏家族亦不例外。例如蒋九皋，"生子八人，皆使就学，乡人咸窃笑之。及其子以才名显而职为枢密直学士，官为礼部侍郎，兄弟子侄亲党以故得官者几二十人，乡人始羡兵部君之善教子也"④。蒋之翰，"所得俸禄缘手而尽，不以殖生产，或劝为子孙计。公曰：'吾藏书万卷以遗子孙，万一有能读吾书成吾志，起家亢宗无添吾祖，此其为产业基址，不犹愈乎'？"⑤

蒋氏家训对于为子弟延师有详细的规定，例如：

> 子弟年六七岁须延师教之，不可徒惜小费。及长，当观其质之敏鲁，志之大小，可教则教之，不可教则使之务耕。子弟为学必先尊师择友，努力以图进取，毋得务名失实，玩日废时，以辜父母之望。子弟为学，须将圣贤经传字字句句心上理会，期在体之于身，见之于行，穷达由天，进修由己。……子弟有志于学，其父兄家贫

---

① （清）蒋聚祺等：《遗迹》，《西徐蒋氏宗谱》卷4，民国九年修，宜兴档案馆藏，资料号：1—2—1538—1557。
② （清）蒋惟高等：《先烈考》，《茗岭蒋氏宗谱》卷2，康熙年间修，宜兴档案馆藏，资料号：1—2—113—128。
③ （宋）李纲：《宋故观文殿大学士枢密使刑部侍郎赠太师魏国公墓志铭》，（清）蒋惟高等：《茗岭蒋氏宗谱》卷15，康熙年间修，宜兴档案馆藏，资料号：1—2—113—128。
④ （宋）邵必：《宋故凉州经略使致仕蒋府君墓志铭》，《涧桥蒋氏宗谱》卷4，民国年间修，宜兴档案馆藏，资料号：1—2—1598—1601。
⑤ （宋）蒋之奇：《朝请大夫知亳州军事之翰公墓志铭》，（清）蒋聚祺等：《西徐蒋氏宗谱》卷4，宜兴档案馆藏，资料号：1—2—1538—1557。

以赖公祠中进取中学，每年给予津贴。①

唐宋两朝，蒋氏家族累代仕宦，也为子弟进入官学提供了机会。据唐《登科记考》载：

> 凡学六，皆隶于国子监。国子学，生三百人，以文武三品以上子孙，若从二品以上曾孙及勋官二品、县公京官四品带三品勋封之子为之。太学，生五百人，以五品以上子孙，职事官五品朞亲，若三品曾孙及勋官三品以上有封之子为之。四门学，生千三百人，其五百人以勋官三品以上无封、四品有封及文武七品以上子为之；八百人以庶人之俊异者为之。律学，生五十人；书学，生三十人；算学，生三十人：以八品以下子及庶人之通其学者为之。②

宋代也有类似的制度，如宋初国子监仅招收七品以上的官员子弟入学。蒋氏在唐宋有数人位居宰相，其他高官更是人数众多，这就为子弟进入国子监、太学等开辟了途径。而进入官学则意味着离科举及第愈加近了，如国子监每年都向礼部推荐生员参加科考，主考官在取舍中也有意偏重此类生徒，故官学的生徒及第率远高于一般举子。唐初进士及第而享有文名者，也大都为国子监生徒出身，"开元已前，进士不由两监者，深以为耻"③。两监即长安国子监与东都洛阳国子监，皆为当时的中央官学。可见官宦子弟一旦进入官学，进士及第一则变得容易，二则以官学生徒身份一举中第，则世人皆以为美。

另外，蒋氏家族还占据丰厚的教育资源。唐初，蒋乂的外祖父是著名的史学家，拥有丰富的藏书，"兢家聚书颇多，常目录其卷第，号《吴氏西斋目录》"④。吴兢的这部分藏书后来为蒋乂所得，"乂幼从外家学，得其书，博览彊记"⑤。蒋乂在外祖藏书的基础上继续扩充，"结发

---

① 蒋永成等：《规训》，《楼王蒋氏宗谱》卷2，1940年修，上海图书馆藏，资料号：919520—27。
② （清）徐松撰，赵守俨点校：《登科记考》，中华书局1984年版，第1115页。
③ （五代）王定保：《两监》，《唐摭言》卷1，上海古籍出版社1978年版，第5页。
④ （后晋）刘昫等：《旧唐书》卷102，中华书局2011年版，第3182页。
⑤ （宋）欧阳修、宋祁：《新唐书》卷132，中华书局2011年版，第4531页。

志学，老而不厌，虽甚寒暑，卷不释于前，故能通百家学，尤明前世沿革。家藏书至万五千卷"①。蒋乂的个人藏书即达一万五千卷，这在当时是颇为庞大的藏书数目。要知唐初接受隋朝藏书不过89000多卷，14400多部。经过贞观年间大力征集图书后，到开元九年（721）所编《群书四部录》200卷，著录图书2655部48169卷，该书目完整地记录了当时的藏书情况。可见，蒋乂个人的藏书即占了当时藏书的三分之一。这些藏书为家族子弟提供了丰富的知识资源，这在书籍匮乏、知识垄断的古代社会，无疑为子弟创造了良好的读书环境，也为他们金榜题名提供了教育条件。

此外，蒋氏家族浓厚的读书氛围也对子弟的教育起着潜移默化的影响。如蒋璨，"终日据一几，游戏翰墨至忘寝食"②，蒋堂，"好学，工文辞，延誉晚进，至老不倦，尤嗜作诗"③。蒋圆，"初宣奉遣公就学，年十五，诵书史，夜分不倦"④。蒋乂，"弱冠博通群籍，而史才尤长"⑤。由此可见，家族浓厚的读书氛围也是子弟科举及第的一个重要影响因素。

隋唐以来的科举考试对中国封建社会产生了巨大的影响，作为传统社会的重要组成因子——世家大族也不可避免地受到冲击。这首先表现为一部分门阀家族转变为科宦家族，而科宦家族在科举内容的导向下，又逐渐转变为文学家族。

科举制度对家族教育的目的与方式都有明确的指导性，而科考内容也对家族文学创作产生了一定的影响，促使科宦家族向文学家族转化。天宝时期，"蒋镇与兄谏（錬）并以文学进"（《万姓统谱》卷八十六），但此时蒋氏家族还未完成向文学家族的转型，《旧唐书·蒋乂传》载："蒋氏世以儒史称，不以文藻为事，唯伸及系子兆有文才，登进士

---

① （宋）欧阳修、宋祁：《新唐书》卷132，中华书局2011年版，第4533页。
② （宋）孙觌：《宋故右大中大夫敷文阁待制赠正议大夫蒋公墓志铭》，《鸿庆居士集》卷42，台湾商务印书馆1986年《景印文渊阁四库全书》，第1135册，第393—396页。
③ （元）脱脱等：《宋史》卷298，中华书局2011年版，第9913页。
④ （宋）张守：《左中奉大夫充秘阁修撰蒋公墓志铭》，《毘陵集》卷13，中华书局1985年版，第189页。
⑤ （后晋）刘昫等：《旧唐书》卷149，中华书局2011年版，第4026页。

第，然不为文士所誉。与柳氏、沈氏父子相继修国史实录，时推良史。"① 可见，蒋氏家族在唐代主要以儒学、史学上的成就著称，唐初几位蒋氏子弟先后明经及第，也说明了这一点。这固然是与东汉以来重经史学有关，尤其是儒学，钱穆先生曾指出："门第即来自士族，血缘本于儒家，苟儒家精神一旦消失，则门第亦将不复存在。"② 唐初，官学教育还带有浓厚的经学气息：

> 国朝以来，州县皆有博士，县则州补，州则吏曹授焉。然博士无吏职，惟主教授，多以醇儒处之。衣冠俊乂，耻居此任。玄宗时，两京国学有明经进士，州县之学，绝无举人。……州县博士学生惟二仲释奠行礼而已。……吏部尚书颜真卿奏请改诸州博士为文学，品秩在参军之上，……博士之为文学，自此始也。③

官学教育对经学的侧重，追根溯源来自唐初进士科考试偏重对经义的考察。但随着科举考试制度的完善，进士试的文学气息日益浓厚，及至开元天宝年间，进士科以诗赋取士成为定制。不同时期科举侧重内容的不同，引发了当时社会文学风尚的迥异，如"自贞元后，唐文甚振，以文学科第，为一时之荣"④。但纵观有唐一朝，"以诗取士，钱起之《鼓瑟》、李肱之《霓裳》是也，故诗人多。韩文公荐刘述古，谓举于礼部者，其诗无与为比"⑤。

科举考试对诗赋文的重视自然也引发蒋氏这个科宦家族学术方向发生变化，经史气息减弱，文学色彩日浓，最突出的特征是涌现出一批诗赋名家。例如蒋防既是传奇作家，也是当时的诗赋名家，《全唐文》收有其《惜分阴赋》《萤光照字赋》《聚米成山赋》等几十篇赋；蒋俨，《全唐文》收有《责田游岩书》；蒋凝，《全唐文》收有《坏宅得书赋》《望思台赋》；蒋至，《全唐文》收有《洞庭张

---

① （后晋）刘昫等：《旧唐书》卷149，中华书局2011年版，第4029页。
② 钱穆：《略论魏晋南北朝学术文化与当时门第之关系》，《中国学术思想史论丛》，安徽教育出版社2004年版，第152页。
③ （唐）封演撰，赵贞信校注：《封氏闻见记校注》卷1，中华书局2005年版，第3页。
④ （宋）计有功：《唐诗纪事》卷58，中华书局1965年版，第892页。
⑤ （宋）王应麟：《困学纪闻》卷18，辽宁教育出版社1998年版，第347页。

乐赋》《罔两赋》；蒋准，《全唐文》收有《对泽宫置福判》；蒋励己，《全唐文》收有《对城邑判》《对夹臾合三所知哭寝判》。蒋偕，《全唐文》收有其《李司空论谏集序》。此外，蒋防、蒋挺、蒋涣、蒋洌、蒋凝、蒋婉、蒋佶等皆有诗文传世，其中蒋洌被闻一多先生誉为宫体诗中的"白眉"，蒋涣诗代表了盛唐、中唐的一般风格，因蒋洌、蒋涣兄弟二人是社会上活动的士大夫，所以影响很大，其诗作成为当时的流行风尚。

两宋进士科考试主要还是诗赋策论，基本以考核士人的文学才能与文史知识为主，这也就造成社会风气与价值取向向"文学"的倾斜，"科举考试在一定程度上鼓励了文学才能的培养，而一旦这些士人进入文学的交际圈，也许他们就影响了当时文学发展的面貌。因此研究科举考试就在某种程度上揭示了一般士人阶层的文学素养"[1]。在科举考试导向性的影响下，宋代蒋氏文学家族的色彩日益浓厚，出现了蒋堂、蒋之奇、蒋璨、蒋岑女、蒋捷等诸多诗词文名家，尤其是宋末的词人蒋捷，以脍炙人口的词句"红了樱桃，绿了芭蕉"而享誉后世。

可以说，科举内容和与其相适应的教育直接导致了士人注重文学的创造能力、侧重文史知识培养的风气，从而促成了蒋氏由科宦家族向文学家族的转变。

其次，科举与仕宦相辅相成，科举是通往仕宦的重要途径，以至唐人认为即使位极人臣，如不以进士出者终不为美。北宋刘敞也曾说："本朝选士之制，行之百年，累代将相名卿，皆由此出。"[2] 蒋氏家族于唐宋两朝居高官者众多，仅以宰相一职统计，唐有蒋涣、蒋伸、蒋係，宋有蒋之奇、蒋芾，五人中除蒋係外，其余四人皆为进士出身。另唐蒋仙、蒋佶、蒋儼、蒋挺、蒋侑、蒋安遇、蒋防等皆位至刺史。及宋，蒋堂位至尚书礼部侍郎；蒋猷位至兵部尚书；蒋静知洪州；蒋圆知沂州；蒋续位至端州郡守；蒋瑎，徽猷阁待制知兴仁府；蒋之翰知洪州等。以上所列唐宋时期蒋氏家族所出高官大都由进士出身，科举及第与仕宦交相更替，也是蒋氏家族长盛不衰的原因之一。

再次，科举为蒋氏家族催生了若干神童。受科举考试的影响，加之

---

[1] 林岩：《北宋科举考试与文学》，上海古籍出版社2006年版，第1页。
[2] （元）脱脱等：《宋史》卷319，中华书局2011年版，第10378页。

唐宋时期曾一度有童子科的设置，所以蒋氏特别注重对子弟幼年时期的蒙童教育。在家族早期教育的培养下，蒋夔、蒋安上、蒋芊、蒋烈、蒋泳五人十几岁就进士及第，可谓是神童。《旧唐书》载："义史官吴兢之外孙，以外舍富坟史，幼便记览不倦。七岁时，诵庾信《哀江南赋》，数遍而成诵在口，以聪悟强力闻于亲党间。弱冠博通群籍，而史才尤长。"① 宋名臣李纲评价蒋之奇的后人时，曾说："孙男及曾孙二十余人。芾乃神童，余俱不凡之器。"② 芾，即是绍兴二十一年（1151）辛未科及第的榜眼蒋芾。而蒋氏家族最著名的神童则是蒋堂，其六岁即作诗《栀子花》：

庭前栀子树，四畔有桠枝。未结黄金子，先开白玉花。③

又次，科举还为蒋氏家族扩展了交游圈。一般新科进士及第后，官方会举办各种宴会予以庆祝，唐有曲江会，宋有琼林宴，同榜进士往往会在游宴中结下深厚的情谊，其中最有名的当属蒋之奇与苏轼的结交。嘉祐二年（1057），欧阳修知贡举，在他的住持下，这一届进士可谓是"龙虎榜"，基本上集中了神宗、哲宗朝各个领域的文化精英，比如苏轼、蒋之奇、吕惠卿、曾巩、曾布、张载、程颢等。蒋之奇与苏轼于琼林宴初次相见，席间言语契合，结为终生的挚友。北宋名臣李纲在蒋之奇墓志铭中称："东坡公卜居阳羡之约，盖为公同年，义气相孚者也。"④ 其后两人人生各有起伏，但始终保持联系，相互唱和。绍圣元年（1094）6月，苏轼被贬为英州军州事，赴贬所途中在当涂慈湖遇风不能前行。在滞留中，又接到改谪"建昌司马，惠州安置"令，于是获得了延缓赴任的时间。此时，琼林宴上结识的老友蒋之奇听闻消息，便赶到铜陵接苏轼到池州游玩。可见，无论穷达，两人的情谊是始终不变的。苏轼最终于常州买田，

---

① （后晋）刘昫等：《旧唐书》卷149，中华书局2011年版，第4026页。
② （宋）李纲：《宋故观文殿大学士枢密使刑部侍郎赠太师魏国公墓志铭》，（清）蒋惟高等：《茗岭蒋氏宗谱》卷15，康熙年间修，宜兴档案馆藏，资料号：1—2—113—128。
③ 傅璇琮等主编：《全宋诗》卷151，北京大学出版社1999年版，第3册，第1712页。
④ （宋）李纲：《宋故观文殿大学士枢密使刑部侍郎赠太师魏国公墓志铭》，（清）蒋惟高等：《茗岭蒋氏宗谱》卷15，康熙年间修，宜兴档案馆藏，资料号：1—2—113—128。

第三章　义兴蒋氏家族的科举与为官

也是应蒋之奇、单锡等江南举子之邀，喜爱阳羡山水之美，决定于此养老的归隐之举。东坡曾满怀深情地回忆起这段与江南举子相识结缘的情景：

>月明惊鹊未安枝，一棹飘然影自随。江上秋风无限浪，枕中春梦不多时。琼林花草闻前语，罨画溪山指后期。岂敢便为鸡黍约，玉堂金殿要论思。①

另外，绍兴二年（1132）状元张九成、绍兴二十一年状元赵逵都曾为蒋氏宗谱写过序，而蒋珪、蒋芾分别与这两位状元为同年；宝祐四年（1256）的状元文天祥也为蒋氏谱像写过赞，而蒋岩则是其同榜进士。至于常与蒋氏家族诗文唱和的曾巩等亦是蒋之奇的同年。可见，通过科举及第的契机，蒋氏家族拓展了交游的平台，尤其以诗文唱和的形式与当时一流的文学大家产生了互动，提高了家族整体文学素养，加速了向文学家族的转变。

科举对于家族影响的积极方面是显而易见的，但是所产生的负面效应也是不容忽视的。"家族基础教育的目的和内容，完全是以科举考试为重心而展开的。也可以说科举考试的目的和内容，几乎是强制性地引导或制约着家族基础教育。在科举社会中，很少有哪个家族能够完全超然于科举制度之外而另辟教育蹊径。"② 北宋前期以诗赋取士，家族成员如蒋堂等则博览群书文采斐然；北宋后期改用经义取士，尤其是熙宁八年（1075）颁布以王安石《三经新义》为科举教材，则禁锢了举子的思想，影响了一些家庭成员文学才能的发挥。至南宋，科举演化为经义科与诗赋科并重的局面，这对家族的影响则是出现了如蒋捷这种集词人与儒者为一身的学者型词人。

尽管科举制度对家族文学有一定的负面影响，但是"有深厚文化传统积淀的文学家族有时能够超越科举制度的强制导向性与功利色彩，而

---

① （宋）苏轼：《东坡全集》卷14，台湾商务印书馆1986年《景印文渊阁四库全书》，第1107册，第45页。
② 吕肖奂、张剑：《两宋科举与家族文学》，《西北师大学报》2008年第4期。

以遗世独立的精神相对游弋于科举制度强大辐射力之外"①。面对科举考试的负面效应以及带给士人的精神窘境,有学者认为:"宋代文化或文学家族通常选择两种突围的方式:一种是自绝于科举仕进之途,遗世而独立,按着自己的理想方式读书生活创作。"② 具体到蒋氏家族,如蒋忠扆,谱载:"公幼承父训,端正自持,雅志溪山,陶情诗酒。劝以应试则笑而不答。至正中邑屡荒疫,公破产倾资以济贫,掩尸为事。"③ 可见,蒋忠扆是主动自绝于科举,诗酒风流的同时又不忘济世所困,令人肃然起敬。蒋氏家族另有屡次落第后,被动的自绝于科举的子弟,如蒋琪,字洪卿,为蒋之美次子,家谱载:"公因落第归途遇道人说化得悟,遂出外云游不知所终。"④ 后人曾在㐅亭圣母庙壁上见到蒋琪所题诗一首:

乘闲特地访招提,踏破青青草一蹊。涧水流香花乱落,溪藤拾翠鸟闻啼。竹间瀹茗烧新笋,壁上挥尘洒旧题。老衲盘桓清话久,归来不觉夕阳西。⑤

这首诗不知作于何时,但从字里行间可以感受到蒋琪似乎已经悟道,从而生出尘之意。家谱还收录了蒋琪另一首诗:

荟蔚高山草木肥,家居相近可相依。天霁九霄青朗朗,云开五色彩菲菲。微高累土扳援上,稍迤横冈迤逦归。疏竹一丛颇可爱,垂杨淡日荡朝晖。⑥

---

① 吕肖奂、张剑:《两宋科举与家族文学》,《西北师大学报》2008 年第 4 期。
② 同上。
③ (清)蒋惟高等:《㐅亭大宗世表》,《茗岭蒋氏宗谱》卷 7,康熙年间修,宜兴档案馆藏,资料号:1—2—113—128。
④ 同上。
⑤ 此诗有的家谱题为《题山前寺壁》,有的题为《题㐅亭侯古庙》,刘冰莉硕士学位论文《蒋捷研究》中错将此诗当作蒋捷所作,盖因所据本《蒋府圩蒋氏宗谱》中错简,误将蒋琪诗混入蒋捷诗中。
⑥ (清)蒋聚祺等:《诗》,《西徐蒋氏宗谱》卷 14,民国九年修,宜兴档案馆藏,资料号:1—2—1538—1557。

从这首诗的措辞看,蒋珙名利之心渐淡,崇尚自然,喜爱山林之念愈浓,可见,蒋珙落第悟道不是偶然的,而是契合了他本真的性格使然。

文化家族面对科举负面效应所选择的另一种突围则是较为有弹性的方式,"既重视科举,又重视真道德真学问的培养,减少二者的冲突,调和功利性与非功利性矛盾,这是大多数文化或文学家族的可操作性选择"①。如蒋之奇以辞章取胜登进士第,但他学问深厚,以至真德秀都称赞他:"蒋公经述,为世所宗,虽金陵犹尊,让不敢后。"② 又如蒋捷,南宋末科举取士以诗赋与经义并重,在此影响下,蒋捷集理学家、文学家于一身,由于其"平生著述,一以义理为主",他的《竹山词》不可避免地受到其学术的影响,带有"理学"的意味。虽说理学注重性理,文学注重情辞,但《竹山词》却能打通文学与理学的隔离,成为性理情辞皆佳的典范。例如他的自传性小词《虞美人·听雨》:

> 少年听雨歌楼上。红烛昏罗帐。壮年听雨客舟中。江阔云低、断雁叫西风。 而今听雨僧庐下。鬓已星星也。悲欢离合总无情。一任阶前、点滴到天明。③

这首小词营造了很美的意境,同时又蕴含着丰富的哲理意味,这实际上也说明了文学家族由于其固有的深厚的文化传统实现了对科举制度的某种超越。

第三节 蒋氏家族的仕宦概况

唐宋时朝,蒋氏家族涌现出如蒋乂、蒋偕、蒋堂、蒋璨等一些官位显赫的家族成员,尤其这两朝出现了蒋係、蒋伸、蒋涣、蒋之奇、蒋芾

---

① 吕肖奂、张剑:《两宋科举与家族文学》,《西北师大学报》2008年第4期。
② (宋)真德秀:《宜兴先贤祠记》,(清)徐喈凤撰:《康熙重修宜兴县志》,康熙二年刻本,天津图书馆,宜兴档案馆存有复件。
③ (宋)蒋捷撰,杨景龙校注:《蒋捷词校注》,中华书局2010年版,第224页。

五位宰辅级的高官，蒋氏也真正攀升到权力的高峰，参与到国家重大事项的决策中，与国家的命运共起伏。

一 一门五相

蒋係，《新唐书》载："懿宗初，拜兵部尚书，以弟伸位丞相，恳辞，乃检校尚书右仆射，节度山南东道，封淮阳郡公。徙东都留守。"[1] 唐懿宗初年（约860），朝廷拟任蒋係为兵部尚书，係因弟伸已经在相位，所以恳请辞去，要求外放。于是加封"检校尚书右仆射，节度山南东道"，唐前期实行中书、门下、尚书三省并相制度，对宰相的称呼也较为复杂，"尚书右仆射"就是宰相的一种称呼。蒋係是山南东道节度使，又加了"尚书右仆射"这一宰相之衔，算是标准的"使相"。蒋伸，"咸通二年（861），出为河中节度使、同中书门下平章事"[2]，加了"同中书门下平章事"的衔号，更是标准的宰相。关于蒋伸任相，史籍记载还有一段趣闻："宣宗雅爱伸，一日因语合旨，三起三留，曰：'他日不复独对卿矣。'伸不喻，未几以本官同平章事。以此言之，则唐宰相不得独对矣。"[3] 蒋係的三弟蒋偕，《全唐文》载："偕，秘书监乂子。以父任历右拾遗史馆修撰，转补阙主客郎中，累迁太常少卿"[4]，家谱载偕也做到了"同平章事"，但不见史载，不可信之，蒋係、蒋伸兄弟二人则见于《唐宰相世系表》。唐制太常少卿是正四品上官职，所以兄弟三人可谓同时位极人臣，确实是蒋氏家族的奇迹。

蒋涣，《旧唐书》载大历七年（772）五月，"癸亥，以检校礼部尚书蒋涣充东都留守"[5]。大历七年五月，耿湋在长安，有诗赠蒋涣：

> 副相威名重，春卿礼乐崇。锡珪仍拜下，分命遂居东。高斾翻秋日，清铙引细风。蝉稀金谷树，草遍德阳宫。教用儒门俭，兵依

---

[1] （宋）欧阳修、宋祁：《新唐书》卷132，中华书局2011年版，第4534页。
[2] 同上书，第4535页。
[3] （宋）徐度：《却扫编》卷中，中华书局1985年版，第99页。
[4] （清）董诰：《全唐文》卷684，中华书局1983年版，第6998页。
[5] （后晋）刘昫等：《旧唐书》卷11，中华书局2011年版，第300页。

武库雄。谁云千载后,周召独为公。①

这首诗的题目为《奉送蒋尚书兼御史大夫东都留守》,耿湋之所以称呼蒋涣为副相,是因为蒋涣兼任御史大夫,副相则是御史大夫的别称,《汉书·朱云传》称:"御史之官,宰相之副,九卿之右,不可不选。"② 由此可知,蒋涣也是名副其实的副宰相。

《建炎杂记》中"国朝父子祖孙兄弟宰执数"条下列"蒋颖叔:曾孙子礼"③,蒋颖叔即蒋之奇,子礼为其曾孙蒋芾。宋代的宰相与唐代是有区别的,这主要在于宋设三司、中书、枢密分掌财、政、军,宰相的权力为三司使、"二府"、枢密使所分取,中书门下和枢密院合称"二府","二府"的正副首长就是宋人所称的宰辅。《宋史》载"徽宗立,(蒋之奇)复为翰林学士,拜同知枢密院"④,可见蒋之奇也是一位货真价实的宰相。蒋芾,家谱载其曾两度拜相,《宋史》称:"(芾)拜右仆射、同中书门下平章事兼枢密使",认为其拜相是因为"始以言边事结上知",且拜相速度之快,"不十年间致相位"⑤。

二 唐代蒋氏刺史考

刺史一职始置于汉武帝时,最初为古代最重要的地方监察制度,其后逐渐演变为地方官化。唐朝的地方官制,安史之乱以前是州(府)、县二级制;唐中期以后演变为道、州、县三级。刺史即为州的长官。一般来说,根据人数的多寡,四万户以上为上州,二万户以上为中州,不足两万户为下州,上州刺史为从三品,中州刺史为正四品上,下州刺史为正四品下。

蒋氏家族在唐一代,曾有多人担任刺史一职,现根据《唐刺史考》《元和姓纂》《新旧唐书》《全唐文》及蒋氏墓志等,将任职的详细情况整理如下。

---

① (清)彭定求等:《全唐诗》卷269,中华书局1985年版,第2996页。
② (汉)班固:《汉书》卷67,中华书局2011年版,第2912页。
③ (宋)李心传撰,徐规点校:《建炎杂记》甲集卷9,中华书局2000年版,第176页。
④ (元)脱脱等:《宋史》卷343,中华书局2011年版,第10917页。
⑤ 同上书,第11818页。

姓名	职务	时间
蒋凯（㪍）	通州刺史	太宗时
蒋俨	会州刺史	约高宗初
	蒲州刺史	总章三年（670）
蒋安遇	郓州刺史	约睿宗时（684）
蒋伦曾祖	成州刺史	不详
蒋岑	赠汾州刺史	开元中
蒋挺	湖州刺史	开元十三年（725）
	延州刺史	开元中
蒋涣	东都留守	大历七年至九年（772—774）
蒋防	汀州刺史	长庆四年（824）
	连州刺史	宝历元年（825）
	袁州刺史	太和二年（828）
蒋係	唐州刺史	会昌元年至二年（841—842）
	襄州刺史	咸通元年至二年（860—861）
蒋侑	剑州刺史	太和中八年（854）
蒋伸	汴州刺史	不详
	华州刺史	咸通七年（866）
蒋佶	同州刺史	不详
蒋仙	汝州刺史	不详
蒋瑰	婺州刺史	景福元年（892）

根据以上表格数据统计，有唐一代，蒋氏共有十四人先后任职二十州刺史，值得注意的是这十四人中，蒋係、蒋伸、蒋佶、蒋仙是史官蒋义之子，家谱载蒋义另有一子蒋偕也曾任刺史，所以兄弟五人被誉为"一门五牧"，但蒋偕任刺史一职史籍无考。蒋係、蒋伸任职刺史详情载入《唐刺史考》，《新唐书》载蒋仙、佶皆位刺史。蒋涣曾守东都洛阳，《唐刺史考》也将其录入。另蒋挺和蒋涣是父子关系，蒋挺赴湖州刺史任前，唐玄宗还钦赐了蒋挺等诸州刺史座右铭：

眷言思共理，鉴梦想维良，猗欤此推择，声绩著周行。贤能既俟进，黎献实伫康。视人当如子，爱民亦如伤。讲学试诵论，阡陌劝耕桑。虚誉不可饰，清知不可忘。求名迹易见，安贞德自彰。讼狱必以情，教民贵有常，恤茕且存老，抚弱复绥强。① 勉哉各祗命，知予眷万方。

蒋岑之子蒋伦墓志铭载：

君讳□之，字伦，常州义兴人也。其先，周公之胤，纪于春秋。世有冠冕，为江南□族。曾祖通议大夫、成州刺史。祖，朝散大夫、秘书丞。……皇考讳岑，正议大夫、司农少卿，赠汾州刺史。②

蒋伦曾祖，也即是蒋岑的祖父曾任成州刺史，惜姓名已不可考；蒋岑于开元中获封汾州刺史。

三　祖孙三代守苏杭，任转运使、发运使

宋代，蒋氏家族与苏杭两州结下了不解之缘。蒋堂于庆历二年（1042）知杭州，蒋之奇于崇宁元年（1102）知杭州，蒋璨于绍兴十年（1140）知杭州。蒋之奇为蒋堂从子，蒋璨是蒋之美子，自幼丧父，由伯父蒋之奇抚养。蒋之奇在考中进士前，由伯父蒋堂荫入仕，蒋璨亦是由伯父蒋之奇荫入仕。

蒋堂曾两度徙苏州，致仕后仍居苏州，卒葬苏州，后迁回义兴。蒋之翰，哲宗亲政时命摄吏部，以疾乞补外，改授至苏州，《宋诗纪事》亦载："（之瀚）之奇兄，守苏州。"③《家谱》载绍兴二十七年

---

① （唐）李隆基：《赐诸州刺史以题座右》，（清）彭定求等：《全唐诗》卷3，中华书局1979年版，第27页。诗前小序云："开元十六年（据考应为开元十三年），帝自择廷臣为诸州刺史，许景元虢州，……蒋挺湖州。"

② （唐）殷亮：《唐故摄福昌县令蒋君（伦）墓铭并序》，吴钢主编：《千唐志斋新收墓志》，三秦出版社2006年版，第253页。

③ （清）厉鹗：《宋诗纪事》，上海古籍出版社1983年版，第527页。

(1157)，蒋璨由淮南转运副使知平江府，不久卒于任。《大清一统志》卷十亦载："（蒋璨）字宣卿，之奇从子，知平江、临江二府，铲刈强梗，豪黠畏之。"① 政和三年（1113），升苏州为平江府，辖内即有苏州。蒋璨墓志称："公从祖太尉公堂与从父大夫公之翰，尝典此州（苏州），至是，公以西清法从踵其后，衣冠之盛，搢绅叹慕，以为口实。"②

转运使始设于唐玄宗开元二十一年（733），是唐以后管理漕运的官职；发运使设置略早于转运使，唐玄宗先天二年（713）起设置，当时称为水陆发运使。水陆发运使与转运使曾一度被认为是同一官职的两种称谓，但研究者认为这两种官职是在相当长时间内并存的两种职务。两者之间的区别在于管辖范围的大小不同，水陆发运使由地方官担任，仅局限本辖区内的漕运。转运使由朝官担任，管理的事务不受地方行政区域的限制，这显然比发运使有更大的权限。宋朝，转运使与发运使的权限有了变化。宋初，为削夺节度使的权力，宋太宗于各路设转运使。宋真宗景德四年（1007）之前，转运使实际已经成为一路的最高行政长官，执掌一路转运、财赋及监察本路官员之职。北宋发运使始设于建隆二年（961），从临时性多处并设，逐步发展为江淮和三门白波两处稳定设置。

蒋堂、蒋之奇、蒋璨祖孙三人曾多次担任这两种职务。蒋堂曾任江南东路转运使兼江淮发运使、江淮置制发运使、河东路都转运使。《宋史》载：

  时废发运使，上封者屡以为非便。堂言："唐裴耀卿、刘晏、第五琦、李巽、裴休，皆尝为江淮、河南转运使，不闻别置使名。国朝卞衮、王嗣宗、刘师道，亦止为转运兼领发运司事，而岁输京师常足。"时虽用其议，后卒复。③

---

① （清）和珅等：《大清一统志》卷66，台湾商务印书馆1986年《景印文渊阁四库全书》，第475册，第223页。
② （宋）孙觌：《宋故右大中大夫敷文阁待制赠正议大夫蒋公墓志铭》，《鸿庆居士集》卷42，台湾商务印书馆1986年《景印文渊阁四库全书》，第1135册，第393—396页。
③ （元）脱脱等：《宋史》卷298，中华书局2011年版，第9912—9913页。

蒋之奇则是一生与漕运结缘，曾任淮东转运副使、江淮荆浙发运副使、江淮荆浙发运使、河北都转运使。据《临安志》卷三载，蒋璨曾于绍兴十年（1140）六月初一以右中奉大夫直龙图阁两浙转运副使知临安府，是年八月二十二日复为两浙转运副使。

苏杭富庶闻名天下，蒋氏三代守苏杭，可见朝廷对其家族的重视。转运使与发运使皆为宋代重要的漕运官职，蒋氏三代在仕宦生涯中亦多次与之结缘，这些官宦仕途经历的相似，不禁让人深思，到底是历史的巧合还是家族发展史上的必然。

四　蒋氏三人分司东都

唐朝，以洛阳为东都，有唐一代，蒋氏有三人分司东都，任东都留守。所谓东都留守，为皇帝不驻洛阳时，临时处理东都军政事务的长官。

《旧唐书》载："（大历七年五月）癸亥，以检校礼部尚书蒋涣充东都留守。"[①]《唐刺史考》认为蒋涣任东都留守的时间为大历七年至九年（772—774）。据考，诗人耿湋在长安曾作《奉送蒋尚书兼御史大夫东都留守》一诗送与蒋涣，该诗的创作时间为大历七年（772）五月。据此，蒋涣任东都留守的确切起始时间应为大历七年五月。

《新唐书》提及蒋係徙东都留守，并卒于任上；蒋伸则以太子少保分司东都。《唐刺史考》认为蒋係担任东都留守的时间约在咸通二年（861），并考证出蒋伸咸通五年五月（864）为太子太保分司东都。

家谱载蒋将明曾任东都留台，即东都御史台长官。安史之乱后，东都留台御史中丞多任东都留守或东都畿汝防御观察使。家谱亦载蒋佶曾任同州刺史、东都留守。这两人分司东都的仕宦经历没有相关史籍的佐证，姑且存疑。

一般来说，东都留守的官位品级很高，大多为皇帝倚重的大臣。有史籍可考的唐代蒋氏即有三人任此重要职位。蒋涣、蒋係、蒋伸皆为正三品高官。蒋係与蒋伸为亲兄弟，二人留守东都的时间相去不远，或许是前后任也未可知。由此可见，当时执政者对蒋氏家族的信任与重视。

[①]（后晋）刘昫等：《旧唐书》卷11，中华书局2011年版，第300页。

蒋氏家族在唐宋时期仕宦情况除以上所列外，任职显赫的还有：

蒋将明　弘文馆学士、集贤殿学士、侍御史、河中使、东都留台、国子司业

蒋偕　右拾遗、史馆修撰、主客郎中、太常少卿

蒋孝璋　朝议大夫、上柱国、尚药奉御

蒋晁　监察御史、检校户部员外郎、淮南节度判官

蒋㓱　监察御史、侍御史、司封员外郎，礼、吏、户三部郎中，尚书左丞

蒋鍊　户、吏二部员外郎，左司员外郎、殿中侍御史、光禄少卿

蒋镇　左拾遗、司封员外郎、谏议大夫、给事中、工部侍郎

蒋环　太子洗马、弘文馆学士

蒋至　秘书郎

蒋泳　考功郎中

蒋曙　虞、工二部员外郎，起居郎

蒋凝　侍郎、侍读学士

蒋昂　蒲州司法参军、凉州经略使

蒋滂　国子监主簿赠太师

蒋之美　太府卿、赠正议大夫

蒋之武　睦州推官、鄜延环庆经略安抚使

蒋之仪　大理寺评事监衢州盐税、知青州临淄、亳州通判、右朝奉大夫知广德军、上柱国、赐银绯

蒋津　太常博士、江东提刑使、吏部侍郎、敷文阁待制

蒋静　国子司业、中书舍人、显谟阁待制、大司成、洪州知府

蒋玘　司勋员外郎

蒋兴祖　开封阳武知县、赠朝散大夫、谥忠愍

蒋及祖　端明殿学士、提举秘书省兼修国史馆

蒋长生　泉州太守、海州太守、左朝议大夫、上柱国、永庆郡开国侯

蒋长源　亳州刺史，通、梓、歙三州太守
蒋圆　　知沂州、左中奉大夫、充秘阁修撰
蒋猷　　御史中丞兼侍读，工部、吏部、兵部尚书，正议大夫
蒋九皋　兵部尚书赠太傅
蒋夔　　兵部侍郎、陕西安抚制置使兼知京兆府事
蒋重珍　起居舍人、兼国史院编修官、刑部侍郎、赠朝请大夫、谥忠文
蒋亿　　集贤修撰、文华阁待制、资政殿大学士
蒋孝聿　知忠州
蒋行简　朝议大夫、知处州
蒋彝　　朝散郎、直秘阁、徽猷阁待制

但是唐初，义兴蒋氏家族的仕途并不显赫，据《册府元龟》载：

> 蒋子慎与乡人高智周善，同诣善相者。相者谓智周曰："明公位极人臣，胤嗣微弱；蒋侯官禄至薄，而子孙转盛。"子慎后累年为建安尉。卒，其子绘来谒，智周已贵矣，曰："吾与子父有故，子复有才。"因以女妻之。……绘子挺举进士，开元中历台省，仕至湖延二州刺史，子贵赠扬州大都督，挺子洌、涣并进士及第，洌历礼部户部吏部三侍郎、尚书左丞。涣天宝末给事中，永泰中右散骑常侍。时高氏诛灭已久，果符相者之言。①

蒋氏家族其后的发展正如相者预言的那样，子孙转盛，高官厚禄者比比皆是，鸿庆居士孙觌曾称誉曰："蒋氏之孙有名籍于朝者，比比出焉。"②

蒋氏子弟迈入仕途的途径不外乎两种，一种是以父辈荫补，就是所谓的"以衣冠子"（蒋义忠墓志），如蒋昂、蒋偕、蒋兴祖、蒋璨、蒋偕等，一种是考中进士授官，如蒋伸、蒋涣、蒋之奇、蒋芾、蒋重珍

---

① （宋）王钦若等：《册府元龟》卷860，中华书局1960年版，第8938页。
② （宋）孙觌：《宋故右大中大夫敷文阁待制赠正议大夫蒋公墓志铭》，《鸿庆居士集》卷42，台湾商务印书馆1986年《景印文渊阁四库全书》，第1135册，第393—396页。

等。一般来说，唐宋重进士，进士出身的官员往往提拔很快，大都可以位至高官，如蒋伸、蒋芾等都做到了宰相一级。但也有例外，如因伯父荫补入仕途的蒋璨也做到了三品的右中大夫。

宋方勺的《泊宅编》记载了蒋堂之孙蒋彝的一则趣闻："近岁除直秘阁者尤多，两浙市舶张苑进笃耨香得之，时号'笃耨学士'；运判蒋彝应副朱冲葬事得之，号'仵作学士'。"① 显然，虽然踏入仕途，但如果不以为官的政绩擢升，还是遭人轻视，受人讥讽的。

第四节　蒋氏家族的仕宦政绩

儒家有"立德、立功、立言"三不朽之说，深受儒学思想熏陶的士大夫们把"修身、齐家、治国、平天下"视为人生努力奋斗的目标。儒家思想中有许多为官理政的观点，例如"为政以德，譬如北辰，居其所而众星共之"（《论语·为政》），"其身正，不令而行；其身不正，虽令不行"（《论语·子路》），"政者，正也。子帅以正，孰敢不正？"（《论语·颜渊》）。

作为儒学世家的义兴蒋氏，为官之道自然也把己身之正看得很重，这突出表现在与当权佞臣的斗争中。家谱载："（唐）高宗朝蒋晃仕为大司农，因劾许敬宗得罪，谪贵州。帝后悟其忠，命修旧职。托疾归，卒仕文贞子。"②《新唐书》载："（蒋乂）初以是被遇，终亦忤贵近，介介不至显官。然资质朴直，遇权臣秉政，辄数岁不迁。尝疏裴延龄罪恶及拒王叔文，当世高之。"③《万姓统谱》载："徽宗擢（蒋璨）为大司乐，与梁师成议乐舞不合，璨曰：'一代礼典当质经'，不顾而去。"④ 蒋圆墓志铭载："曾丞相买山于邑人，邻者讼之。曾为上邻，法当得。公直言之。时蔡京用事，怨于曾氏者，不遗余力也，谓公夺民田为曾氏葬地。属漕臣刘何劾治甚急，何面诘公，公恬

---

① （宋）方勺撰，许沛藻、杨立扬点校：《泊宅编》卷上，中华书局1983年版，第74页。
② （清）蒋惟高等：《先烈考》，《茗岭蒋氏宗谱》卷2，康熙年间修，宜兴档案馆藏，资料号：1—2—113—128。
③ （宋）欧阳修、宋祁：《新唐书》卷132，中华书局2011年版，第4533页。
④ （明）凌迪知：《万姓统谱》卷86，台湾商务印书馆1986年《景印文渊阁四库全书》，第957册，第266页。

第三章 义兴蒋氏家族的科举与为官

不为意。敛板进曰：'与曾公无一日雅，法当耳，尔何怒？'语侵公，公不少屈"①。家谱载："（蒋津）以直言忤时相蔡京，与世父之奇公名列（元祐）党籍。"②《无锡志》载："秦桧欲罗致，（蒋芾）拒之，桧怒，终其世不召用，及桧败，附桧者皆窜逐，芾独免。"③《无锡志》亦载："（蒋重珍）入对上七箴三疏，奏语剀切，忤丞相史弥远意，遂谒告还家。"④蒋璨墓志载："（蒋璨）知镇江府，当是时，权贵人执爵禄之柄，视苞苴丰俭为低昂，公独无所饷，遂罢归，请祠，得台州崇道观。……权贵人死，召起公为淮南转运副使。"⑤这里所指权贵人当为秦桧，因为《建炎以来系年要录》中称："直龙图阁、提举台州崇道观蒋璨为淮南路转运副使。璨不为秦桧所喜，自镇江罢去，为祠官者十二年。"⑥被称为"四勿居士"的蒋岘也曾得罪权臣史弥远之侄，"史嵩之欲开督府，与枢密李宗勉论不合，私请劾之。岘曰：'宗勉无过，台谏乃耳目官，岂受私请耶'"⑦。

深受儒家为官之道影响的蒋氏在仕宦中还凸显了"忠"与"节"的特色。蒋俨，太宗将伐高丽时募使者，众人皆惧怕，独俨奋曰："以天子雄武，四夷畏威，蕞尔国敢图王人？有如不幸，固吾死所也。"⑧是以请行，终被高丽的莫离支所囚，以刀刃相胁迫，俨终不屈服，于是被囚洞窟中。及至高丽败，才得以归国。

> 太子詹事蒋俨年少时，尝遇憬藏，因问禄命，憬藏曰："公从今二年，当得东宫掌兵之官，秩未终而免职。免职之后，厄在三尺土下，又经六年，据此合是死征。然后当享富贵，名位俱盛，即又

---

① （宋）张守：《左中奉大夫充秘阁修撰蒋公墓志铭》，《毘陵集》卷13，中华书局1985年版，第189页。
② （清）蒋聚祺等：《先烈》，《西徐蒋氏宗谱》卷4，民国九年修，宜兴档案馆藏，资料号：1—2—1538—1557。
③ （清）徐永言等：康熙《无锡县志》卷3，康熙二十九年修。
④ 同上。
⑤ （宋）孙觌：《宋故右大中大夫敷文阁待制赠正议大夫蒋公墓志铭》，《鸿庆居士集》卷42，台湾商务印书馆1986年《景印文渊阁四库全书》，第1135册，第393—396页。
⑥ （宋）李心传：《建炎以来系年要录》卷170，中华书局1988年版，第2784页。
⑦ （清）胡宗宪：《浙江通志》卷159，台湾商务印书馆1986年《景印文渊阁四库全书》，第523册，第288页。
⑧ （宋）欧阳修、宋祁：《新唐书》卷100，中华书局2011年版，第3943页。

不合中天，年至六十一，为蒲州刺史，十月三十日午时禄绝。"俨后皆如其言。尝奉使高丽，被莫离支囚于地窖中，经六年，然后得归，及在蒲州，年六十一矣。①

可见，蒋俨在高丽的洞窟中被囚禁了六年之久，其气节堪比苏武。

蒋涣，永泰初任鸿胪卿，"日本史尝遗金帛，不纳，唯取笺一番，贻书以报其副"②，堪称廉吏。元祐六年（1091），蒋之奇知瀛洲时，"辽使耶律迪道死，所过郡守皆再拜致祭。之奇曰：'天子方伯，奈何为之屈膝邪！'祭而不拜"③，显示了一方大吏的凛然气节。蒋岘则修身甚严，"自誓：'勿欺心、勿负主、勿求田、勿问舍'"④。蒋岘因之号为"四勿居士"。

正是由于蒋氏注重修身，看重气节，所以在为官中也多有建树，达到了儒家所谓"立功"的高度。就蒋氏为官的政绩来说，主要体现在以下几个方面。

一　军事与戡乱

元祐七年（1092）前后，地处西北的西夏人常骚扰边境，时有争战，蒋之奇此时临危受命，"复出知熙州。夏人论和，请画封境。之奇揣其非诚心，务修守备，谨斥候，常若敌至。终之奇去，夏人不敢犯塞"⑤。元符三年（1100）初，徽宗即位，诏蒋之奇入京，"复为翰林学士，拜同知枢密院"，掌管全国军事，蒋之奇借此对西北边陲原有的政军合一的体制进行了改革。建中元年（1101），蒋之奇知院事，成为全国最高军事长官。这期间蒋之奇调兵遣将，平定了南方沅州（今湖南黔阳）的蛮民叛乱，并设其地为徽、靖二州。

蒋芾签书枢密院事时，所上首奏就是加意边防，随后又奏用兵之

---

① （后晋）刘昫等：《旧唐书》卷191，中华书局2011年版，第5097—5098页。
② （宋）费枢：《廉吏传》卷下，台湾商务印书馆1986年《景印文渊阁四库全书》，第484册，第332页。
③ （元）脱脱等：《宋史》卷343，中华书局2011年版，第10916页。
④ （清）宫梦仁：《读书纪数略》卷26，台湾商务印书馆1986年《景印文渊阁四库全书》，第1033册，第346页。
⑤ （元）脱脱等：《宋史》卷343，中华书局2011年版，第10916页。

策："拔将才行伍间，识其姓名，一旦披籍可立取具。又料简归正人，仍以北人将之，或令深入山东，或令自荆、襄深入。"① 后芾除权参知政事、同知国用事，又上奏削减军队开支，精简兵士。朝廷有意收复北土，诏朝臣商议，或主和，或主恢复，上令芾决断。芾奏曰："天时人事未至。"因为拂上意，终以言落职。《宋史》对此的评价是"芾始以言边事结上知，不十年间致相位，终以不能任兵事受责，岂优于论议而劣于事功欤"②。其实蒋芾的"天时人事未至"语很有见地，宋孝宗一生致力北伐大业，但终因"天时人事未至"而败北。

叶适在蒋行简墓志铭中也称其会用兵：

> 金亮且反，公请调丹阳弩手三千守清流关，副之州兵，滁可保也。主兵官笑不应，公遽令远斥候，敌既大入，滁人徐渡江，僮妾不逃，器用无丧。又督运于天长，传言北兵至矣，令尉欲弃刍茭而逝，公曰："姑止，急燔之，勿为敌资。"敌不敢进。有以擅焚粮请劾公，制置使刘琦曰："此真知兵也。"③

宋徽宗时，蒋圆知鄂州，将行，徽宗问："以荆湖多盗，卿何以治之？"蒋圆对曰："唐崔郾尝治鄂，谓'土沃民剽，杂以猺俗，非威莫能伏。'臣虽能薄，敢不竭犬马，力称器使"。④ 蒋圆的回答甚合上意，到任后在戡乱上也颇有建树。

> 至鄂，以军食不继，汹汹几变，公慰抚之，郡以无事。明年，辰沅溪洞黄安俊叛，公以粮万斛饷二州，遣兵援之。贼平被赏，辞不受。……未几，徙知沂州，宋江啸聚亡命，剽掠山东一路，州县大震，吏多避匿。公独修战守之备，以兵扼其冲，贼不得逞，祈哀假道。公吭然阳应，侦食尽，督兵鏖击，大破之。余众北走龟蒙

---

① （元）脱脱等：《宋史》卷384，中华书局2011年版，第11818页。
② 同上书，第11819页。
③ （宋）叶适：《水心集》，《四部备要·集部》卷18，中华书局民国二十五年铅印本，第165—166页。
④ （宋）张守：《左中奉大夫充秘阁修撰蒋公墓志铭》，《毘陵集》卷13，中华书局1985年版，第190页。

间，卒投戈请降。……上问宋江事，公敷奏始末，益多其才。时年已七十矣。①

蒋瑎知仁府，府有戍卒，其主将邹迪不能统治下属，兵卒王靖聚众叛乱，杀邹迪于庭，官吏骇惊四散，唯蒋瑎临危不惧，瞬息间平定了叛乱。

> 公（蒋瑎）闻，即出慰抚，号令详明，徐遣亲兵蹑之，悉擒无所脱。即手檄开示大信，以靖其余，是日兴仁微公几大乱。初兴仁俗懻忮难治，公不忍威制而宽抚之，时以为仁。至是变起仓促，人皆褫气，公独坐阁决事如平时，而得群凶于谈笑间，人更服其勇。②

蒋之翰易京西路析为二道就除北路时，也曾设计平贼乱，保一方百姓平安。

> 贼王冲，往来商邓间，戕官吏、掠州县，闾里骚然。诏督捕，甚急。公曰："贼本饿隶，非有才力技能，徒以山谷之间，奸猾之党为之囊橐耳。乡道觇官兵动息，使得转徙窜避。推贼迹所过，只于藏匿，主名区处，迁毁乡保，而火其居，则贼无所容，又失所资，不日成擒矣。"……苏多盗，公以术，取渠魁黥为城。且盗悉屏迹，民以安。③

蒋之奇知广州，妖人岑探作乱，帅府遣去围剿的官兵畏险不敢进，于是纵兵掠杀附近乡民，以充岑探作乱之兵，借此邀功。岭南以致萧然民不聊生，按照苏轼、黄庭坚等人的说法，宋士卒趁机劫掠屠戮的状况

---

① （宋）张守：《左中奉大夫充秘阁修撰蒋公墓志铭》，《毗陵集》卷13，中华书局1985年版，第190页。
② （宋）汪藻：《徽猷阁待制致仕蒋公墓志铭》，《浮溪集》卷27，中华书局1985年版，第343页。
③ （宋）蒋之奇：《朝请大夫知亳州军事之翰公墓志铭》，（清）蒋聚祺等：《西徐蒋氏宗谱》卷4，民国九年修，宜兴档案馆藏，资料号：1—2—1538—1557。

比岑探作乱更为惨烈。① 蒋之奇到任后，"遣钤辖杨从先致讨，生擒之"②，岭南人才得以安居。

二 理财、谏议与水利漕运

蒋堂曾因下属牵累，坐失降知越州。"州之鉴湖，马臻所为，灌田八千顷，食利者万家，前守建言听民自占，多为豪右所侵，堂奏复之"③，可见，蒋堂不惧豪右，归田于民，亦是藏富于民。

宋神宗时，蒋之奇历陕西副使，当时陕西战事频仍，地方财政一度吃紧，但寻即在蒋之奇的经营下，"经赋入以给用度，公私用足。比其去，库缗八十余万，边粟皆支二年"④。虽经历战乱，但在蒋之奇杰出的理财能力治理下，陕西很快补充了一定的物质储备。

蒋乂原名武，"宪宗时因进见，请曰：'陛下今日偃武修文，群臣当顺承上意，请改名乂。'帝悦。时讨王承宗兵方罢，乂恐天子锐于武，亦因以讽。它日，帝见侍御史唐武曰：'命名固多，何必曰武？乂既改之矣。'更曰庆。群臣乃知帝且厌兵云"⑤。蒋乂上谏的方式很特别，从其后唐武改名的事来看，宪宗接受了蒋乂的谏议，并且令群臣明白了皇帝厌武的心思。

蒋圆修《经武要略》，等书完成后得以面君，"上问天下所以安危，公曰：'唐李钰尝谓文宗曰：'安危如人之身，当四体平和，必顺寒暑之节，恃安自忽，则疾患旋生。朝廷无事，宜省阙失，从而补之，则祸难不作。'今承平久，愿陛下以钰之言为鉴。'上嗟美之。擢开封府刑曹"⑥。

绍定二年（1229），蒋重珍奉召入京言事，第二年京城火灾，遂趁机上疏，奉劝宋理宗要亲揽大权，不推托于人，同时指斥史弥远，提醒

---

① 详见苏轼《东坡集》卷55《述灾沴论赏罚及修河事，缴进欧阳修议状劄子》，黄庭坚《山谷集》卷31《黄介墓志铭》。
② （元）脱脱等：《宋史》卷343，中华书局2011年版，第10916页。
③ （元）脱脱等：《宋史》卷298，中华书局2011年版，第9913页。
④ （元）脱脱等：《宋史》卷343，中华书局2011年版，第10916页。
⑤ （宋）欧阳修、宋祁：《新唐书》卷132，中华书局2011年版，第4533页。
⑥ （宋）张守：《左中奉大夫充秘阁修撰蒋公墓志铭》，《毗陵集》卷13，中华书局1985年版，第190页。

理宗不要使朝臣"知有权势，不知有君父矣。他有变故，何所倚仗，陛下自视，不亦孤乎"①，并建议"保全功臣之道，可厚以富贵，不可久以权也"②。理宗读后，为之感动。其后，蒋重珍又借星象之变，"虑柄臣或果去位，君心易纵，大权旁落，则进《为君难》六箴"③。端平初年，又上五事，曰："隐蔽君德，昔咎故相，故臣得以专诋权臣；昭明君德，今在陛下，故臣以责难君父。"④蒋重珍曾向理宗推荐真德秀、魏了翁，理宗认为身为人主的责任就是分辨君子与小人，重珍上言曰："小人亦指君子为小人，此为难辨。人主当精择人望，处之要津，正论日闻，则必知君子姓名、小人情状矣。"⑤对待边事上，蒋重珍又力谏理宗，要重视对将帅的甄选，审度时势，勿要轻敌邀功。这也是针对权臣史嵩之"犹欲邀功，自固其位"而发，但可惜未被采纳。

宋孝宗重视边防，曾希望蒋芾能担任都督一职，芾以未曾经历兵旅生涯而拒绝。但蒋芾对边防事很有自己的见识，他针对实际，提出："方今钱谷不足，兵士不练，将帅与臣不相识，愿陛下更审思其人。"⑥蒋芾还博采众人之论，加上自己的见解，写成《筹边志》上奏朝廷。

蒋猷拜御史中丞兼侍读时，针对"士风浮薄，廷臣伺人主意，承宰执风旨向背，以特立不回者为愚，共嗤笑之"，认为此风不可长，并谏议"杨戬不当除节度使；赵良嗣不宜出入禁中"⑦。皆采纳。又弹劾孟昌龄、徐铸等多名奸邪官员。靖康初，蒋猷陪同太上皇南巡淮阴时，进言废黜童贯，太上皇采纳，为朝廷除去一害。

蒋兴祖知开封府阳武县，"阳武，古博浪沙地，土脉脆恶，大河薄其南。当积雨泛溢，埽且溃，兴祖躬救护，露宿其上，弥四旬，堤以不坏。治为畿邑最，使者交荐之。"⑧

绍兴二十八年，蒋璨知平江府，提出治理太湖水患的建议。

---

① （宋）欧阳修、宋祁：《新唐书》卷411，中华书局2011年版，第12353页。
② 同上。
③ 同上。
④ 同上。
⑤ 同上。
⑥ （宋）欧阳修、宋祁：《新唐书》卷384，中华书局2011年版，第11818页。
⑦ （元）脱脱等：《宋史》卷363，中华书局2011年版，第11351—11352页。
⑧ （元）脱脱等：《宋史》卷452，中华书局2011年版，第13288页。

第三章 义兴蒋氏家族的科举与为官

> 太湖者，数州之巨浸，而独泄以松江之一川，宜其势有所不逮。是以昔人于常熟之北，开二十四浦，疏而导之扬子江。又于昆山之东开十二浦，分而纳之海。三十六浦后为潮汐沙积，而开江之卒亦废，于是民田有淹没之忧。天圣间，漕臣张纶尝于常熟、昆山各开众浦；景祐间，郡守范仲淹亦视至海浦，后开五河；政和间提举官赵霖又开三十余浦。此见于已行者也。今诸浦湮塞，又非前比，总计用工三百三十余万，钱三十三万余贯，米十万余石。①

蒋璨的建议最终被朝廷采纳，太湖得以疏浚。

蒋之奇迁淮东转运副使。是年，岁恶歉收，百姓逃荒，"之奇募使修水利以食流者。如扬之天长三十六陂，宿之临涣横斜三沟，尤其大也，用工至百万，溉田九千顷，活民八万四千"②。这一举动，既赈济了灾民，又消除了灾患，可谓一举两得。元丰二年（1079），蒋之奇擢江淮荆浙发运副使，这是主管漕运的要职。至元丰六年，"漕粟至京，比常岁溢六百二十万石"③。为了保障漕运，蒋之奇提出"请凿龟山左肘至洪泽为新河，以避淮险，自是无覆溺之患"④。朝廷采纳了其谏议，使淮河和运河实现了分流，减轻了水患，疏通了漕运。

《师友谈记》中收录了苏轼之子苏迨所述蒋之奇任职"大漕"时的一则趣闻：

> 蒋颖叔之为江淮发运也，其才智有余，人莫能欺。漕运络绎，蒋吴人，谙知风水，尝于所居公署前立一旗曰"占风旗"，使人日侯之置籍焉。令诸漕纲日程，亦各记风之便逆，盖雷、雨、雪、雹、雾、露等有或不均，风则天下皆一。每有运至，取其日程历以合之，责其稽缓者，纲吏畏服。蒋之去，占风旗废矣。⑤

---

① （宋）郑虎臣：《吴都文粹》卷2，商务印书馆1986年《景印文渊阁四库全书》，第1358册，第629—630页。
② （元）脱脱等：《宋史》卷343，中华书局2011年版，第10916页。
③ 同上。
④ 同上。
⑤ （宋）李廌：《师友谈记》，《仇池笔记》（及其他二种），中华书局1985年版，第10页。

三 教化与举荐人才

儒家重视对民众的教化,"子适卫,冉有仆。子曰:'庶矣哉!'冉有曰:'既庶矣,又何加焉?'曰:'富之。'曰:'既富矣,又何加焉?'曰:'教之。'"(《论语》)孔子倡导的为官治国之道,不仅要使民众富裕,还要教化他们。所谓的教化,也即对民众进行儒学思想的渗透,使他们的言行举止符合儒家的伦理道德规范。

(蒋堂)改应天府,累迁左司郎中、知杭州,以枢密直学士知益州。庆历初,诏天下建学。汉文翁石室在孔子庙中,堂因广其舍为学官,选属官以教诸生,士人翕然称之。杨日严在蜀,有能名,堂素不乐之。于是节游宴,减厨传,专尚宽纵,颇变日严之政。①

文翁石室是汉蜀郡太守文翁创办的郡学,是中国第一所地方官办学校。由于文翁办学的教化,蜀地在京师求学的学子可以和齐鲁之地的学子相比肩,"至今巴蜀好文雅,文翁之化也。"(《汉书·循吏传》)蒋堂继承了文翁的办学宗旨,扩建学舍,广收学子,蜀地的文化为之一变,受到了士人的称誉。而其身体力行的"节游宴,减厨传",也是儒家所提倡的"孔颜之乐"。

蒋之奇知广州,因"南海饶宝货,为吏者多贪声",之奇取前世牧守有清节者吴隐之、宋璟、卢奂、李勉等,绘其象,建十贤堂以祀,冀变其习②,以前世廉洁自律的官员为典型对属下进行德廉教育,作为父母官的蒋之奇也算是煞费苦心,而广州官场风气为之一变,也算是教化有方。

蒋璨守平江,"府治有唐刺史韦应物、白居易、刘禹锡遗像,号三贤,废于兵火久矣。公即故地,缮制祠堂绘贤像,自书三榜揭之,以示邦人尊贤尚德之意"③,韦应物、白居易和刘禹锡都曾任职苏州,三人

---

① (元)脱脱等:《宋史》卷298,中华书局2011年版,第9913页。
② (元)脱脱等:《宋史》卷343,中华书局2011年版,第10916页。
③ (宋)孙觌:《宋故右大中大夫敷文阁待制赠正议大夫蒋公墓志铭》,《鸿庆居士集》卷42,台湾商务印书馆1986年《景印文渊阁四库全书》,第1135册,第393—396页。

第三章 义兴蒋氏家族的科举与为官

既有文才，又有德政，蒋璨以此教化百姓，体恤民众之意不言而喻。

蒋静调安仁令，"俗好巫，疫疠流行，病者宁死不服药，静悉论巫罪，聚其所事淫像，得三百躯，毁而投诸江"①。

蒋堂在江、淮，"岁荐部吏二百人。或谓曰：'一有谬举，且得罪，何以多为？'蒋堂曰：'十得二三，亦足报国'"②。蒋堂举荐的人才很多，如果其中一旦有差错，就会受牵累，但为国家荐人才，蒋堂不惜承担风险，也是令人佩服。

《宋史》称蒋之奇"孜孜以人物为己任，在闽荐处士陈烈，在淮南荐孝子徐积，每行部至，必造之"③。另外，蒋之奇还曾举荐眉山任谅。任谅曾得罪丞相曾布，"蒋之奇、章楶在枢府，荐为编修官，布持其奏不下，为怀州教授。徽宗见其所作《新学碑》，曰：'文士也。'擢提举夔路学事，历京西、河北、京东，改转运判官"④。蒋之奇也曾荐张叔夜，《宋史》称张叔夜非常有军事才干，为兰州录事参军时，羌人入寇，"叔夜按其形势，画攻取之策，讫得之，建为西安州，自是兰无羌患。知襄城、陈留县，蒋之奇荐之"⑤。

义兴蒋氏家族的子弟一般将读书、科举作为仕宦的途径，从而实现自己的人生理想，成就人生价值，但也有个别子弟对此实现了超越。如蒋建，其墓志介绍他为刑部尚书蒋涣的从孙，因蒋涣任东都留守之故定居洛阳。

> 皇考讳义，志弘箕颖之操，高尚不仕。……处士天禀茂异，倜傥不群。秉孝履忠，廉让自处。笃志孔墨，以绍祖考之风，尤闲释老之典，达世浮生，故不以轩冕为荣，乃隐沦不仕。其不仕者，史籍称之为美。⑥

---

① （宋）欧阳修、宋祁：《新唐书》卷356，中华书局2011年版，第11211页。
② （元）脱脱等：《宋史》卷298，中华书局2011年版，第9913页。
③ （元）脱脱等：《宋史》卷343，中华书局2011年版，第10917页。
④ （元）脱脱等：《宋史》卷356，中华书局2011年版，第11220页。
⑤ （元）脱脱等：《宋史》卷353，中华书局2011年版，第11140页。
⑥ （唐）张允初：《唐故北海蒋处士（建）陇西李夫人墓记》，吴钢主编：《全唐文补遗》，三秦出版社1999年版，第391页。

蒋建作为名门之后，不乐仕进，显然是受了释老哲学的影响，向往一种主流价值观之外的自由自在的人生。"至太和三年，誓志游学，奈何志未成而身婴其疾。届于泗上，染疾弥留"①。可见，蒋建至死都在实践一种逍遥自在的人生，其人生理想已经偏离了传统的儒家思想。再如蒋之勉，"字敬叔，义兴人，博通图典，为西浙大儒，屡荐不仕，号荆南先生"②。蒋之勉屡荐不仕的原因大概是致力于学术，因而不乐仕进。家谱载，之勉裔孙蒋天衢，宋末客居广西全州，因家焉；天衢裔孙蒋昇、蒋冕同为明成化进士，蒋冕官至谨身殿大学士，此为辅佐皇帝的高级秘书官职。所以，从蒋氏发展的主流来看，科举仕宦为主流，隐沦不仕、致力学术等不过是小插曲而已。

第五节　战乱对蒋氏家族的影响

学界当前提倡对家族文学社会性关联的研究，"要寻绎文学家族在历史变动中的起落，度量文学家族与政治中心的距离，了解文学家族在历史大潮中的姿态，尤其是时代的巨变和重大历史事件对文化家族的影响，他们的出仕与隐退、自持与苟且、经世与放逸、抗争与屈从、孤傲与愧责"③。

唐宋时期，战乱与党争无疑是最为重大的历史事件，对当时的社会产生了深远的影响。义兴蒋氏家族在战乱与党争的冲击下起伏跌宕，其盛衰也与时代的巨变和重大历史事件的发生紧密相连。

安史之乱是唐朝由盛转衰的节点，史载蒋氏家族有三人卷入这场战乱中。

> （蒋乂）父将明，天宝末，辟河中使府。安禄山反，以计佐其师，全并、潞等州。两京陷，被拘，乃阳狂以免。虢王巨引致幕府，历侍御史，擢左司郎中、国子司业、集贤殿学士。④

---

① （唐）张允初：《唐故北海蒋处士（建）陇西李夫人墓记》，吴钢主编：《全唐文补遗》，三秦出版社1999年版，第391页。
② （明）吴亮：《毗陵人品记》卷3，万历四十六年刻本。
③ 张剑、吕肖奂：《两宋党争与家族文学》，《江海学刊》2009年第3期。
④ （宋）欧阳修、宋祁：《新唐书》卷132，中华书局2011年版，第4531页。

第三章 义兴蒋氏家族的科举与为官

与蒋将明的表现相比，蒋涣、蒋洌则远为逊色，"初，镇父洌，叔涣，当禄山、思明之乱，并受伪职，然以家风修整，为士大夫所称"①。蒋洌、蒋涣兄弟皆居官显赫，但在安史之乱中被迫受伪职，可算是人生的污点。但由于蒋氏家族门风的修整，整个家族安史之乱后并未受到严重的冲击，子孙也继续为官，直至"泾师之变"的发生，蒋氏家族才受其影响，呈衰落之势。

蒋镇，《旧唐书》有传，"尚书左丞洌之子也，与兄鍊并以文学进"，可见蒋镇、蒋鍊兄弟继承了家学，也是才华卓著之人。其上辈虽在安史之乱中并受伪职，但由于家风修整还是为士大夫所重。到了下一辈，史籍称蒋镇"以简俭称于时"，"镇兄弟亦以教义礼法为己任"，但其为人在当时已颇受非议，如时秋霖为患，户部侍郎韩滉恐盐户减税，就诈奏雨不坏盐池，且池生祥瑞。上疑秋霖为患，不宜生瑞，于是派蒋镇驰驿检行之，结果"镇庇之饰诈，识者丑之"。

蒋镇的妹婿是源溥，源溥的哥哥为源休，因为姻娅的关系，蒋镇与源休交好。源休与镇兄鍊在泾师之变中投靠朱泚，镇也由此受牵连，被迫受伪职。

> 泾师之叛，镇潜窜，夜至鄠县西，马蹶堕沟涧中，伤足不能进。时兄鍊已与源休相率受贼伪官。镇仆人有逃归投鍊，云镇病足在鄠。鍊与源休闻之大喜，遂言于贼泚。泚素慕镇清名，即令骑二百求之鄠县西。明日，拥镇而至，署为伪宰相。既知不免，每忧沮，常怀刃将自裁，多为兄鍊所救而罢。数日后，复谋窜匿，竟以性懦畏怯，计终不果。然源休与泚频议，欲逼胁潜藏衣冠，大加杀戮，镇辄力争救，获全者甚众。至是，与兄鍊等并授伪职，斩于东市西北街。②

蒋镇个性极为复杂，被迫受伪职后也极力争救受朱泚迫害的官员，但终究还是贪禄怕死，投敌叛君，惹天下笑。《旧唐书》载：

---

① （后晋）刘昫等：《旧唐书》卷127，中华书局2011年版，第3579页。
② 同上书，第3578页。

> 泾师作乱，驾幸奉天。（兵部侍郎刘乃）乃卧疾在私第，贼泚遣使以甘言诱之，乃称疾笃。又令其伪宰相蒋镇自来招诱，乃托瘖疾，灸灼遍身。镇再至，知不可劫胁，乃叹息曰："镇亦尝忝列曹郎，苟不能死，以至于斯，宁以自辱膻腥，复欲污秽贤哲乎？"嘘唏而退。及闻舆驾再幸梁州，乃自投于床，搏膺呼天，因是危惙，绝食数日而卒。①

可见，蒋镇虽对自己的叛敌行径悔恨不已，但终究无法自拔，更不能像刘乃那样忠烈殉国，最终与兄蒋鍊落得"节隳身戮"的下场，也使得家族蒙羞。

唐末的社会大动乱使得蒋氏家族受到很大的冲击，例如蒋曙：

> 咸通末，（蒋曙）由进士第署鄂岳团练判官，除虞、工二部员外，改起居郎。黄巢之难，曙阖门无噍类，以是绝意仕进，隐居沈痛。中和二年，表请为道士，许之。②

蒋曙为蒋义之孙，蒋係之子，"阖门无噍类"意指蒋曙的家人全部死于战乱，如此的深哀剧痛，蒋曙唯有借助宗教来使自己得到解脱。

经过唐末的战乱，蒋氏家族曾一度衰落，至北宋才恢复繁盛。但是时至北宋末，战乱再次冲击了蒋氏家族，以至于出现了"一门殉节"的惨烈事迹。蒋兴祖是北宋能吏蒋之奇孙，以荫累调饶州司录，以功迁官，知开封府阳武县，殉国于金兵南侵中。

> 靖康初，金兵犯京师，道过县，或劝使走避，兴祖曰："吾世受国恩，当死于是。"与妻子留不去。监兵与贼通，斩以徇。金数百骑来攻，不胜，去，明日师益至，力不敌，死焉。年四十二。妻及长子相继以悸死。诏赠朝散大夫。③

---

① （后晋）刘昫等：《旧唐书》卷153，中华书局2011年版，第4085页。
② （宋）欧阳修、宋祁：《新唐书》卷132，中华书局2011年版，第4534页。
③ （元）脱脱等：《宋史》卷452，中华书局2011年版，第13288页。

南北宋的更替，虽对蒋氏家族产生了影响，但大部分家族成员南渡后，借助家族的声望，很快于南宋朝廷中担任要职，进入到权力决策层中，如蒋芾、蒋重珍等，可以说这次社会动荡对蒋氏家族的影响并不严重。但是宋末元初的社会剧变就不同了，因为这不仅仅是改朝换代，而且是一个落后的朴野强悍的漠北游牧民族对一个有着数千年文明史的先进民族的野蛮征服。这种来自异族残酷的征服与侵害，带给南宋士人的是强烈的感情激荡和巨大的心灵创伤。面对国家的灭亡，民族的屈辱，蒋氏族人大都选择了以隐逸的方式抗争元蒙政权。家谱记载"汝通公（蒋汝通）登进士第隐居不仕"[1]。"凤公系有宋博士，元季鼎革归隐不仕"[2]。"介石公遭宋鼎革，义不仕元，弃官遁入黄山垂三十年，后为枕首故土，计归居"[3]。"蒋芸，咸淳乡举上疏论贾似道奸，不报，遂不就南宫试而归。宋亡，元累征不仕，人称'芹涧先生'"[4]。"蒋芝瑞，公字百祥，熊公子，号廷玉。宋嘉熙二年（1238）进士，除翰林侍读。因宋元鼎革，遂隐居乐道，号端枢先生。蒋鹄，公字九霄，秩公子，登进士第，因宋元鼎革隐居余泽元"[5]。蒋汝霖、蒋汝楫兄弟，"楫仕兖州教授，霖为浙东提举，皆避元不仕，有三径风"[6]。这其中最有名的当属宋末词人蒋捷。

蒋捷中进士后不久，南宋就宣告灭亡，时值壮年的蒋捷于是选择了隐居漂泊的生活。这固然是经历了国破家亡的人生惨剧，体验了异族残酷统治后做出的明智抉择，但是遗民生活是相当艰苦的，蒋捷曾有词记录其漂泊生活的一个片段。

---

[1] 蒋福颖等：《历代爵位禄》，《北店蒋氏宗谱》卷1，1942年修，宜兴档案馆藏，资料号：1—2—2892—2905。
[2] 蒋福颖等：《壬戌岁接修宗谱序》，《北店蒋氏宗谱》卷1，1942年修，宜兴档案馆藏，资料号：1—2—2892—2905。
[3] （清）蒋惟高等：《重修蒋氏茗岭宗谱序》，《茗岭蒋氏宗谱》卷首，康熙年间修，宜兴档案馆藏，资料号：1—2—113—128。
[4] 蒋潮淙等：《历代名贤考》，《大华蒋氏宗谱》卷1，1930年修，宜兴档案馆藏，资料号：1—2—2082—2093。
[5] （清）蒋惟高等：《先烈考》，《茗岭蒋氏宗谱》卷2，康熙年间修，宜兴档案馆藏，资料号：1—2—113—128。
[6] 蒋永成等：《名贤考》，《楼王蒋氏宗谱》卷2，1940年修，上海图书馆藏，资料号：919520—27。

深阁帘垂绣。记家人、软语灯边,笑涡红透。万叠城头哀怨角,吹落霜花满袖。影厮伴、东奔西走。望断乡关知何处,羡寒鸦、到着黄昏后,一点点,归杨柳。　相看只有山如旧。叹浮云、本是无心,也成苍狗。明日枯荷包冷饭,又过前头小阜。趁未发、且尝村酒。醉探桤囊毛锥在,问邻翁、要写牛经否。翁不应,但摇手。①

蒋捷出身世家,曾有过富有温馨的家庭生活,但是宋元易代之后,这一切皆成泡影。过去一切不再,唯有山如旧,词人生活陷入极端的困顿,想借写牛经维持"枯荷包冷饭"的生活都已不能。但是尽管如此,词人还是保持气节,义不仕元。只要翻开他的《竹山词》,就可以深刻地感受到回旋于其中的浩然之气。如《尾犯·寒夜》:

夜倚读书床,敲碎唾壶,灯晕明灭。多事西风,把斋铃频掣,人共语,温温芋火,雁孤飞,萧萧桧雪。偏栏干外,万顷鱼天,未了予愁绝。　鸡边长剑舞,念不到、此样豪杰。瘦骨棱棱,但凄其衾铁。是非梦,无痕堪记,似双瞳,缤纷翠缬。浩然心在,我逢著,梅花便说。②

南宋灭亡后,蒋氏家族后裔重气节,以遗民身份自重,不肯仕元,终元一代,只有蒋禹玉元初以儒士贡除杭学录。因为失去了官宦世家的优势,蒋氏家族在元代迅速衰落下去。直到明初,蒋氏家族才迎来又一次发展高潮。

第六节　党争对蒋氏家族的影响

《尚书·洪范》曰:"无偏无党,王道荡荡;无党无偏,王道平平;无反无侧,王道正直。"这里"无党无偏"强调的是公平正义,但是在

---

① （宋）蒋捷撰,杨景龙校注:《蒋捷词校注》,中华书局2010年版,第19页。
② 同上书,第139页。

中国漫长的封建社会中，由于是非观点的不同与利益冲突的矛盾，也就存在了党争的痼疾。党争的冲突在唐宋时期尤为明显。不同的时期，党争的焦点也不同，例如"牛李党争"主要是争夺相位，北宋党争主要围绕变法，南宋党争则在于主战还是主和。

许多世家大族或主动或被动地卷入党争中，这是因为在以血缘为纽带缔结而成的宗法社会里，是不可能有超然于家族之外的所谓个体自由活动，加之恩荫制度往往因为一人为高官而荫及数代子孙，由此家族成员的关系日益紧密。在此背景下，个人与家族的命运紧密相连，如王安国尝责曾布鼓动误惑王安石更变法令，"布曰：'足下谁人之子弟，朝廷变法，何预足下事？'安国勃然怒曰：'丞相，吾兄也，丞相父，即吾之父也；丞相由汝之故，杀身破家，僇及先人，发掘丘垄，岂得不预我事邪'"①。

一　牛李党争

唐中叶"牛李党争"从宪宗朝始至武宗朝结束，前后持续四十多年，所谓"牛李党争"就是以牛僧孺、李逢吉、李宗闵为首的牛党与李吉甫、李德裕等为首的李党之间为了争夺相权而进行的斗争。两党为了个人恩怨，网罗羽翼，相互倾轧，相互攻击，将国事搞得不堪，也让王朝迅速衰落。在这场党争中，蒋氏家族也受到牵连，蒋防、蒋係先后卷入其中，在斗争的旋涡中沉浮。

蒋係与李汉关系密切，一则因为二人曾一起修撰《宪宗实录》，二则两人同为韩愈的女婿，是为连襟。李汉因修《宪宗实录》得罪李党，遭到贬谪。

> （李汉）书宰相李吉甫事不假借，子德裕恶之。会李宗闵当国，擢知制诰、稍进御史中丞，吏部侍郎。初，德裕贬袁州，汉助为排挤，后德裕复辅政，汉坐宗闵党出为汾州刺史，宗闵再逐，改州司马。诏有司不二十年不得用。②

---

① （宋）司马光：《涑水记闻》卷16，中华书局1989年版，第318页。
② （宋）欧阳修、宋祁：《新唐书》卷78，中华书局2011年版，第3519页。

严格来说，蒋係并不属于牛党阵营，但"宰相李德裕恶李汉，以係友婿，出为桂管观察使，人安其治。复坐汉贬唐州刺史"①。被动卷入党争的蒋係曾经仕途一度受挫，但最终当李党失势后，宣宗擢其为给事中，此后仕宦顺利，一路升至检校尚书右仆射，封淮阳郡公，徙东都留守。

与蒋係不同，蒋防卷入党争则是因为与李党的李绅之间的特殊情谊。穆宗长庆元年（821）的科举考试案被视作牛李党争的序幕，时任翰林学士的李绅是此案的主要参与者，从此也被视为是李党的中坚人物。

> 长庆元年，子婿苏巢于钱徽下进士及第，其年，巢覆落。宗闵涉请托，贬剑州刺史。时李吉甫子德裕为翰林学士，钱徽榜出，德裕与同职李绅、元稹连衡言于上前，云徽受请托，所试不公，故致重覆。比相嫌恶，因是列为同党，皆挟邪取权，两相倾轧。自是纷纭排陷，垂四十年。②

李绅与蒋防为同乡，两人私交甚厚，绅很赏识蒋防，并对其有荐引之情，李绅曾"即席命赋《鞲上鹰》，诗云：'几欲高飞天上去，谁人为解绿丝绦。'绅识其意，荐之。后历翰林学士、中书舍人"③。据考证，李绅每升职一次，其腾出的职位就推荐蒋防接替，从右拾遗直至知制诰④，足见李绅对蒋防的器重与提携。长庆四年（824），李绅被李逢吉构陷，贬为端州司马，与李绅关系密切的官员也受到了牵连，"丙戌，贬翰林学士、驾部郎中、知制诰庞严为信州刺史，翰林学士、司封员外郎、知制诰蒋防为汀州刺史，皆绅之引用者"⑤。《旧唐书·于敖传》则直接称："绅同职驾部郎中知制诰庞严、司封员外郎知制诰蒋防

---

① （宋）欧阳修、宋祁：《新唐书》卷132，中华书局2011年版，第4534页。
② （后晋）刘昫等：《旧唐书》卷176，中华书局2011年版，第4552页。
③ （明）凌迪知：《万姓统谱》卷86，台湾商务印书馆1986年《景印文渊阁四库全书》，第957册，第264页。
④ 详见严正道：《李绅及其诗歌研究》，博士学位论文，南京师范大学，2011年。
⑤ （后晋）刘昫等：《旧唐书》卷17，中华书局2011年版，第507—508页。

坐绅党，左迁信、汀等州刺史。"① 蒋防在《连州静福山廖先生碑名并序》中也自述："长庆末，余自尚书司封郎知制诰翰林学士得罪，出守临汀，寻改此郡。"②

在"牛李党争"中，蒋係与蒋防分属不同的派别，虽然他们并没有主动参与到党争中，但因为与党争的核心成员关系密切而受到株连。对于蒋係来说，党争只是暂时使其仕途受阻，而对于蒋防来说，党争带给他的则是毁灭性的打击，其仕宦就此黯然，年仅四十四岁就郁郁而终。就整个家族来说，党争的影响并不明显，远没有战乱的影响大。

二 变法之争

北宋的党争主要围绕王安石的变法展开，实则是以支持变法的王安石为首的新党与以反对变法的司马光为首的旧党之争。王安石与司马光从道德文章上来讲都可谓是君子，但两人的政治理念不同，治国方式不同，于是剧烈的冲突在所难免。双方都真诚而执着地认为自己的理念就是圣贤的教诲，是不可妥协的"道"的一部分。在这种背景下，随着新老皇帝的更替，新旧党轮流执政，相互排挤倾轧，原本君子之间的原则之争也演变成了小人之间的利益之争。

在新旧党争中，一般得势的一方对处于劣势的一方进行残酷的打击迫害，《宋稗类钞》载：

> 绍圣初，逐元祐党人，禁中疏出当谪人姓名，及广南州郡，以水土之美恶，较量罪之轻重而贬窜焉。执政聚议至刘安世器之时，蒋之奇颖叔云："刘某平昔人推其命极好。"时相章惇子厚，即以笔于昭州上点之，云："刘某命好，且去昭州试命一巡。"其他，苏子瞻贬儋州，子由贬雷州，黄山谷贬宜州，俱配其字之偏傍，皆惇所为也。惇恨安世，必欲见杀，人言春循梅新，与死为邻，高窦雷化，说着也怕，八州恶地，安世历遍七州，所以当时有铁汉之称。③

---

① （后晋）刘昫等：《旧唐书》卷149，中华书局2011年版，第4009—4010页。
② 蒋防：《连州静福山廖先生碑铭并序》，《全唐文》卷719，中华书局影印本，第7404页。
③ （清）潘永因：《宋稗类钞》卷4，书目文献出版社1985年版，第289页。

新旧党争在宋徽宗崇宁年间达到白热化，其标志就是元祐党人碑的树立。蔡京拜相后，将以司马光为首的三百零九人所谓的罪行刻碑为记，立于端礼门，昭示天下。元祐党人碑中，文臣曾任宰臣执政官者二十七人，从司马光起到蒋之奇止；曾任侍制以上官者四十九人，苏轼起朱服止；余官一百七十七人，秦观起梁士止。蒋之奇的侄子蒋津在余官内。

蒋之奇被打入元祐党人碑，是十分令人费解的。因为尽管其与苏轼、秦观、黄庭坚、胡宗愈等元祐党人关系深厚，但他与新党领袖王安石同样交情匪浅，而且从他的作为来看，还是偏向于支持新法。熙宁二年（1069），宋神宗任用王安石变法，一时之间新法在各个领域全面铺开，这就需要一大批有才干的官员来实施，于是机遇就落在蒋之奇身上。新法行，蒋之奇时任福建转运判官。这个官职是一路财税的经办人，各地推行"免役法"陷入混乱时，蒋之奇能够采取一种相对公平、百姓乐意接受和管控的方式进行征收，显示了他出众的管理才干。

不仅蒋之奇是新法的积极推行者，其堂弟也是一位不遗余力推行新法的官吏。

> （蒋之翰）选知登州，以亲老陛辞。神宗顾问良久。公数奏详明。甚称上意。是时，常平免役法推行虽久，而论者尤有异同。公对曰："臣在越屡以职事行县，习知新法，第不可责近效，在择人而已。"神宗咨嗟良久，曰："一州不足治，当付卿一路可推行之。"明日语宰相曰："蒋之翰有风力。"遂除荆湖北路常平等事，部十三州地僻，迫近蛮夷，官司因循苟简，所在发敛多寡迟速无序。公至未阅月，一切核治厘改，具为条目，以闻，神宗嘉之。[1]

蒋之仪之子蒋静也是新法的积极拥护者，"徽宗初立，求言，静上言，多诋元祐间事，蔡京第为正等，擢职方员外郎"[2]。蒋静因诋旧党

---

[1] （宋）蒋之奇：《朝请大夫知亳州军事之翰公墓志铭》，（清）蒋聚祺等：《西徐蒋氏宗谱》卷4，民国九年修，宜兴档案馆藏，资料号：1—2—1538—1557。

[2] （宋）欧阳修、宋祁：《新唐书》卷356，中华书局2011年版，第11211页。

而获蔡京的青睐，其堂兄弟蒋津则是"以直言忤时相蔡京，与世父之奇公名列党籍"①。由此我们可以解释，为什么蒋之奇积极推行新法却被列入党籍，这或许也是得罪权相的缘故。至此，新旧党争已沦为利益之争，而非原则之争了。

蒋浚明却是因反对新法遭贬谪，"神宗时，浚明诣阙，上书论君子小人之党，言极剀切。上嘉纳之。……新法行，上疏遭窜丰稷，以其母老力争之，授无为军司户"②。蒋璃也曾因反对新法被免职，"政和元年（1111），陈瓘为子正汇劾蔡京被逮，上章为瓘力辩，遂坐瓘党停官"③。

按照常理，当家族成员卷入党争后，其他仕宦族人往往为了亲情与仕宦前途而站在同一立场。但就蒋氏家族来看并非如此，不同的家族成员由于信仰与价值观的不同而持不同的政治观点。这在客观上保障了家族利益，一旦一派遭受打击，由于得势一派的保护，家族不至于一败涂地。

新旧党争中有许多世家大族被卷入其中，元祐党人碑中就有不少父子叔侄兄弟，如司马光与司马康叔侄，苏轼与苏辙兄弟，范百禄与范祖禹叔侄，孔武仲、孔文仲与孔平仲兄弟，蒋之奇与蒋津叔侄等。这些家族大部分也是文学家族，三百多人的党人名单中涵盖了洛阳程氏（程颢、程颐）、眉山苏氏（苏轼、苏辙）、东莱吕氏（吕公著、吕公绰等）、华阳范氏（范镇、范祖禹、范百禄）、义兴蒋氏（蒋之奇、蒋津）等家族。新党得势时对旧党家族展开了残酷的迫害，如崇宁三年（1104），"夏四月甲辰朔，尚书省勘会，党人子弟不问有官无官、并令在外居住，不得擅到阙下"④。入党籍的子弟连京城都不可以进，这在一荣俱荣、一损俱损的传统社会，对家族的冲击可想而知。但由于蒋氏家族支脉众多，且又分属不同的党派，党争并未对其产生致命性的影响。南渡之后，蒋氏家族在新朝中迅速站稳，子孙任显职者众多，家族呈继续发展的势头。

---

① （清）蒋聚祺等：《先烈》，《西馀蒋氏宗谱》卷4，民国九年修，宜兴档案馆藏，资料号：1—2—1538—1557。
② （明）凌迪知：《万姓统谱》卷86，台湾商务印书馆1986年《景印文渊阁四库全书》，第957册，第266页。
③ 陈布雷等：《事状志》，《武岭蒋氏宗谱》卷214，中华书局1948年版，第170页。
④ （元）佚名撰，汪圣铎点校：《宋史全文》卷14，中华书局2016年版，第929页。

三　主战主和之争

南宋的党争表面是主战与主和之争，实则是争夺相权的权力之争。相比北宋党争，南宋党争没有那么相对集中、冲突也不是十分激烈，一般为某一权相当政后，就着手大肆排除异己，安插自己的党羽，不断巩固扩大本相党的势力。南宋历史上先后出现过宰辅级的相党有秦桧党、张浚党、赵鼎党、韩侂胄党、史弥远党、贾似道党等。身处政治旋涡中，世家大族不可避免地卷入到相权的争斗中，如李光因得罪秦桧受到迫害，其家族也受到牵连，"李光之得罪也，其弟宽亦被罗织除名勒停。长子孟传、中子孟醇，皆侍行，死贬所。仲子孟坚以私史事对狱，掠治百余日，除名编管。孟津，其季子也，至是亦抵罪，田园居第悉皆籍没，一家残破矣"①。可见党争对家族的迫害之残酷。

秦桧两据相位，前后十九年，大肆网罗党羽，结党营私，打击异己。

> 一时忠臣良将，诛锄略尽。其顽钝无耻者，率为桧用，争以诬陷善类为功。……桧立久任之说，士淹滞失职，有十年不解者。附己者立与擢用。自其独相，至死之日，易执政二十八人，皆世无一誉。②

据史籍载蒋氏家族遭到秦桧排挤、打击的有两人。"秦桧欲罗致，（蒋芾）拒之，桧怒，终其世不召用，及桧败，附桧者皆窜逐，芾独免"③。"（蒋璨）知镇江府，当是时权贵人执爵禄之柄，视苞苴丰俭为低昂，公独无所徇，遂罢归，请祠，得台州崇道观。……权贵人死，召起公为淮南转运副使"④。蒋璨得罪权贵秦桧，致使赋闲多年，《建炎以来系年要录》载："直龙图阁、提举台州崇道观蒋璨为淮南路转运副

---

① （宋）李心传：《建炎以来系年要录》卷168，中华书局1988年版，第2747页。
② （元）脱脱等：《宋史》卷473，中华书局2011年版，第13764—13765页。
③ （清）徐永言等：康熙《无锡县志》卷3，康熙二十九年修。
④ （宋）孙觌：《宋故右大中大夫敷文阁待制赠正议大夫蒋公墓志铭》，《鸿庆居士集》卷42，台湾商务印书馆1986年《景印文渊阁四库全书》，第1135册，第393—396页。

第三章 义兴蒋氏家族的科举与为官

使。璨不为秦桧所喜,自镇江罢去,为祠官者十二年。"①

韩侂胄曾一手炮制了"庆元党禁",打着反对道学的旗号,对赵汝愚、朱熹等大肆迫害。永嘉学派的代表人物叶适也因附和朱熹而被列入伪学逆党籍,而叶适的哲学观点与道学相左,这也说明韩侂胄只是借着打击道学的名义来培植扩大自己的势力而已。叶适在《水心集》中曾提及蒋行简病逝的缘由在于当时的党争。

> 蒋公终老不伸,又奚怪焉?叔奥又言:"自韩侂胄朋党论起,士大夫或去或逐,公始欲谢事,及赵公汝愚死,公痛其冤,因骤感疾不起。"噫,是增异矣,无汇征之利,而有朋亡之忧,何耶?岂其好恶取舍,一断以义,而不以己参之耶!②

赵汝愚是韩侂胄行党禁所打击的首要人物,蒋行简因痛心于其冤死而染疾身亡,可见二人关系非比寻常,或许蒋行简是赵党成员也未可知。③

史弥远当权时,蒋重珍忧心于其独揽大权,遂上书理宗曰:

> 臣顷进本心外物界限之说,盖欲陛下亲揽大柄,不退托于人,尽破恩私,求无愧于己。……昔周勃今日握玺授文帝,是夜即以宋昌领南北军;霍光今年定策立宣帝,而明年稽首归政。今临御八年,未闻有所作为。进退人才,兴废政事,天下皆曰此丞相意,一时恩怨,虽归庙堂,异日治乱,实在陛下。焉有为天之子,为人之主,而自朝廷达于天下,皆言相而不言君哉?④

蒋重珍将矛头直指史弥远,因此招致打击报复,"(蒋重珍)入对

---

① (宋)李心传:《建炎以来系年要录》卷170,中华书局1988年版,第2784页。
② (宋)叶适:《水心集》,《四部备要·集部》卷18,中华书局民国二十五年铅印本,第165—166页。
③ 赵汝愚与蒋氏家族交往深厚,(清)蒋聚祺:《西徐蒋氏家谱》卷20载有其为蒋氏祖先撰写的像赞。
④ (元)脱脱等:《宋史》卷411,中华书局2011年版,第12352—12353页。

149

上七箴三疏，奏语剀切，忤丞相史弥远意，遂谒告还家"①。

在主战与主和的问题上，蒋重珍也有理智清醒的认识：

> 边帅以《八陵图》来上，诏百官集议，重珍言史嵩之既失相位，危于幕巢，犹欲邀功，自固其位。请择贤帅如汉用充国，使之亲至边境，审度事势，条上便宜。丞相主出师关、洛，重珍力争。会边帅义和战不一，复召集议，重珍奏："曩乞专意备守，不得已则用应兵，今不敢变前说。"不听，遂自劾以密勿清光，乃不能遏兵端，乞免说书职。……关、洛师大衄，复进兵，重珍言："若耻败而欲胜之，则心不平而成忿，气不平而成怒，生灵之命，岂可以忿怒用哉！"②

蒋重珍从客观的角度论述在"天时地利人和"未至的情况下贸然出击，战败的结局是显而易见的。但当政的权臣从一己之利的私欲出发，积极主战，置蒋重珍的谏议于不顾。在多次上疏遭拒的情况下，蒋重珍心灰意冷，"迁起居郎，以疾求去。以集英殿修撰知安吉州，权刑部侍郎，三辞不许，自劾其不能取信朝廷之罪，乞镌斥置闲散，促觐愈力而疾不可起"③。

其实，蒋重珍并非主和派，只是在选择战争的时机上与权相有争议，南宋最终战败的结局也证明了他的远见卓识。与蒋重珍情况相似，蒋芾曾积极备战，并广采众议，加以己见，上《筹边志》供执政者参考。其任职右仆射、同中书门下平章事兼枢密使时，"有密旨欲今岁大举，手诏廷臣议，或主和，或主恢复，使芾决之。芾奏：'天时人事未至。'拂上意。……寻以言者论，落职，建昌军居住。期年，有旨自便。"④ 表面看，蒋芾似是以言获罪，实则是因触犯了主战派权相的利益而遭到迫害。

蒋孝聿，"因政绩著闻召至阙，贾似道欲罗织门下，诱以美官，坚

---

① （清）徐永言等：康熙《无锡县志》卷3，康熙二十九年修。
② （元）脱脱等：《宋史》卷411，中华书局2011年版，第12353—12354页。
③ 同上书，第12354页。
④ （元）脱脱等：《宋史》卷384，中华书局2011年版，第11819页。

辞不就，告疾乞归，隐于苕溪之浮玉山三十余年，人莫能知"①。至此，蒋氏家族可谓是卷入了南宋以来的历次党争。

南宋党争不仅对蒋氏家族成员的官宦仕途产生了影响，如蒋芾、蒋重珍、蒋璨等的罢官，蒋行简的身故等，而且庆元党禁对道学的打击也涉及蒋氏家族。南宋由于理学的盛行，蒋氏家学也呈现出理学倾向，这样一个理学色彩浓厚的家族，遭遇以政治手段来打击学术自由的"庆元党禁"，其家族学术遭到暂时性的禁锢也是显而易见了。

---

① （清）蒋惟高等：《䢴亭大宗世表》，《茗岭蒋氏宗谱》卷7，康熙年间修，宜兴档案馆藏，资料号：1—2—113—128。

第四章　义兴蒋氏家族的家风

家风亦称门风,是一个家族传统的精神风尚,同时也是一个家族重要的文化特征。"家风是家族声望最重要的维系,是家族传统最根本的体现。家族成员之道德取向、学问兴趣、人文意识,无不根植于此"①,基于此,家族成员往往把"继家声",即弘扬家风当作毕生的使命。

唐开元、天宝年间蒋氏家族处于鼎盛时期,蒋洌作《蒋氏大宗碑记》,文后铭曰:"合宗聚族,刻石方塘,祖业光备,家声载扬,任贤继及,胤祚灵长,子子孙孙,克传无疆"②,流露了对弘扬家声、家族繁盛的殷殷期盼。经历了唐末的战乱,宋初蒋氏家族呈衰落之势。少年蒋堂对此忧心忡忡,曾作《过葛墟读蒋洌大宗碑》云:

　　天宝年中立此碑,轩裳鳞次美当时。自从寂绝牛头梦,力振家声合在兹。③

正是在重振家风的驱动下,"家族成员科举的成就、宗教信仰、后代对家法守护,以及母教的懿德、女性的文华等等,才将成为具有内在关联的、富有意义的内容。"④ 蒋堂中举授官后,志得意满,特意回家修了祖坟,并自豪地作诗言:

　　侯封东汉庙堂堂,堕泪碑敧苔藓荒。从此一新千古意,家声岂

---

① 罗时进:《关于文学家族学建构的思考》,《江海学刊》2009年第3期。
② 陈布雷等:《先系考》,《武岭蒋氏宗谱》卷2,中华书局1948年版,第64页。
③ 傅璇琮等主编:《全宋诗》卷150,北京大学出版社1999年版,第3册,第1705页。
④ 罗时进:《关于文学家族学建构的思考》,《江海学刊》2009年第3期。

朽涺湖旁。①

一个大家族长期繁盛的原因是多方面的，绝非完全依赖于外在的权力和财势，"当时极重家教门风，孝悌妇德，皆从两汉儒学传来"②，这里钱穆先生虽然是特指南北朝时期的家教门风，但纵观整个中国封建社会，大家族的门风都充满儒家色彩。家风的表现层次不同，从宏观上来说，钱穆先生认为："一个家族对于后世子孙的期冀不外乎：一则希望其能具孝友之内行，一则希望其能有经籍文史学业之修养。此两种希望，并合成当时共同之家教。其前一项之表现，则成为家风。"③ 从微观上来说，"门第家风戒轻薄，戒骄奢，重谦退，重敦厚，固非当时门第尽能如此，然一时贤父兄之教诫，贤子弟之顺行，则大要不离于此"④。微观层次的家风主要体现在家训中，大多为要求家族成员遵守的日常行为规范。我们所要论述的蒋氏家风则主要是指宏观层次的。

第一节　家族图腾：三径竹

"图腾"（totem）最早源于北美印第安部落的一个方言词，意谓"亲族"，因为那里的氏族将某种动物或植物看作自己的祖先，于是使用它们的图像作为氏族的徽号，把它们视作氏族神加以崇拜。这种现象不仅为北美印第安部落所独有，在世界其他各洲也广泛存在。随着人类文明的发展，图腾的含义也有了新的变化，家族的图腾虽与氏族图腾意义有所不同，但它们反映的都是氏族或家族成员的共同意识，是他们共同的精神支柱，是连接他们心灵的纽带。所以，图腾崇拜是一种黏合剂，紧紧地把氏族或家族成员凝聚在一起，加强氏族或家族的团结，巩固氏族或家族的组织，成为氏族或家族建设的有力保障。

我国的许多姓氏都有家族图腾，这大都与早期家族姓氏的形成有

---

① 此为佚诗，详见《蒋府圩蒋氏宗谱》卷9《诗》，1927年修，宜兴档案馆藏，资料号：1—2—2721—2727。
② 钱穆：《国史大纲》（修订本），商务印书馆1996年版，第310页。
③ 钱穆：《略论魏晋南北朝学术文化与当时门第之关系》，《中国学术思想史论丛》，安徽教育出版社2004年版，第159页。
④ 同上书，第181页。

关,但我们所谓的蒋氏家族图腾,实际上是其家风的体现,这与一般的家族图腾有所区别,更具家族文化意味。

义兴蒋氏家族的图腾为"三径竹",其来源于汉代蒋诩退居三径的典故。蒋氏第四十四世裔孙蒋诩,时任汉哀帝朝兖州刺史,王莽窃国篡位后,不愿同流合污,于是挂冠守节,高卧不仕,退居杜陵(今陕西西安市东南),"尝于舍前竹下开三径,惟故人求仲、羊仲从之游"①,于是"三径"成为"归隐者的家园","三径竹"也成为蒋氏家族两千多年来的家族图腾。

蒋氏家族以"三径竹"为家族图腾,意谓告诫子孙无论处于何世何时,都要做人端正,清白自守。于是在两千多年的家族生活中,"三径竹"成为反复出现的家族文化主题,例如蒋氏很多支系都以"三径堂"命名。时至今日,宜兴街头到处可见蒋氏家族的门楹,例如"周公苗裔汉室封侯溯当代志复父仇忠孝兼全不愧元卿三径竹,阳羡寓庐回图祠貌看此日福流里社烝尝勿替长存至德二年碑""花色遍四封之丽,竹阴留三径之清""三径家声扬宇内,九侯世泽遍江南""盛名永烨,道承一脉贻三径;福水长流,泽沛千秋旺九州""河中碧浪,河旁绿树,同迎河曲九侯哲裔;桥下流涛,桥上行人,共伴桥边三径贤孙""堂开三径,祖源阳羡,先贤世泽隆清誉;位列九侯,根系乐安,古哲家声发圣聪""九曲碧波澄,三径美名嘉,百丈琼枝沾雨露;七峰奇景秀,千秋华裔旺,万年芳泽渥芝兰"。

"三径"还是蒋氏家族文学歌咏的主题,如蒋景祁有"乃葺先人之蔽庐,扫三径之旧陌,松菊无恙,薜萝就辟,窗中见山,墉隙挂席,林花媚红,溪影漱碧"(《罨画溪赋》);蒋之奇有"肃肃三径,既和且柔,世胄赫奕,笃生逡遒"(《亭侯支系赞》)、"未荒三径菊,不负此生心"(《隐居南庄》);蒋允仪有"此闻性观素壁写三径方崖,遂以不朽"(《重修显亲寺记》);蒋防有"退迹依三径,辞荣继二疏"(《题杜宾客新丰里幽居》);蒋堂有"竹径风来扫,兰尊夜不收"(《南溪别业》);蒋捷的词中则是反复出现"竹"与"三径"的意象:"二十年来,无家种竹,犹借竹为名"(《少年游》)、"但也曾三径,抚松采菊,

---

① (明)凌迪知:《万姓统谱》卷86,台湾商务印书馆1986年《景印文渊阁四库全书》,第957册,第263页。

随分吟哦"(《大圣乐·陶成之生日》)、"日暮山中天寒也,翠绡衣,薄甚肌生粟。空敛袖,倚修竹"(《贺新郎·隐括杜诗》)、"斯言也,是梅花说与,竹里山民"(《沁园春·寿岳君举》)、"有丽人、步依修竹,萧然态若游龙"(《翠羽吟》)。

与蒋氏家族唱和的友人也多以"三径"为主题颂扬其家族的清誉,如张英有"三径花深且拂衣,频年献赋愿多违"(《奉别京少年兄》),钱荣世有"栻并双熊知望重,锦旋三径羡风清"(《奉送廉石老长兄出都》)。

许多蒋氏族人还以"三径"或"竹"来命名自己的号、园林、文集等:如蒋重珍有《万竹亭记》;蒋泰是蒋益祖的第十三世孙,"种竹成庄于泔浰浦,因号竹庄"①;蒋捷号竹山,宋亡后隐居太湖畔竹山,著有《竹山词》一部。家谱载:"(蒋捷)尝手植千竹,取虚心坚节之意,后成竹山,学者因称为竹山先生。"②亦载:"竹山在武进西乡,地名前馀。宋竹山公讳捷居此。手植千竹,取虚心坚节之意,故称竹山先生。"③蒋璿著有《三径联珠集》;蒋之奇有《三径集》(现存《两宋名贤小集》中);蒋景祁有《重葺三径旧圃记》等。

"三径"开蒋氏隐逸之风,"竹"隐喻守节不移。两千年来,蒋氏家族恪守祖训,在"君子以竹比德"的激励下,把"三径竹"看作人生追求的精神高度,谱写了历经风霜而气节不改的家族颂歌。每逢乱世或是改朝换代,蒋氏家族成员大都秉承"天下有道则见,无道则隐"(《论语·微子》)的儒家古训,纷纷以清苦寂寞的隐逸生活来对抗污浊的乱世;坚守节操,以气节自许,拒绝奸佞权臣的拉拢,宁愿退隐也决不与恶势力同流合污。仅唐宋时期,蒋氏家族成员就曾公开与许敬宗、安禄山、史思明、蔡京、史弥远、韩侂胄、贾似道等佞臣对抗,并受到打击迫害。"三径竹"的家风,真正如青青翠竹一般,经历风霜而不改色,是家族引以为豪的精神气节。

---

① (清)蒋聚祺等:《先烈》,《西徐蒋氏宗谱》卷4,民国九年修,宜兴档案馆藏,资料号:1—2—1538—1557。
② 蒋文忠等:《古迹》,《蒋氏家乘》卷20,1947年修,上海图书馆藏,资料号:902901—12。
③ 同上。

第二节　蒋氏家族的忠君孝亲

在儒家的伦理道德里，"忠君"与"孝亲"是紧密联系在一起的，曾子言："事君不忠，非孝也；莅官不敬，非孝也。"① 唐太宗进一步阐释："孝者，善事父母，自家刑国，忠于其君，战陈勇，朋友信，扬名显亲，此之谓孝"②，认为孝道应该融入对君主的忠诚之中。《新唐书·孝友传》载："孝亲为子，忠君为臣"，认为忠君孝亲才是君臣之道，并视为儒家至高的伦理道德准则。

蒋氏家族深受忠君孝亲儒家思想的影响，在危难关头表现得十分忠烈。如蒋俨，唐太宗将伐高丽，招募使者，众人皆惧出使敌国，唯有蒋俨怀有"有如不幸，固吾死所也"（《新唐书·蒋俨传》）的决心自动请愿。后来被高丽的莫离支囚禁在洞窟中，一囚即是六年之久，受尽折磨与苦难，但忠心不改，矢志不移。高丽败后，蒋俨才得以归朝。任太子右位副率时，蒋俨数谏中宗过失，但终不见用。《旧唐书》载：

> （中宗）时征隐士田游岩为太子洗马，在官竟无匡辅，俨乃贻书以责之曰："足下负巢、由之峻节，傲唐、虞之圣主，养烟霞之逸气，守林壑之遁情，有年载矣，故能声出区宇，名流海内。主上屈万乘之重，申三顾之荣，遇子以商山之客，待子以不臣之礼，将以辅导储贰，渐染芝兰耳。皇太子春秋鼎盛，圣道未周，拾遗补阙，臣子恒务。仆以不才，犹参廷诤，诚以素非德望，位班卒伍，言以人废，不蒙采掇。足下受调护之寄，是可言之秋，唯唯而无一谈，悠悠以卒年岁。向使不餐周粟，仆何敢言，禄及亲矣，将何酬塞？想为不达，谨书起予。"游岩竟不能答。③

蒋俨封义兴县子，以太子詹事致仕。崔融曾作《哭蒋詹事俨》曰：

---

① （秦）吕不韦编，（汉）高诱注：《吕氏春秋》卷14，中州古籍出版社2010年版，第183页。
② （后晋）刘昫等：《旧唐书》卷24，中华书局2011年版，第917页。
③ （后晋）刘昫等：《旧唐书》卷185，中华书局2011年版，第4801页。

第四章 义兴蒋氏家族的家风

养亲光孝道，事主竭忠规。贞节既已固，殊荣良不訾。朝游云汉省，夕宴芙蓉池。汲黯言当直，陈平智本奇。功成喜身退，时往惜年弛。①

北宋末，为了抵抗异族入侵，蒋兴祖壮烈殉国。

逃新三径郁青莎，忠悫吞吴烈事多。报国殒身埋玉树，忘家挥泪枕琱戈。惨同赤族谁题凤，书剩黄庭莫换鹅。地下可曾逢伯道，也应天意问如何。②

这是蒋伟所作诗句，第一句旁有小注："皆吾祖也，在汉不事莽，在宋死于难。""在宋死于难"即谓蒋兴祖。北宋末，金兵南侵，时任开封府武阳县令的蒋兴祖，力抗金兵，怀抱"世受国恩，当死于是"（《宋史·蒋兴祖传》）的信念，面对强大的敌兵，知其不可为而为之，最终身死殉国。其妻及长子也相继悌死，其女被金兵掳去北上，途中作词云：

朝云横度。辘辘车声如水去。白草黄沙。月照孤村三两家。　飞鸿过也，万结愁肠无昼夜。渐近燕山。回首乡关归路难。③

蒋兴祖殉国后被南宋朝廷诏赠朝散大夫，谥忠悫。其次子迈、三子芋南渡后回到故乡义兴，芋中宋哲宗元祐六年进士，官至秘书监校书郎。蒋兴祖不仅是蒋氏家族引以为荣的先祖，也是义兴人引以为豪的本地先贤。时至清末，义兴人还对其忠烈功绩念念不忘。道光二十八年（1848）春，邑中乡绅及蒋氏族人收购储氏旧宅，于县中通真观巷内建忠悫公祠。建祠共花费4200余千，其中3880余千为二十余支族人捐

---

① （清）彭定求等：《全唐诗》卷86，中华书局1979年版，第767页。
② 诗题佚，载《西徐蒋氏宗谱》卷16《诗》。
③ 唐圭璋等选注：《中国古典文学精华·宋词》第3卷，北京十月文艺出版社1995年版，第341页。

献，族人"咸谓襃扬忠义，诚有光宗祖，苟有事，敢不竭力"①，仅一日即捐1700余千。此外，邑中乡绅徐廷抡、潘骍等上《忠愍公建特祠戊祭公呈》，请求改原来的祖祭（私祭）为官祭（公祭）。后经宜兴、荆溪两县以及府、院部各级衙署审批，从咸丰二年（1852）后秋月（八月）上戊日起，改原来的祖祭（私祭）为官祭（公祭），每年的春秋两祭所需费用皆由县衙的学租经费中支出。

蒋禹玉，蒋之奇的七世孙，"中漕举，授安吉县主簿。宋末提义兵救常州不克，弃家入吴客杭"②。蒋禹玉一介书生，国难当头，敢于提义兵勤王，也可谓是忠义之臣。

中国传统社会，家国同构，国是放大的家，家是缩小的国。儒家的伦理道德在国家层面主要表现是忠君，在家族层面则是孝亲。义兴蒋氏深受儒家道德伦理的影响，堪称是"纯孝"的典范。如亭侯蒋澄去世后，其四子蒋政"性笃孝，光武朝仕为荆南刺史，父殁请柩于都山之阳，庐于墓侧，馁守三年，服阕又不忍离，始宅于墓南回图居焉"③，三子休"袭父爵，守父庙卜宅回图，子孙事业，奉烝尝，抚松楸，庙祭、墓祭，咸罔所缺，距今千八百年有余，犹初志也。回图蒋氏之所由始也"④。蒋佩"儒雅廉介，仕亲至孝"⑤。蒋政、蒋休、蒋佩皆为汉朝人，蒋休为给其父守墓，家迁回图，子孙世代守墓。时至今日，宜兴官林镇还有个回图村，村里还有蒋氏祠堂，供奉蒋澄等先祖的牌位。

蒋氏忠孝传家，唐朝时蒋沇，"博学有名，以孝廉授洛阳尉"⑥。蒋涣，"父蒋挺卒，涣与兄洌庐于墓侧，植松柏千余"⑦。蒋俨，"永淳元年，拜太仆卿，以父名卿，固辞"⑧。宋朝时，蒋九皋，"既长，知母氏

---

① （清）蒋壬文：《忠愍公建祠纪略》，（清）蒋惟高等：《茗岭蒋氏宗谱》卷4，康熙年间修，宜兴档案馆藏，资料号：1—2—113—128。
② （明）凌迪知：《万姓统谱》卷86，台湾商务印书馆1986年《景印文渊阁四库全书》，第957册，第268页。
③ （明）吴亮：《毗陵人品记》卷1，万历四十六年刻本。
④ （清）吴元臣：《蒋氏宗谱序》，（清）蒋柏清等：《回图蒋氏宗谱》卷1，宣统元年修，宜兴档案馆藏，资料号：1—2—111—112。
⑤ （明）吴亮：《毗陵人品记》卷1，万历四十六年刻本。
⑥ （明）凌迪知：《万姓统谱》卷86，台湾商务印书馆1986年《景印文渊阁四库全书》，第957册，第265页。
⑦ 同上。
⑧ （后晋）刘昫等：《旧唐书》卷185，中华书局2011年版，第4801页。

第四章　义兴蒋氏家族的家风

之困穷，抚字恩遇罔极，是以至爱存心，萃顺承事。及太夫人年就衰，定省温情之谊益笃，夙夜侍奉唯谨，公盖至性纯孝之人也"①。蒋之翰，"事亲孝，丁大中彭城忧，毁脊柴立，泣多目视眊昏，疗治不愈"②。蒋瑎，"魏公（蒋之奇）释位而归，日娱侍膝下，不忍须臾去侧，洎服丧以孝闻。太夫人春秋高，饮食起居，汤熨必躬调护。逮卒，几不胜丧"③。蒋圆，"宣奉（其父）卧疾，侍药靡不去侧，有为人所不能者。宣奉即世，毁不胜丧"④。蒋举，"字时举，清湘人。久在太学，一日告友黄无悔曰：'学者所以学为忠与孝也，有亲可忽孝乎？忠既未立，孝焉可忘？我其归矣。'无悔送以歌曰：'秋风起兮白云飞，南国远兮心欲归，归心切兮亲庭帷，复相见兮在何时？'举由是以孝行知名"⑤。蒋续，"堂孙，皇祐中签判平江军。堂卒，续自言少孤，育于祖，乞服衰以报。朝议以堂有别子不许。遂辞疾谒医去职行服"⑥。

"忠君孝亲"是传统社会的伦理道德，对于一个大家族来说，也是他们的信仰支撑，是家族赖以发展的精神力量。

第三节　蒋氏家族的兄友弟恭

中国传统社会特别注重家族内部血缘亲子关系的和谐，这是由家族宗法制的特点决定的。家族私有制代替了氏族部落共有制后，个人并未获得财产私有权，而是由家族的所有成员共同占有家族财产。在这种形势下，就需要建立起宗法家族制，凭借人伦自然中的亲疏长幼来确立家族成员的地位与财富分配，以此来保持家族内部的凝聚力，加强血缘人

---

① （宋）张铸：《宋故赠太傅兵部尚书蒋公墓志铭》，（清）蒋聚祺等：《西徐蒋氏宗谱》卷4，民国九年修，宜兴档案馆藏，资料号：1—2—1538—1557。

② （宋）蒋之奇：《朝请大夫知亳州军事之翰公墓志铭》，（清）蒋聚祺等：《西徐蒋氏宗谱》卷4，民国九年修，宜兴档案馆藏，资料号：1—2—1538—1557。

③ （宋）汪藻：《徽猷阁待制致仕蒋公墓志铭》，《浮溪集》卷27，中华书局1985年版，第343页。

④ （宋）张守：《左中奉大夫充秘阁修撰蒋公墓志铭》，《毗陵集》卷13，中华书局1985年版，第189页。

⑤ 蒋潮淙等：《历代名贤考》，《大华蒋氏宗谱》卷1，1930年修，宜兴档案馆藏，资料号：1—2—2082—2093。

⑥ （明）凌迪知：《万姓统谱》卷86，台湾商务印书馆1986年《景印文渊阁四库全书》，第957册，第266页。

伦的亲密性。"兄友弟恭"即是家族中重要的人伦关系之一。

"兄友弟恭"实际上是"君君臣臣、父父子子"关系的延续,它讲究的是家族中不平等关系的和谐。哥哥对弟弟友爱,弟弟对哥哥恭敬,各安其位,家族血缘关系才能和谐有序,家族发展才能长治久安。

蒋氏家族崇信儒家伦理道德,虽兄弟众多,但并未出现兄弟参商、兄弟阋墙的现象,这自然归功于家族成员的"兄友弟恭"。例如蒋恭:

> 元嘉中,有盗被收,云与恭妻弟吴晞张为侣,不获,乃收恭及兄协付狱科罪,恭列晞张是妇之亲,恭身甘罪,求免兄协。协列是户主,求免弟恭。郡县不决,依事上详州议。并原之后,除恭义成令,协义招令。①

蒋氏兄弟因重兄弟之情争相服罪,反而获官禄,这确是蒋氏家族历史上的一段佳话。蒋係,"懿宗初,拜兵部尚书,以弟伸位丞相,恳辞,乃检校尚书右仆射"②。蒋係得到懿宗的赏识,被委以重用,累官至兵部尚书,但由于其弟蒋伸任丞相,他提出回避,这一方面是大义所趋,另一方面是出于兄弟之情。

蒋氏兄弟感情自然并非由"兄友弟恭"的伦理道德所束而生,而是发乎真情。蒋之奇在堂弟之仪的墓志中就流露了深厚的棠棣之情:

> 大观二年戊子九月,朝请大夫蒋公文叔疾,终州廨之正寝。讣闻,兄之奇适在右府,闻讣号恸。越明日,诣精舍,制服发哀,设蒲塞馔为浮屠,所谓荐往生之法。即自为文祭之,以致其哀,且遣使臣具舟楫助诸孤护神柩以归。越明年十二月庚申,葬公于乐安之原,祔大中之茔。孤津自状公之行,驰介走京师来请铭,且曰:"津不肖,罪孽上延先人,以迄不幸,荒迷不次之辞,不足以发先人之遗美,凡先人之践历本末,伯父具知之,所以振于无竞者,惟伯父是记。不肖等方粗衰侍几筵,义不可以远去。敬遣介寓,疏以叙其衰,诉之诚,惟伯父念之。"之奇与公为最睦,乃叙次其实而

---

① (明)吴亮:《毗陵人品记》卷1,万历四十六年刻本。
② (宋)欧阳修、宋祁:《新唐书》卷132,中华书局2011年版,第4534页。

第四章 义兴蒋氏家族的家风

铭之。①

蒋之奇不仅与之仪兄弟情深，与其子蒋津也是情同父子，正因如此，叔侄俩有相近的政治观点，被蔡京列入元祐党碑中。②

蒋之奇与堂弟之翰同为新法的倡行者。之翰卒后，他满怀深情地回忆了其生前两人最后的交往：

> 绍圣二年，吾弟表叔任庆成军使终更代还京师时，之奇蒙恩，召为尚书户部侍郎，亦到辇下，方恳丐辞免，未就职，寓居于城北乾元福圣院数日。公自城中，不远十余里，日一来，虽风雨晦冥不渝也，至疾犹往，扶掖以至其意。盖伤契阔之易久，惜晤言之难值，笃于情好，而忘其来之勤也。之奇既不得辞，遂入就职。未几，弟长生永伯又罢泉，倅到阙。三人者，僦居皆不远，于是朝会郊祠，往往接辔连袂，朝夕得以会聚，而其乐有不可胜言者矣。居数月，之奇首被命帅镇洮，而公与永伯又出佐与城西之普安寺。已闻公选知广德军矣，而永伯亦擢守海州。明日皆当过门下省。遂亟以别，各受命之官。之奇到镇洮未久，而公之讣音至矣。东望号恸不能胜哀，即日上书求罢帅，东归以送公葬。庶几，预执绋之列，以终天伦之戚，而疏奏不报。呜呼，勚于王事而不得从其私者，此古人所以悲于仕宦也。盖弟卒以三年七月乙未，葬以是年十一月甲申，墓在义兴蒋庄之原，享年五十有八。既葬之，明年诸孤乃遣价赍永伯所撰行状，走万里抵绝塞来求铭。呜呼，其尚忍铭吾弟耶。遂泣而铭之。③

蒋氏家族的兄弟情谊还表现在对从子的抚养。古代社会生存条件的限制，人的平均寿命不长，壮年亡故的事例也时有发生。当兄弟一方亡故，生者就要担负起抚养从子的责任。对从子的抚养不仅仅是保

---

① （宋）蒋之奇：《朝请大夫知亳州军事之翰公墓志铭》，（清）蒋聚祺等：《西徐蒋氏宗谱》卷4，民国九年修，宜兴档案馆藏，资料号：1—2—1538—1557。
② 蒋之奇并非旧党成员，却被列入元祐党碑，皆得罪权相所致。
③ （宋）蒋之奇：《朝奉大夫之仪公墓志铭》，（清）蒋聚祺等：《西徐蒋氏宗谱》卷4，民国九年修，宜兴档案馆藏，资料号：1—2—1538—1557。

161

障其物质生活，更重要的是给予受教育的机会，有些从子还因伯父或叔父之荫得官。例如蒋之奇幼年丧父，其伯父蒋堂抚养他如亲子，由于伯父位至尚书吏部侍郎，蒋之奇先是蒙伯父之荫踏入仕途，之后才考中进士，终成一代能臣。接下来同样的不幸发生，蒋之奇同胞弟之美早卒，蒋之奇自然承担起对侄儿蒋璨的教养。或许由于相同的身世，蒋之奇特别疼爱蒋璨，"公生十三岁而孤，鞠于世父魏公，诵习群书，操笔为章句，已卓越不凡。魏公喜而赋诗曰：'渥洼之驹必汗血，青云之干饱霜雪'，器重盖如此"①。蒋璨不仅因伯父之荫入仕，且其文学修养也是来自伯父的熏陶，"东坡先生，魏公（之奇）所善也，故公蓄东坡先生诗文，自幼壮逮老，连榻累笥，至不能容，乃营一堂储之，号景坡云"②。

由于蒋氏家族有抚养从子的传统，所以子弟即使早孤，其生活境遇、受教育条件也不会受到太大影响，在客观上也保障了家族代有"佳子弟"的出现，这从蒋堂祖孙三人的经历中即可看出：

> 蒋侯开号，自㐌亭始。奕世蝉联，祖孙代起。或仕或已，维桑敬止。千载相安，不去其里。于赫太尉（蒋堂），发迹幼仕。历宋二叶，持橐入侍。魏公（蒋之奇）继出，文武兼备。硕大光明，噌吰卓玮。綮公挺生，前人是似。屈首受书，不俟愤悱。落笔千言，四座惊靡。于时魏公，熟视而喜。喜而赋诗，吾道东矣。一干昂霄，可拱而俟。剖符一州，曰古循吏。发粟赈饥，如哺其子。按节十城，曰古肤使。布宣上恩，泽及枯骴。阁省之华，殿庐之秘。父祖百年，三贵并峙。公材经纶，犹未尽试。天不憗遗，俯仰一世。③

"佳子弟"典出《世说新语·赏誉》："大将军语右军：'汝是我佳子弟，当不减阮主簿'。"④ "佳子弟"对于家族的发展至关重要，钱穆

---

① （宋）孙觌：《宋故右大中大夫敷文阁待制赠正议大夫蒋公墓志铭》，《鸿庆居士集》卷42，台湾商务印书馆1986年《景印文渊阁四库全书》，第1135册，第393—396页。
② 同上。
③ 同上。
④ （南朝宋）刘义庆撰，张万起、刘尚慈译注：《世说新语译注》，中华书局2003年版，第416页。

先生认为:"门第之所赖以维系而久在者,则必在上有贤父兄,在下有贤子弟,若此二者俱无,政治上之权势,经济上之丰盈,岂可支持此门第几百年而不弊不败者?"[1] 蒋氏家族抚养失怙从子的传统,从客观上保障了家族代有"佳子弟"的出现,使门第得以维系,传承世业成为可能。

第四节　蒋氏家族的隐逸传统

"隐"与"出"都是传统中国文化结构中极为重要的两个方面,"出"是儒家的积极入世,"隐"是道家的逍遥自然。对于文人士大夫而言,"出"与"隐"交替的背后是儒道的互补,给予他们精神上的抚慰,使他们能够进退自如宠辱不惊。这其中最突出的例子即是苏轼,苏轼一生既有"治国平天下"的报国情怀,又具"小舟从此逝,江海寄余生"的旷达心态,因而才有"一蓑烟雨任平生"的潇洒与逍遥。

"隐逸"起因不同,有人是天性使然,有人是人生失意,还有人是因江山易代而被迫归隐。"隐逸"的形式也各异,有的隐以朝,有的隐以家,有的隐于寺庙道观,有的隐于名山大川。此外还有一种普遍的隐逸形式——耕读。在农耕社会中,耕读既可以保障基本的生活,其本身又具审美与文化意味,是一种诗意的为文人所青睐的隐逸方式。

吴地的"隐逸"传统最早可追溯到"太伯奔吴"的时代:

> 吴太伯,太伯弟仲雍,皆周太王之子,而王季历之兄也。季历贤,而有圣子昌,太王欲立季历以及昌,于是太伯、仲雍二人乃奔荆蛮,文身断发,示不可用,以避季历。季历果立,是为王季,而昌为文王。太伯之奔荆蛮,自号句吴。荆蛮义之,从而归之千余家,立为吴太伯。[2]

与中原相比,吴荆之地开化较晚,经济文化远远落后于北方,所以

---

[1] 钱穆:《略论魏晋南北朝学术文化与当时门第之关系》,《中国学术思想史论丛》,安徽教育出版社2004年版,第161页。

[2] (汉)司马迁:《吴太伯世家》,《史记》卷31,中华书局1959年版,第1445页。

被称为"荆蛮之地"。周太伯、仲雍奔吴,远离了政治中心和文化中心,可谓是最早的隐士。

春秋时,吴王四子季札贤,吴王欲废长立幼,季札为避嫌赴延陵隐居:

> 季子耕于延陵,为圣人所予,清规峤节,照映千载。繇是潜深伏隩之士,代不乏人,弗书,则将湮灭无传焉,用次所闻,以谂来者。①

《毗陵志》将季子延陵作为其"遗逸"的开篇,可见吴地对于"隐逸"之风的推崇。

东汉,严子陵帮光武帝刘秀起兵后退居富春山,刘秀即位后多次延聘他,但他隐姓埋名,在富春山终老一生。后人为纪念这位隐士,将他在富春江垂钓之处誉为"严子陵钓台"。后人不断咏诵其高风亮节:"云山苍苍,江水泱泱。先生之风,山高水长。"(范仲淹:《严先生祠堂记》)

时至唐宋,吴越之地隐逸之风更盛,由于中原的战乱,唐很多士人避居义兴,如诗人皇甫冉、顾况、杜牧,宰相陆希声等,他们所创作的大量诗文将义兴的隐逸之风广泛传播开来:

> 家住义兴东舍溪,溪边莎草雨无泥。上人一向心入定,春鸟年年空自啼。②

> 翠岩千尺倚溪斜,曾得严光做钓家。越嶂远分丁字水,腊梅迟见二年花。明时刀尺君须用,幽处田园我有涯。一壑风烟阳羡里,解龟休去路非赊。③

自唐始,义兴成为文人骚客理想的隐居之地,宋王安石曾有"久

---

① (宋)史能之:《咸淳重修毗陵志》卷19,明初刻本。
② (唐)顾况:《赠僧诗》,(宋)洪迈编:《万首唐人绝句》卷29,台湾商务印书馆1986年《景印文渊阁四库全书》,第1349册,第232页。
③ (唐)杜牧:《正初奉酬歙州刺史邢群》,《樊川文集》卷4,四部丛刊本。

第四章　义兴蒋氏家族的家风

闻阳羡安家好，自度渊明与世疏"（《寄虞氏兄弟》）之念，但真正将此化为现实的则是苏轼。被贬途中，苏轼曾上表乞居常州，言"臣有薄田在常州宜兴县"①；元丰七年（1084）十月，苏轼作《楚颂帖》，详述自己买园、种橘、筑亭，意欲归老义兴之意。虽然苏轼的这一理想最终并未实现，但归隐义兴的愿望却成为他人生失落时的最佳抚慰：

> 惠泉山下土如濡，阳羡溪头米胜珠。卖剑买牛吾欲老，杀鸡为黍子来无。地偏不信容高盖，俗俭真堪着腐儒。莫怪江南苦留滞，经营身计一生迂。②

至此，苏轼已经将"隐逸生活"诗化为一种心理范式，进退自如，宠辱不惊，为后世文人所仰所趋。

蒋氏家族对"隐逸"情有独钟，一方面是"春来卜居阳羡，此地山水绝清"，义兴的青山绿水为隐居生活提供了绝佳的人文环境；另一方面"隐逸"本身就是蒋氏家族的传统，隐于"三径"是蒋氏家族引以自豪的家族荣耀。汉王莽篡政，兖州刺史蒋诩隐居故里，门前开三径，只与名士羊仲、求仲交往，首开蒋氏隐逸之风。此后历代，蒋氏皆有隐逸之士，大体而言有以下几种隐逸的原因：一是因乱世而隐，如蒋诩是避王莽，蒋汝通、蒋孝聿、蒋芸、蒋芝瑞、蒋鹄、蒋汝霖、蒋汝楫、蒋捷等则是避宋元更替。二是天性如此，像陶渊明一般性喜自然，如蒋隽、蒋楷、蒋建等。三是由于仕宦或科举不得意而隐，如蒋珙、蒋诠祖等。

蒋氏隐逸的缘由不同，所采取的隐逸方式也各异。有的隐于乡，如蒋诩退避三径，蒋诠祖得罪秦桧而隐居大华。

> 宋有骁骑将军讳诠祖者，因御兀术不克，罢官去职。因有高蹈之思，故其后奉母至云阳谒见外祖。憩息之暇，游乡玩景，采俗观

---

① （宋）苏轼撰，孔凡礼点校：《乞常州居住表》，《苏轼文集》卷23，中华书局1986年版，第657页。

② （宋）苏轼撰，王友胜点校：《苏诗补注》卷11，凤凰出版社2013年版，第334页。

风，见大华土地丰肥，人民淳厚，遂由阳羡湉湖而迁居焉。大华蒋氏之渊源如此。自公卜筑以来，生齿益繁，耕读益茂。①

蒋隽，"自幼好学，足不出户，隐居自适，凡书过目不再读，号称神童。"② 蒋汝通，"公年十六入太学，登第即归，以琴书自娱，高尚不仕，好古博雅，尤遂于性命之学。"③ 蒋世隆，"适以细故拂上官意，功名之念遂灭，园池自娱为终焉"④。蒋九皋，"晚年觅憩林泉，披风抹月，惟为行乐而已"⑤。蒋瑎，"除提举南京鸿庆宫，奉祠数年，遂抗章请老，既得请，淡然与世相忘。遭金渡江，生涯焚飘，乃退居无锡西山之麓，结庐终焉。杖履婆娑泉石间，如是者七年不厌"⑥。

有的隐于道，如蒋琪科场失利后，归途遇道人说化："人生四大假合，天地是遽庐，光阴是客过，妻子是玉锁金架，名利是浮云聚散。惟有修真学道，可得长生。"⑦ 蒋琪闻言遂悟，撇下妻子和三岁的幼儿诠祖，从道士云游而去。有的隐于市，"蒋宁祖者，待制瑎之子，年四十，官至朝请郎。当迁大夫，不肯就。父母强之，不得已自列。既受命，即丐致仕，自是不御朝衣，常著練布道服"⑧。有的隐于四方，如蒋健，"笃志孔墨，以绍祖考之风，尤闲释老之典，达世浮生，故不以轩冕为荣，乃隐沦不仕。其不仕者，史籍称之为美。……至太和三年，誓志游学，奈何志未成而身婴其疾。届于泗上，染疾弥留。

---

① 蒋潮淙等：《壬午谱序》，《大华蒋氏宗谱》卷1，1930年修，宜兴档案馆藏，资料号：1—2—2082—2093。
② 蒋潮淙等：《齐处士讷斋公传》，《大华蒋氏宗谱》卷3，1930年修，宜兴档案馆藏，资料号：1—2—2082—2093。
③ （清）蒋惟高等：《卭亭大宗世表》，《茗岭蒋氏宗谱》卷7；《毗陵人品记》卷4亦载。
④ （清）蒋聚祺等：《致政公坟志》，《西徐蒋氏宗谱》卷4，民国九年修，宜兴档案馆藏，资料号：1—2—1538—1557。
⑤ （清）蒋聚祺等：《九皋公墓志》，《西徐蒋氏宗谱》卷4，民国九年修，宜兴档案馆藏，资料号：1—2—1538—1557。
⑥ （宋）汪藻：《徽猷阁待制致仕蒋公墓志铭》，《浮溪集》卷27，中华书局1985年版，第343页。
⑦ （清）蒋惟高等：《卭亭大宗世表》，《茗岭蒋氏宗谱》卷7，康熙年间修，宜兴档案馆藏，资料号：1—2—113—128。
⑧ （宋）洪迈撰，何卓点校：《夷坚志》，中华书局2006年版，第43页。

嗣子扶持，归洛寻医"①。有的隐于名山大川，如蒋孝申，"字奉德，号荆石。公年十八游学新安，偕友朱企庵先生沿暖池摩剔古藓，观十景碑，经黄山拾一铁印，上篆'三径主人黄山老'，遂结庐应兆而居焉"②。蒋孝聿，"字奉修，号介石。公政绩著闻，召至阙，贾似道欲罗织门下，诱以美官，坚辞不就，告疾乞归，隐于苕溪之浮玉山三十余年，人莫能知。及元至大元年戊申，依景坡别业而定居焉"③。宋末遗民词人蒋捷，则隐居于太湖畔竹山，号"竹山先生"，有《竹山词》一部遗世。

"在一定意义上，江南园林是隐逸文化的产物，是士大夫为求隐逸乐趣而构筑的心灵绿洲"④。此言甚是，蒋氏家族的隐逸传统的确促使其家族园林的繁盛，如蒋堂，《中吴纪闻》载：

> 蒋堂字希鲁，尝两守此郡。后既谢事，因家焉，自号曰"遂翁"，所居曰"灵芝坊"，作园曰"隐圃"。圃之内，如岩扃、水月庵、烟萝亭、凤篁亭、香岩峰，皆极登临之胜。公喜宾客，日为燕会，时以诗篇为乐。⑤

又如蒋之奇，"致政归闲，置义田于南庄，诗云：'功成乞身去，于此老吾生。'又筑室于袁村，经营圃中，置望湖亭，敕书'阁曲水池'，以为晚年行乐之地"⑥。蒋偁笔下曾描述过其家族所拥有过的一处园林：

> 石壁之下，复有名园。流泉绕其两面，岩翠环其四隅。先是故吏部常选乐安蒋公讳诵有之，未遑经始，而传于故明州司功参军蒋

---

① （唐）张允初：《唐故北海蒋处士（建）陇西李夫人墓记》，吴钢主编：《全唐文补遗》，三秦出版社1999年版，第391页。
② （清）蒋惟高等：《亚亭大宗世表》，《茗岭蒋氏宗谱》卷7，康熙年间修，宜兴档案馆藏，资料号：1—2—113—128。
③ 同上。
④ 罗时进：《清代江南文化家族雅集与文学创作》，《文学遗产》2009年第2期。
⑤ （宋）龚明之撰，孙菊园点校：《中吴纪闻》，上海古籍出版社2012年版，第23页。
⑥ （宋）李纲：《宋故观文殿大学士枢密使刑部侍郎赠太师魏国公墓志铭》，（清）蒋惟高等：《茗岭蒋氏宗谱》卷15，康熙年间修，宜兴档案馆藏，资料号：1—2—113—128。

公讳珲。司功之季年,顾命其子孙曰:"是地也。邻接灵境,不树艺桑麻。可请名僧,崇建兰若。依托寺宇,而根固焉。"①

蒋氏还一度拥有江南名园拙政园,"厥后,郡人蒋诵先于其地重葺'复园',有《复园嘉会图》。蒋氏陵替,归武林吴氏,其左右割为王、叶二园。曲园翁诗云:'百年依旧此楼台,三径重为蒋诩开。见说复园盛游谦,屡召佳客共尊罍'"②。蒋氏另有几处名园:乐安墩在晋陵滆湖西大圩荡中,旧有梵院,四围悉种荷花,为岗角村居八景之一;蒋璨暮年致仕,筑别业于西滨红罗嘴,勒魏公(蒋之奇)手书以怀伯父教育之恩,碑阴题"野岸遥峰"以志下裴溪山之景;蒋三舍揽胜亭在城西洴涑,四围皆泽园。宋政和二年,蒋益祖由南庄徙居洴涑,筑揽胜亭于洴涑浦中,自号三舍,人日游咏焉,遂传其亭为三舍亭,名其地曰蒋三舍。宣和间蒋宝文、彦智遇风寄宿,题诗赠之,和者盈卷,有"两岸更无通步路,四时常有避风船"之句;竹庄在宜兴城西三十里洴涑浦,处士蒋天民所居,往还皆一时名士,题咏甚多;南涧草堂在宜兴县西九里大涧,蒋御史允仪被谪时所筑。面山俯涧,幽秀天成。吴下沈灏曾以此园题诗赠之。

隐逸生活自然不全是风花雪月园林雅集,而是充满枯寂与平淡,改朝换代时的隐居生活更是如此。蒋捷的《贺新郎·秋晓》,就叙述了隐居于太湖之滨的词人在整夜不眠后迎来一个拂晓的生活片段:

渺渺啼鸦了。亘鱼天、寒生峭屿,五湖秋晓。竹几一灯人做梦,嘶马谁行古道。起搔首、窥星多少。月有微黄篱无影,挂牵牛、数朵青花小。秋太淡,添红枣。 秋痕依赖西风扫。被西风、翻催鬓鬒,与秋俱老。旧院隔霜帘不卷,金粉屏边醉倒。计无此、中年怀抱。万里江南吹箫恨,恨参差、白雁横天杪。烟未敛,楚山杳。③

---

① (唐)蒋偡:《石壁园记》,《全唐文》卷761,中华书局1983年版,第7914页。
② (清)龙顾山人纂,卞孝萱、姚松点校:《十朝诗乘》卷6,福建人民出版社2000年版,第219页。
③ (宋)蒋捷撰,杨景龙校注:《蒋捷词校注》,中华书局2010年版,第1页。

透过这极美的描写，我们仿佛穿越回了半个多世纪前那个清冷的秋日早晨，古道马嘶，枯枝鸦啼，通宵未眠而凭几假寐的词人因梦惊起，天际处泛着鱼肚白，太湖一片清寒。在朦胧的光色中，竹篱"无影"与牵牛花"小"衬托出暗淡萧瑟的秋意，幸亏枝头零落的几枚红枣给这萧瑟的秋景添了些许暖色。这几句词极为传神地描绘出太湖之滨的秋色，又映衬出词人孤独寂寥的隐居生活。词的下阕抒情，回忆年少时的放荡生活，抒发"与秋俱老"的中年怀抱。"万里江南吹箫恨"用春秋时期楚国伍员的典故抒发自己国破家亡之恨。"烟未敛，楚山杳"是词人伫立湖边、遥望天际时的目中情景，湖上烟雾弥漫，楚山渺茫，不见家园故国。惆怅之情终日萦绕在词人心头，漫长寂寞的隐居生活日复一日，词人就这样在太湖畔度过了自己的余生。

"隐逸"给蒋氏家族提供了一种不同的生活方式，一个亲近自然山水的空间，一个抚慰心灵的精神寄托。如果说科宦是蒋氏家族的儒家理想，是其生活的主流价值观，那么隐逸则是道家的，是蒋氏家族主流价值观之外的有益补充。科宦与隐逸，正如儒道互补，成为蒋氏家族繁荣发展的因素之一。

第五章　义兴蒋氏家族的家学

家学是一个家族世代相传之学，是家族学术和文化的资源积累，它渊源有自，并带有家族学术和文化的特点。陈寅恪先生认为："所谓士族者，其初并不专用其先代之高官厚禄为其唯一之表征，而实以家学及礼法等标异于其他诸姓。"① 他特别指出门风之美源于家学，"夫士族之特点既在其门风之优美，不同于凡庶，而优美之门风实基于学业之因袭"②。

钱穆先生也认为门第之盛与家学之盛相辅相成："门第之盛与学业之盛并举，惟因其门第之盛，故能有此学业之盛，亦因其学业盛，才见其门第之盛"③，并认为家学即"经籍文史学业之修养"。从这个定义来看，一个家族的家学主要包括经学、文学、史学，其他如佛学、书画、医学等虽不是家学的主流，但也是家学的组成部分。

蒋氏家族的文学将另辟专章论述，下面笔者从儒学、史学、佛学、书画、医学几个方面来论述蒋氏的学业之盛，以期探索其门第之盛的家学影响。

第一节　蒋氏家族的儒学修养

在我国漫长的古代社会中，一个家族的家学向来以"儒业"为核心，可以说儒学既是一个家族的家学根基，也是其家学的主要内

---

① 陈寅恪：《唐代政治史述论稿》，上海古籍出版社1982年版，第71—72页。
② 同上。
③ 钱穆：《略论魏晋南北朝学术文化与当时门第之关系》，《中国学术思想史论丛》，安徽教育出版社2004年版，第190页。

第五章　义兴蒋氏家族的家学

容。钱穆先生曾指出儒学对于门第的重要性："门第即来自士族，血缘本于儒家，苟儒家精神一旦消失，则门第亦将不复存在。"① 两汉选官重视经学，经学成为入仕的重要途径，大家族为了门第不坠而致力于经学，由累世经学而累代仕宦，家族的繁盛也就促进了儒学的繁荣。

儒学不仅对于家族的繁荣有积极的影响，同时对整个传统社会的和谐有序发展也起到了至关重要的作用。正如费正清所说："中国社会并没有因法制观念淡薄而出现无政府状态，整个社会被儒家学说牢固地连在一起。这伟大的伦理制度在中国的地位之重要相当于法律和宗教在西方共同所占的地位。"②

"所谓'儒业'有两重意义：一为符合传统经世治国道德理想的事业，一为穷究经书典籍的读书活动"③。这两重意义相互关联，前者是士人"修身齐家治国平天下"的最高人生理想，后者为实现理想的途径。蒋氏家族以儒学为业，也就包括了这两重意义上的内容。

作为儒学世家，蒋氏的家族生活中充满儒家的色彩。例如蒋氏家谱《凡例》规定：

> 妻妾者，见一人之始终也，子女必详某出者，辨嫡庶也。庶子而列于嫡子之前者，序长幼也；僧道亦书，均为吾祖所出，不忍泯也；妻虽无子女亦书，贵嫡体也；或节，或苦节，既于世表注明，后列贞节志，敬之也，亦励之也。④

蒋氏家谱大都收有丧服总图，详细列明了斩衰、齐衰、大功、小功、缌麻五等丧服，家族中人按血缘的亲疏远近服之，并规定"临丧以哀为本，勿用鼓乐，务尽哀循礼，无贻后悔，居丧不得饮酒内寝。丧

---

① 钱穆：《略论魏晋南北朝学术文化与当时门第之关系》，《中国学术思想史论丛》，安徽教育出版社2004年版，第190页。
② ［美］费正清、赖肖尔：《中国：传统与变革》，江苏人民出版社1992年版，第16页。
③ 罗时进、陈燕妮：《清代江南文化家族的特征及其对文学的影响》，《江苏社会科学》2009年第2期。
④ 蒋永成等：《凡例》，《楼王蒋氏宗谱》卷2，1940年修，上海图书馆藏，资料号：919520—27。

具称家有无，不必泥于厚薄"①。

蒋氏累代仕宦，其家族成员在为官时也显现出鲜明的儒家情怀。蒋昂，"康定初，调蒲州司法参军，为政不忍杖罚，号曰'仁主'。时百姓相约，曰：'有犯仁者法者众共斥之。'讫二载不杖一人，复转凉州经略使卒"②。蒋静，"第进士，调安仁令。俗好巫，疫疠流行，病者宁死不服药，静悉论巫罪，聚其所事淫像，得三百躯，毁而投诸江"③。蒋如鼎官位虽不显，但他为政一方，施"仁政"治理地方，颇有政绩：

> （如鼎）崇祯四年知分水县，分俗民贫则典妻，生女则溺而不育，其富家又多锢侍婢，终其身不得配。如鼎一切禁绝之。分之士，文无法律，六十年间无获售者，如鼎于公余日点三十艺以为程，朔望视学，必进诸生讲解经义。不二年，濮有宏、陈素抱等联登甲乙科。宋秦桧妻父王缙滥祀乡贤，如鼎黜其主，士论快之。分多盗，擒其渠魁王邑王生，盗遂息。七年告归，分民泣送，行李萧然，惟图书数箧而已。燕居必正襟危坐，经史自娱。年逾七十手不释卷，铭其楹曰"市隐"。④

蒋氏官宦期间，还特别重视地方学校和文庙的修建。蒋堂知益州时，"汉文翁石室在孔子庙中，堂因广其舍为学宫，选属官以教诸生，士人翕然称之"⑤。蒋昂，"转凉州经略使，百姓遮道相留。凉州僻陋，俗不知教。府君尝权州事，而取废寺之材以完孔子庙，勉人为学。后三年，有登进士第者"⑥。蒋运昌曾详述募修龙溪孔庙的经过：

> 素王殿庭而为风雨所侵蚀，虽其后嗣与有责乎？亦莅斯土者，

---

① 蒋永成等：《规训》，《楼王蒋氏宗谱》卷2，1940年修，上海图书馆藏，资料号：919520—27。
② （明）吴亮：《毗陵人品记》卷3，万历四十六年刻本。
③ （宋）欧阳修、宋祁：《新唐书》卷356，中华书局2011年版，第11211页。
④ （清）蒋惟高等：《先烈考》，《茗岭蒋氏宗谱》卷2，康熙年间修，宜兴档案局馆藏，资料号：1—2—113—128。
⑤ （元）脱脱等：《宋史》卷298，中华书局2011年版，第9913页。
⑥ 佚名：《昂公墓志铭》，《涧桥蒋氏宗谱》卷4，民国年间修，宜兴档案局馆藏，资料号：1—2—1598—1601。

所难坐视也。缘是申请道府诸宪佥曰当葺,且不可以缓,但念摧残既甚,则经理殊艰,出自一手则难成,助以群力则易。……庙虽孔氏一家之私也,而圣则天下万世之公也。幸矣,修葺功良不可没矣,其尊而礼之,不啻见国学州邑序而尊礼焉。①

蒋永修曾作《宜兴儒学碑记》,详述庙学历史之久:

宜兴庙学之建旧矣,嗣每修必有记。宋自紫阳朱子记之,叶适又记之,明王直、萧镃、吴仕、唐顺之又记之。其言营建之制详矣,其论修己治人之法备矣。②

蒋永修另有《重修武昌府儒学碑记》,文章叙述其奉命督全楚学,进诣文庙时,见其"倾颓剥落,瓦砾荆榛,不可名状,圣人之居几于废矣。余始悟武昌人文之所由衰也,三代之下其所以维系人伦,堤防名教者,恃有至圣孔子耳。无孔子则必无君臣父子,则必无兄弟友朋。夫人心亦善因矣。彼以为废圣人之居,废圣道也"③,于是力主修葺,并详将修葺之事勒石以记。

封建社会向来重视礼制,因为礼制的最终目的是规定人与人之间的关系,区分君君臣臣父父子子的不同地位,从而维护统治者的利益,实现社会统治秩序的稳定有序,所以礼制是封建社会极为重要的礼法组成部分,熟悉礼制则成为儒家的基本要求,许多世家大族也以精通儒家的典章礼制为荣。

顺宗既葬,议祧庙,有司以中宗中兴之君,当百代不迁。宰相问乂,乂曰:"中宗即位,春秋已壮,而母后篡夺以移神器,赖张柬之等国祚再复,盖曰反正,不得为中兴。凡非我失之,自我复之,为中兴,汉光武、晋元是也。自我失之,因人复之,晋孝惠、

---

① (清)蒋惟高等:《运昌公修孔氏家庙序》,《茗岭蒋氏宗谱》卷17,康熙年间修,宜兴档案局馆藏,资料号:1—2—113—128。
② (清)蒋聚祺等:《重修宜兴儒学碑记》,《西徐蒋氏宗谱》卷12,民国九年修,宜兴档案局馆藏,资料号:1—2—1538—1557。
③ 同上。

孝安是也。今中宗与惠、安二帝同，不可为不迁主。"有司疑曰："五王有安社稷功，若迁中宗，则配飨永绝。"乂曰："禘袷功臣，乃合食太庙。中宗庙虽毁，而禘袷并陈太庙，此则五王配食与初一也。"由是迁庙遂定。……李锜诛，诏宗正削一房属籍。宰相召乂问："一房自大功可乎？"答曰："大功，锜之从父昆弟。其祖神通有功，配飨于庙，虽裔孙之恶，而忘其勋，不可。""自期可乎？"曰："期者锜昆弟。其父若幽死社稷，今以锜连坐，不可。"执政然之。故罪止锜及子息，无旁坐者。①

蒋氏为了维护儒家的礼制，甚至还顶撞最高统治者：

张孝忠子茂宗尚义章公主，母亡，遗占丐成礼。帝念孝忠功，即日召为左卫将军，许主下降。乂上疏，以为："墨缞礼本缘金革，未有夺丧尚主者。缪盭典礼，违人情，不可违法。"帝令中使者谕茂宗之母之请，乂意殊坚。帝曰："卿所言，古礼也。今俗借吉而婚不为少。"对曰："闾室穷人子，旁无至亲，乃有借吉以嫁，不闻男冒凶而娶。陛下建中诏书，郡、县主当婚，皆使有司循典故，毋用俗仪。公主春秋少，待年不为晚，请茂宗如礼便。"帝曰："更思之。"……疏入，帝迁其言，促行前诏，然心嘉乂有守。②

蒋钦绪，"擢进士第，为太常博士。中宗亲郊祝，钦明建言皇后当亚献，以媚韦氏。召礼官议，众欲阿狥，钦绪独陈不可。诸儒壮其节"③。

蒋堂，"明道初为侍御史，郭后废，堂与范公仲淹、孔公道辅极言不可，坐黜为河南发运使"④。

蒋瑎也曾为维护礼制而得罪权贵梁师成：

---

① （宋）欧阳修、宋祁：《新唐书》卷132，中华书局2011年版，第4533页。
② 同上书，第4531页。
③ 蒋潮淙等：《历代名贤考》，《大华蒋氏宗谱》卷1，1930年修，宜兴档案局馆藏，资料号：1—2—2082—2093。
④ （宋）史能之：《咸淳重修毗陵志》卷17，明初刻本。

居亡何，擢大司乐，时用魏汉津乐，以中贵人梁师成兼领，师成挟恩怙权，人莫敢忤。会欲增舞佾而三倍之，公显斥其非，且乐工募市人，猥冗，非所以奉天地宗庙。请一切沙汰，从之。师成怒不主己，语有侵公者。公曰："一代礼文，当质之经。"师成曰："仆不读书，愚抵此。"公不为动而深衔之，日求所以伤公，久之无所得。①

据家谱记载，蒋氏治经的历史最早可追溯到春秋时期。第十六世明道幼多敏才，七岁时周恒王召试读"周公赞词"，朗声而读不失一字。其长子师成性遂于《易》，时人谓之《易》圣。第二十二世圣训精于天文地理，识达古今，集注《周公传》，任敬王朝司空。但因年代久远，以上所载未可信。另据家谱，东汉时第五十四世澋，字君润，十八岁入太学，被学者蔡邕誉为"珪璋特达，机警有峰。不徒东南之美，实为海内之俊"，由此名扬四海，获"岳文宗"之誉。汉代经学发达，学者莫不致力于此，蒋澋获蔡邕的称誉，想必在经学上也很有造诣。可惜，这些记载缺乏史籍的佐证，未必可靠。但蒋氏治经的家学传统确实久远，《新唐书》称"蒋氏世禅儒"，《旧唐书》亦称"蒋氏世以儒史称"，所言当不虚。

唐宋时期，蒋氏在儒学方面的成就日显，曾有数人因儒学造诣而被誉为"先生"。《宜兴县志》卷八《隐逸传》载："（之勉）之美兄，博通典籍，为西浙大儒，屡荐不试，学者称荆南先生。"②《开化乡志·儒林志》载："（蒋捷）家竹山，人称竹山先生。"③ 家谱载，"章，字希采，自幼事父尽孝。及长，学于孔道，辅之门行，必先义利之辨，庆历中累官至大中大夫，以诗名，号湖南先生"④。蒋康国，《万姓统谱》载："尝从朱文公讲论文公《楚辞集解》，凡楚集皆质之。康国，学者

---

① （宋）汪藻：《徽猷阁待制致仕蒋公墓志铭》，《浮溪集》卷27，中华书局1985年版，第342页。
② （明）陈遴玮：《宜兴县志》，万历十八年修，宜兴档案馆藏。
③ （清）王抱承：《无锡开化乡志》卷上，1916年，侯学愈字印本。
④ （清）蒋惟高等：《先烈考》，《茗岭蒋氏宗谱》卷2，康熙年间修，宜兴档案局馆藏，资料号：1—2—113—128。

称鼎山先生。"① 蒋芸，"咸淳乡举上疏论贾似道奸，不报遂不就南宫试而归。宋亡，元累征不仕，人称芹涧先生"②。

或许因为兵燹的洗劫，或许因"治经独传于家学，为文不愿于世知"③，蒋氏所撰的经学著作大都佚失，但值得庆幸的是也有个别作品传世，从中可窥得蒋氏经学研究的一隅。

蒋堂，其孙蒋瑎墓志中称："宋兴，太尉堂，始用儒术致身华近，为嘉祐名臣"④，那么蒋堂在儒学上应该很有成就，可惜他没有传世的的经学著作。但从他与当世儒学大家的书信中，我们可以了解到蒋堂对于儒学很有研究，且有自己的见解。如蒋堂与王安石书信来往，探讨儒学。王安石被誉为"通儒"，他潜心研究经学，著书立说，创"荆公新学"。在哲学上，用"五行说"阐述宇宙生成，把古代辩证法推到一个新的高度。王安石有《上蒋侍郎书》，就是与蒋堂阐述其儒学观点的：

某尝读《易》，见《晋》之初六曰："晋如。摧如，正吉。罔孚，裕，无咎。"此谓离明在上，已往应之。然处卦之初，道未章著，上虽明照而未之信，故摧如不进，宽裕以待其时也。又《比》之上六曰："比之无首，凶。"此谓九五居中，为上下之主，众皆亲比，而己独后期，时过道穷，则人所不与也，斯则圣人赜必然之理，寓卦象以示人事，欲人进退以时，不为妄动。时未可而进谓之躁，躁则事不审而上必疑；时可进而不进谓之缓，缓则事不及而上必违。诚如是，是上之人非无待下之意，由乎在下者动之不以时，干之不以道，不得中行而然耳。夫读圣贤之书，师圣人之道，约而为事业，奋而为文辞，而又胸中所蕴，异乎世俗之所尚，凡闻当世贤公卿大夫之名，则必蕲一见，以卜特达之知，庶乎道有所闻，而

---

① （明）凌迪知：《万姓统谱》卷86，台湾商务印书馆1986年《景印文渊阁四库全书》，第957册，第267页。
② 蒋潮淙等：《历代名贤考》，《大华蒋氏宗谱》卷1，1930年修，宜兴档案馆藏，资料号：1—2—2082—2093。
③ （宋）苏轼撰，孔凡礼点校：《谢制科启》，《苏轼文集》卷46，中华书局1986年版，第1323页。
④ （宋）汪藻：《徽猷阁待制致仕蒋公墓志铭》，《浮溪集》卷27，中华书局1985年版，第343页。

志有所展。其于进退之理，可以不观时乎？故自执事下车受署，于兹数月，士之藉于郡者，皆获见于左右。然某独以区区之质，保在逆旅，适当宇下，屏息退处，终未能伏谒麾，岂无意乎？盖以声迹沈下，最处疏贱，旧未为执事之知，加公庭兼视之初，宾游接武之际，虽神明之政，尚或未周。某当是之时，苟一而进，则才之与否，窃虑未察。故《晋》之义，有摧如之退也。今执事聪明视听，悉已周洽，风俗之美恶，士流之能否，皆得而知之矣。况复侧聆执事，屡以羁齿，挂于余论。某当此之时，苟不自进，是在《比》之义，有后失之凶也。故窃自蹈于二卦之象，当可进之时，得其中而行之，则或几于圣人之训矣。恭维执事，禀天正气，为朝名臣，以文雅謇谔，简在上意。是以出入台阁，践履中外，朝廷百执事，天下之人，孰不惮执事之威名，服执事之德望？谓师尹庶士，坯治群品，天子用之，期于匪久。虽某居丧之制，越在草土，厌冠苞屦，不入公门，苟候外除，然后请于左右。倏然朝廷走一封之传，升执事于严近，与诸公对掌机政，召和气于天下。则必廉隅之上，体貌之殊绝，廊庙之间，贵贱之不接。某于是时，愿拜风采，则无因而至前矣。今所以道可进之时，不以丧礼自忌，直诣铃下，期一拜伏者，诚以斯时之难得会也。执事必以某进得其时，于道无所戾，赐之坐次，察其言行。若乃时政之得失，国家之大体，虽不能尽识其所底，至于前古之盛鉴，圣贤之大意，亦少见其素蕴焉。而某受知于执事，岂止于兹乎？冀异时执事陶熔之下，庶或裨于均政之万一。言质意直，干浼英听，无任惶越之至。[1]

王安石上此书时，蒋堂以盐铁副使、吏部员外郎为天章阁待制、淮南江浙荆湖制置发运使，但书信标题称其为侍郎，显然与蒋堂当时的身份不符，或许"上蒋侍郎"的标题是日后所加。据考，此信的写作时间当为康定元年秋（1040），彼时王安石正居父丧，由"保在逆旅，适当宇下"之句可知，王安石是从江宁前往真州的治所拜见蒋堂的。此书除了赞誉蒋堂之外，则大篇幅用于探讨《周易》之说，从中也可推

---

[1]（宋）王安石撰，秦克、巩军标点：《王安石全集》卷2，上海古籍出版社1999年版，第21—22页。

测出蒋堂应该在《周易》上很有研究，难怪王安石急于见其面，与之探讨易学之心得了。

蒋之奇，善经学，著有《尚书集解》十四卷，《孟子解》六卷，《逸史》二十卷等，如朱熹弟子、南宋著名学者真德秀所誉："蒋公经述，为世所宗，虽金陵犹尊，让不敢后"①。《宋元学案》将之归入庐陵学案表，盖蒋之奇为欧阳修门生之故。王梓材所加按语："谢山（全祖望）为《文穆端砚记》云：'文穆在熙宁、元祐、崇宁，推为博闻强识之儒。曾在禁林、记诸典章文物之旧，曰《逸史》，至数百卷，是亦北宋一魁儒也。惜其受知庐陵，因患'奸邪'之目转劾庐陵，为瑜不掩瑕耳。'"② 可惜蒋之奇的经学著作大都不存，几篇零星散作还是从类书中辑出，如《书黄陵庙碑阴》：

> 韩愈作《黄陵庙碑》，辨湘君、湘夫人为舜二妃，其说有考，余甚善之。至谓称舜"陟方乃死"，非安国之说，引《竹书纪年》："帝王之没皆曰陟。"陟，升也，谓升天也。《书》曰："殷礼陟配天"，言以道终，其德协天也。《书》纪舜之没云"陟方"者，与《竹书》《周书》同文也。其言方乃死者，所以释陟为死也。噫，失之矣！安国谓升道南方巡守，死于苍梧之野，是说为不可易矣。若以帝王之没皆云陟，尧曰"殂落"，汤曰"没"，武王曰"崩"，不皆言"陟"也。《书》惟"礼陟配天"与"新陟王"言"陟"而已，其它不言"陟"。由是言之，则舜亦曰死尔。且谓方乃死者，所以释陟为死，其说益非。六经惟《书》辞最约，盖有互文以见意者矣。未有陈辞于上，而下自为训解也，圣人之言，不应若是其烦。若以为地势东南下，如言舜南巡而死，宜言下方，不得言陟方者，是又不然。地之势信东南下矣，若苍梧之野则不全在东南，其势盖近于西。夫水流卑者也，地益高，其流益驶。江之尾遭于吴，而后入海，则吴于最卑。自九江而上至于西江，而水益悍

---

① （宋）真德秀：《宜兴先贤祠记》，（清）徐喈凤撰：《康熙重修宜兴县志》，康熙二年刻本，天津图书馆藏，宜兴档案馆存有复件。
② （清）黄宗羲撰，吴光校点：《庐陵学案》，《宋元学案》卷4，浙江古籍出版社2012年版，第273页。

者，地愈上故也。洞庭潇湘之水皆下而入于西者，盖其地又高于西江也。况其衡山、九疑，天下之高山在焉，则苍梧之野，亦不得为下矣。《书》谓之陟方，而传以为升道南方，其言为不谬矣。愈之碑诚甚奇，而于此独近于凿，故余欲削其不合者，庶几后世为完碑云。①

蒋之奇的这篇文章偏重于古文经学的阐释，即以文字训诂、名物考释等来阐释文本的意义。这种对文本的重视承接秦汉儒学的特点，至清代则发展为重视学术问题而忽略政治人生的考据学。在"六经注我"的陆王心学、程朱理学盛行的宋代，蒋之奇没有借助经典来阐述自己的政治观点，确实也算独立于时代风气之外了。同时蒋之奇身为庐陵学派的传人，其师欧阳修首开宋儒疑经惑传之风，其辨经典真伪的学术特色也与师门的影响有关。

蒋静，"明年，迁国子司业。帝幸太学，命讲《书·无逸篇》，赐服金紫，进祭酒，为中书舍人"②。据《史记·周鲁公世家》载成王渐长，周公怕其耽于淫逸，所以作《无逸》篇以戒成王。《书·无逸篇》主要告诫成王不要安于享乐，要体恤民生之艰。周公首先正面论证，以殷王中宗、高宗等例子，论述体恤民众，爱护民生，帝王才能享有长时间的国政；其次从反面论证，从殷王祖甲之后，那些即位的殷王只图安逸享受，不体恤百姓稼穑的艰难，不保护百姓的利益，所以他们在位的时间都不长。最后，周公还提到了文王，以文王勤于稼穑，关心民众疾苦，使国家长治久安，从而再次论证君主知民生的重要性。蒋静在太学为徽宗讲解《书·无逸篇》，受到徽宗的赏识，晋升为祭酒。祭酒是学官，为国子学或国子监的主管官，由此也可见其学养之深厚。

蒋重珍，《宋元学案》载：

> 绍定二年，召入对，首以"自天子至于庶人，所当知者，本心、外物二者之界限"为言。火灾应诏，以亲揽大柄，尽破恩私为

---

① 曾枣庄、刘琳主编：《全宋文》卷1707，上海辞书出版社、安徽教育出版社2006年版，第78册，第255页。
② （元）脱脱等：《宋史》卷356，中华书局2011年版，第11211页。

言。后又进《为君难》六箴。乞召真西山、魏鹤山用之。每草奏，斋心盛服，有密启则手书削稿，务积精神，以瘳上意。后以刑部侍郎致仕，谥忠文。先生本鹤山校试礼部门下士也，其后遂问业，尝有"心授神予"之语。①

所谓"本心"意即"天性""天良"，语出《孟子·告子上》："乡为身死而不受，今为宫室之美为之……此之谓失其本心。"到了宋代，陆九渊将"本心"释为仁义之心，"仁义者，人之本心也"。魏了翁创立鹤山学派，受陆九渊心学的影响颇深，认为"心者，人之太极，而人心又为天地之太极，以主两仪，以命万物"②，强调"是心之明，光乎日月，然则，心者，神明之舍，所以范围天地，出入古今，错综人物，贯通幽明"③，指出："盖人心迁于物则蔽暗"④，要达到"心之神明"，就要"寡欲"。

蒋重珍与"与魏鹤山、真西山为深交，其所讲明皆圣门义理"⑤，其本人也被视为鹤山派的传人，他的"本心外物界限"之说显然带有鹤山学派的色彩。同时鹤山学派宣扬天人合一，蒋重珍的思想中也提倡"天人感应"说，认为星象之变、火烧宗庙等自然之变与世间人事之变相互感发呼应。

蒋重珍幼年家贫，寄居僧舍，旦夕攻读，因聪颖而为尤袤⑥所赏识并收为弟子。师生二人感情深厚，尤袤去世后蒋重珍曾写诗怀念："遂初读书处，鹤去白云留。"⑦尤袤是杨时弟子，为龟山派传人，该学派被东南学者奉为"程氏正宗"，蒋重珍作为尤袤的得意门生，其学说也不可避免地受到二程学说的影响，惜其理学著作大都散失，无法展开阐述。

---

① （清）黄宗羲撰，陈金生、梁运华点校：《鹤山学案》，《宋元学案》卷80，中华书局1986年版，第2685页。
② 同上书，第2667页。
③ 同上书，第2666页。
④ 同上书，第2657页。
⑤ （明）凌迪知：《万姓统谱》卷86，台湾商务印书馆1986年《景印文渊阁四库全书》，第957册，第267页。
⑥ 尤袤，字延之，号遂初，既是南宋著名诗人，也是理学大家。
⑦ 傅璇琮等主编：《全宋诗》卷3128，北京大学出版社1995年版，第59册，第37479页。

蒋捷,《宋元学案补遗》中载:"(捷)平生著述,一以义理为主,其《小学详断》,发明旨趣尤多。"① "一"者,全也,意谓其所有著述都以义理为指导思想。蒋捷与理学的渊源,本文将会另辟专章予以详述,此处不再赘言。

儒家重视道统,从以上蒋氏的师承关系来看,我们基本可以梳理出蒋氏理学传承的脉络。《蒋氏家乘》载:"(蒋捷)受业于陈肖梅,肖梅尝从良贵公游,得伊洛之传,其源渊有自,故所学纯正"②,良贵公即蒋重珍。蒋重珍与当时的理学大家真德秀、魏了翁交往甚密,其学术受魏了翁的影响,且被列为鹤山学派传人。同时蒋重珍亦受教于理学家尤袤,《宋史·尤袤传》载:"袤少从喻樗、汪应辰游。樗学于杨时,时,程颐高弟也。"③喻樗,字子才,号湍石,南宋著名理学家;杨时,字中立,号龟山先生,也为南宋著名理学家,受教于程颢、程颐二兄弟,传有"程门立雪"的佳话。杨时曾在常州城东书院和无锡东林书院讲学,他"传道东南"直接开启了南宋理学。综上,我们列出蒋氏的一条师承渊源:周敦颐(1017—1073)—程颢(1032—1085)、程颐(1033—1107)—杨时(1053—1135)—喻樗(?—1177)—尤袤(1127—1202)—蒋重珍(1188—1249)—陈肖梅(不详)—蒋捷(1249—1321)④。蒋氏的另一条理学传承脉络为:欧阳修(1007—1072)—蒋之奇(1031—1104)—蒋璯(1063—1138)—蒋璨(1085—1159)⑤。

蒋氏治经源远流长,至清代,还出现了曾被清世祖顺治誉为"真谏官也"的经学家蒋永修⑥,著有《孝经小学注》等,在任按察副使提督山东学政、补湖广提学副史期间,重视教育,广修学院,问津、濂溪、

---

① (清)王梓材、冯云濠辑:《宋元学案补遗》,北京图书出版社2002年版,第381—382页。
② 蒋文忠等:《蒋氏家乘》,1947年修,上海图书馆藏,资料号:902901—12。
③ (元)脱脱等:《宋史》卷389,中华书局1977年版,第11929页。
④ 《儒藏史部儒林史传》提要《毗陵正学编》提要载:"毗陵道学一脉,首崇龟山(杨时)而次道乡(邹浩),故以杨时为首,其余诸子,如周孚先、周恭先、唐棣、邹柄、喻樗、胡珵、尤袤、李祥、蒋重珍、谢应芳,或曾游学程门,或为龟山高弟,或师弟相承,可谓学之而得其正者也,故号为毗陵正学。"
⑤ 《增补宋元学案》卷4《庐陵学案》内载有蒋之奇;《宋元学案补遗》卷4《庐陵学案》内载有蒋璯、蒋璨。
⑥ (清)李先荣修,阮升基增修,宁楷等增纂:《嘉庆增修宜兴县旧志》,江苏古籍出版社1991年版,第290页。

石鼓等学院"一皆鼎新"。其子蒋景祁既是词人又是学者，与储欣合撰有《春秋指掌》三十卷、《前事》一卷、《后事》一卷，《四库全书总目》载："是书于《三传》及《胡氏传》外多取冯梦龙《春秋指月》《春秋衡库》二书，盖科举之学也。末附《春秋前事》一卷，皆《国语》之文；《后事》一卷，备录《左传》小邾射来奔以下诸事，亦用冯氏之例。"①

第二节 蒋氏家族的史学传统

追本溯源，史学萌发于古代先民对于英雄人物的传说；春秋末年，孔子修成史学上第一部编年体史书《春秋》；战国时期，私人撰史日益增多，出现了《左传》《战国策》《竹书纪年》等一系列著述；秦汉时期，中国史学日趋成熟，《史记》与《汉书》两部历史巨著横空出世。

史学最初处于儒家学术的附庸地位，与经学并称"经史"，直到汉末魏晋，史学才摆脱了经学的附属地位，在观念上得以独立。经过魏晋南北朝的发展，不仅出现了《三国志》《后汉书》《晋书》《宋书》等十三部正史，而且扩大了史学撰述的领域，地方史、民族史、宗教史、谱牒等都有了长足发展，史学从而成为文人士大夫必备的学术修养。与魏晋南北朝学术文化转向家门化同步，史学也成为世家文化大族父子相传的家学之一。

著史的风尚始自对于经学的研究，经学发展到汉代，出现了"罢黜百家，独尊儒术"的局面，在儒学一枝独秀的背景下，儒学经典都以"君君臣臣父父子子"为依据划分严格的等级制度，在规范社会秩序的同时，也陷入了对人性的禁锢以及违背自然规律的悖论中。史学与经学同源，但却不受其负面的影响，如司马迁这样的大史学家，多以经学为治学途径，但又能做到入得其门而又出乎其外，由习儒而治史不仅成为一种学术倾向性，也成为一种学术风尚。

蒋氏修史始自唐朝，《新唐书》载："（蒋氏）三世踵修国史，世称良笔，咸云'蒋氏日历'，天下多藏焉。"②《旧唐书》载："蒋氏世以

---

① （清）永瑢等：《四库全书总目》卷31，中华书局1965年版，第256页。
② （宋）欧阳修、宋祁：《新唐书》卷132，中华书局2011年版，第4535页。

儒史称，……与柳氏、沈氏父子相继修国史实录，时推良史，京师云'蒋氏日历'，士族靡不家藏焉。"① "蒋氏三世修国史"，是指蒋乂、蒋系、蒋偕父子三人。

蒋乂在史学上的造诣得益于外家之学：

> 外祖吴兢位史官，乂幼从外家学，得其书，博览疆记。逮冠，该综群籍，有史才，司徒杨绾尤称之。将明（蒋乂父）在集贤，值兵兴，图籍殽舛，白宰相请引乂入院，助力整比。宰相张镒亦奇之，署集贤小职。乂料次逾年，各以部分，得善书两万卷。再迁王屋尉，充太常礼院修撰。贞元九年，擢右拾遗、史馆修撰。德宗重其职，先召见延英，乃命之。②

蒋乂改秘书少监，复兼史馆修撰期间，参与了《德宗实录》的撰写。

> （蒋乂）与独孤郁、韦处厚修《德宗实录》。以劳迁右谏议大夫。裴垍罢宰相，而李吉甫恶垍，以尝监修，故授乂太长少卿。久之，迁秘书监，累封义兴县公。……乂在朝廷久，居史职二十年。每有大政事议论，宰相未能决，必咨访之，乂据经义或旧章以参时事，其对允切该详。……结发志学，老而不厌，虽甚寒暑，卷不释于前，故能通百家学，尤明前世沿革。③

《德宗实录》时称信史，元和五年（810）修毕，实际上主要由蒋乂完成。因为韦处厚（773—828）元和初才进士及第，后授秘书省校书郎，元和三年（808），宰相裴垍荐其以本官充直史馆，其后任史馆修撰还是长庆年间的事（821—824），所以在修《德宗实录》时所起作

---

① （后晋）刘昫等：《旧唐书》卷149，中华书局2011年版，第4029页。
② （宋）欧阳修、宋祁：《新唐书》卷132，中华书局2011年版，第4531页。
③ 同上书，第4533页。

用不大。①而孤独郁（775—814）于贞元十四年（798）进士及第，元和初拜左拾遗、太子司议郎，元和五年以右补阙兼史馆修撰，参预修《德宗实录》。不久，其岳父权德舆入相，召充翰林学士，迁起居郎，再迁考功员外郎，兼史馆修撰，并判馆事。如此一年三迁，孤独郁修撰《德宗实录》恐怕也不过是名义上的事。

蒋乂修《德宗实录》时已经年过六旬，官至秘书少监，早负儒学盛名②，在书修成后，时任监修的宰相裴垍与蒋乂联名进上，这也说明蒋乂在修史中起到了主要作用。其后，李吉甫代裴垍为相，并监修国史，吉甫与裴垍不合，于是借口裴垍因患风痹已卸史任，不宜添名奏《德宗实录》为由，奏迁其为太子宾客，蒋乂也因此受到株连罢去史馆修撰。

蒋乂长子係，"善属文，得父典实。太和初，授昭应尉，直史馆。明年，拜右拾遗、史馆修撰，与沈传师、郑瀚、陈夷行、李汉参撰《宪宗实录》。……历膳部员外、工礼兵三部郎中，皆兼史职"③。《宪宗实录》修成于太和四年（830），蒋係参与修书是在太和二年（828），其时该书已经修撰了八九年之久，但因参与者和监修者调动频繁，诸事繁杂，加之朝廷多变故，仅为"创具凡例"④而已。自蒋係加盟此书修撰以来，《宪宗实录》在两年间即修撰成，说明蒋係起了至关重要的作用。《旧唐书·宪宗实录》动辄引"史官蒋係曰"云云，也可看出其在修史中所处的重要位置。蒋係的二弟蒋伸，大中二年（848）以右补阙为史馆修撰，在此期间可能参加了对《宪宗实录》的最后判定。懿宗即位后，蒋伸以宰相之职兼刑部尚书、监修国史。

蒋乂三子偕：

> 以父任，历右拾遗、史馆修撰，转补阙、主客郎中。初，柳芳作《唐历》，大历以后阙而不录，宣宗诏崔龟从、韦澳、李荀、张彦远及偕等分年撰次，尽元和以续云。累迁太常少卿。大中八年，

---

① 详见《旧唐书·韦处厚传》。
② 详见《旧唐书·郑絪传》。
③ （宋）欧阳修、宋祁：《新唐书》卷132，中华书局2011年版，第4534页。
④ 详见《新唐书·韦处厚传》。

与卢耽、牛丛、王沨、卢告撰次《文宗实录》。①

《新唐书》明确载蒋偕等于大中八年（854）修撰《文宗实录》，而《旧唐书》则载其修撰时间为咸通中，也即860—874年之间，未知哪部记载为确。蒋偕还参与了《续唐历》的修撰，此书是否即为《新旧唐书》皆推崇备至的《蒋氏日历》，或是以《蒋氏日历》为底本修改而成的，并没有确切的文献依据。《新旧唐书》并未记载《续唐历》的诏修年月，但据崔龟从是在刊落《宪宗实录》之后才监修《续唐历》来看，那么该书最早始修于大中三年（849）三月，周墀罢相不再监修国史之后。《续唐历》书成于大中五年七月，也即只有两年零四个月的修书时间，如果只依据德宗、顺宗、宪宗三朝的《实录》，而无更简洁的《蒋氏日历》为纲鉴，恐怕难以在如此短时间内完成。而且，同修书的韦澳入史馆不久即转知制诰②；张彦远于大中元年（847）完成《历代名画记》之后，一直忙碌于此书的刊刻，精力显然不在修书上③；李荀事迹不详。所以蒋偕在《续唐历》中担任的角色就越发重要了，《续唐历》即便不是《蒋氏日历》，也极可能是在借鉴《蒋氏日历》的基础上修成的。

综上，《德宗实录》《宪宗实录》《文宗实录》《续唐历》都由蒋氏父子参与修成，这就保障了修史的连贯性，不会出现前后舛错之处，也算是史学家传的最大优势。

有唐一代，蒋氏所参与修撰的史书，下面列表以示。

姓名	史学著作
蒋乂	《德宗实录》《开元格后敕》《大唐宰辅录》《凌烟阁功臣》《秦府十八学士》《史臣》
蒋係	《宪宗实录》
蒋偕	《文宗实录》《续唐历》

宋代，蒋氏的学术重心转向理学，家族中不再出现参与修撰国史的

---

① （宋）欧阳修、宋祁：《新唐书》卷132，中华书局2011年版，第4535页。
② 详见《旧唐书·韦贯之传》。
③ 详见张彦远《历代名画记·序》，人民美术出版社1964年版。

史学大家，但史学依旧是蒋氏的家学之一，族人依然具有深厚的史学造诣。

蒋之奇的《逸史》已佚，但在宋人洪迈和李心传的著述中都有相关记载。

> 蒋魏公《逸史》二十卷，颖叔所著也，多记当时典章文物。云旧有数百册，兵火间尽失之，其曾孙芾始捃摭遗稿而成此书，将以奏御，以其副上之太史，且板行之，传之天下后世，既而不果。蒋公在熙宁、元祐、崇宁时，名为博闻强识，然阅其论述，颇有可议，恨不及丞相在日与之言。①

洪迈与蒋芾是同时代人，据其文中所述，他看到的《逸史》为蒋芾整理曾祖父遗稿而成，可惜已经佚失，我们只能从宋人对其勘误中了解《逸史》所载的零星片段：

> 其一云："行、守、试，视其官品之高下，除者必带本官。吕晦叔除守司空而不带金紫光禄大夫者，此翰林之失也。既不带官，不当著'守'字，故晦叔辨之，遂去守字，为正司空，议者谓超过特进、东宫三太、仪同矣"。
> 予谓行、守、试必带正官，固也。然自改官制以后，既为司空，自不应复带阶官。吕从金紫迁，只是超特进一级耳；东宫三太，何尝以为宰相官？仪同又系使相也。吕亦无自辨之说。
> 其二云："文潞公既为真太师矣，其罢也，乃加守字。潞公怏怏，诸公欲为去之，议者谓非典故，潞公之意，止欲以真太师致仕耳。诸公曰：'如此可乎？'曰：'不可。'为真太师则在宰相之上。竟不去守字，但出札子，令权去之。"案，潞公本以开府仪同三司守太师、河东节度使致仕，入为平章军国重事，故系衔只云太师。及再致仕，悉还旧称，当时有旨于制词内除去"守"，以尝正任太师也。所谓札子权去，恐或不然。

---

① （宋）洪迈撰，孔凡礼点校：《蒋魏公逸史》，《容斋随笔》四笔卷9，中华书局2005年版，第732页。

其三云："旧制，执政双转，谓自工部侍郎转刑部，刑部转兵部，兵部转工部尚书。惟丞相对转，工部侍郎直转工书，比执政三迁也。"予考旧制，执政转官，与学士等。六侍郎则升两曹，以工、礼、刑、户、兵、吏为叙，至兵侍者转右丞，至吏侍者转左丞，皆转工书，然后细迁。今言兵侍即转工书，非也。宰相为侍郎者，升三曹，为尚书者，双转。如工侍转户侍，礼侍转兵侍，若系户侍，当改二丞，而宰相故事不历丞，故直迁尚书。今言工侍对转工书，非也。

其四云："杨察为翰林学士，一夜当三制，刘沆以参知政事，富弼以宣徽使，皆除宰相。宣徽在参政下，则富当在刘下，乃误以居上，人皆不觉其失，惟学士李淑知之，扬言其事，遂贴麻改之。"予考国史，至和元年八月，刘沆以参知政事拜集贤相。二年六月，以忠武军节度使知永兴军文彦博为昭文相，位第一；刘沆迁史馆相，位第二；宣徽南院使判并州富弼为集贤相，位第三，其夕三制是也。而刘先一年已在相位，初无失误贴改之说。

其五云："有四仪同：一曰开府仪同三司，二曰仪同三司，三曰左仪同三司，四曰右仪同三司。"案自汉邓骘始为仪同三司，魏、晋以降，但有开府仪同三司之目，周、隋又增上字为一阶，又改仪同三司为仪同大将军，又有开府、上开府、仪同、上仪同，班列益卑，未尝有左右之称也。后进不当辄议前辈，因孙偓有问，书以示之。①

李心传的《旧闻正误》对《逸史》也多有勘误：

寇忠愍公判天雄军，王文康公为转运使，奏公僭侈，太宗怒，问翰林承旨王明，明曰："此骏耳。"太宗从之。公后以女适文康，及谪雷州，赖文康当国，故得不死。（出《蒋魏公逸史》）按，寇公在长安走马，承受奏其僭侈，真宗以问王魏公旦。旦奏云云。及谪雷州，王文康为密直，亦坐累免。蒋误记也。又，国史，寇公判

---

① （宋）洪迈撰，孔凡礼点校：《蒋魏公逸史》，《容斋随笔》四笔卷9，中华书局2005年版，第732—734页。

天雄乃祥符初事，是时晁文元、李昌武、杨大年在翰苑，亦无王明。明初自右职换礼部侍郎，未尝入北扉，不知蒋何以卤莽如此。①

故事，命相皆用上旬刚日。元丰八年（1085）拜蔡、韩二相，以五月二十六日，盖邓温伯失之。（阙书名，当出蒋魏公《逸史》）按史，神宗一朝命相，韩康公、王荆公以十二月十一日；韩康公再相以四月十九日；……蔡持正拜相以四月二十二日，皆在中下旬。且荆公、岐公、持正，制出皆柔日也。颖叔徒见熙宁中富郑公拜相以二月二日，故有上旬之论，不知亦偶然耳。如太祖初拜赵中令为相，乾德二年（964）正月十三日也。仁宗庆历三年（1043），改命二相，四月二十一日也。至和二年（1055），并命文忠烈、富文忠，六月十一日也。此三者不为不审矣，然皆在中下旬。中兴后，秦会之、朱藏一、赵元镇、张德远、叶梦锡等亦以下旬大拜，初无所拘。此说牴牾。②

学士院具员，文臣待制以上，武臣正任防御使以上。盖防御使有超除节度使之理，故皆入具员。（阙书名，当出蒋魏公《逸史》）按国朝防御使，虽有殊功，未尝径建节也。绍兴末，李宝以胶西之捷，自遥察除节度使，时号创见。蒋所记误。③

蒋之奇《逸史》所记不过是北宋当朝甚至是当代之事，但为何会有如此明显的疏误，笔者推测大概有两个原因。一则或是蒋之奇在著述中，过于相信自己的"博闻强识"，而未加以认真的考证核对；二则或是蒋苪在重新整理曾祖父的佚作中出现舛误，毕竟蒋苪所处的时期与《逸史》所记之事的年代有些距离，如果不认真考证，误记难免。

《逸史》所记的有些事例却是翔实准确，可以补其他史籍所记之误，例如李心传的《旧闻正误》言：

---

① （宋）李心传撰、崔文印点校：《旧闻证误》卷4，中华书局1981年版，第12页。
② 同上书，第36—37页。
③ 同上书，第58页。

熙宁中，王和甫尹开封，忽内降文字一纸，乃陈首有谋乱者姓名，凡数十人。内有一薛六郎者，居甜水巷，以典库为业。和甫以礼呼至，密问与何人为冤。薛言："有族妹之子，近来贷负不从，怒骂而去。"和甫追其甥，方在瓦市观傀儡戏，失声曰："岂非那事疏脱也？"既至，不讯而服。和甫曰："小鬼头没三思至此，何必穷治？"杖而遣之，一府叹伏。（出王仲言《挥麈后录》）按蒋子礼（蒋芾）所次其曾大父颖叔《逸史》，与此大意略同，但所告凡八十人，所呼乃张三郎，居城北，所怨乃刘永祚学究。和甫令永祚覆写其书皆同，上遣内侍冯宗道监鞫，斩永祚于市。未几和甫除右丞。心传按蒋书首末最详，当以为正。考之国史，和甫以元丰五年，自府尹拜右辖，熙宁中尚未尹开封。王录误也。况告数十人反，诏狱穷治不实，而但杖遣之，恐无此理。①

钱穆先生认为："中国史学之发达，应始东汉晚期，至魏晋南北朝而大盛，不仅上驾两汉，抑且下陵隋唐，此下惟宋代差堪相拟，明清亦瞠乎其后。"② 蒋氏家族于魏晋南北朝时期，门第尚未大显，且处于由军功向仕宦的转型期，家学并未积累深厚，所以史学方面谈不上成就。至唐代，蒋氏家族全力致力于史学研究，成为修撰国史的中坚力量。有宋一代，蒋氏家学的重心转向经学与文学，但由于宋代史学发达背景的影响，蒋氏成员亦有史学著述问世，但成就与影响已大不如唐代。

第三节　蒋氏家族的佛学成就

佛教于汉代传入我国以来，在传播的过程中逐渐本土化，最终形成中国化的佛教——禅宗。承担文化传承的世家大族，在佛教的传播中也发挥了重要作用。首先文人士大夫笃信佛教，钱穆先生认为："名士世族在不安宁的大世界中，过着他们私人安宁的小世界生活，他们需要一

---

① （宋）李心传撰，崔文印点校：《旧闻证误》卷2，中华书局1981年版，第28页。
② 钱穆：《略论魏晋南北朝学术文化与当时门第之关系》，《中国学术思想史论丛》，安徽教育出版社2004年版，第145页。

种学理上的解释与慰藉。瞿昙与庄、老，遂同于当时此种超世俗的学理要求下绾合。"① 文人士大夫以儒学为主业，但中国文化的一个显著特点是儒释道互补，儒释之间和谐并存，陈寅恪先生曾指出："中国自来号称儒释道三教，其实儒家非真正之宗教，决不能与释道二家并论。故外服儒风之士可以内宗佛理，或潜修道行，其间并无所冲突。"② 其次文人士大夫致力于佛学研究，如苏轼、黄庭坚、蒋之奇等都有佛学撰述。再次，世家大族不仅乐与名僧交游，而且很多家族成员成为居士，或者出家为僧。

蒋氏作为世家大族，佛教是家族精神生活的重要组成部分。蒋璨，"读书著文之暇，则写佛经作禅偈，皆出世间语"③。吴敬恒在《武岭蒋氏宗谱》序中提及武岭蒋氏的祖先为"摩诃居士"④，"摩诃居士"为义兴蒋横之子孙，全祖望称"自奉化来，有与岳林异僧交者摩诃居士，宗霸之后也。"⑤ 其实，摩诃居士非蒋宗霸之后，而是蒋宗霸本人。据家谱载，蒋宗霸，字必大，五代时期人，做过明州（今宁波）评事，罢官后一心向佛，在宁波小盘山结庵，自称"摩诃居士"。蒋宗霸虔诚于佛教，为人慈善，常口诵"摩诃般若婆罗蜜多"等梵语佛经，时人于是称其为"蒋摩诃"。

蒋世隆致仕，"怡神养志垂二十载，临终诵佛号而逝，享年八十有六"⑥。另有蒋圆，"一日，趺坐属后事讫，手加额上，诵佛而逝。首项坚直，经宿不变，非了了于生死之际，其能尔邪？实建炎四年七月十七日（1130）也，享年八十有八"⑦。从蒋世隆、蒋圆墓志铭来看，佛教

---

① 钱穆：《国史大纲》（修订本），商务印书馆1996年版，第358页。
② 陈寅恪：《陶渊明之思想与清谈之关系》，《金明馆丛稿初编》，生活·读书·新知三联书店2001年版，第219—220页。
③ （宋）孙觌：《宋故右大中大夫敷文阁待制赠正议大夫蒋公墓志铭》，《鸿庆居士集》卷42，台湾商务印书馆1986年《景印文渊阁四库全书》，第1135册，第393—396页。
④ 吴敬恒：《武岭蒋氏重修宗谱序》，《武岭蒋氏宗谱》卷首，中华书局1948年版，第48页。
⑤ （清）全祖望：《甬上族望表》，转引自《武岭蒋氏宗谱》卷31，中华书局1948年版，第174页。
⑥ （清）蒋聚祺等：《致政公坟志》，《西徐蒋氏宗谱》卷4，民国九年修，宜兴档案馆藏，资料号：1—2—1538—1557。
⑦ （宋）张守：《左中奉大夫充秘阁修撰蒋公墓志铭》，《毘陵集》卷13，中华书局1985年版，第191页。

已然成为他们生命的临终关怀,在宗教信仰的庇护下,超越于生死,直达涅槃的境界。

蒋超,"字虎臣,辛未进士,鸣玉公子也。顺治四年吕宫榜探花,由翰林迁盛京学宪,因有所感,弃职入峨眉山为僧,作诗而逝。其诗曰:'儵然猿鹤自来亲,老衲无端堕孽尘。妄意镬汤来避热,那从大海去翻身。功名傀儡场中事,妻子骷髅队里人。只有君亲恩未报,生生世世祝能仁"①。与蒋超同时代的蒲松龄,其文言纪实小说《蒋太史》写的就是蒋超的轶闻:

> 蒋太史超,记前世为峨眉僧,数梦至故居庵前潭边濯足。为人笃嗜内典,一意台宗,虽早登禁林,常有出世之想。假归江南,抵秦邮,不欲归。子哭挽之,弗听。遂入蜀,居成都金沙寺;久之,又之峨眉,居伏虎寺,示疾怛化。②

蒲松龄的叙述并非杜撰,关于蒋超的行迹,其好友王士禛在《池北偶谈》中也谈及:"(蒋超)生数岁,尝梦身是老僧……又数梦古佛入已室,与之谈禅。"③蒋超十五岁时,有两位云游僧人路过蒋宅门前,对其说:"山人有师在峨眉,二百余岁,恐其堕落云云。"④在诸种因缘的促使下,蒋超最终隐居于峨眉山伏虎寺后的萝峰庵静室,并于康熙十一年(1672)春在伏虎寺剃度为僧,法名"智通"。

蒋超圆寂前曾修书于王士禛:"身是峨眉老僧,故万里归骨于此。"⑤蒋超逝后,王士禛曾专程到峨眉山萝峰庵蒋氏墓前凭吊,并挥泪作诗挽之:

> 西风三十载,久病一迁官。忽忆峨山好,真忘蜀道难。法云晴

---

① 蒋永成等:《征异》,《楼王蒋氏宗谱》卷2,1940年修,上海图书馆藏,资料号:919520—27。
② (清)蒲松龄撰:《聊斋志异》卷8,上海古籍出版社2010年版,第381页。
③ (清)王士禛撰,靳斯仁点校:《池北偶谈》卷8,中华书局1982年版,第178页。
④ 同上。
⑤ 转引自刘仿澜《蒋超与〈峨眉山志〉》,《文史杂志》1986年第4期。

浩荡，春雪气高寒。万里堪埋骨，天成白玉棺。①

蒋超笔耕不辍，初居峨眉不久，就完成了《蒋说》《华阳山人传》等著述，他对佛教的信仰是建立在理性、慧解、凝悟之上，故对佛性的理解发乎自然，出自本心，对佛教的理解也愈深。蒋超对佛教理论的阐述主要集中于《蒋说》和《峨眉山志·志余》中，他校正了清初有些人指责、厌恶僧侣，斥其为寄生虫的偏见，批评了一些僧人无心向学，仅靠经忏为生的现象。

康熙十一年（1672）夏末，蒋超着手撰写《峨眉山志》。白天，他跋涉山中考察诸寺，夜晚则端坐于孤灯前披览史籍。布政使金隽在《峨山志书全图序》中写道：

（蒋超）陟险巇，扪霄汉，求歌凤之遗踪，访烂柯之故地，探芝洞之清奇，撷香岩之真胜。凡古刹名泉，以及琼草奇树，怪鸟异兽，靡不寓诸目而得于心。顾山志之未悉，散轶而莫记之者，从而辑之。②

通过实地考察，蒋超胼胝竭蹶，备尝艰辛，终于撰写完成了第一部完整的《峨眉山志》。该书凡十八卷，卷一星野，卷二形胜，卷三寺观，卷四高僧，卷五神仙，卷六方物，卷七典籍，卷八古迹，卷九至卷十七艺文，卷十八志余。峨眉为佛教名山，该志囊括了东晋至清初的三十八座寺庙、七十二座庵、十五座堂、十五座楼、十二座阁、十三座亭。史料翔实，条目井然，学术价值很高，其后流行的诸版本中，尤其以道光十四年峨眉县令胡林秀的修订版为最佳。

义兴佛教兴盛，周正儒曾言："义兴代挺高僧，其间有生于吾里，著于他邦，有生于他邦，住锡吾里，历考薪传，指不胜屈。"③ 义兴浓厚的佛学气氛，自然也影响了蒋氏家族对于佛教的信仰与虔诚，隋唐以

---

① 转引自刘仿澜《蒋超与〈峨眉山志〉》，《文史杂志》1986年第4期。
② 四川省地方志编纂委员会编纂：《峨嵋山志》，四川科学技术出版社1996年版，第516页。
③ （明）周正儒：《塔铭》，徐自强主编：《中国佛学文献丛刊·中国历代禅师传记资料汇编》（中），全国图书馆文献缩微复刊中心1994年版，第616页。

第五章 义兴蒋氏家族的家学

来其家族还出了几位知名的僧人：

慧弼："姓蒋氏。常州义兴人也"①，为南朝陈、隋代著名高僧，常州安国寺主持。

> 永定二年，躬纡衮冕为剪周罗，三衣什物一时通给，乃伏业于惠殿寺领法师为弟子。……太建十年，下敕于长城报德寺，讲涅槃法华，瓶锡盈堂，簪裾满席，质疑请道，接踵成林，禀戒承归，排肩如市。②

慧弼早年为成实派传人，该派以弘传诃梨跋摩著、鸠摩罗什译的《成实论》而得名。慧弼早年受业于惠殿寺领法师，"亲承雅训，听受《成实》"③，其后对《成实论》"穷神追讨，务尽教源，所以六足、八犍、四真、五聚，明若指掌，罔或有遗"④。但后来成实学派衰落，三论宗兴起，慧弼又转习三论，陈文帝天嘉元年（560），"游诸讲肆，旁求俊烈。备见百梁，悟茅茨之陋；频上三休，恨土阶之鄙。乃去小从大，徙辙旧章，听绍隆哲公弘持'四论'"⑤。慧弼天性高，加之勤奋，"才经一悟功倍常徒，研味数句精通玄极，是知大智本行，与日月而齐明，名称普闻，将风云而共远"⑥。

善伏：亦名等照，俗姓蒋，常州义兴人。"生即白首，性知远离，五岁于安国寺兄才法师边出家，布衣蔬食，日诵经卷，目睹七行，一闻不忘"⑦。贞观三年（629）被追兖州学，"因而日听俗讲，夕思佛义"，颇能"联类佛教，两用疏通"⑧。后又逃隐出家，志乐佛法，先后受学于苏州流水寺壁法师的四经三论、天台超禅师的西方净土观、润州岩禅师的无生观；入桑梓山，行慈悲观。因反对肉祭，义兴县令以私度治

---

① 《乾隆大藏经》（此土著述三）卷9，传正有限公司乾隆版大藏经刊印处1997年版，第113册，第365页。
② 同上书，第366页。
③ 同上。
④ 同上。
⑤ 同上。
⑥ 同上。
⑦ 《续高僧传》卷26，《大藏经》五〇，第602页下—603页中。
⑧ 同上。

193

罪，被括还家。后复山居，"常在伏牛山，以虎豹为同侣，食蚊虻为私行。视前六尺，未曾顾眄。经中要偈，口无辍音"①。

圆悟：字觉初，自号密云，人称"蒋天童"，宜兴人，明末临济宗高僧。八岁时不经人教即能自诵佛号，年轻时以读《六祖坛经》而知宗门之事。

  （圆悟）二十九岁诣龙池山，投幻有正传习禅，三十三岁始得剃落，翌年掩关本山千日，誓明大事。正传屡次勘验，虽酬答应对，当机不让，终不许可。至三十八岁，一日过铜官山顶，忽情与无情焕然等现，觉觅纤毫患失不可得。②

受其师幻有的影响，圆悟在教化弟子时常采用棒喝的方式，所谓"以棒喝为要密，开人正眼，脱人情解，学者莫不望风而靡，以为临济再来"③。在总结自己的修行心得时，圆悟曾言："山僧出家将近四十载，别也无成得甚么事，只明得祖师归来，直指人心，见性成佛一着子。"④ 以"棒喝"启示僧众，以达到"直指人心""见性成佛"，简化了参禅方式，易为僧众接受。圆悟有《密云禅师语录》《天通语录》行世，其弟子众多，有多位是清初的名僧。

行策：号截流，清初净土宗高僧。宜兴人，俗姓蒋，其父蒋全昌与憨山大师为好友，憨山大师示寂后三年（天启六年）的某个晚上，蒋全昌梦到憨山大师走入卧室，随后行策出生，故给儿子取名梦憨。行策生于书香门第，自幼饱读儒典佛经，二十三岁时出家，投礼箬庵通问和尚，后从问公座下修习禅定功夫，五年后参悟诸法本源。顺治八年（1651）之后，在报恩寺随息庵瑛法师修净土法门；进住虞山（今常熟），与大众共修净业；常住普仁院达十三年之久。行策在自度与度他的过程中，以对净土经典的研习加之自身的修持体验，在佛学上达到了很高的造诣，被推任为净土第十代宗师。

---

① 《续高僧传》卷26，《大藏经》五〇，第602页下—603页中。
② 张新民：《贵州临济禅宗灯系溯源》，《贵州文史丛刊》1998年第1期。
③ 同上。
④ （清）道忞：《禅宗全书》，《密云禅师语录》卷3，第52册，第346页。

行策的佛学著作以论述净土宗为主，如《净土警语》《莲藏集》《势至圆通章解》。

尤其值得一提的是，北宋蒋氏家族还出现了一位对于佛学做出突出贡献的人物——蒋之奇，他的《香山大悲菩萨传》直接推动了观音信仰在中国大地的传播。蒋之奇是虔诚的佛教徒，有关蒋之奇的佛学造诣与成就，下文将另辟专章加以阐述。

第四节　蒋氏家族的医学盛事

中国古代社会由于各种资源的垄断，家族成为文化学术传承的主要载体，于是也涌现出很多医学世家。世家大族中，既是文化家族又是医学世家的还是比较罕见，义兴蒋氏家学丰厚，仅在唐代就出了两位名医，堪称医学世家。

蒋少卿，为蒋俨之父，唐殿中侍御医、上护军。

> 公早明因果，游心释教摄生之道，拯救之方，颇迂雅思，略皆贯涉。老氏后下之诫、太易明谦之理，率由自至，不资学习。寂静自居，安贫乐道，家人未尝见喜愠之色。初，不以势利经怀，故莫阶荣级，安时处顺，居常待终，享年八十。[①]

唐朝侍御医属于殿中省尚药局，为职事官职，从六品上，是宫内的主要医官。上护军是蒋少卿的散阶，正三品。据考古报告称：

> 蒋少卿墓是西安发现的一座十分重要的唐代"殿中侍御医"纪年墓，对研究唐代的医疗官署有重要意义，蒋氏家族在唐代初期的官方医学机构中权势颇大，但文献记载并不多，对其关注也是近年才多起来。显庆四年（659），李𪟝、孔志约、苏敬等二十三人修《唐本草》，蒋氏占其中四人，分别是：蒋义方、蒋元昌、蒋孝

[①] 佚名：《唐故朝议郎行尚药侍御医上护军蒋府君夫人陇西郡太君墓志铭并序》，西安市文物保护考古所：《西安唐殿中侍御医蒋少卿及夫人宝手墓发掘简报》，《文物》2012年第10期。

瑜、蒋孝璋。蒋孝璋与蒋少卿同为吴郡义兴人。①

其实，蒋孝璋与蒋少卿不仅同为义兴人，而且同属义兴蒋氏家族。蒋孝璋，其子蒋义忠墓志载，蒋孝璋之父蒋敷曾做过通州刺史，在唐高宗永徽年间（654年前后），蒋孝璋担任朝议大夫、上柱国、行尚药局奉御，为正五品官。《旧唐书》载："（永徽六年）八月，尚药奉御蒋孝璋员外特置，仍同正。员外同正，自蒋孝璋始也。"② 唐初，尚药局设"奉御"二人，蒋孝璋是这两人之外的增员，所以需要"特置"，仍然享受正员的待遇。唐朝员外同正就是自蒋孝璋开始的。此后，"员外同正"成为官种之一。

蒋孝璋医术高超，曾受命为晚年的玄奘大师看病。

> （玄奘）今夏五月（显庆五年），因热追凉，遂动旧疾，几将不治。道俗忧惧，中书闻奏，敕遣供奉上医尚药奉御蒋孝璋、针医上官琮专看，所须药皆令内送。北门使者日有数般，遣伺气候，递报消息……孝璋等给侍医药，昼夜不离，经五日方损。③

唐高宗对玄奘大师极为推重，所以在大师病重时特遣医术高超的蒋孝璋等为之诊治，后玄奘果然痊愈，上表谢曰："饮沐圣慈，已祛沉痛，蒙荷医疗，遂得痊除。"④

蒋孝璋还有几个医药处方保存在中医古籍里。

《外台密要方》（蒋孝璋方）：

> 又酸枣饮，疗虚烦不得眠，肋下气，气冲心方：酸枣仁（一升）、人参（二两）、白术（二两）、橘皮（二两）、五味子（二两半）、桂心（一两）、茯苓（二两）、生姜（四两），右八味，切，

---

① 佚名：《唐故殿中侍御医上护军蒋府君墓志》，西安市文物保护考古所：《西安唐殿中侍御医蒋少卿及夫人宝手墓发掘简报》，《文物》2012年第10期。
② （后晋）刘昫等：《旧唐书》卷4，中华书局2011年版，第74页。
③ 光中编著：《唐玄奘三藏传史汇编》，东大图书股份有限公司1989年版，第198页。
④ 同上书，第199页。

以水六升，煮取二升半，去滓，分三服。忌桃李、雀肉、生葱、酢物。①

又酸枣饮，主虚烦不得眠方：酸枣仁（一升）、茯神（二两）、人参（二两）、生姜（三两），右四味，切，以水五升，煮取一升二合，去滓，分再服。忌酢物。②

又茯神饮，疗心虚不得睡，多不食，用此方：茯神（四两）、人参（三两）、橘皮（二两）、甘草（一两半，炙）、生姜（二两）、酸枣仁（一升），右六味，切，以水一斗，煮取二升，去滓，分三服。忌海藻、菘菜、酢物。③

又竹叶饮，主痰热眼赤头痛方：竹叶一握（切），麦一升（淘），地骨白皮三分（切）。右三味，以水五升，煮取二升，以麦熟为度，食后分二服。④

《延年》紫菀饮，主咳方：紫菀一两半，贝母二两，杏仁一两半，去皮尖两仁者，研。人参一两，橘皮半两，生姜一两。右六味，切，以水二升五合，煮取八合，分三服，欲再服亦得。慎咸、醋、蒜、面。⑤

梅新林先生曾言：

官宦之家经文化积淀而成为文学世家的转型过程中，其发展路向明显受时代精神的影响，两汉侧重经学研究，唐以文学创作为要，宋以降则渐趋多元，故两汉多经学世家，唐多文学世家，宋以降则多为文学世家与藏书世家、学术世家、艺术世家、医学世家、文献世家等的兼容。⑥

从这个意义上讲，蒋氏家族在唐初就已经完成文学世家与医学世家

---

① （唐）王焘撰，高文铸校注：《外台秘要方》卷17，华夏出版社1993年版，第329页。
② 同上。
③ 同上。
④ 同上书，第394页。
⑤ （唐）王焘撰，高文铸校注：《外台秘要方》卷9，华夏出版社1993年版，第163页。
⑥ 梅新林、崔小敬：《论文学世家的生命周期》，《苏州大学学报》2014年第1期。

的兼容,可谓走在时代的前列。且蒋氏家族在医学上造诣之高,也足见其家学的涉猎之广,根基之深。

第五节　蒋氏家族的书画造诣

文化家族的艺术风尚,如书画艺术、金石的精鉴等,不仅是家族成员"遭于学"之外"游于艺"的雅兴与闲情,也是其家学以及创作活动的重要组成部分。书画艺术自汉末兴起以来,至魏晋南北朝而大盛,从根本上说与享有文化教育资源的世家大族的推动密不可分。钱穆先生认为当时文人士大夫重视书画等艺术,"正犹其重视诗文,皆为贵族身份之一种应有修养与应有表现"①。并指出:"其中有在中国文化传统中占极重要地位者,厥为书法与画绘。"② 同时,书画艺术的繁荣也与魏晋人个性的张扬与解放有关,余英时云:

> 东汉中叶以后的士大夫之个体自觉既随政治、社会、经济各方面之发展而日趋成熟,而多数士大夫个人生活之优闲,又使彼等能逐渐减淡其对政治之兴趣与大群体之意识,转求自我内在人生之享受,文学之独立,音乐之修养,自然之欣赏与书法之美化遂得平流并进,成为寄托性情之所在。③

书法艺术也是义兴蒋氏的家传之学,"(阳羡)诸家之中,蒋氏一族的书法艺术最有家族脉承的痕迹。明末蒋如奇是蒋氏家族书法艺术之大宗,蒋氏族中弟子多从其学,代表人物有蒋如统、蒋如斗等,蒋如统有《草韵墨海》,为书法专著"④。蒋如统在《墨海自叙》中曾言:

> 然性好今古法书,及孟氏一先时相考论,年来遂沉酣不忍释手,观其折旋向背之间,收往垂缩之度,操纵变换之妙,分合异同

---

① 钱穆:《略论魏晋南北朝学术文化与当时门第之关系》,《中国学术思想史论丛》,安徽教育出版社2004年版,第184页。
② 同上。
③ 余英时:《士与中国文化》,人民出版社2003年版,第301页。
④ 邢蕊杰:《清代阳羡文化家族文学活动研究》,博士学位论文,苏州大学,2008年。

第五章 义兴蒋氏家族的家学

之体，而后知古法之不可废，我神宗所集草韵一书，尤不可废也。①

可见，蒋氏一族对于书法的研究也颇有造诣。蒋如奇是明代蒋氏书法集大成者，时人对其书法艺术很是推崇：

> 蒋如奇字一先，号盘初，南直宜兴人。万历丙辰进士，官湖西大参。性笃孝友，情钟山水，不以仕禄为念，故其书法特潇洒绝俗。董思白称其："天骨超逸，功力复深"。而其语人，尝谓右军书以人重，李志、曹蜍至今安在，其意雅不欲仅以工书名也。所镌有晋、唐、宋诸大家《净云枝》等帖行世，吾乡中购其大幅匹书，不啻鸡林焉。②

蒋如奇不仅将毕生精力倾注于书法艺术，而且还精心整理古代法帖，择其优者，摹刻于石，谓《净云枝》法帖，在书史上享有盛名。清初，顺治丁亥科探花蒋超，出家前亦是风流儒雅，尤其在书法上自成一家，书艺丰腴，为时所重。

以上所列为蒋氏明清时的书法成就，如果追源溯流，蒋氏家族的书法艺术源头最早可追溯到周朝，第十一世饰颜，"殷乘公长子也，博文约礼，工篆隶书，镐京宗之，谓之颜体"③。但隶书于汉代出现，谱载似乎不确。至隋，有第七十世承黼，"善书真草隶篆，为世所珍，文帝常批奏章文曰：'卿之笔势飘奇，如鸟欲飞'。公谢曰：'乃陛下假之羽耳'。"④ 但此仅限于家谱记载，缺乏可靠的文献佐证，只能侧面说明蒋氏的书法家传历时已久。

唐宋时期，蒋氏在书法上造诣颇深的有蒋堂、蒋之奇、蒋璨、蒋长

---

① （明）蒋如紞：《墨海自叙》，（清）蒋聚祺等：《西徐蒋氏宗谱》卷12，民国九年修，宜兴档案馆藏，资料号：1—2—1538—1557。
② （明）朱谋垔：《续书史会要》，台湾商务印书馆1986年《景印文渊阁四库全书》，第814册，第846页。
③ 蒋永成等：《世传》，《楼王蒋氏宗谱》卷3，1940年修，上海图书馆藏，资料号：919520—27。
④ 同上。

源等，同时蒋氏与同时代的著名书法大家蔡襄、王无悔、沈遘等都有姻亲关系①，这也促进了蒋氏与其他书法家的艺术交流，形成了蒋氏独有的书法艺术风格。

蒋堂，《避暑录话》载：

> 蒋侍郎堂，家藏杨文公与王魏公一帖，用半幅纸，有折痕，记其略云："昨夜有进士蒋堂携所作文来，极可喜，不敢不布闻，谨封拜呈。"后有苏子瞻跋云："夜得一士，旦而告人，察其情若喜而不寐者。蒋氏不知何从得之，在其孙彝处也。世言文公为魏公客，公经国大谋人所不知者，独文公得与。观此帖，不特见文公好贤乐士之急，且得一士必亟告之，其补于公者亦固多矣。片纸折封，尤见前人至诚相与，简易平实，不为虚文，安得复有隐情不尽，不得已而苟从者，皆可为后法也。"②

《书影》在引用此则逸闻后评曰："予谓文公帖子，石林老人论之详矣；端明跋仅十七字，摹写杨文公怜才爱士之意，飞动纸上。使千百世下，读之骤欲泣下。笔墨何物，能感动人如是。"③家谱载："杨文公名亿，字大年，真宗朝为学士。王魏公名旦，仕至太尉。"④

蒋堂与苏轼的先辈有交往，苏轼在与其堂兄苏子安的书信中云："近购获先伯父亲写《谢蒋希鲁及第启》一通，躬亲裱背题跋，寄与念二令，寄还二哥。因书问取。"⑤

《梦溪笔谈》曾记录了蒋堂的另一则与书帖有关的轶闻：

> 蒋堂侍郎为淮南转运使日，属县例致贺冬至书，皆投书即还，

---

① 据谱载蒋之策娶蔡襄之女，《唐义兴蒋夫人墓志铭并序》载蒋坛之女嫁唐代书法家、岭南观察支使、监察御史王无悔，《唐义兴蒋夫人墓志铭并序》即为王氏用隶书亲笔书写。
② （宋）叶梦得：《避暑录话》卷下，中华书局1985年版，第85页。
③ 周亮公《书影》误将王魏公旦记为韩魏公琦，司马光的《涑水记闻》亦载王魏公旦与杨文公年友善，当为王魏公旦。
④ （清）蒋惟高等：《先烈考》，《茗岭蒋氏宗谱》卷2，康熙年间修，宜兴档案馆藏，资料号：1—2—113—128。
⑤ （宋）苏轼撰，孔凡礼点校：《与子安兄》，《苏轼文集》卷60，中华书局1986年版，第1830页。

有一县令使人独不肯去，须责回书，左右谕之皆不听，以至呵逐亦不去，曰："宁得罪；不得书不敢回邑。"时苏子美在坐，颇骇怪，曰："皂隶如此野狠，其令可知。"蒋曰："不然，令必健者，能使人不敢慢其命令如此。"乃为一简答之，方去。子美归吴中月余，得蒋书曰："县令果健者。"遂为之延誉，后卒为名臣，或云天章阁待制杜杞也。①

"子美"为苏舜钦之号，其人亦精于诗文书法，与蒋堂交好。

蒋堂的书法作品虽然没有流传下来，但他的子侄孙辈，如蒋之奇、蒋璨、蒋长源、蒋长生等都是宋代著名的书法大家，这足以说明他在书法上的造诣很高，且对家族后辈产生了深远的影响。

蒋堂的从子蒋之奇可以算得上是北宋的书法名家，明王世贞云："蒋之奇书有苏、黄法，皆可重也。"② 苏、黄指北宋书法大家苏轼与黄庭坚。王世贞的评价可谓精准，蒋之奇与苏轼、黄庭坚为好友，在书法上自然受他们的影响。苏轼、黄庭坚与蒋之奇的交情非同一般，二人都曾来义兴都山拜谒蒋氏的祖先亚亭侯墓，并分别作有《题蒋氏大宗亚亭二碑》。苏诗云：

> 巍巍二碣焕文章，文武衣冠绍汉唐。老我余生空碌碌，留题千古共余香。③

黄诗云：

> 凌霞观里两珉砆，绝妙词成唐大夫。我今拭目重瞻睹，姬汉恩封信不诬。④

---

① （宋）沈括：《梦溪笔谈》卷10，上海书店出版社2003年版，第92页。
② （明）王世贞：《弇州四部稿》卷135，台湾商务印书馆1986年《景印文渊阁四库全书》，第1281册，第239页。
③ 此为佚诗，见《蒋府圩蒋氏宗谱》卷9《诗》，1927年修，宜兴档案馆藏，资料号：1—2—2721—2727。
④ 同上。

蒋之奇还与当时著名的书法大家米芾交游深厚。米芾卜居润州北固山甘露寺时，曾在寺庙附近建"海岳庵"，庵内设书斋有二，一曰"净名"，一曰"宝晋"，内藏书法名画以及各色古玩，"净名斋"取自蒋之奇诗句。《净名斋记》云：

> 襄阳米芾，字元章，将卜老丹徒，而仲宣长老，以道相契会。内阁蒋公颖叔以诗见寄，云："京尘汨没兴如何？归棹翩翩返薛萝。尽室生涯寄京口，满床图籍锁岩阿。六朝人物风流尽，千古江山北固多。为借文殊方丈地，中间容取病维摩。"于是，宜公以其末句命名余居，亦冀公之与余同此乐也。①

米芾的《廷议帖》就是写给蒋之奇的：

> 芾老矣！先生勿恤浮议，蒋之曰："襄阳米芾，在苏轼、黄庭坚之间，自负其才，不入他党。今者老矣，困于资格，不幸一旦而死，不得润色皇猷，黼黻王度，臣僚实共惜之。愿圣天子去常格料理之。"先生以为何如？②

米芾此帖写于元符三年（1100）四月前后，时韩忠彦为右相，蒋之奇同枢密院事，范纯仁复官公观，苏轼等徙内郡居住。米芾的好友皆升职，于是至京遍谒权贵，与蒋之奇的书信亦是希望其荐己之意。

蒋之奇对于书画的收藏与鉴赏也颇有研究，《吴中旧事》云："至和中，乐安公守姑苏日，虎丘崖下水涌出竹简数十小片，皆朱书，有孝建年号，盖宋武时纪年也。蒋颖叔自记于手稿，其孙世昌录收之。"③乐安公为蒋堂，蒋之奇的伯父，蒋堂守苏州时，由于其书法上的造诣，对于虎丘崖下出土的竹简想必十分重视，而从子蒋之奇郑重记于书稿并传于后人，足可见家族对于书法艺术的热爱与兴趣。

---

① （宋）米芾：《宝晋英光集》卷6，中华书局1985年版，第45页。
② （清）潘永因：《宋稗类钞》卷15，台湾商务印书馆1986年《景印文渊阁四库全书》，第1034册，第431—432页。
③ （元）陆友仁：《吴中旧事》，中华书局1985年版，第17页。

第五章　义兴蒋氏家族的家学

现藏台北故宫博物院怀素的《自叙帖》墨迹本，帖后有宋人苏辙、蒋之奇、蒋璨等人的题跋，此帖经历代名家收藏，是件流传有序的作品，蒋之奇评曰："草书有妙理，惟怀素为得之。"①

据梁披云编《中国书法大词典》称，蒋之奇的传世墨迹有《随往法济帖》《辱书帖》《北客帖》。

《北客帖》，亦称《与修史承旨侍读帖》，行书，纸本，纵25.5厘米，横38.2厘米，现收藏于北京故宫博物院。

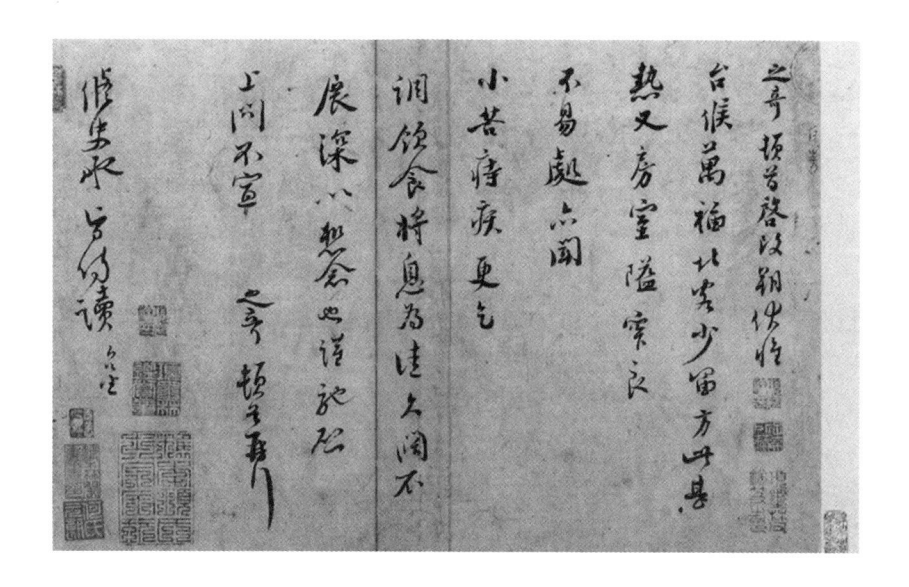

之奇顿首启：改朔，伏惟台候万福。北客少留，方此甚热，又房室隘窄，良不易处。亦闻小苦痔疾，更乞调饮食，将息为佳。久阔不展，深以想念也。谨驰启上问，不宣。之奇顿首再拜修史承旨侍读台坐。②

对于《北客帖》，书法界普遍认为是蒋之奇中年时的作品，其艺术

---

① （明）朱存理集录，韩进、朱春峰校证：《铁网珊瑚校证》书品卷1，广陵书社2012年版，第87页。
② 曾枣庄、刘琳主编：《全宋文》卷1705，上海辞书出版社、安徽教育出版社2006年版，第78册，第222页。

风格略近于蔡襄①，章法结构和谐严谨，笔法则较为修润圆弱，蒋氏晚年的作品与之相比则流畅苍劲得多。

最初，书法界认为此帖是写给司马光的，如徐邦达言："此帖上款称'修史承旨侍读'应是指司马光。考光于神宗朝初年官翰林学士兼翰林侍读学士，修撰《资治通鉴》，完成亦在其时，之奇年未迨四十，其书笔法稍弱，与后录晚年《辱书帖》不同，正可互证。"② 曹宝麟认为徐邦达把"承旨"当作"翰林学士"是不确的，司马光并没有做过"翰林学士承旨"，所以蒋之奇的书信所寄应该是另有其人。曹宝麟于是想到宋祁，他当过承旨，也是侍读，还修过《新唐书》。但是宋祁的"承旨"是他去世之前两个月才封的官职，而帖中所提及的"小苦痔疾"不过是小病，似与现实不符，宋祁的可能性排除。随后，曹宝麟又通过排查，发现王珪符合这个条件。王珪，字禹玉，北宋名相，曾参与迫害苏轼，是"乌台诗案"的主要策划者。曹宝磷认为此帖是蒋之奇投靠新派的一个佐证，写帖时蒋正在由贬谪地道州返回朝廷的途中，所以自称"北客"。

笔者认为蒋之奇固然性格复杂，曾结交如王安石等新党权要，但他与旧党苏轼等人也交情匪浅。所以不能仅仅以他讨好新党为由，就认定此帖是写给王珪的。其实，笔者通过排查，认为此帖写给吕公著的可能性最大。吕公著（1018—1089），字晦叔，名相吕夷简第三子。《宋史·吕公著传》载，吕氏曾任翰林学士承旨、天章阁待制兼侍读，而且还曾奉命编修《英宗实录》。据现有文献来看，蒋之奇与王珪并无私交，相反蒋与吕公著则交往深厚。《北客帖》写于治平四年（1067），蒋之奇返回朝廷的途中。据家谱载，熙宁七年（1074），吕公著曾为蒋之奇撰写《蒋氏世谱源流序》：

余闻积德之家，犹水木之有本源也，祖宗积累于前，垂裕于后，……今翰林之奇君拳拳于谱，可谓能敬其祖矣！为同宗者，因是谱而思其祖之积德，率其子弟曰家勉励，则蒋氏庆泽之流，亦千

---

① 据谱载，蒋之奇的堂兄娶大书法家蔡襄之女，蒋之奇与蔡襄为姻亲，这种关系也促进了二人书法上的交流，故之奇此帖风格近蔡襄当是受其影响之故。

② 徐邦达：《古书画过眼要录》，紫禁城出版社2005年版，第205页。

百世而不替哉。①

由此，笔者认为《北客帖》极有可能是蒋之奇写给吕公著的。
蒋之奇《辱书帖》，亦称《与彦和河州司户帖》：

之奇启：

辱书，承比来体履佳念。远宦枹罕，想难于行计也。往使陕右，乃所尝到。一味只有□人与兵马，便可心习帅才也，呵呵！承国门尝见访，非谕及则不知也。方喧，自爱自爱！不宣。之奇顿首彦和河州司户。二月二十日。②

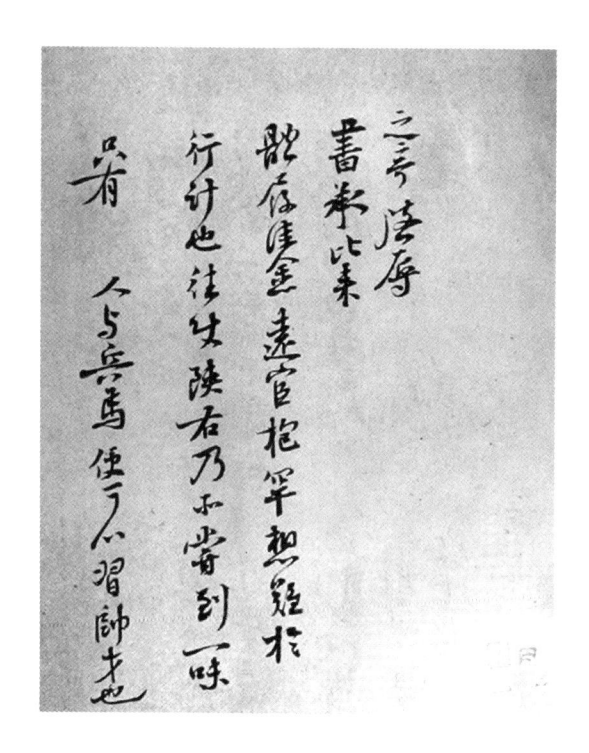

---

① 详见江西《亓亭蒋氏族谱》卷1，第3页。
② 曾枣庄、刘琳主编：《全宋文》卷1705，上海辞书出版社、安徽教育出版社2006年版，第78册，第223页。

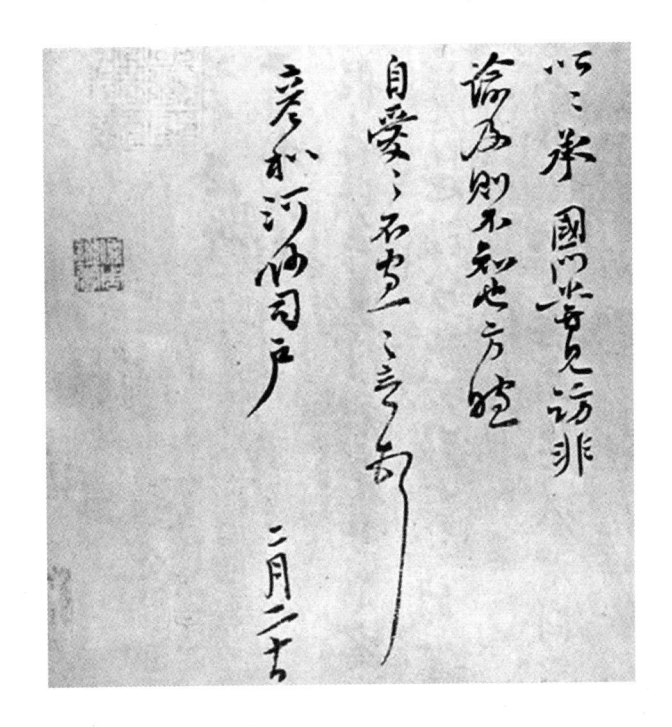

蒋之奇的从子蒋璨，也是北宋知名的一位书法家，其墓志载："公善书，得古人用笔意，大者径尺，细者如蝇头，怪奇伟丽，独步一时。凡今仙宫佛庐，穷堂奥殿，层台崇墄，得公书榜，以为壮观，至今尺牍人家宝藏之。"①《书录》称其："善行书，亦长于大字，今家藏数帖，皆有韵度。豫章诸寺匾额，多其所书，圆媚缜密，然少萧散。"② 蒋璨崇拜苏东坡，名书室为"景坡堂"，其书亦有苏轼书法之意。

义兴曾有蒋璨多处题刻，今大都不存。《毗陵志》载：

> 蒋墓龙潭，在县东南二十里，穴出山顶，水清有鱼，或取烹食之，食已而殂。先是遇大雷电，龙火辄焚林木，后以铁投潭中，遂

---

① （宋）孙觌：《宋故右大中大夫敷文阁待制赠正议大夫蒋公墓志铭》，《鸿庆居士集》卷42，台湾商务印书馆1986年《景印文渊阁四库全书》，第1135册，第393—396页。
② （宋）董更：《书录》卷下，台湾商务印书馆1986年《景印文渊阁四库全书》，第814册，第310页。

息。蒋景坡（蒋璨）书"龙潭"二大字刻石上，今不存。①

蒋璨不仅善书，而且精于对书画的鉴赏与收藏，在当时也是闻名遐迩的鉴赏大家。《建炎以来系年要录》载："（梁）师成所蓄古今书画最为富有，常置璨于门下，为辨其真伪。"②

苏子美《怀素自叙帖》藏本，蒋璨题跋曰："辨老方艰难时，流离转徙江湖间，犹能致意于此，可见志尚。"③ 时至今日，蒋璨的题跋也成为难得的书法艺术珍品。

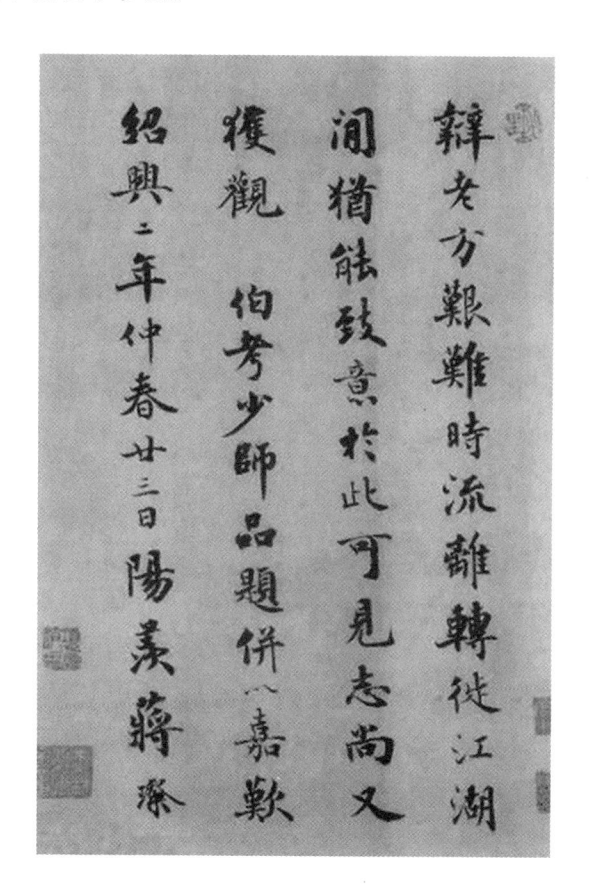

---

① （宋）史能之：《咸淳重修毗陵志》卷15，明初刻本。
② （宋）李心传：《建炎以来系年要录》卷60，中华书局1988年版，第1029页。
③ 曾枣庄主编：《宋代序跋全编》卷131，齐鲁书社2015年版，第3695页。

蒋璨题跋时,此帖已归吕辨老收藏。从跋中可知,此帖在南北宋战乱交替中流传实属不易。

蒋长生,有文献称其为蒋堂长子,亦有称之为蒋堂次子,据其字永伯(蒋堂另一子蒋长源字永仲)而言,当为蒋堂长子。蒋长生曾任泉州太守、提点淮南东路刑狱兼本路劝农使,永庆郡开国侯。蒋长生善书,泉州九日山东峰南麓中间悬崖中留有其石刻。石刻南向,正书,字径十厘米,四行,行十三字,曰:"乐安蒋长生永伯、陈留谢仲规执方、吴兴沈迈中行、济阳江与几伯达、京兆杜至孟坚、延陵吴翃元升,元祐己巳(1089)仲秋晦日同游延福寺。"

蒋长源,字永仲,蒋堂次子,官至亳州刺史,徙通、梓、歙三州太守,为北宋著名书画家、收藏家。蒋长源与米芾为书画友,曾在米芾手中得到薛稷的《二鹤图》,米芾在《画史》中记载此事:"其后以帖易与蒋长源,字永仲,吾书画友也。"① 蒋长源的藏品有黄筌的《狸猫》、绢本《兰亭序》《三杨图》《宣王姜后免冠谏图》等。

蒋长源得到绢本《兰亭序》大约在元祐元年(1086)赴任亳州刺史前,米芾《书史》中记载:"苏耆家《兰亭》三本,……一绢本,在蒋长源处。"② 蒋长源得到《兰亭序》后,即用原迹附于石上镌刻,并于文末镌上"永仲"印鉴,与绢本中苏易简原钤的"墨妙笔精"印进行拓印。然后将一本送与米芾,米芾对此帖极为钟爱,于是在卷首钤了"神品"印和"平生真赏"印,在文末钤"宝晋斋珍藏书画印",作为最上品书画珍藏,此帖至今传世。

米芾传世的《相从帖》就是书与蒋长源的:

> 黻叩头,相从之久,一旦远别,当持手清涕。乃以大雨为解,甚之不厚,但与公彼此闲居于此,即知使令人平日犹惮,况雨淋出郭乎?公其爱重。与公俱壮,日勉于德,四方相会,犹前日也。欲作诗,又虑如百尊退回耳。家人而下并起居。尊嫂郎娘各各加爱。到官因信数字,不次。黻顿首。永仲德友。③

---

① (宋)米芾:《画史》,中华书局1985年版,第3页。
② (宋)米芾:《书史》,中华书局1985年版,第19页。
③ 魏平柱:《米襄阳年谱》,湖北人民出版社2013年版,第57页。

米芾长子米友仁曾对此帖作跋：

> 四幅竹纸上帖，三十七时习字，深为得意书。子友仁己巳岁获观，鉴定真迹谨跋。①

据跋文可知，此帖为元祐元年（1086）米芾三十七岁时所书。这一年米芾正居丧，固云"闲居"，蒋长源的"到官"即任亳州刺史，米芾的《宝晋英光集》卷五收有《元祐己巳岁维扬后斋为亳州使君蒋公永仲写二首》。

蒋氏于绘画艺术上也颇有成就，早在北魏时，蒋氏即有书画家蒋少游。据《六艺之一录》载："少游敏慧机巧，工书画。"② 蒋长源不仅善书也善画，《画史会要》载："作着色山水，山顶似荆浩，松身似李成，叶取真松为之，如灵鼠尾，大有生意，石不甚工，作凌霄花缠松亦佳。"③ 由此看来，蒋长源的画风也是博采众家之长，而又形成了自己独特的风格。这也与其对画作的收藏与鉴赏有关，米芾称："蒋永仲收韦侯松一幅，千枝万叶非经岁不成，鳞纹一一如真，笔细圆润。"④ 蒋子成则是御用画师，"善画山水人物，其水墨大士像，尤为世所珍"⑤。朱元璋登帝位后，恢复了有悠久传统的御用画院，院中聚集了擅画人物的蒋子成、擅画虎的赵廉、擅画花鸟的边文进，此三人的擅长之画作，被称为"禁中三绝"。蒋子成还曾奉命画"天子真相"，赐予藩国，名重京师。

---

① 魏平柱：《米襄阳年谱》，湖北人民出版社2013年版，第57页。
② （清）倪涛：《六艺之一录》卷323，台湾商务印书馆1986年《景印文渊阁四库全书》，第837册，第4页。
③ （明）朱谋垔：《画史会要》卷2，台湾商务印书馆1986年版《景印文渊阁四库全书》，第816册，第456页。
④ （宋）米芾：《画史》，中华书局1985年版，第23页。
⑤ （清）赵宏恩等：《江南通志》卷170，台湾商务印书馆1986年《景印文渊阁四库全书》，第511册，第873页。

第六章　义兴蒋氏家族的文献

家族谱系与家族文献是整个家族研究的基础，尤其对于文化家族来说，家族文献可谓是其研究的源水，张元济先生曾言："睹乔木而思故家，考文献而爱旧邦。"① 家族文献积累的自觉意识随着家族文化的发展而不断增强，罗时进认为："江南成为文献之邦，文化家族在文献建设上贡献是极其重要的。在相当的程度上，江南文献主要源于江南文化家族的积累。"② 反之亦然，文献的积累又进一步促进了文化家族的发展，所以"应当高度重视体现家族集体记忆和文化遗存的族谱、地方文献以及相关史料的收集、考证、整理、集成、研究等一系列工作，如此才能将整个研究建立在扎实而科学的基础之上"③。

第一节　蒋氏的家族史研究文献与谱牒研究文献

蒋氏后裔重视对家族史及家族谱牒文献的研究，这方面的记载最早可追溯到秦末，据传蒋宗周搜集整理家族文献，并藏周公像于石窟中。但这些家谱的相关记载终因年代久远，缺乏可靠的依据，不足为信。及至唐天宝年间，蒋氏后裔正议大夫、文部侍郎、尚书左丞蒋洌作《蒋氏大宗碑记》，赐进士第给事中蒋涣作《云阳亭侯碑记》等，因皆为碑记，后世多有实物流传，成为研究蒋氏家族史的珍贵文献。至北宋，在

---

① 张元济：《印行四部丛刊启》，《张元济诗文》，商务印书馆1986年版，第260页。
② 罗时进：《地域·家族·文学：清代江南诗文研究》，上海古籍出版社2010年版，第142页。
③ 罗时进：《家族文学研究的逻辑起点与问题视域》，《中国社会科学》2012年第1期。

第六章　义兴蒋氏家族的文献

欧阳修的大力倡导下，士大夫阶层中谱牒研究之风日盛，欧阳修的门生、一代能臣蒋之奇在整理家族谱牒的同时开始对家族史、家族文献进行研究，并形成了一系列家族研究文献。在此之后，蒋氏家族四处分散迁徙，各支系都致力于续修家谱，各代后裔皆对家族文献进行研究考订，此风气一直延续到清末民初。

蒋氏后裔研究家族史及家族谱牒的文献从唐初至清末，可谓繁多，举不胜举，现仅选择比较重要的家族研究文献录于下：

《蒋氏大宗碑记》撰者为蒋洌，碑记详述云阳侯蒋默一支的家族历史。该碑立于天宝十五载丙申（756）二月二十五日。宋绍圣三年丙子（1096）重建，弋阳郡开国侯蒋之奇作记，朝奉大夫蒋之瀚书，进士蒋之方、蒋之策、蒋之杰奉命建立。万历二十九年辛丑（1601），建昌知府蒋应震等重建，进士蒋瑞卿具石书丹并题额。清康熙五十七年戊戌（1718），赐进士文林郎直隶河间府庆云县知县蒋锡震等重建大宗碑，蒋氏涧桥支后裔蒋汝诚、回图支后裔蒋云重对蒋氏大宗碑文做了详细的注解。

《亭乡侯墓碑记》撰者为秘书少监前集贤院士齐光义，撰于唐天宝十五载（756），碑记述亭乡侯蒋澄生平，由其裔孙蒋晃立碑，宋绍圣三年丙子（1096）弋阳郡开国侯蒋之奇重作记，朝奉大夫蒋之瀚书，进士蒋之方、蒋之策、蒋之杰奉命建立。该碑文亦载于《全唐文》卷三百五十四，题作《后汉亭乡侯蒋澄碑》。

《云阳亭侯碑记》撰者为蒋涣，撰于唐天宝十五载（756），详述自云阳亭侯蒋默至南朝陈蒋元聪，隋蒋洪，唐蒋子慎、蒋绘等生平事迹以及墓茔所葬之处。蒋涣曰："古兴王之世必礼先贤之墓，我祖自云阳以来，代不乏贤将，必有礼而祀之者，涣安敢自爱其言，以避祖裔之私，而忍使其声光泯灭耶！是以团宗党，述祖德，披荆榛，树珉石，历记茔兆，永示子孙。"

《蒋氏远祖总要》撰者题为蒋之奇，撰于宋崇宁二年癸未（1103），该文详述自伯龄九世孙蒋诞至亭侯蒋澄的世系，认为："所谓亭侯讳澄者，实予之远祖也。阅藏书得一图及杨希玄所撰蒋氏祖系谱，尽得九祖世系之详，其所传与大宗、亭二碑皆合。"《武岭蒋氏宗谱》对此文进行了考证：

211

（蒋之奇）述近祖考论精审，述远祖则多穿凿之词，盖据旧谱相传掇拾为文，不之深考，颖叔（蒋之奇）通人不应为此，必由后人伪托，且其《近祖总要》首言自伯龄受封于蒋其后为楚所并，遂徙于乐安云云，明明兼述远祖，后人既伪撰远祖总要一篇，故将此文题曰《近祖总要》。宜兴回图谱仅载《姓源辨说》《近祖总要》，而无《远祖总要》，可见原无此篇。①

由此，《蒋氏远祖总要》或许未必为蒋之奇所撰，而是后人伪作。

《蒋氏近祖总要》撰者为蒋之奇，撰于宋崇宁二年癸未（1103），该文叙自汉蒋诩至宋蒋堂世系，认为其两始祖云阳亭侯、䣊亭乡侯"汉史不载其事，岂以逡遁侯被诛，功业不究故欤，不然何旧史之略也"②。之奇自幼丧父，由伯父蒋堂抚养，对伯父充满感情，"自太尉堂公发之也，岂周公盛德，必百世祀"③。

《蒋氏姓源辨说》撰者为蒋之奇，撰于宋崇宁二年癸未（1103），该文考证了"蒋之为氏，自伯龄始"，并对蒋国的封地进行了详述，认为"故凡蒋氏子孙去其故国，散而之四方者，避楚之难故耳"④。

《大宗传派序》撰者题为蒋佩，撰于蜀后主建兴元年癸卯（223），详述了伯龄后各世系：

自伯龄公历数至今四十八世，其间公凡十二相、凡十三侯、凡二十七伯、凡四尚书、凡七刺史，若远支别派并散官杂职，谱不胜书，兹不尽载，念伯仲分徙异省，恐地远人繁，无所稽考，以其祖宗支派重加修辑，明其本支，著其迁徙，录其官爵，叙其尊卑。⑤

---

① 陈布雷等：《先系考》，《武岭蒋氏宗谱》卷1，中华书局1948年版，第68页。
② （宋）蒋之奇：《蒋氏近祖总要》，陈布雷等《武岭蒋氏宗谱》卷2，中华书局1948年版，第67页。
③ 同上。
④ （宋）蒋之奇：《蒋氏姓源辨说》，陈布雷等《武岭蒋氏宗谱》卷1，中华书局1948年版，第46页。
⑤ （汉）蒋佩：《大宗传派序》，（清）蒋玉琪等《双桥蒋氏家谱》卷1，光绪二十八年修，上海图书馆藏，资料号：919033—39。

考行省制度始自元朝，此文疑为蒋氏后裔伪作。

《两始祖唐碑辨》撰者为大宗六十五代孙西馀支蒋诒芬，撰文时间不详，该文对有关亚亭、云阳两始祖的四块唐碑进行了考证，认为署名作齐光义的两块唐碑，"一首句属《左传》载起者，为亚亭侯墓碑铭，系监察御史讳晁公撰，一首句乃亚亭侯蒋公起者为庙碑，系秘书少监齐公光义撰"，"墓碑误书齐公撰者，辞中'我祖'字样谓为'我侯'之错"，至于碑文"所撰诸多谬讹"，则是错简所致。

《蒋公先庙碑》撰者题为大中大夫守尚书吏部侍郎郑虚晦，撰于唐咸通二年辛巳（861），书者为金紫光禄大夫守太子少师上柱国河东郡开国公柳公权。文章开篇即曰：

> 唐制以爵服示品秩，身膺禄仕得崇庙食，永奉追养，惟贤者能做繄是。山东道节度使、银青光禄大夫、检校尚书右仆射兼襄州刺史、御史大夫乐安蒋公係，作新庙于昌乐里，以咸通二年仲冬，祔其主于三室。①

此文述蒋係曾祖太子洗马赠礼部尚书蒋环、祖国子司业集贤殿学士司徒蒋将明、父银青光禄大夫秘书府义兴公赠太尉懿公蒋义的昭穆配享和仕宦功绩。因碑文的书写者为唐代著名书法大家柳公权，故《访碑录》载："《唐襄州刺史薛係先庙碑》，唐郑处诲撰，柳公权正书，咸通二年。"②《唐刺史考》按："'薛'殆为'蒋'之讹。"③ 疑"郑处诲"即为谱中的"郑虚晦"。郑处诲，字廷美（《旧唐书》作延美，834年前后在世），太和八年（834）进士及第，历任刑部侍郎、宣武节度使等，著有《明皇杂录》。

《分封考》撰者不详，据文章内容推测，写作时间应在明代之后。该文对蒋氏的封国、郡望进行了详细考证，推翻了史书所载伯龄封地蒋

---

① 此碑文见于多部义兴蒋氏家谱，但考相关记载，如《宝刻丛编》卷七引《访碑录》仅称此碑文为"唐郑处诲所撰，柳公权正书"，而碑文内容失载，所以疑此文为佚文。
② （宋）陈思：《宝刻丛编》卷7，《历代碑志丛书》，据清光绪十四年吴兴陆氏十万卷楼刊本影印，江苏古籍出版社1998年版。
③ 郁贤皓：《唐刺史考全编》卷189，安徽大学出版社2000年版，第2598页。

国在弋阳期思的观点，认为"我蒋氏周成王始封伯龄于汉阳曰期思，蒋国乃祖封也，地在湖广汉阳府，平王继封肆功于弋阳，仍曰期思蒋国者，不改祖封也，地在河南汝宁府光州"，但未知何据，存疑。篇末纠正了《唐书宰相世系表》的一处错讹："'汉有蒋诩十世孙休，自乐安徙义兴阳羡县。'按休，诩六世孙澄之三子，表言诩十世孙休者，载其大概而未详查世次耳。"①

《各世所疑所质录》撰者为蒋氏第一百零七世孙蒋岳，作文时间不详，据世系推测大约在元明时。该文对蒋氏家谱中从第一世至第七十八世的记载所疑之处进行了考证，如：

> 第七十四世晁公各谱俱载，生年则唐永昌元年己丑（689），薨年则系大历二年丁未（767），考之纲目永昌乃武后年号，如尊周而不尊唐，则宜载周永昌，而不宜载唐永昌矣，如从唐而不从周，则宜载唐嗣圣，而不宜载唐永昌矣，如薨于大历二年丁未，则寿该七十有九而不止七十有一矣，皆可疑也。今查原本，则生于唐中宗嗣圣六年己丑（689），卒于肃宗乾元二年己亥（759），是可信也，应遵改正。细加考订，以鼐公卒年，讹入鼎公之下，以晁公卒年，讹入鼐公之下，而晁公之卒年，又不知从何错入也，各遵原本改正。②

但其考订也有讹误之处，如"第七十四世义公五子各谱具载係伸偕仙佶，而原本则曰伸偕係仙佶，及查邑志果伸为长，係为三，应遵改正。"③但据《蒋公先庙碑》载："（蒋义）五子而仆射为长，继母弟丞相伸贞规硕望，以道匡君，乃秉国钧，乃树师节，故三庙追饰，由是其异数，弟偕仙佶，以学行历诸侯，俱为史官。"④郑处诲受蒋係之托为

---

① （清）蒋惟高等：《分封考》，《茗岭蒋氏宗谱》卷3，康熙年间修，宜兴档案馆藏，资料号：1—2—113—128。
② （明）蒋岳：《各世所疑所质录》，蒋永成等：《楼王蒋氏宗谱》卷1，1940年修，上海图书馆藏，资料号：919520—27。
③ 同上。
④ （唐）郑处诲撰，柳公权书《唐襄州刺史蒋係先庙碑》，《访碑录》载为《唐襄州刺史薛係先庙碑》，《刺史考》："按'薛'殆为'蒋'之讹。"

其家庙作此碑文，所言当信，且《新旧唐书》亦载蒋係为蒋乂长子。

《辨疑录》撰者为亙亭东庄支裔孙蒋魁遇，撰于清嘉庆元年（1796），篇首注"时修县志欲将亙亭侯勋德改入侨寓"，蒋遇魁作此文，对史上所疑亙亭侯及其裔孙之六事，逐一进行了批驳，并"投入志局"，因而"全志去勋德条，将亙亭侯列忠义卷首。"《武岭蒋氏宗谱》对此文加了按语：

> 亙亭乡侯蒋公墓碑铭，题秘书少监前集贤院学士齐光义撰，而文内云："迨我高祖诩之临兖州也"，又云："爰分我祖，始自亙亭"则为蒋氏裔孙之词，殊不可解。蒋魁遇辨疑亦强为之说。惟此文审为唐人手笔，"保世滋大"作"保代滋大"，即避太宗讳也。①

《后碑记》撰者为蒋之奇，撰文日期署宋绍兴三年（1133）［按：应为绍圣三年（1096），家谱传抄有误］，叙述唐大宗碑、亙亭碑二碑的历史：

> 蒋氏家世宜兴有二碑焉，其一大宗碑在渴湖之东，天宝十五年文部侍郎洌为其父延州都督挺之所作也，其一亙亭乡碑在渴湖之西，监察御史晃为其远祖亙亭侯澄之所建也。②

并述作碑记的缘由："之奇、之翰以二碑（大宗碑、亙亭碑）历年多浸以湮渤，乃合族属，以完石重刻之。庶几，祖德家声又千百年不朽矣。"③

《质疑小引》撰者为蒋氏第一百零七世孙蒋岳，作文时间不详，据世系推测大约在元明时。该文对苏轼奉敕修蒋氏家谱的质疑进行了辩驳，撰者自称见过宋代苏轼所修蒋氏龙边家谱，但所引事例充满传奇色彩，不足以信。

《逡遒侯及九侯考》撰者以及时间均不详，述逡遒侯以及其封侯九

---

① 陈布雷等：《先系考》，《武岭蒋氏宗谱》卷1，中华书局1948年版，第28页。
② （宋）蒋之奇：《后碑记》，蒋福颖等：《北店蒋氏宗谱》卷1，1942年修，宜兴档案馆藏，资料号：1—2—2892—2905。
③ 同上。

215

子的官职、封地、迁徙、各为哪支蒋氏始祖等。

《先烈考》撰者不详，大约撰于清代。考自西汉蒋诩至清代蒋景祁等蒋氏族裔的学识、德行、为官、归隐、修行等事迹。考证详细，多引史籍、地方志等，有按语。

《周秦世系阙疑说》撰者为蒋杙，时间不详。文中流露出对于"吾蒋氏再见春秋，详载杜注"的自豪，然遗憾于"自期思，复遂从楚子田于江南，而其他弗闻焉"①，对于现存的世系，认为"汉以前多未可以信者"，"满公以前存而不论，满公（汉蒋满）以后至有宋二十四世，以各支旧谱为征"②，表达了对于蒋氏周秦世系宁阙勿伪的态度。《武岭蒋氏宗谱》收录了此文，并加了按语：

> 蒋氏远祖出于周公，传有明文，惟自伯龄以下名讳无考，书阙有间，本无足怪。今宜兴、临海、天台诸谱，周秦两汉世次具备，且各自为书，彼此雠校，全无合者。宜兴各谱所列四十余世之名，尽为二名，既立一文作排行，更用偏旁相比次，此宋元以后命名之法，奈何施诸周汉之世乎？……虽敬宗爱族，人同此心，而求备之过，转多附益，兹故不取，惧袤也。……蒋杙《周秦世系阙疑说》识见甚卓，惟以期思公复遂为蒋氏裔孙，则无明证。《左传》但云，期思公复遂为右司马，未详姓氏，史称蒋氏子孙居期思县，今遽目复遂为蒋氏，则过矣。③

《蒋朴自序》撰者为蒋朴，撰于元至正二十三年（1363）。该文先述蒋氏远祖世系，其中提及"宣帝时上党守满征淮阳王相"，前文已证，蒋满为淮阳相符合史实，而非多数旧谱所称"淮南相"，然后述湖东、湖西（即云阳、𢈪亭）两支世系，其中提及湖东支"建安尉子慎，生郑州司马绘，绘生扬州都督捷，捷生尚书左丞洌及右散骑常侍涣"④，前文已证，洌与涣之父为挺，而非捷。篇末蒋朴自述："朴素承庭训，

---

① 陈布雷等：《先系考》，《武岭蒋氏宗谱》卷1，中华书局1948年版，第47页。
② 同上书，第48页。
③ 同上。
④ 陈布雷等：《旧谱考》，《武岭蒋氏宗谱》卷2，中华书局1948年版，第88页。

即披先人手抄家藏谱牒，由迁鄞始祖以来，迄今历历皆可考，记于是，重述蒋氏世谱一编。"

第二节 蒋氏家族的其他研究文献

史籍 义兴蒋氏作为世家大族而载入史籍，如《新旧唐书》《宋史》收录有大量家族成员的传记等，这些是家族研究最为可靠的文献资料。但即便如此，正史也会出现错误，未可全信。例如，蒋洌、蒋涣之父，《新唐书·高智周传》作"蒋挺"，《旧唐书·高智周传》作"蒋捷"，据蒋洌为其子蒋鐩所作墓志称："（鐩）曾祖绘，皇郑州司兵。祖挺，皇延州都督。父洌，谏议大夫。君即谏议之第四子也。"① 由此，《新唐书》"挺"为确。

家谱 相较于史籍来说，家谱可信度不是很高，后人为了显名的虚荣而有意作伪的现象大量存在。如蒋瑎的墓志有两篇，其中家谱所收的一篇是题为宋知枢密院事张浚所撰的《宋故大司乐知兴元府蒋公墓志铭》，另外一篇为宋汪藻所撰《徽猷阁待制致仕蒋公墓志铭》，这篇墓志收入了汪藻的《浮溪集》。从内容看，两篇墓志述蒋瑎生平大致相同，但汪藻所撰更为翔实真切；从所列蒋瑎后人来看，张所撰墓志述其子三人，分别为兴祖、绍祖、益祖，孙三人，分别为蓁、迈、芊；汪所撰墓志述其子五人，分别为康祖、宁祖、益祖、及祖、庆祖，孙七人，分别为华、繁、苐、荀、著、庄、芹。据元《无锡县志》载："宋蒋苐，字子礼，本义兴人，父及祖宣和中进士，至朝请大夫，知镇江府，祖瑎，参政魏公之奇之孙，元祐擢第，大臣以经术荐为太傅，累迁至郡守。"② 据此，汪藻所撰墓志当为真。

家谱中另收有宋太常博士丁骘所撰《宋故枢密直学士乐安伯礼部侍郎赠吏部侍郎太尉少师蒋公墓志铭》，丁骘出身义兴望族，蒋氏与丁氏为世交，且蒋之奇与丁骘同列"毗陵四友"，丁骘为蒋堂撰写墓志是极有可能的。墓志述蒋堂家世生平与史载大体相同，但篇末述"子一之

---

① 周绍良等编：《唐代墓志汇编续集》，上海古籍出版社 2001 年版，第 606 页。该墓志盖与志文不符，墓盖疑误，志文为蒋鐩生平。
② （清）徐永言等：康熙《无锡县志》卷3，康熙二十九年修。

武室史氏"却明显与史实不符。蒋堂先后娶过四位夫人,却始终无后,无奈之下,立侄子蒋之奇为嗣子。此后,蒋堂却连生两子。长子蒋长生,字永伯,曾任泉州太守,善书,次子蒋长源,字永仲,其子蒋彝墓志铭载:"公则亘亭侯之后也。曾祖讳九皋,累赠太傅。祖讳堂,尚书礼部侍郎,为时名臣,国史有传,累赠少师。考讳长源,庄重博雅,不以势利累心,官至朝奉大夫。"① 据此,家谱所收蒋堂墓志为伪作。

  家谱有不可信之处,所以我们使用时要慎重,但也不能因噎废食,因为家谱中保存有大量珍贵的文献,在家族与家族文化的研究中占有重要位置。例如蒋氏家谱的艺文部分保存有许多散佚的诗文,其世系部分,参以史籍,可以厘清家族成员的关系,当然这些都是在辨伪的前提下进行才科学有效。

  家族成员的别集 钱穆先生在《略论魏晋南北朝学术文化与当时门第之关系》中说:"当时门第,于爵位蝉联之外,又贵有文才相继,世擅雕龙,而王氏七叶相传,人人有集,其风流文采,自足照映数百年间,而高出其他门第之上。"② 由此,钱穆先生认为"文才相继"与"人人有集"是家族文化优势的体现。作为文化家族,蒋氏家族成员几乎人人有集,蒋堂有《吴门集》,蒋之奇有《三径集》,蒋璨有《景坡堂诗卷》,蒋诚有《延翰集》等。可惜这些集子大都散佚,惟四库全书中《两宋名贤小集》卷七十四收有蒋之奇的《三径集》,四库全书收蒋堂《春卿遗稿》一卷,蒋捷有《竹山词》传世。

  《全唐诗》《全唐文》《全宋诗》以及《全宋文》中的蒋氏诗文 例如《全唐文》中保存了大量或是蒋氏所撰,或是有关蒋氏的诏、制、敕、判、赞、记、序等,这些也是研究蒋氏家族及其文学的珍贵文献。例如蒋镇、蒋錬兄弟,《新旧唐书》仅载其父为蒋洌,但据《全唐文》中任华所撰《西方变画赞》载:"前殿中侍御史蒋錬,錬弟前右拾遗镇,镇弟前无锡尉镝,镝弟前千牛鏠,鏠弟前协律郎錡等,泣血三年,哀过乎礼。……侍御史女弟润州长史京兆王宙妻,次前信州刺史高阳齐

---

① (宋)程俱:《北山集》卷30,台湾商务印书馆1986年《景印文渊阁四库全书》,第1130册,第297页。
② 钱穆:《略论魏晋南北朝学术文化与当时门第之关系》,《中国学术思想史论丛》,安徽教育出版社2004年版,第185页。

翻妻，季前拾遗东海徐闶妻，哀礼兼极，此道也古所难，况衰俗乎？"①
蒋镇兄弟还有弟镝、鏾、锜，其姊妹分别室王宙、齐翻、徐闶为妻。

孤独及《送蒋员外奏事毕还扬州序》②记载了有关蒋晁的一次诗酒盛会。由序文可见，孤独及不仅与蒋镇为连襟，还与蒋氏家族的另一位成员蒋晁有交游，二人不仅有公务上的交集，而且私下诗酒风流，交情匪浅。

据《蜀州青城县令达奚君神道碑》载："君夫人义兴县君蒋氏，则尚药奉御岂（疑为敱）之会孙，太子门郎义安之女。"③这与蒋义忠墓志"祖敱，皇朝使持节通州诸军事、通州刺史；父孝璋，朝议大夫、上柱国、行尚药局奉御"④相合，则蒋氏应为蒋孝璋的孙女辈或侄孙女辈。

其他如《全唐诗》《全宋诗》《全宋文》所载义兴蒋氏所撰，或是与之相关的诗文，也是研究蒋氏家族及其文学的重要文献资料。

地方志 江南是文化渊薮之地，与此相应地方志也很繁盛。义兴，古属常州，常州亦称毗陵。宋代咸淳四年（1268），常州知府史能之主修的《咸淳毗陵志》是目前研究义兴区域最早的地方志。该志记载了义兴蒋氏有关科举、诗文、家族逸事等大量文献资料，是研究其家族最为可靠的地方志史料。另外，元《无锡县志》《明一统志》、清《江南通志》《嘉庆增修宜兴县旧志》等也存有大量研究义兴蒋氏的珍贵资料。

蒋氏家族成员的学术著作 义兴蒋氏的学术著作涉及儒释道等方面，可惜大都佚失，很多学术著作只存于《新旧唐书·艺文志》和《宋史·艺文志》等目录中。例如《宋史·艺文志》载蒋之奇的著述有《孟子解》六卷、《老子解》两卷、《老子系辞解》两卷、《蒋之奇集》一卷。

---

① （唐）任华：《西方变画赞》，《全唐文》卷387，中华书局1983年版，第3939页。
② （唐）独孤及：《送蒋员外奏事毕还扬州序》，《全唐文》卷376，中华书局1983年版，第3824页。
③ 佚名：《蜀州青城县令达奚君神道碑》，周绍良主编《全唐文新编》卷165，吉林文史出版社2000年版，第1923页。
④ 佚名：《大唐故朝散大夫上护军行魏州武圣县令蒋府君墓志铭并序》，周绍良主编《全唐文新编》卷955，吉林文史出版社2000年版，第14864页。

蒋氏家族的墓志　蒋氏家族成员的墓志多分散于家谱、《全唐文》《全唐文补遗》《唐代墓志汇编》以及名人别集等相关文献中，也有新出土的墓志以考古发掘简报的形式出现，如西安市文物保护考古所近年发布的《西安唐殿中侍御医蒋少卿及夫人宝手墓发掘简报》，这是极为珍贵的研究蒋氏家族的地下出土文献。蒋氏家族的墓志保留较多，不同家族成员之间的墓志可以相互补充，共同构成家族研究的系统信息。另外，墓志由于记载墓主人的生平事迹较为详细，所以在一定程度上可以弥补史籍记载之不足。例如宋代官至参政知事兼权枢密院事的张守所撰《毘陵集》中收有蒋圆墓志。该墓志记载了有关宋江起义军的事迹："未几，徙知沂州。宋江啸聚亡命，剽掠山东一路，州县大震，吏多避匿，公独修战守之备，以兵扼其冲，贼不得逞，祈哀假道。公吒然阳应，侦食尽，督兵鏖击，大破之，余众北走龟蒙间，卒投戈请降。……上问宋江事，公敷奏始末，益多其才。"① 有关北宋末宋江等人起义的记载，史籍大都很简略，而该墓志却详细地记载了蒋圆知沂州败宋江事，是研究宋江农民起义军的重要文献。

一般来说，家谱所收墓志，使用时要辨伪，要慎重，而名人别集中所收墓志相对来说比较可靠，因为撰写者与墓志主人大都为同一时代人（甚至是亲朋好友），或是相去年代不远，即使对墓主有所奉谀，所述墓主生平也大都真实可信。

蒋氏家族的研究文献既包括研究其家族的文献，也包括其家族成员的所有著述。现根据史籍、地方志、家谱等文献对蒋氏家族的著述作系统的梳理，以期对今后的研究有所助益，并从文献资料的角度展现蒋氏家族在学术以及文学等方面的贡献。

　　蒋偐：《通志》卷七十载《蒋偐集》五卷；其所撰《责田游岩书》收入《全唐文》卷一百六十。
　　蒋挺：《全唐诗》卷十二录其诗一首《郊庙歌辞·祭汾阴乐章》。
　　蒋洌：《全唐诗》卷二百五十八录其诗《南溪别业》《古意》

---

①（宋）张守：《左中奉大夫充秘阁修撰蒋公墓志铭》，《毘陵集》卷13，中华书局1985年版，第190页。

等七首。

蒋浼：《全唐诗》卷二百五十八录其诗《途次维扬望京口寄白下诸公》《登栖霞寺塔》等五首。

蒋至：《全唐文》卷四百七录其赋两篇，分别为《洞庭张乐赋》《罔两赋》。

蒋乂：《旧唐书·蒋乂传》载，与韦处厚等修撰《德宗实录》五十卷、《大唐宰辅录》七十卷、《凌烟阁功臣》《秦府十八学士》《使臣传》等四十卷；与许梦容、韦贯之等受诏删定制敕，成三十卷。

蒋系：《新唐书·蒋乂传》载，与李汉等修撰《宪宗实录》四十卷。

蒋伸：《新唐书·蒋乂传》载，大中二年（848）以右补阙为史馆修撰，在此期间可能参加了对《宪宗实录》的最后判定；懿宗即位后，蒋伸以宰相之职兼刑部尚书、监修国史。

蒋偕：《新唐书·蒋乂传》载，与卢耽、牛丛、王沨、卢告撰次《文宗实录》四十卷；蒋偕还参与了《续唐历》二十二卷的修撰；《唐书·李绛传》载绛所论事万余言，其甥夏侯孜以授蒋偕，次为七篇；《全唐文》七百十九录《李司空论谏集序》。

蒋防：《宋史·艺文志》录有《蒋防集》一卷，《蒋防赋集》一卷；《全唐诗》卷五百七录其诗十二首，《全唐诗补编·续补遗》录其诗一首；《全唐文》卷七百十九存其赋二十篇，杂文七篇；有传奇《霍小玉传》。

蒋诚：家谱载有《延翰集》。

蒋凝：《全唐文》卷八百四录其赋两篇，分别为《坏宅得书赋》《望思台赋》；《唐摭言》卷五录其赋《岘山怀古》一篇。

蒋佶：《全唐诗》卷七百七十一录其诗《石城》《汉东道中》《高溪有怀》《出塞》等十五首。

蒋凝女：《全唐诗》卷七百九十九录其诗《答诸姊妹戒饮》一首。

蒋圆：其墓志载："为文有体要表章古今诗等二十卷，藏于家。"

蒋堂：《宋史》列传五十七载其著《吴门集》二十卷；四库全书录有其《春卿遗稿》一卷；《全宋诗》录其诗两卷，佚句三句；《全宋文》录其文十一篇。

蒋之奇：《宋史·艺文志》载蒋之奇著《广州十贤赞》一卷、《孟子解》六卷、《老子解》二卷、《老子系辞解》二卷、《蒋之奇集》一卷，《荆溪前后集》八十九卷、《别集》九卷、《北扉集》九卷、《西枢集》四卷、《厄言集》五卷、《刍言》五十篇；《两宋名贤小集》卷七十四收有其《三径集》；洪迈《容斋四笔》卷九载蒋之奇著《逸史》二十卷；《全宋诗》录其诗两卷，佚句若干；《全宋文》三卷，共六十四篇；《说郛》卷三十一上录《蒋氏日录》一卷；《罗湖野录》卷四录《华严经解》三十篇；《丛书集成续编》录《蒋之翰之奇遗稿》一卷。

蒋之翰：《全宋诗》卷六百八十五录其诗两首。

蒋之美：《全宋诗》卷九百四十九录其诗三首。

蒋璨：《江南通志》卷一百六十六载其著有《景坡堂诗卷》；《毗陵志》载其有《福圣禅院妙光塔记》一篇；《全宋诗》卷一千六百四十六录有其诗三首，佚句一句。

蒋瑎：《全宋诗》卷一千二百七十五录其诗两首，佚句一句。

蒋静：《全宋诗》卷一千七十四录其诗七首，佚句两句。

蒋璿：《文献集》卷五载其撰有《三径联珠集》；《全宋诗》卷一千三百一录有其诗一首。

蒋兴祖女：《全宋词》录其词《减字木兰花·题雄州驿》一首。

蒋芾：《宋史》列传一百四十三载其著《筹边志》。

蒋重珍：《宋史》列传一百七十载其著《为君难》六箴；《全宋诗》卷三千一百二十八录有其诗六首，佚句一句。

蒋捷：《历代诗余》卷一百六载其著有《竹山词》一卷；《千顷堂书目》卷三中录有《小学详断》一部。

《全唐文》以及宋代个人文集中还保存有大量或是蒋氏家族成员撰写的或是与之相关的诏、制、敕、判、议、疏等。诏、制、敕为代皇帝起草的圣旨，诏是将重大政事昭告天下臣民；制是向百官宣示皇恩；敕是皇帝对百官的告诫。判、议等则是古代官员日常使用的公文。

蒋伸：《授李钰扬州节度使制》《授郑涓徐州节度使制》《授孙范青州节度使制》《授王宰河阳节度使李栻河东节度使制》《授幽州留后张允伸充节度使制》《授田牟灵州节度使制》《授郑光河中节度使郑朗汴州节度使制》。(以上《全唐文》卷七百八十八载)

蒋防：《授柳公绰襄州节度使制》《吏部议》《兵部议》(以上《全唐文》卷七百十九载)，《授李廓门下侍郎平章事制》。(《湖广通志》卷八十二)

蒋准：《对泽宫置福判》(《全唐文》卷四百三十六)

蒋谏：《对教吏为〈缶后〉判》(《全唐文》卷九百五十六)

蒋励耕：《对承袭称狂判》(《全唐文》卷九百五十六)

蒋励已：《对城邑判》《对夹臾合三所知哭寝判》。(《全唐文》卷三百九十九)

蒋之奇：《发运蒋公奏乞改官》(《节孝集》卷三十二)

《全唐文》等涉及蒋氏家族成员的制、敕等公文：

蒋宠：《流蒋宠藤州敕》(《全唐文》卷三十四)

蒋瑰：《授尚汝贞涪州刺史朱塘恩州刺史婺州刺史蒋瑰检校仆射等制》(《全唐文》卷八百三)

蒋伸：《罢蒋伸判户部制》(《全唐文》卷八十)、《授蒋伸毕诚节度使制》。(《全唐文》卷八十三)

蒋将明：《授蒋将明侍御史制》(常衮撰，《全唐文》卷四百十一)

蒋涣：《授蒋涣右散骑常侍制》(常衮撰，《全唐文》卷四百十)

蒋涣：《授蒋涣工部侍郎制》(常衮撰，《全唐文》卷四百十一)

蒋之奇：《蒋之奇天章阁待制知潭州》(苏轼撰，《东坡全集》卷一百七)

《蒋之奇可集贤殿修撰知广州》(苏轼撰，《东坡全集》卷一百八)

蒋氏的墓志：

蒋伦：《唐故摄福县令蒋君（伦）墓铭并序》，殷亮撰，录入《全唐文补遗》。

蒋防：《唐故翰林学士中书舍人前秘书少监蒋公墓志铭》，唐彦随撰，录入《茗岭蒋氏宗谱》（贻谷堂）卷十五。

蒋伦妻：《大唐蒋公夫人房氏墓志铭并序》，杨论撰，录入《全唐文补遗》。

蒋岑女：《唐苏州别驾李公故夫人蒋氏墓志铭并序》，作者佚，录入《全唐文补遗》。

陈玄度妻：《大唐故鄂州永兴县令陈府君蒋夫人墓志铭并序》，作者佚，录入《全唐文补遗》。

蒋婉（蒋涣女）：《唐故楚州长史源公夫人乐安蒋氏墓志铭》，溥晋撰，录入《唐代墓志汇编》。

蒋坛女：《唐义兴蒋夫人墓志铭并序》，王无悔撰，此碑铭由其夫书法家王无悔用隶书书写，有拓本。

蒋䥧：墓志名佚，录入《隋唐五代墓志汇编》洛阳卷第十一册。

蒋孝璋妻：《唐故尚药奉御蒋府君夫人刘氏（令淑）墓志铭并序》，录入《全唐文补遗》。

蒋少卿及夫人李氏：《唐故朝议郎行尚药侍御医上护军蒋府君夫人陇西郡太君墓志铭并序》，西安市文物保护考古所撰，《西安唐殿中侍御医蒋少卿及夫人宝手墓发掘简报》。

蒋九皋：《宋故赠太傅兵部尚书蒋公墓志铭》，张铸撰，录入《西徐蒋氏宗谱》（世德堂）卷四。

蒋建及夫人李氏：《唐故北海蒋处士（建）陇西李夫人墓记》，张允初撰，录入《全唐文补遗》。

蒋昂：《昂公墓志铭》，邵必撰，录入《涧桥蒋氏宗谱》（思成堂）卷四。

蒋之奇：《宋故观文殿大学士枢密使刑部侍郎赠太师魏国公墓志铭》，李纲撰，录入《西徐蒋氏宗谱》（世德堂）卷四。

蒋璨：《宋故右大中大夫敷文阁待制赠正议大夫蒋公墓志铭》，

孙觌撰，录入《鸿庆居士集》卷四十二。

蒋瑎：《徽猷阁待制致仕蒋公墓志铭》，汪藻撰，录入《浮溪集》卷二十七。

蒋宁祖妻：《安人慕容氏墓志铭》，韩驹撰，录入《陵阳集》。

蒋圆：《左中奉大夫充秘阁修撰蒋公墓志铭》，张守撰，录入《毗陵集》卷十三。

蒋之翰：《朝请大夫知亳州军事之翰公墓志铭》，蒋之奇撰，录入《西徐蒋氏宗谱》（世德堂）卷四。

蒋之仪：《朝奉大夫之仪公墓志铭》，蒋之奇撰，录入《西徐蒋氏宗谱》（世德堂）卷四。

蒋球：《宋故朝奉大夫行尚书司勋员外郎蒋公墓志铭》，录入《茗岭蒋氏宗谱》（贻谷堂）卷十五。

蒋彝：《朝散郎直秘阁赠徽猷阁待制蒋公墓志铭》，程俱撰，录入《北山集》卷三十。

蒋氏家族成员所撰墓志：

蒋洌：《唐魏州参军事裴迥故夫人李氏墓志铭》，录入《唐代墓志汇编》。

蒋鈇：《唐故朝议郎守楚州长史赐绯鱼袋源公墓志铭并序》，录入《唐代墓志汇编》。

蒋涣：《大唐皇四从姑故正议大夫使持节邺郡诸军事守邺郡太守上柱国贺兰府君夫人金城郡君陇西李氏墓志铭并序》，录入《唐代墓志汇编》。

第七章　义兴蒋氏家族的文学

家族文学是中国文学的重要组成部分，学术文化自东汉后出现地方化家门化趋势，家族承担起文化传承的重任。这与中国文学深受血缘地域影响相关，同时也与宗法伦理机制、家国同构形态构成中国文化的内核有关。

家族文学研究的起点在于"'文学'和'家族'的深度关联性，正是这种深度关联性形成了文学与家族长期的同向并轨发展。在这一过程中，文学与血缘、地域相关联，催生出具有文化意义的家族性文学共同体，并产生了丰富的创作成果"①。

家族文学作为中国文学支脉研究，从一个特定角度展现出中国文学发展的整体态势。家之萃即国之萃，家族文学的存在使中国文学的发展有了绵延不绝的根基。

义兴蒋氏的家族文学与江南文化世家的文学发展历程与趋势相吻合，经历了江南尤其是吴方言区家族文学的兴起、繁盛与衰落，可谓是吴文化地区内研究家族文学的典型样本。

第一节　蒋氏家族文学情况概述

文学家族在唐代兴起，并逐渐取代门阀世族在社会政治和文学建设中发挥了举足轻重的作用。南北朝时虽然也有不少文学家族，但在社会政治结构中并未发挥重要的作用，文学家族如王、谢家族同时为门阀世族，文学只是其家族文化的一个方面而已，其突出的特征还是由门阀带

---

① 罗时进：《家族文学研究的逻辑起点与问题视阈》，《中国社会科学》2012 年第 1 期。

来的政治优势。而到了唐代贞观朝，崇文政策的推行促使世家大族开始向文学家族转变，由于科举考试有侧重文辞的倾向，擅长文学成为走向仕宦的捷径，这使得文学家族的发展势头愈加猛烈。

义兴蒋氏在唐初开始向文学家族转变，这个变化自然与当时的社会环境有关，其过程也并非一蹴而就。《旧唐书》载："蒋氏世以儒史称，不以文藻为事，唯伸及係子兆有文才，登进士第，然不为文士所誉。"[1]可见，蒋氏最初以学术见长，但"不为文士所誉"也非客观，因为蒋伸的幼弟蒋佶即是中唐颇有声誉的边塞诗人。在此之前，蒋氏家族也出了几个对唐代文学产生过影响的文学人物。

蒋氏唐宋时期最早有文章流传下来的是太宗朝的蒋俨，《全唐文》收有他的《责田游岩书》：

>足下负巢由之峻节，傲唐虞之圣主。养烟霞之逸气，守林壑之遁情，有年载矣！故能声出区宇，名流四海。主上屈万乘之重，申三顾之荣，遇子以商山之客，待子以不臣之礼。将以辅导储贰，渐染芝兰耳。皇太子春秋鼎盛，圣道未周，拾遗补阙，臣子恒务。仆以不才，犹参庭诤，诚以素非德望，位班卒伍，言以人废，不蒙采掇。足下受调护之寄，是可言之秋；唯唯而无一谈，悠悠以卒年岁。向使不餐周粟，仆何敢言？禄及亲矣，以何酬塞？想为不达，谨书起予。[2]

蒋俨作此书时任太子右卫副率，太子李显屡有过失，俨数谏不得用，于是将矛头转向太子洗马田游岩，责备他在其位而不谋其政。书信尺幅虽短，但语句铿锵有力，以对田世外高人的赞誉起，接着述田所受到的恩遇荣宠，并以自身作比，自己犹可对太子谏言，然田枉食周粟，却唯诺不敢言。田游岩对此竟"愧不能答"。

一 蒋氏的赋

有唐一代创造了古代文学的辉煌，唐代的诗、古文、传奇等早已得

---

[1] （后晋）刘昫等：《旧唐书》卷149，中华书局2011年版，第4029页。
[2] （唐）蒋俨：《责田游岩书》，《全唐文》卷160，中华书局1983年版，第1643页。

到后人的肯定，但唐赋的成就却鲜有人提及。明代李梦阳甚至说"唐无赋"，清人王芑孙对此却有中肯的认识："诗莫盛于唐，赋亦莫盛于唐。总魏、晋、宋、齐、梁、周、陈、隋八朝之众轨，启宋、元、明三代之支流，踵武姬汉，蔚然翔跃，百体争开，昌其盈矣。"① 今人余重先生也认为唐赋"在思想高度和艺术境界上都超过了汉魏六朝赋的水平。"②

蒋氏家族亦有多人热衷于作赋感怀，与时代文学的脉搏形成共振。同时，善作赋也与蒋氏家族环境的影响有关。如蒋防，年十八，父诫令作《秋河赋》，援笔即成。再如蒋乂，"七岁时，诵庾信《哀江南赋》，数遍而成诵在口，以聪悟强力闻于亲党间。弱冠博通群籍，而史才尤长"③。

作赋是义兴蒋氏的家传之学。据统计，流传于世的唐赋中，蒋防的赋有二十首，蒋凝的赋有两首，蒋至的赋有两首。这些作品既有唐赋的主要特点，也保留了魏晋小赋的"玄、道"色彩，反映了赋发展的动态历程。

蒋至作《罔两赋》。"罔两"是传说中的一种精怪，但此处的"罔两"语出庄子《齐物论》，是指影子之外的微阴：

> 罔两问景曰："曩子行，今子止；曩子坐，今子起。何其无特操与？"景曰："吾有待而然者邪？吾所待又有待而然者邪？吾待蛇蚹蜩翼邪？恶识所以然？恶识所以不然？"④

《罔两赋》即由影子与影子之外的微阴充满玄理的谈话而生发：

> 挥傲吏以逍遥，启真经于探讨，则知辨雕万物，富有三宝，假影外之微阴，喻域中之大道。惟彼罔两，同夫纠缠，邈兮难名，混

---

① （清）王芑孙撰、何沛雄编：《读赋卮言》，《赋话六种》（增订本），生活·读书·新知三联书店1982年版，第5页。
② 余重：《关于赋史研究的几个问题》，《艺谭》1989年第1期。
③ （后晋）刘昫等：《旧唐书》卷149，中华书局2011年版，第4026页。
④ （周）庄子撰，（清）王先谦注：《庄子集解》，成都古籍书店1988年版，第7页。

第七章　义兴蒋氏家族的文学

兮不测。离娄目眩而方见，桑宏心计而宁识，其出也与影俱游，其入也与阴俱息。乃谓影曰：子于我兮何力？我与子兮何德？将诘之于心，请对之于臆。殊途兮同归，孰是兮孰非？进岂苟得，退殊所希，系我有待，俾尔相依。在波澜而比目，升云汉而联飞，胡乃折责其持操，而欲论乎等威者哉！且夫出入随日，行藏任时，仪形长短，取象毫厘。虽曩华而今槁，岂变态而殊姿，语默无滞，类达人之舒卷；视听无及，符至道之希夷。原夫以阴托影，以影辅人，行则无迹，居必同尘。不乐葆大，宁悲贱贫，茹藜被褐非所耻，腰金鸣玉非所珍。谁泣杨朱之路，谁迷宣父之津？诚滑疑于至理，不夭阏于天真。则知于物有凭，处身如寄，和光远害是其道，先人后己是其义。鉴之者虽临水而罕窥，畏之者将奔走而奚避，欲明有象于无象，有愧知音之意。①

此赋虽由玄理引发，但与魏晋充满"玄"道的小赋风格明显不同，程章灿先生认为："魏晋之际赋家由于多是文学家和玄学家一身二任，更由于天下多故的政治环境和玄学兴盛的文化气氛，在创作中表现出艺术思维的天平向理性一端的倾斜。明显的理论思辨色彩和深沉思索的主体人格形象，是这个时期赋史的重要特色之一。"②唐初的赋已经逐渐摆脱"玄"的深奥莫测，例如《罔两赋》即混容了儒释道的思想，引用了儒典、佛典、道典，体现出三教兼容的特色，透露出初唐赋发展的新方向，充满批判现实的精神、发泄不遇的怨恨和执着于理想的情怀。

唐赋的一个突出特征是呈现出明显的律化，即律赋的出现。唐赋多律赋而少古赋，这与科举考试的科目设置有关。科举主要以考诗赋为主，随着时间的推移，对于赋的体式要求越发严格，如题目、用韵的多寡、限韵，以及韵脚的平仄等都有详细要求，律赋从而成为科举考试的定式。在这种科考风气的影响下，文人多作律赋而鲜写古赋了。以蒋防的赋为例，其传世赋有二十篇，其中十七篇为律赋，其余三篇皆为不限韵之作，分别是《舜歌南风赋》《任公子钓鱼赋》《湘妃泣竹赋》。

蒋防的律赋受当时科举考试命题律赋的影响，带有明显的雅正特

---

① （唐）蒋至：《罔两赋》，《全唐文》卷407，中华书局1983年版，第4164页。
② 程章灿：《魏晋南北朝赋史》，江苏古籍出版社2001年版，第28页。

229

色。从其律赋题名的出处来看,《镇珪赋》语出《周礼》"王执镇珪",《草上之风赋》语出《论语》"君子之德风,小人之德草。草上之风,必偃",《不宝金玉赋》语出《礼记》"儒有不宝金玉,而忠信以为宝",《吕望钓鱼璜赋》语出《尚书》"周文王至磻溪,见吕望,文王拜之。尚父云:'望钓得玉璜'"。其他则出自史书或子书等,如《荧光照字赋》语出《晋书·车胤传》,《惜光阴赋》语出《淮南子·原道训》等。

从蒋防赋作的内容来看,对于治道、雅正、体物、说理、抒情、写景等题材都有涉及,主要秉承儒家经典的传统,但也有道家思想的痕迹。如《政不忍欺赋》以"爱养人为本"为韵,主张以爱养人,政不忍欺,民方真淳,政方畅通;《白兔赋》以白兔为祥瑞,为盛世歌功颂德,同时也婉转以祥瑞的方式劝谏君主,表达了儒家的仁德思想;《转蓬赋》中"转蓬"传达的是道家的一种任运逍遥的生命状态,但作者着重抒发的则是衰老与漂泊之情,流露了对于人生无奈的感慨;《登天坛山望海日出赋》则为闲适之作,描述了登山观看海上日出的经历,场景描写极为壮丽多彩;《姮娥奔月赋》是唐赋中的名篇,它的特别之处在于以传奇法作赋,用骈俪的语言对姮娥奔月的妆容、神态、姿态、心理等进行了绘声绘色的描摹,很有故事的传奇性。《任公子钓鱼赋》为古文赋,赋前有小序:

> 昔任公子钓鱼,经年不获。及其获也,众人餍之。公孙宏十上不遇,及其遇也,帝王任之。固知饵大则鱼大,功高则禄厚,鱼也人也,何酷似乎,感其义以作赋曰。①

这篇赋序交代创作背景,申述创作缘起,不啻为一篇纪事短文,极具叙事性,成为赋文抒情的前提。《隙尘赋》出自卢纶的诗句"一留寒殿殿将坏,唯有幽光通隙尘"(《栖岩寺隋文帝马脑盏歌》),"隙尘"指隙缝光柱中游动的尘埃。作者通过一个特殊的空间思维对客体存在的微小事物作精细的描述,"惟隙有辉,惟尘是依,微明散乱,若动若

---

① (唐)蒋防:《任公子钓鱼赋》,《全唐文》卷719,中华书局1983年版,第7400页。

飞，殊向晦以宴息，类趋明而识机"，使叙事状物具有空间感。正如朱光潜所言："一般抒情诗较近于音乐，赋则较近于图画，用在时间上绵延的语言表现在空间上并存的物态。诗本是'时间艺术'，赋则有几分是'空间艺术'。"①

总之，蒋防的赋体现了唐赋发展的新趋势，即拓宽了赋表现的范围，细化了体例形式，对不同文体与表现手法的借鉴与融合，赋体的进一步律化与叙事性的加强，以及儒释道合流的思想意识。

蒋凝也是一位辞赋大家。《唐摭言》载："乾符中，蒋凝应宏辞，为赋止及四韵，遂曳白而去。试官不之信，逼请所试，凝以实告。既而比之诸公，凝有得色，试官叹息久之。顷刻之间，播于人口。或称之曰：'白头花钿满面，不若徐妃半妆。'"②《唐摭言》亦载："蒋凝，江东人，工于八韵，然其形不称名。随计途次襄阳，谒徐商相公，疑其假手，因试《岘山怀古》一篇。凝于客次赋成，尤得意。时温飞卿居幕下，大加称誉。"③

蒋凝传世的赋作仅两首，分别是《坏宅得书赋》与《望思台赋》。这两首赋皆为律赋，又同为咏古赋。前者叙鲁恭王坏孔子旧宅，得古文于坏壁中之事；后者咏汉武帝听信江充谗言，逼死太子刘据，后又醒悟，遂建望思台以寄哀思。咏古赋在晚唐五代大量出现，一则与当时科举考试所出赋题多涉及古人古事有关；二则唐末逢乱世，士人多有今不如昔之慨，遂以古讽今；三则受中唐兴起的咏史怀古诗的影响。在此背景下，蒋凝所传两首赋皆为咏古赋也就毫不为奇了。

蒋凝为咸通间进士，因学识姿态之美，被誉为"玉笋班"，并成为懿宗朝的驸马。由于这种特殊身份，蒋凝目睹了晚唐宫廷之变的残酷变幻，于是作《望思台赋》，借古讽今，隐晦地传达讽谏之意。在赋中，无论是对史实的叙述还是体现作者的评价态度，都用典使事，产发无限的联想，造成回味无穷的叙事意味与审美情趣，使赋本身充满多层次的内涵。例如"齐诛子纠以无道，晋杀申生而可哀"，"见舜井以咨嗟，

---

① 朱光潜：《诗论》，广西师范大学出版社2004年版，第153页。
② （五代）王定保：《载应不捷声价愈振》，《唐摭言》卷10，上海古籍出版社1978年版，第105页。
③ （五代）王定保：《知己》，《唐摭言》卷7，上海古籍出版社1978年版，第81页。

念嬴博而恻怆",两句话以历史上四个典故委婉地谴责了汉武帝逼杀太子刘据的残忍行径;"奚东宫之有私斗,子藏在侧,斯人比郑叔何如",同时以春秋时曹国公子纠以成全曹成公当君主的气度,来劝诫王室贵族趋利避祸保全自身。由于赋本身即为咏古,而所引典故是更为古老的史实,以此来加强对历史事件的叙述,所以赋作显得更为深沉厚重。

到了宋代,蒋氏家族赋作不多,《全宋文》收有蒋堂、蒋之奇的赋作各两篇。蒋之奇的赋分别是《游碧山赋》和《北游赋》,前者是游览之作,后者是赠人之作,艺术上并没有显著特色。蒋堂的赋作分别是《首阳山吴赋》和《北池赋》,北池是唐宋时苏州的官府园林,蒋堂两守姑苏,此赋作于蒋堂第二次任苏州郡守之时,彼时北池修整一新,蒋堂作赋以纪念,赋文描景状物,细致生动,辞藻优美,引人入胜。赋序中回忆了第一次守苏郡时于北池举行的诗酒聚会,有追忆往昔的嗟叹之意。蒋堂的另一首《首阳山吴赋》较有特色。这篇赋作于庆历六年(1046),其时作者被徙河间府。受理学的影响,宋人重气节,此赋借褒扬伯夷、叔齐来激励士风。汉人杜笃曾作同名赋,全文通过与伯夷、叔齐的对话展开情节。蒋堂此赋则主要通过凭吊遗迹,抒发对有气节之士的缅怀。开篇"古木苍苍,愁烟凄凄"化用范仲淹"云山苍苍,江水泱泱,先生之风,山高水长"(《严先生祠堂记》)的句意,且赋中有多处与《严先生祠堂记》立意相合。由此可见,此赋的创作具现实意义,有激励气节、同情庆历新政的意图。

二 蒋氏的诗歌

唐是诗歌的盛世。从现存文献来看,唐代蒋氏家族最早有诗歌作品的是蒋挺。蒋挺在睿宗、武后、玄宗三朝为官,曾任玄宗朝的湖、延二州刺史,《全唐诗》录有其郊庙歌辞《祭汾阴乐章》一首:

> 维岁之吉,维辰之良。圣君绂冕,肃事坛场。大礼已备,大乐斯张。神其醉止,降福无疆。[1]

---

[1] (清)彭定求等:《全唐诗》卷12,中华书局1985年版,第111页。

第七章　义兴蒋氏家族的文学

郊庙歌辞是郊祀天地之乐，是乐府诗的一种。蒋挺的这首乐府为四言诗，从形式上看并未出现唐初乐府诗律化的倾向；从内容上看，不过是歌颂圣德而已，缺乏新意。

虽然蒋挺在唐初诗歌发展中地位无足轻重，但他的两个儿子蒋涣与蒋冽却对初唐诗歌的发展起到了重要的影响。蒋涣《全唐诗》存诗五首，分别为《途次维扬望京口寄白下诸公》《登栖霞寺塔》《和徐侍郎书丛筱韵》《故太常卿赠礼部尚书李公及夫人挽歌二首》。蒋冽《全唐诗》存诗七首，分别是《南溪别业》《古意》《台中书怀》《经埋轮地》《山行见鹊巢》《巫山之阳香溪之阴明妃神女旧迹存焉》《夜飞鹊》。

闻一多在四十年代的唐诗研究中，将盛唐诗分为三个复古阶段：（一）齐梁陈阶段；（二）晋宋齐时期；（三）汉魏晋时期。这里所谓"复古"，是指盛唐诗从摆脱齐梁诗的影响逐步回升到汉魏健康风格的发展过程。他认为，齐梁陈时期（齐梁风格）的作家又可分为三类。第一类，常理、蒋冽、梁锽，三人作品可算是全唐诗中宫体诗的白眉。第二类，刘方平、张万顷、李康成，这派虽亦能作宫体诗，但已由房内移到室外，故风格较高。第三类，有张说、贺知章、张旭、王湾、韦述、孙逖、张均、殷遥、蒋涣、杨谏诸人。这一派所代表的恰是盛唐、中唐的一般风格（李杜韩白诸大家除外）。他们都是拿诗来消遣的，又是当时在社会上活动的士大夫，所以形成了流行的风格，势力很大。就文学史来说，的确不可忽视，因为他们所形成的风气，常常足以影响大家。①

"白眉"意谓"最优秀、最出色"之意，蒋冽被称为"白眉"的宫体诗有两首：

冉冉红罗帐，开君玉楼上。画作同心鸟，衔花两相向。春风正可怜，吹映绿窗前。妾意空相感，君心何处边。《古意》②

神女归巫峡，明妃入汉宫。捣衣余石在，荐枕旧台空。行雨有时度，溪流何日穷。至今词赋里，凄怆写遗风。

---

① 参见闻一多《唐诗杂论》，中华书局2009年版，第260页。
② （清）彭定求等编：《全唐诗》卷258，中华书局1985年版，第2883页。

《巫山之阳香溪之阴明妃神女旧迹存焉》①

这两首诗少了早期宫体诗所流露的直白的欲望,以及风格的浮靡轻艳,辞藻更细致,声调更流利,情思更清新。

闻一多先生把蒋洌与张说、贺知章等并列,这说明蒋洌的诗歌具有较高的艺术水准,以他的两首诗为例,确实代表了盛、中唐时期的一般风格:

北望情何限,南行路转深。晚帆低狄叶,寒日下枫林。云白兰陵渚,烟青建业岑。江天秋向尽,无处不伤心。

《途次维扬望京口寄白下诸公》②

三休寻蹬道,九折步云霓。瀍涧临江北,郊原极海西。沙平瓜步出,树远绿杨低。南指晴天外,青峰是会稽。

《登栖霞寺塔》③

这两首诗对仗工整,韵律和谐,气象高远,意境清新,已经是成熟的唐诗风格。

蒋防今存诗十二首,与其传奇、赋水准相比,他的诗歌较为逊色,如《望禁苑祥光》《冬至日祥风应候》等,或是歌功颂德,或是赞叹祥瑞,大都缺少诗歌独有的韵味,唯有一首《至人无梦》融玄理入诗歌,饶有哲趣,在唐代诗歌中风格独异。

已赜希微理,知将静默邻。坐忘宁有梦,迹灭示凝神。化蝶诚知幻,征兰匪契真。抱玄虽解带,守一自离尘。寥朗壶中晓,虚明洞里春。翛然碧霞客,那比漆园人。④

这首诗虽抒发玄理,但并不玄深艰涩,有超然于世的悟道之感,显

---

① (清)彭定求等编:《全唐诗》卷258,中华书局1985年版,第2883页。
② 同上书,第2884页。
③ 同上。
④ (清)彭定求等编:《全唐诗》卷507,中华书局1985年版,第5763页。

然与玄言诗不同，有明朗向上的韵味。

时至晚唐，蒋氏家族还出了一位有名的边塞诗人蒋吉，据岑仲勉先生《读全唐诗札记》考证"蒋吉"疑为"蒋佶"之讹。据史籍和家谱都可以查证蒋吉为蒋乂之子，而据蒋乂的几个儿子係、伸、仙的名字来看，岑先生的考证是合理的，蒋吉即为蒋佶，"佶"字应是宋末避宋徽宗赵佶讳而改为"吉"的。

蒋佶，《直斋书录解题》著录其诗集一卷，今不存。《全唐诗》收其诗十四首，这十四首诗除《寄进士贾希》之外，其余尽为羁旅之作，如《次青云驿》《题商山修路僧院》《石城》《四老庙》《出塞》《昭君冢》《大庾驿有怀》《题长安僧院》《汉东道中》等。从这几首诗所表明的地点来看，蒋佶的足迹曾到过塞外、岭南、商洛、长安、鄂北、汉中等地。与羁旅之情相应，诗中充斥着"羸童""瘦马""空囊""残晖""残云""暮鸦""枯枝""冢花"等意象，尤其是"羸童""瘦马""空囊"的意象反复出现，营造了一种悲凉的意境。这种人生的孤独与悲凉，有时简直到了令人惊心的程度：

独入深山信脚行，惯当貙虎不曾惊。路傍花发无心看，惟见枯枝刮眼明。

《樵翁》①

瘦马羸童行背秦，暮鸦缭乱入残云。北风吹起寒营角，直至榆关人尽闻。

《出塞》②

诗人红尘中奔行忙碌，偶一寄居寺庙，也有出尘之念：

出门争走九衢尘，总是浮生不了身。惟有水田衣下客，大家忙处作闲人。

《题长安僧院》③

---

① （清）彭定求等编：《全唐诗》卷771，中华书局1985年版，第8754页。
② 同上。
③ 同上。

历来咏昭君之作很多，蒋佶曾远至内蒙昭君墓，写下了《昭君冢》，诗意本身没有新颖之处，但最后一句巧妙地点出了昭君冢的特点：

> 曾为汉帝眼中人，今作狂胡陌上尘。身死不知多少载，冢花犹带洛阳春。①

昭君墓在呼和浩特南，据说当地多白草而此冢独青，所以"冢花犹带洛阳春"一句构思巧妙，寓意贴切自然。

诗人为仕宦奔波而无所成，羁旅中拜四老庙，于是生发感慨：

> 无端舍钓学干名，不得溪山养性情。自省此身非达者，今朝羞拜四先生。②

与唐代相比，蒋氏家族的文学在宋代有了更为繁盛的发展，这种态势的出现一是与科举制度的不断完善有关，精通诗词歌赋成为通往仕途的必要途径；二是宋代重视文臣，在崇文政策的不断刺激下，文学家族不断雅化，文学水准不断提高。几乎每一位家族子弟，在幼年时期就开始接受文学与学术的熏陶，如蒋圆：

> 初宣奉遣公（蒋圆）就学，年十五，诵书史，夜分不倦。宣奉尝异之，谓淑人曰，"他日必大吾门，恨老人不及见"云。……既冠问学，词采日开月益，隽誉籍甚。邦人遣子弟师之，常百数十辈。③

宋代，诗酒风流是文学家族生活的重要组成部分，如蒋璨致仕之后

---

① （清）彭定求等编：《全唐诗》卷771，中华书局1985年版，第8754页。
② 同上。
③ （宋）张守：《左中奉大夫充秘阁修撰蒋公墓志铭》，《毗陵集》卷13，中华书局1985年版，第189页。

第七章　义兴蒋氏家族的文学

隐逸山林，逍遥快活，闲暇即以写诗作文为乐：

> （蒋璨）乃即西亭之西，山水胜处，筑室居焉。间遇胜日，税杖葛履，从常所往来者，饮酒赋诗，自肆于林壑之间。魏公者儒宿学，所为文章，精深典丽，一时士大夫传诵。而公于群从中，独能传其学，尤工于诗，清醇雅奥，声比字属，皆中律吕。凡悲愉欣戚，行歌坐啸，不平有动于心，皆于诗见之。东坡先生，魏公所善也。故公蓄东坡诗文，自幼壮逮老，连榻累笥，至不能容。乃营一堂储之，号"景坡"云。余南迁，过疏山，见公拟东坡《煨芋诗》，刻寘之僧壁，诗律句法良是。赵令时家藏东坡遗文，中有公数诗，不能辨也。……自朝廷表奏，疏议笺记，部使者书檄之文，与夫朋友族姻寒温之问，一不以属记室，皆自手出。客至命酒，即席赋长短句，畀歌者，持杯劝侑，巧丽清新，不袭蹈前人一言一句。①

宋初，蒋氏家族率先以文学著称的是蒋堂，"咸平中有讳堂者，以进士起家，侍仁宗朝为吏部侍郎、枢密直学士，赠太尉，而犹子太师魏公之奇，又以文学政事称天下"②。

蒋堂，《四库全书总目》载：

> 《春卿遗稿》一卷（编修汪如藻家藏本），宋蒋堂撰。堂字希鲁，宜兴人，大中祥符五年擢进士第。仁宗朝历官左谏议大夫，知苏州，改给事中，仍知州事。后以礼部侍郎致仕，因家于苏，事迹具《宋史》本传。案胡宿《文恭集》有堂神道碑，称堂以皇祐六年卒，赠吏部侍郎。此集题曰"春卿"，仍举其致仕之官，所未详也。碑称其有高情，富清藻，多所缀述，尤邃于诗。其间所得，往往清绝。善作尺牍，思致简诣，时人得之，藏为名笔。及退居林下，神机日旺，虽饮食寝处，未尝忘诗，亦天性然。有文集二十

---

① （宋）孙觌：《宋故右大中大夫敷文阁待制赠正议大夫蒋公墓志铭》，《鸿庆居士集》卷42，台湾商务印书馆1986年《景印文渊阁四库全书》，第1135册，第393—396页。
② 同上。

卷。本传亦称其好学工文词，尤嗜作诗，与碑文合，所载文集卷数亦同，然原集今不传。此本乃明天启中堂二十世孙鑨，掇拾佚稿而成，凡赋一篇、诗三十七篇、记一篇，不及原集十分之一。其间惟诗独多，则碑所云，尤邃于诗者，信也。其诗虽兴象不深，而平正通达，无雕镂纤琐之习。北宋遗集流传日少，录之亦可备一家焉。①

蒋堂所存三十余首诗，大体可分为写景、咏物、交游、怀古之作，其诗确如《四库全书总目提要》所论，"虽兴象不深，而平正通达，无雕镂纤琐之习"。如：

> 禅公览古意裴徊，偶结云庵向北来。满目沧州围野景，一枝金策卓秋苔。沙边水鸟衔花至，月下渔人施供回。或访稽山旧徒侣，樵风应为送浮杯。
>
> 《题妙喜庵》②
>
> 秀野亭连小隐堂，红蕖绿条媚沧浪。卞山居士无归意，却借吴侬作醉乡。
>
> 《过叶得卿侍读小园》③
>
> 玉骨绝纤尘，前身清净身。无花能伯仲，得雪愈精神。冷淡溪桥晓，殷勤江路春。寒郊瘦岛外，同气更何人。
>
> 《梅》④

从这几首诗来看，自然畅达，质朴而无雕饰，只可惜兴象不深，诗意也无理趣，非典型的宋诗。但其所作《棹歌》别具特色。所谓"棹"就是船桨，"棹歌"就是渔夫划船、撑船时所唱的渔歌，后经文人的加工，演化成为一种独特的诗歌创作方法。

---

① （清）永瑢等：《四库全书总目》卷152，中华书局1965年版，第1309页。
② 傅璇琮等主编：《全宋诗》卷150，北京大学出版社1999年版，第3册，第1709页。
③ 同上。
④ 同上书，第1711页。

> 湖之水兮碧泱泱，环越境兮润吴疆。蒲蠃所萃兮雁鹜群翔，朝有行舻兮暮有归艎。茭牧狎至兮渔采相望，溉我田畴兮生我稻粱。我岁穰熟兮我民乐康，马侯之功兮其谁敢忘。莼丝紫兮箭笋黄，取其洁兮荐侯堂。盏斝具兮箫鼓张，日晻晻兮山苍苍。侯之来兮云飞扬，隔微波兮潜幽光。念山可为席兮湖不可荒，惟侯之灵兮与流比长。万斯年兮福吾乡，乐吾生兮徜徉。①

蒋堂作《棹歌》，题材取自吴地水乡，但融入了士大夫的生活情趣，读来别是一番风味。

蒋堂另有一首《游松江》：

> 月晃长江上下同，画桥横截冷光中。云头滟滟开金饼，水面沈沈卧彩虹。佛氏解为银色界，仙家多住玉壶中。地雄景胜言不尽，但欲追随乘晓风。②

这首诗被收入《全宋诗》第3册卷一百五十页（1705）蒋堂名下，又同时收入《全宋诗》第6册卷三百十五页（3946）苏舜钦名下，当为重收。有研究者认为蒋堂与苏舜钦都曾居苏州，不知此诗为谁所作。据游国恩等主编的《中国文学史》第3册（人民文学出版社1964年1月北京第一版页34）收为苏舜钦的代表作。但笔者认为，这首诗应为蒋堂所作，一则是因为蒋堂有两首题为《游松江》的诗，另一首为：

> 曙光东向欲昽明，渔艇纵横映远汀。涛面白烟昏落月，岭头残烧混疏星。鸣榔莫触蛟龙睡，举纲时闻鱼鳖腥。我实宦游无况者，拟来随尔带箸箸。③

这两首诗在写景抒情上极为相似，不同之处在于，第一首抒发悟道之感，第二首抒发对于渔樵之隐的向往，两首诗都是在自然的感悟中抒

---

① 傅璇琮等主编：《全宋诗》卷150，北京大学出版社1999年版，第3册，第1708页。
② 同上书，第1705页。
③ 同上。

发出世之念。二则因为这两首诗都曾被收入《吴郡志》，均为蒋堂名下诗作，第一首作《长桥观鱼》，第二首作《仲秋新桥对月》之二。《吴郡志》为宋范成大（1126—1193）所编，他汇辑《吴地记》《吴郡图经续记》等旧籍，广采史实，补充新事，绍定二年（1229），经汪泰亨等增订，始刊刻付印发行，记事亦止于该年。从时间来看，《吴郡志》的成书距离蒋堂生活的年代不远，应该不会出现误收诗人作品的错误。所以这首诗当出自蒋堂之手，而非苏舜钦。

蒋堂之后，其从子蒋之奇，"以文学政事称天下"，他的文学素养可以说是蒋氏家族中的翘楚。因下文将另辟章节专门介绍蒋之奇的文学成就，所以此处不再赘述。

蒋之奇从子蒋璨也有深厚的文学造诣，"公生十三岁而孤，鞠于世父魏公，诵习群书，操笔为章句，已卓越不凡。魏公喜而赋诗曰：'渥洼之驹必汗血，青云之干饱霜雪'，器重盖如此"[1]。蒋璨有诗文三十卷，皆佚，《全宋诗》录其诗两首，分别为《题石桥》《过冲寂观》，佚句"正索解人那复得，其谁知我固无从。"其中，《题石桥》写得别有韵味：

> 石桥西去接烟霞，方广山头佛子家。今日我来生善念，分明盏上见茶花。[2]

从这首诗来看，确如孙觌所誉"巧丽清新，不袭蹈前人一言一句"[3]。蒋璨号景坡，为景仰苏东坡之意，有效东坡诗文之作混入东坡遗文中竟不能辨，惜其诗作大部分已佚，不能做整体观。

南宋末，蒋氏家族还出了被誉为"宋末四大家"之一的词人蒋捷。本人硕士学位论文《蒋捷研究》曾对其佚诗进行了考证，并阐述了宋理学对其《竹山词》的影响，此处不再赘述。[4]

---

[1] （宋）孙觌：《宋故右大中大夫敷文阁待制赠正议大夫蒋公墓志铭》，《鸿庆居士集》卷42，台湾商务印书馆1986年《景印文渊阁四库全书》，第1135册，第393—396页。
[2] 傅璇琮等主编：《全宋诗》卷1646，北京大学出版社1999年版，第29册，第18440页。
[3] （宋）孙觌：《宋故右大中大夫敷文阁待制赠正议大夫蒋公墓志铭》，《鸿庆居士集》卷42，台湾商务印书馆1986年《景印文渊阁四库全书》，第1135册，第393—396页。
[4] 详见山东大学2011年硕士学位论文《蒋捷研究》。

蒋氏家族在文学上的成就是多方面的，除了诗词赋之外，楚辞研究也颇有成就。如蒋康国，《万姓统谱》载："尝从朱文公讲论文公《楚辞集解》，凡楚集皆质之。康国，学者称鼎山先生。"① 蒋之翰的《楚辞》研究也很有造诣，他认为："《离骚经》若惊澜奋湍，郁闭而不得流，若长鲸苍虬，偃蹇而不得伸，若浑金璞玉，泥沙掩匿而不得用，若明星皓月，云汉蒙蔽而不得出。"②

三　蒋氏的家族文学活动与述祖德诗

义兴蒋氏作为一个文学家族，具有文学家族的共同特点，这主要表现在一是家族的文学活动，二是述祖德诗的写作。自魏晋始，以家族庄园为中心的文学聚会开始兴盛，其中最负盛名的莫过于兰亭集会、金谷游宴和乌衣之游。蒋氏家族也有雅集的传统，如蒋堂致仕后居苏州灵芝坊隐圃，圃中有水月庵、烟萝亭、风篁亭等景致。《韵语阳秋》载："景祐中，会稽太守蒋堂修永和故事，尝有诗云：'一派西园曲水声，水边终日会冠缨。几多诗笔无停缀，不似当年有罚觥。'"③ 兰亭集会中尚有十余人诗不成，相比而言，蒋堂的西园集会，诸贤诗笔不停，自然不会有当年罚觥之举了，诗句中流露着对诗歌才赋的自信与自豪。这种家族的文学聚会，几乎为常态，如蒋璨，"客至，命酒，即席赋长短句"等，雅集的盛行必然也促进了文学创作的交流与提高。

家族的文学聚会多有外人参与，通过共同的文学创作扩大了文学影响，而家族内部之间的联吟唱和则是家族文学诗性的存在方式。蒋之翰守苏州时，蒋之奇与之诗歌唱和，如：

> 早同侍宦向长洲，今拥旌麾访旧游。自古风流诗酒地，韦苏州后蒋苏州。

> 《和兄之翰宠换苏印》④

---

① （明）凌迪知：《万姓统谱》卷86，台湾商务印书馆1986年《景印文渊阁四库全书》，第957册，第266页。
② （明）杨慎：《升庵集》卷52，台湾商务印书馆1986年《景印文渊阁四库全书》，第1270册，第453页。
③ （宋）葛立方：《韵语阳秋》卷5，中华书局1985年版，第125页。
④ 傅璇琮等主编：《全宋诗》卷687，北京大学出版社1999年版，第12册，第8021页。

韦苏州指唐代诗人韦应物，蒋之翰"侍宦向长洲"，长洲为苏州府治所，因此称之为"蒋苏州"。但显然蒋之翰的诗名远不及韦应物，蒋之奇将他与韦应物并称，自然是对家族成员的揄扬延誉。《全宋诗》载有蒋之翰的和诗《换苏印和弟颖叔》：

> 耻向承瓶便拂衣，乡邦还得拥旌麾。昔年曾预儿孙列，投老犹疑笔砚随。忠义一门均许国，箕裘万石亦遭时。朝廷虚日方圆任，功业当看帝载熙。①

蒋之奇与之翰另一首唱和诗，有其自注，如"却寻旧日池台胜"，自注："苏台有池阁之胜，之奇与太尉日游此。""应怜二弟犹羁绊，万里边沙远帅熙"，自注："之奇两乞东南一麾以遂拜扫者，皆不允。"② 蒋之翰"昔年曾预儿孙列，投老犹疑笔砚随"句，自注："伯考太尉凡有撰述，翰与颖叔必预检阅，或口授书之。""忠义一门均许国，箕裘万石亦遭时"一句，自注："太尉之后，帅边典郡者五人矣。""朝廷虚日方圆任，功业当看帝载熙"一句，自注："谓颖叔也。"③ 这样的诗句注释将家族背景与文学创作相连，有厚重感。

文学家族创作的另一个显著特点是"述祖德诗"的大量出现，"应该说，尊崇祖先、称颂祖德是宗法制家族结构在意识形态中的必然表现，也是人类寻根溯源的普遍心理"④。正是在"咏世德之骏烈，诵先人之清芬"（陆机《文赋》）动机的驱动下，蒋氏创作了大量的"述祖德诗"：

> 汉室侯封万古名，于今玉缓衮龙新。我图岂若崇韬拜，一脉姬周自伯龄。
>
> 蒋珊《题亚亭侯图》⑤

---

① 傅璇琮等主编：《全宋诗》卷687，北京大学出版社1999年版，第12册，第8007页。
② 同上书，第8021页。
③ 同上书，第8007页。
④ 张剑、吕肖奂：《宋代的文学家族与家族文学》，《文学评论》2006年第4期。
⑤ （清）蒋聚祺等：《艺文》，《西徐蒋氏宗谱》卷14，民国九年修，宜兴档案馆藏，资料号：1—2—1538—1557。

第七章 义兴蒋氏家族的文学

玉宸唱第姓名扬，兄弟斜飞列雁行。力振箕裘应不坠，身承纶綍有余光。

欲知宗德留芳远，更看孙枝发秀长。四世十人沾宠渥，名标桂籍永相望。

蒋璨《元祐三年秋早朝二首》其二①

凌风泛浪白于云，野牧湖中晓至昏。一举招旗毕来集，至今人号养鹅墩。

蒋之奇《题蒋庄养鹅墩》②

"但是祖先的功德对于后辈既是动力也是压力，一旦后人虽然克绍祖德、秉承家法，仍然未能达到祖先的成就或获得自己所期望的社会回报，往往就会表现出挫折感和焦灼感。当一个家族再也达不到祖先时代的辉煌，家族的文学创作中，伴随赞颂祖先出现的，还有深深的家族忧患意识和自伤情怀。"③唐末宋初，蒋氏家族曾一度衰落，对此蒋氏的诗文中透露出焦虑，重振家声的愿望也越发迫切。

天宝年中立此碑，轩裳鳞次美当时。自从寂绝牛头梦，力振家声合在兹。

蒋堂《过葛墟读蒋洌大宗碑》④

西风拂拂晓云翔，雏凤双飞入建章。寒士乍瞻天杖肃，麻衣初拜赭袍光。逢恩共庆千朝会，射策犹资一日长。早晚玉墀修上第，家声重振滆湖旁。

蒋璨《元祐三年秋早朝二首》其一⑤

---

① （清）蒋聚祺等：《艺文》，《西徐蒋氏宗谱》卷14，民国九年修，宜兴档案馆藏，资料号：1—2—1538—1557。
② 傅璇琮等主编：《全宋诗》卷688，北京大学出版社1999年版，第12册，第8034页。蒋之奇曾祖母史氏早寡，养鹅自给，此后蒋氏子孙繁盛，迎来家族的兴旺期。
③ 张剑、吕肖奂：《宋代的文学家族与家族文学》，《文学评论》2006年第4期。
④ 傅璇琮等主编：《全宋诗》卷150，北京大学出版社1999年版，第3册，第1705页。
⑤ （清）蒋聚祺等：《艺文》，《西徐蒋氏宗谱》卷14，民国九年修，宜兴档案馆藏，资料号：1—2—1538—1557。

"述祖德"诗文的创作实际也是文学家族门风建设的一种,对祖先的崇拜是文学家族的传统,也是其不坠家声的不懈追求与努力。

第二节　蒋氏家族的诗文辑佚

由于年代久远、战乱兵燹以及古代印刷业不发达等原因,蒋氏的诗文大都散佚,笔者通过查阅地方志、家谱、笔记小说等文献,辑得了若干蒋氏族人的佚诗佚文。现将这些佚诗佚文整理如下,以供进一步研究。

一　佚诗

蒋堂:

《题重建亟亭碑记》
侯封东汉庙堂堂,堕泪碑敧苔藓荒。从此一新千古意,家声岂朽漏湖旁。

《蒋府圩蒋氏宗谱》卷九

蒋之奇[①]:

《次韵仲车见示之作》[②]（旁注：元祐元年七月二十五日）
闻道扬州掾,新承雨露恩。青衿典乡校,华衮被王言。践履躬无玷,持循论有根。祗应来学者,从此造渊源。

《西馀蒋氏宗谱》卷十四、《节孝集》卷三十二

《五丈原怀古》其一
蜀相扬声欲取郿,关中形势已全窥。当时不是长星坠,席卷中原未可知。

---

① 陈庆元《全宋诗札记二》、陈永正《从广东方志及地方文献中新发现的〈全宋诗〉辑佚83首》、汤华泉《石刻文献中宋佚诗续录》、陈永正《明嘉靖本〈广东通志〉中的宋人佚诗》、张宏明和谭庆龙《北宋蒋之奇五言律诗题刻研究》中有蒋之奇佚诗几十首,此处不包含这些佚诗。

② （宋）徐积：《节孝集》卷32,台湾商务印书馆1986年《景印文渊阁四库全书》,第1101册,第987页。

《岐山县志》附录五《旧志诗文选》

《五丈原怀古》其二

　　据险先收五丈原，驻兵分辟渭南田。诸军未信全无事，天下奇才始信然。

《岐山县志》附录五《旧志诗文选》

　　持帚扫诸尘，经今三十春。怜渠独行意，雌静不先人。

《虚静冲和先生语录》卷上，失诗题

　　道上风兼雨，林间雪压霜。无衣无褐者，何以过渔梁。

《八闽通志》卷八十，失诗题

《寄超然台故友》

　　超然台上望超然，一别悠悠路八千。春水满濠花满谷，不知今此得依前。

　　碧嶂千层附城出，清江一条穿市飞。闻说当年谢康乐，云间双屐去忘归。水蓄重岩影自空，白云穿破碧玲珑。数回侧路通蛟室，一隙幽光漏紫宫。翡翠寒凝悉向日，银花浪尖怯翻风。从浪出海南天外，为说慈悲此处同。

《万载县志》卷十九《艺文下》

　　贰寺壹峰巅，巉岩石作门。飓风掀涨海，漂卤灌低原。斑□窥虫篆，钓舟听鸟言。人家溪两岸，遥望似套员。

失诗题，现存福建长乐钓鳌台石刻①

佚句：

飞湍瀑流泻云岑，砰激百两雷车音。

屈大均《广东新语·郭从事碑》

开遍满江红踯躅，香风一簇美人来。

方信孺《南海百咏》

苍玉洞诗序：

---

①　此诗现存福建长乐钓鳌台石刻，署名蒋之奇，篆书，字约二十厘米，末行楷书："熙宁辛亥秋九月晦，县令萧立。"

在宁化县北五十里，洞前重岗叠嶂，森列左右，小涧横绝，烟云缥缈，有圣水桃竹，野花异草。①

《鄞江志》

蒋璨：

《元祐三年秋早朝二首》其一
西风拂拂晓云翔，雏凤双飞入建章。寒士乍瞻天杖肃，麻衣初拜赭袍光。逢恩共庆千朝会，射策犹资一日长。早晚玉墀修上第，家声重振渭湖旁。

《西徐蒋氏宗谱》卷十四

《元祐三年秋早朝二首》其二
玉宸唱第姓名扬，兄弟斜飞列雁行。力振箕裘应不坠，身承纶綍有余光。欲知宗德留芳远，更看孙枝发秀长。四世十人沾宠渥，名标桂籍永相望。

《西徐蒋氏宗谱》卷十四

蒋珊：

《题酂亭侯图》
汉室侯封万古名，于今玉绶衮龙新。我图岂若崇韬拜，一脉姬周自伯龄。

《西徐蒋氏宗谱》卷十四

蒋珙：

《山前寺题壁》
乘闲特地访招提，踏破青青草一蹊。涧水流香花乱落，溪藤拾

---

① 四库全书本《三径集》和《全宋诗》中均有《苍玉洞》诗，但无此诗序。

翠鸟闲啼。竹间瀹茗烧新笋，壁上挥尘认旧题。老衲盘桓清话久，归时不觉夕阳西。①

《西馀蒋氏宗谱》卷十四

《城隍示梦诗》

苍蔚高山草木肥，家居相近可相依。天霁九霄青朗朗，云开五色彩霏霏。微高累土扳援上，稍迂横冈迤逦归。疏竹一丛颇可爱，垂杨澹日荡朝晖。

《西馀蒋氏宗谱》卷十四

二 佚文

蒋洌：

《颂祖德序》

盖尝旷观天下每一郡邑，必有著族其大者。以簪缨世胄而言其次者，则在居室之完美与氏族之藩衍也。凡若此者，载为口碑，啧啧称美。是邦之瓮牖绳枢者，遇之恒谦让□□，而不敢相抗焉。虽然，或五六传而家世式微者有之，或三四传而往过为墟者有之，或人虽众，愈趋愈下，簠簋不饬，帏薄不修，甚至寡廉鲜耻，礼义无闻者，又有之。其故何哉？此皆祖宗积德未深，儿子孙之延流不远也。若乃仕籍登而通谱之情起，附势出而冒忍之弊生。不问淄渑之奕，好言以派同流；不分皂白之殊，妄谓以素为绚。其俨然昭穆而坐者，岂果皆叔侄也？跄然雁行而行者，岂果皆兄弟也？谚曰："虽得市童怜，还为识者鄙。"不其然乎？此又子孙之志向不贞，以致祖宗之含笑于地下也。若我蒋氏则不然。如自始祖讳伯龄公期思裂土，汉阳逼封，还姬姓于天王，开蒋祚于奕世，公侯将相位在一人下者，什伯惟群；孤乡大夫贵在万人上者，后先接踵。而周而汉而晋魏，以及五代唐宋，姓氏之馨，班班可考；行实之录，凿凿可凭。并无风影之疑，吕牛之舛。所谓完美者，不足道其簪缨济美，自生民以来，未有若斯之盛者也。自生民以来，未有若斯之永

---

① 此诗在笔者硕士论文《蒋捷研究》中题作《题□亭侯古庙》，误认为是蒋捷佚诗，现据多本蒋氏家谱都为蒋琪诗而改正。

者也。至于瓜瓞虫斯，在他氏之族其盛者不过以百计耳，其最盛者不过以千计耳。而我蒋氏则又有可异者，即以江南之太祖恒公言之，公擅元戎之威，震主旨功，羌奸生谪，非命以终，所生九子，不得不为□□□□之事，遂一隐九江，而八渡江南焉。若婺州金华也，越州会稽也，润州丹徒也，若湖州安吉、杭州、余杭也，若姑苏、吴江、昆凌、阳羡、滆湖之东西也，皆为潜踪遁迹之区，后幸光武感悟童谣，随地受封，则我祖讳澄公居湖西山亭乡，因封为山亭侯。他支之子孙滋蔓，爵后有二十四幼之分徙，远有荆南兖州之占籍，近有荆漱晋兰之散居，讫于今绵绵延延，总总林林，难以亿万计。时人见其藩衍之至，因谓之"无蒋不成村"。见其藩衍而实由于一家，又谓之曰"江南无二蒋"。自生民以来，未有若斯之盛且永者也。猗与休哉！亦何幸而簪缨济美，氏族藩衍，一至于此。盖以忠厚开基，周家积德于西岐，尊亲立政，姬公累仁于东鲁之所致也。倘后之子孙果能绍美于前，自可浸昌浸炽，垂万世而勿替，永为著族矣。又何必通谱之汙，冒认之陋，徒怜于市童，贻羞于祖宗也哉。于是为序。

《双桥蒋氏宗谱》卷上

蒋凝：

《颂宗功序》

凡祖宗之垂统于后禩者，其能保万世而勿替乎？曰无有。子孙之绍美于前人者，其能历万世而永昌乎？曰无有。从来氏族之传盛衰之感，固势所必然，亦理所宜然者也。故自古及今，王侯之门而降为皂隶者有之，卿士之家而流为黎庶者有之，不知此皆祖宗之积累未深，而子孙之继述未善也。凝当历郡县过阁里，访其世家大族，览其簪缨人物，察其氏族之藩衍，历年所而林总如故焉。自剖圭析玉，分封赐姓以来，其阀阅诸大家不知凡几，总之一传再传，间至十数传而陵夷衰微矣。孰有能如我蒋氏之裔，世祚灵长，□功浩大，仕禄永延，而子子孙孙勿替引之者哉？我始祖讳伯龄，姬公之胤也。姬公负扆冲子，保厘乎蒋，王室既躬膺宠命于鲁城子，后

第七章 义兴蒋氏家族的文学

受荣封于蒋国,于是乎蒋姓之著,盖自兹始矣。厥后英武之子孙累出,天朝宠锡频颁。自成康以降,迄乎威宣,种种公侯,父子济其美;林林将相,伯仲汇其才。虽其间汉阳宗国曾剪灭乎故土,而漆水辽城犹未改乎□□。历八百之昌,期冠裳而拜笏者,师师济济,不于斯为盛欤?洎乎炎祚方兴,对策明廷,礼乐以开太平之治;击代大宛,匈奴不窥塞外之城。至于散骑都尉,累朝不绝;循良郡守,历仕不衰。惜乎羌冤之谤一起,江南之鼠随行。庶几童谣既悟,而九子九侯随地受封。及今犹历历可溯者,如颖公金华,邓公会稽,川公丹徒,耀公安吉,渐公吴江,巡公余杭,稔公九江,默公阳羡云阳,以及我祖讳澄公之□亭侯,虽千百年以来,无不喷喷在人耳目间也。吾他不具论,第就我本支澄公而追溯之,其子孙可纪,爵位可录,事业文章可传,故自兹以还,继起者一,盛乎蕃阳,再盛乎柱国,更钟二十八秀之奇。晋武大食采之封,启伯仲起名之美;刘主重社稷之器,□□□□□□。若夫请行以伐高丽也,唐宋已壮其节;留守之息寇患也,华夷并震其威。秋河成赋,雅望重于公庭;玉笋聊班,瑞气贯乎朝士。伟然一代人文,焕乎唐室增光。暨夫大宋以来,诗书府里,学士举乎茂才,多懋德□□□。伊我蒋氏之裔,不云盛乎!昌黎云"莫为之前虽美弗彰,莫为之后虽盛弗传",而我氏为之前者,孰有如周公之积德累仁也哉?而我氏为之后者,孰有如前人之善继善述,以起世祚灵长,封功浩大,代有懋德,世禄永延如此者哉?凝不敏,不识进取,喜家乘之当纂,聊以光美前烈,启佑后昆。于是乎序。

《双桥蒋氏宗谱》卷上

蒋之奇:

《蒋氏日录》:

太祖尝与赵中令普议事有所不合,太祖曰:"安得宰相如桑维翰者与之谋乎?"普对曰:"使维翰在,陛下亦不用,盖维翰爱钱。"太祖曰:"苟用其长,亦当护其短,措大眼孔小,赐与十万贯,则塞破屋子矣。"

宝圣石佛院在嘉兴县东南，唐至德二年于寺基掘石佛四躯，至今见存，天圣中赐名宝圣，人但呼"石佛寺"。

陶隐居不详北药，时有诋谬，多为唐人所质，人固有不知，无足怪。

鲁宗道为执政，营一小室，画山水，退朝独坐，谓之退思岩。虽妻子不得入。

苏有姑苏台，故苏州谓之苏台。相有铜雀台，故相州谓之相台。滑有测景台，故滑州谓之滑台。

乐天作《牛奇章》，《石记》曰："公嗜石，以甲乙丙丁为品，太湖为上，罗浮次之，天竺又次之，余为下。"

庐州慎县黄山连接无为军寿州六安界，盖贼巢穴也。山下居民千余户，而藏贼以活者十七八。贼间发，官兵粘踪逐捕，有数年不获者。

范丞相在永州闭门独处，人稀识面，客苦欲见者，或出则问寒暄而已；家僮扫榻具枕，揖客解带，对卧良久，鼻息如雷霆；客自度未起，亦熟睡；睡觉常及暮，乃去。

范忠宣谪居永州，以书寄人曰："此间羊面无异北方，每日闭门餐傅饦，不知身之在远。"

北碑刻深，谓之沟道。

范德孺喜琵琶，暮年苦夜不得睡，家有琵琶、筝二婢，每就枕，即使杂奏于前，至熟寐乃方得去。

《左传》："魏，大名也"，故名魏曰"大名府"。

元载不饮酒，人强之，辞以鼻闻酒气即醉，人谓可治。取针挑载鼻尖，出一小青虫。曰："此犹魔也，闻酒即畏之，去此无患。"

笙中有簧，以火炙之，药家谓之"暖笙"。

唐王涯蓄名书画，以金玉为签轴，凿垣贮之，重复固秘，及被诛，为人破垣，剔取金玉，而弃书画于道。

顾渚涌金泉，每岁造茶时，太守先祭拜，然后水稍出。造贡茶毕，水渐减，至供堂茶毕，已减半矣。太守茶毕，遂涸。

《说郛》① 卷三十一上

---

① 上海古籍出版社1986年版《说郛》卷31上题《蒋氏日录》的撰者为蒋颖叔，颖叔为蒋之奇字。

第七章 义兴蒋氏家族的文学

蒋瑎：

《通惠亭记》

彭城钱侯，申仲世家，于无锡既仕而归，乃卜居于邑南漆塘山中，聚书四万卷，日取而读之，探古圣贤之蕴，以美其身。于其暇日，稍稍疏岩剔薮，立台亭、莳松竹为游，观之适然。是山无水，率以罂瓶汲于湖，以供朝夕之用，仆奴颜汗肩頩陟降告劳。绍兴三年春二月，申仲行于其居之南，爰有寒泉，发于岩趾，以杖导之，如龙蛇蜿蜒，盈科而后进，酌而赏之，清冽滑甘，与惠山之泉无异，于是甃以瓴甓，洄为方池。馈膳潄浣，日用而不竭。乃作亭于泉上，名之曰"通惠"，意其与惠山通。山居之父老闻而观焉，惊顾颜色，且曰："水之行地中一气耳。兹山去惠山不百里，则其泉脉灌输，理或有之。"或曰："不然。吾与若居是山，老身长子，日以远汲为病，今钱侯莅止，而泉发于其居，岂天藏神闭，不轻付与，有待而出耶？"众以其言为是，乃相与歌曰："泉何为兮效祉，侯有德兮克君子，挹彼注兹兮况羞馈，祀永收勿慕兮自今以始。"又赓而歌曰："孝友温良，溢于文章，钱侯之德兮，演迤汪洋，惠我无疆。兹泉之泽兮，德积而愈光，泽久而弥昌，世世其无致兮。"于是宜兴蒋瑎，闻而异之曰："昔唐相李文饶（李德裕），既贵重，其服御饮食，必欲极四方之怪珍，常喜饮惠山泉，置驿以取水，天下苦之。有浮图人告曰：'长安昊天观井水，与惠山泉通'。公试之，信然。遂罢水驿。"寥寥数百年间，其事相为符望。然以予观之，惠山距长安数千里，而远有高山大川之限，是乌能相通哉？特以其味似之耳。今九垅漆塘相望密迩，而申仲以隐德懿行蒙神之贶，则泉为时发，亦无足疑者。因取父老之谣言，且本其所以，作亭之由而为之记。

《无锡县志》下①

---

① 此文未收入《全宋文》，浦学坤、赵永良主编《无锡掌故大观》附录元《无锡县志》收入此文。

蒋重珍：

《一梅堂记》

宝庆丁亥，皇上即位之四年。重珍试吏莒幕，以病易鄞幕，待次，归治药石，无宏榻之地，解脱闽中簪珥，得败屋一区，扫洒扶持而居之。

癸巳春，奉祠杜门，痼疾弗瘳，目昏耳聩，老态具见。乃于室之东南隅，撤旧而新，为堂一间，两挟置药炉、丹灶、蒲团、纸帐于其中，将静坐养疴，以苟旦暮之命。屋卑地狭，月余落成。故旧有诮予者曰："子其扫除一室之小者，丈夫欤？吾视子幼孤，绳枢瓮牖，所居不能容膝，迁徙彷徨，将母而行，傍人篱落，窃一椽之庇，辄以为幸。今破屋视昔，已过分矣，而奚以堂为？"

余竦然而悲曰："是予之过也。虽然，吾岂以堂为乐哉？独念吾家凋弊五十余年，生意几绝，某不肖，误蒙宁庙亲擢，未几，叨被皇上召对，名列班簿，么微此身，病废退休，足矣！足矣！虽然，此身父母之遗体也，可不敬乎？筑斯室也，敬斯体也，乃所以报亲也。不然，则安宅何在，广居何在，而顾区区于此堂哉！自斯堂之成，而可以求师也。凡齿德俱尊者，孝可及人者，义理精熟者，克忠克孝者，博通经史者，深识时务者，吾于此下一风而问焉，身虽病而心不病矣。自斯堂之成，而可以合族也。凡姿禀可教者，好礼知耻者，迁善远罪者，小廉曲谨者，贵不简傲者，贫不卑屈者，文艺自将者，多识事物者，吾于此因材而笃焉，则身虽病而家不病矣。自斯堂之成，而可取友也，凡能修而通者，能言而践者，卓荦之重者，淳静而立者，已知大体者，能勤小物者，虚心无我者，善如己出者，恶如无隐者，相观为善者，吾于此久交而敬焉，则身虽病而道不病矣。夫心不病则不敝，家不病则不替，道不病则不孤，贫无憾也，贱无憾也，存顺事而没宁。呜呼！此岂忘其亲而事身哉？"

堂之前有梅一株，清圆茂密，因以名堂，无所取义，示不改其旧也。

《无锡县志》下、《蒋府圩蒋氏宗谱》卷十一

《万竹亭记》

余已记一梅堂，复为后圃，开林为径，缚亭东偏，扁曰"万竹亭"。有池，池上有梅，梅之外琅玕森然，向亭而立，如众贤盍簪，挺挺其清也；如三军成列，懔懔其严也。风清月明，发挥高爽，雨阴雾暗，韬晦蒙密，景物常变，皆启人意。余时命苍头，扶披病足，自径而亭焉，非日涉成趣之谓也，非起居适安之谓也，其所感慨深矣。

余生于淳熙末年，时和岁丰，田瑞安乐，先君与诸父实居凤山，贫不聊生，故庐已属有力者。然茅斋方池，饱足幽趣，前植古梅，后列修竹，藜杖野服，日引儿侄，从容其间。故余平时清梦，皆此时事。尝刻之家传，以写罔极之思矣。

今是亭之营，本非求合，而梅老竹茂，浑然天成，时异事殊，心感情怆，见先训遗风，使余一刻之不能忘也。是余之一游一息，洞洞属属，如将见之也，可不谨哉？

虽然，园林之乐一也，而其所以乐此者，则有间焉。盖先君诸公之乐此也，安于贫。而予之乐此也，厄于病。贫者，循其理分之当然；病者，出于形体之偶然。律之以原宪之言，则大有愧矣。先儒亦曰："人多言安于贫贱，皆是力屈才短，不能营画。若稍动得，恐未肯安。"余之病废，抑近是欤。书置壁间，因以自警。

《无锡县志》下、《蒋府圩蒋氏宗谱》卷十一

第三节　地域环境对蒋氏家族文学创作的影响

每一个家族都依附于特定的地域存在，所以研究家族文学一定要考量地域的影响。从家族文学要立足于地域文学的基点出发，陈寅恪先生指出："盖自汉代学校制度废弛，博士传习之风气止息以后，学术中心移于家族，而家族复限于地域，故魏、晋、南北朝之学术、宗教皆与家族、地域两点不可分离。"① 这里虽然强调的是魏晋南北朝地域因素对于学术研究的重要性，但纵观自汉代以来，地域对文学的影响确实不容

---

① 陈寅恪：《隋唐制度渊源略论稿》，上海古籍出版社1982年版，第17页。

忽视。李浩则进一步指出地域对于家族文学研究的不可或缺性："从学理上说，家族是一种血缘性组织，是血缘性纵贯轴的基元。其存在具有地缘特征，氏族郡望不过是'血缘的空间投影'，家族既具有血缘与地缘的双重性，所以其与地域实际上是相互重叠、合二为一的。"[1] 从氏族郡望是"血缘的空间投影"这个意义上讲，家族文学深受血缘、地域影响而形成族聚性、传承性等特点。

所谓的地域环境包括自然环境与人文环境。作家自幼生长于特殊的地域之中，环境对于他们而言，"不仅是童年与青春的记忆，而且对族群和个体的人格、心理及文化修养的形成有着深刻影响。在心灵深处，它是与异质文化进行比较、判断、选择的原始依据，也是群体间交往的天然动力，一旦进入创作活动，地域环境因素便成为一种原生性的符号"[2]。不同的地域环境对于作家性格的养成与创作特点的形成也有不同的影响，"天地之气，各以方殊，而人亦因之。南方山水蕴藉而萦纤，人生其间得气之正者，为温润和雅，其偏者则轻佻浮薄；北方山水奇杰而雄厚，人生其间得气之正者，为刚健爽直，其偏者则粗粝强横。此自然之理也"[3]。不仅是地域环境潜移默化地浸润着作家的心灵，反过来，文人的创作对于地域环境也会产生影响与作用，这一点古人早已注意到，尤侗曾言："文章藉山水而发，山水得文章而传，交相须也。"[4]

江南是典型的地域文化，而义兴位于环太湖流域的吴文化圈内，可谓江南文化的典范。义兴的区域大致是东邻太湖，西接长兴、溧阳、阳湖等，从地势看处于江浙皖三地的交会处。由于位于太湖的西南隅，太湖如一道天然的屏障，阻碍了义兴与外地的交流。虽是偏僻之地，地貌却是得天独厚，地处三万六千顷的太湖之滨，境内有荆溪贯穿至太湖，水网密布，北方是平原沃野，南部是低矮的丘陵，峰峦叠嶂，风景秀丽，正如明唐顺之所誉："春来卜居阳羡，此中山水绝清。"（《与王尧衢书》）

---

[1] 李浩：《从人地关系看唐代关中的地域文学》，《西北大学学报》1999 年第 4 期。
[2] 罗时进：《明清近代诗文研究：明清家族文学研究》，《苏州大学学报》2012 年第 4 期。
[3] （清）沈宗骞：《芥舟学画编·论山水》，俞剑华：《中国古代画论类编》，人民美术出版社 2004 年版，第 780 页。
[4] （宋）尤侗：《百城烟水序》，徐崧等：《百城烟水》，江苏古籍出版社 1988 年版，第 1 页。

第七章 义兴蒋氏家族的文学

义兴秀丽的自然风光，独特的人文气质，自古以来就吸引了众多文人墨客来此隐居，从现存的大量唐宋诗歌中，我们可以发现诸如刘长卿、独孤及、皇甫冉、孟郊、顾况、杜牧、苏轼、王安石等都将义兴视作理想的隐居地，他们或是在此修建别业，如孟郊有诗曰："江南庄宅浅，所固唯疏篱"（《寄义兴小女子》），顾况作诗云："家住义兴东舍溪，溪边莎草雨无泥"（《赠僧诗》），杜牧诗言："他年雪中棹，阳羡访吾庐"（《适高秋企望题诗寄赠十韵》），或是将义兴视作理想的憩息地，表达希望于此终老的愿望，如王安石云："久闻阳羡安家好，自度渊明与世疏"（《寄虞氏兄弟》），苏轼则作《楚颂帖》表达归隐义兴的心志："吾来阳羡，船入荆溪，意思豁然，如惬平生之欲，逝将归老，殆是前缘。"①

吴地的隐逸之风最早可追溯到商周时期，"太伯之奔荆蛮，自号勾吴"②，随后季札三让吴国王位，奔延陵（今常州），称延陵季子。到了唐宋，义兴的隐逸之风因一众文人的参与而更炽。

在这种人文地理环境的影响下，蒋氏家族或是因人生失意，或是因改朝换代，或是个人喜好自然的天性所致，很多人如蒋捷、蒋琪等都选择了终老山林，也由此产生了很多描述隐逸生活的诗歌。蒋氏家谱载，其家族一成员因好隐逸而被称为"蒋逸人"，《毗陵志》亦载："蒋逸人，失其名，钱起尝宿荆溪，赋诗送归山中。"③"蒋逸人"在当时应该很有威望，不仅钱起为其赋诗，皇甫冉也曾为其写诗相送：

> 惊湍流不极，夜度识云岑。长带溪沙浅，时因山雨深。方同七里路，更遂五湖心。揭厉朝将夕，潺湲古至今。花源君若许，虽远亦相寻。

《赋得荆溪夜湍送蒋逸人归义兴山》④

蒋堂一生在蜀地、吴地等任地方官，于任上颇有建树，但他对于隐

---

① 录于《宜兴县旧志》卷9，原名《入荆溪题》。
② （汉）司马迁：《史记》卷31，吴太伯世家第1，中华书局1982年版，第1445页。
③ （宋）史能之撰：《咸淳重修毗陵志》卷19，明初刻本。
④ （清）彭定求等编：《全唐诗》卷249，中华书局1979年版，第2807页。

逸生活也是极为向往，曾作诗《太伯庙》，表达了对于吴太伯这位本地隐逸先贤的崇敬之情：

> 太伯何为者，不以身为身。逊避天下位，奔走勾吴滨。隐德照来世，遗祀传斯民。吁此廉让国，合生廉让民。①

蒋堂致仕后于苏州灵芝坊作园曰"隐圃"，为其暮年隐居之地，并创作了多首诗歌来表达隐居生活的恬淡美好：

> 归来深隐太湖滨，天与扶持百岁身。虽是浮云隔双阙，丹心爱戴在君亲。
>
> 《绝句》②
>
> 危构跨大渊，沦清涤世纷。飞湍逢右转，漱玉隔山闻。影乱林花落，丛幽涧草熏。兹为禊饮地，何羡右将军。
>
> 《题曲水阁》③
>
> 雅得茑裘地，清宜隐者心。绿葵才有甲，清桂渐成阴。独曳山屐往，无劳车驾寻。湛然常寂处，水月一菴深。
>
> 《隐圃》④

蒋氏归隐，殊途而同归。如蒋璨因人生失意而隐，从"竹间沦茗烧新笋，壁上挥尘洒旧题"的隐居生活中寻求到心理的平衡与心情的愉悦；蒋捷因改朝换代而隐，于清苦寂寞的隐居生活中坚持操守，他的《竹山词》大部分写于漫长的隐居时期。但是无论出于何种原因的归隐，都根植于每个人内心对于平淡自然的人生境界的领悟和对亲近自然隐于山林的向往。

吴地民间信仰盛行，自古以来就有"信鬼神，好淫祀"⑤的风俗，对自然神、社会神以及风水占卜、人鬼神的崇拜也很普遍。吴地境内遍

---

① 傅璇琮等主编：《全宋诗》卷151，北京大学出版社1999年版，第3册，第1712页。
② 同上书，第1706页。
③ 同上书，第1707页。
④ 同上书，第1702页。
⑤ （宋）范成大撰，陆振岳校点：《吴郡志》卷2，江苏古籍出版社1999年版，第8页。

布神祠、庙宇、庵、社，这是宗教信仰与民俗传统相结合的产物，可谓神鬼皆拜，包容万象。这种巫风的盛行，其负面影响渐渐显露出来，"淫祠惑民费财，前典所绝"①，这自然受到以儒家思想为正统的官方的重视。《旧唐书》载："吴、楚之俗多淫祠。狄仁杰奏毁一千七百所，唯留夏禹、吴太伯、季札、伍员四祠。"②宋代蒋堂、蒋静任地方官时也曾毁淫祠、淫像，蒋堂还大力办学官，在巫祀盛行之地推行儒家教化。但就吴地来说，巫风淫祀的崇拜有深刻的社会根源，不可能在朝夕之间依靠政令得到禁绝。随着时间的推进，这些信仰崇拜渐渐融入百姓的日常生活中，成为具有地域色彩的文化传统，一代代流传下来。

在吴地巫风神祀之风的影响下，蒋氏家族也有若干成员成为当地百姓祭祀的社神，也即是土地神。汉永平二年（59），汉明帝敕封亭侯蒋澄为"乐安蒋明大帝"，并于义兴滆湖之西的亭回图村赐建神庙，朝廷岁时于滆湖之东的葛墟云阳亭侯庙派官员临庙致祭。蒋澄、蒋默从此成为守候一方平安的土地神。蒋氏最有名望的土地之神当属《搜神记》中提到的蒋歆，也即蒋子文。汉末蒋子文为"秣陵尉，逐盗中山伤额而死。尝自谓骨贵，死当为神。及吴大帝都建业，子文常乘白马，执白羽扇而出。遂立庙钟山，封蒋侯"。③蒋子文庙的香火很盛，一直到明代还被追封，南京钟山一度也因其改为蒋山。蒋氏家族对于这几位成为社神的祖先极为自豪，多有诗文咏诵。

> 侯封东汉庙堂堂，堕泪碑敧苔藓荒。从此一新千古意，家声岂朽滆湖旁。
>
> 蒋堂《题重建亭碑记》④
>
> 青骨沉埋恨未休，寒烟深锁旧山愁。悲风力扫欃枪日，勇气平吞泽国秋。身殒一朝心报国，功襃千古首凝旒。当年白羽云头扇，还许仍来得见不。

---

① （南朝梁）沈约：《宋书》卷3，武帝下，中华书局1974年版，第57页。
② （后晋）刘昫等：《旧唐书》卷89，中华书局2011年版，第2887页。
③ （明）凌迪知撰：《万姓统谱》卷86，台湾商务印书馆1986年《景印文渊阁四库全书》，第957册，第264页。
④ 此为佚诗，见《蒋府圩蒋氏宗谱》卷9《诗》，1927年，宜兴档案馆藏，资料号：1—2—2721—2727。

蒋静《题蒋帝庙二首》其一①

钟阜巍巍插太虚，祠堂高拱此山墟。谁言荒草埋青骨，时有仙风扫旧庐。

蒋静《题蒋帝庙二首》其二②

清康熙《吴江县志》记载了吴地许多民间信仰的地方性庙宇，如白马王庙、苏将军庙、张使君庙、苏王庙、柳将军庙、盛将军庙等。其中，柳将军庙位于江苏丰县，祭祀的是唐代李朝威传奇小说中的主人公柳毅，由此可见吴地信仰祭祀对象的广泛。蒋静曾有诗《别柳将军庙》：

梦事虽非实，将军默有灵。旧祠从此焕，古桧蔚然青。甲马霄中见，琴堂卧正冥。留诗非志怪，三五扣神扃。③

吴楚巫祀之风的影响也反映在蒋捷的词作中，词人不仅大量使用《楚辞》中的香草美人意象，还仿照屈原《楚辞·招魂》格式作《水龙吟·效稼轩体招落梅之魂》：

醉兮琼瀣浮觥些。招兮遣巫阳些。君毋去此，飓风将起，天微黄些。野马尘埃，污君楚楚，白霓裳些。驾空兮云浪，茫洋东下，流君在，他方些。　月满兮西厢些。叫云兮、笛凄凉些。归来为我，重倚蛟背，寒鳞苍些。俯视春红，浩然一笑，吐山香些。翠禽兮弄晓，招君未至，我心伤些。④

这首词为招梅花之魂，仿效《楚辞》体，句中采用"兮"字，在句末"些"之前采用平声的实字为实际的韵脚，形成长尾韵，读起来很具和谐回环的声韵美感。词中的巫阳是《楚辞·招魂》中招楚怀王

---

① 傅璇琮等主编：《全宋诗》卷1074，北京大学出版社1999年版，第18册，第12222页。
② 同上。
③ 同上书，第12221页。
④ （宋）蒋捷撰，杨景龙校注：《蒋捷词校注》，中华书局2010年版，第72页。

之魂的巫师，词人再次派遣他去招落梅之魂。梅花象征着冰清玉洁的人格精神。巫阳用四面八方恐怖的情景劝诫梅花不要离去，但天已放亮，翠鸟啼晓，梅花之魂仍未能招至，词人感到十分伤心。杨慎谓此词"幽秀古艳，迥出纤冶浓华之外"，乃"小词中《离骚》"①。

蒋捷还有吊屈原之作《女冠子·竞渡》：

> 电旗飞舞。双双还又争渡。湘漓云外，独醒何在，翠药红蘅，芳菲如故。深衷全未语。不似素车白马，卷潮起怒。但悄然、千载旧迹，时有闲人吊古。　　生平惯受椒兰苦。甚魄沈寒浪，更被馋蛟妒。结琼绁璐。料贝阙隐隐，骑鲸烟雾。楚妃花倚暮。□□琼箫吹了，沂波同步。待月明洲渚，小留旌节，朗吟骚赋。②

这首词仅开始两句写端午竞渡场面，词人真正抒写的是对屈原的缅怀之情，词中弥漫着屈原《楚辞》中的意境，既神奇又美丽动人。词人视通万里，思接千载，目光和思绪投向"湘漓云外"。《楚辞·渔父》曰："举世皆浊我独清，众人皆醉我独醒。"③ 这种"独醒者"的苦闷与词人发生情感上的共鸣，词人甘于孤寂和清苦的隐居生活，也算是一个不合时宜的"独醒者"。作为情感上的弥补，词人为屈原设计了一个美丽浪漫的结局："楚妃花倚暮"，蔼蔼暮色中，楚妃倚花独立，守望屈子的到来，"两美必合兮，孰求美而释女"，整首词散发着浓郁的浪漫气息。

历史上吴地文化经历了从"尚武"到"崇文"的转变，学者认为这个转变萌芽于汉末魏晋，隋唐科举制度的确立使崇文风气日益浓厚，而到了两宋之际，吴地才真正转型为文化型社会。吴地的文化转型显然与历史上三次北人南迁的移民过程是同步的。但即使"崇文"达到了相当的程度，实际上吴地的刚贞猛烈之气并没有消弭，尤其在历史发展的重要关头表现得更为突出。比如在宋末、明末改朝换代之际，面对异族的侵略，江南人民的反抗是最为激烈的，文天祥、史可法等领导的义

---

① 吴熊和：《唐宋词汇评》，浙江教育出版社2004年版，第4121页。
② （宋）蒋捷撰，杨景龙校注：《蒋捷词校注》，中华书局2010年版，第38页。
③ （周）屈原撰，蒋天枢校释：《楚辞校释》，上海古籍出版社1989年版，第398页。

军谱写了可歌可泣的壮丽诗篇。两宋更替之际，蒋氏家族的蒋兴祖以身殉国，其大义凛然视死如归的精神为以文治享盛名的家族赢得了荣誉与光彩。

受地域文化的影响，吴人身上兼具"文雅"与"强悍"的特征，反映到文学创作中，既有"红了樱桃，绿了芭蕉"的旖旎风光，又有"鸡边长剑舞，念不到、此样豪杰。瘦骨棱棱，但凄其衾铁"的豪迈之情。① 这种看似矛盾的性格特征，造就了江南文化的多样性。

梁启超先生曾言："气候山川之特征，影响于住民之性质，性质累代之蓄积发挥，衍为遗传。此特征又影响于对外交通及其他一切物质上生活，物质上生活还直接间接影响于习惯及思想。"② 义兴，位于太湖西部，地处吴越江南边缘，太湖如同一道天然的屏障将其与吴地的繁华中心苏州分隔开来，交通的不便，使其很少受到来自经济中心商业气息的熏染，民风淳朴，无奢华享乐的风气。由于北部是典型的江南水乡平原，南部为植被茂密的丘陵，荆溪水把上游带来的泥沙在近太湖的低湿之地慢慢沉积，形成平坦肥沃的良田，适合耕作，且物产丰饶。在特殊的地域环境影响下，"宜兴风俗称于古者屡矣。地偏而俭也，性佶直而淳逊也。士好儒术而不好远游，民重耕稼而罕为商贾也。盖其山水劲厚而迥秀故成风俗，愈朴愈美"③。衣食无忧与民风淳厚的现实使得当地人专注于读书，文化氛围日益浓厚。清义兴蒋氏族人蒋景祁曾言："荆溪故僻地，无冠盖文绣为往来之冲也，无富商大舶移耳目之诱也。农民服田力穑，终岁勤劬，子弟稍俊爽者，皆欲令之通诗书，以不文为耻。"④ 子弟通诗书，皆尚儒术，这对提高地方家族文化素质有强大的推动力，也保证了家族文化的传承性。

清初，兴起于地方的阳羡词派，以陈维崧、蒋景祁为首倡导慷慨激昂的词风，卓尔不群；到了雍正乾隆时期，史承谦则主张以婉约为宗，风格秀雅缠绵。无论词风慷慨或是婉约，皆源于宋末蒋捷《竹山词》的影响，以性情为本的传统并未改变。时至清末，江南又起战祸，义兴

---

① （宋）蒋捷撰，杨景龙校注：《蒋捷词校注》，中华书局2010年版，第139页。
② 梁启超：《近代学风之地理的分布》，《饮冰室文集》之41，中华书局1941年版，第50页。
③ （清）施惠、吴景墙等：《光绪宜荆新志》卷1，清光绪八年刻本。
④ （清）蒋景祁：《荆溪词初集序》，清康熙刻本。

第七章　义兴蒋氏家族的文学

文化家族整体衰落，但蒋氏一族仍传承阳羡词派的传统。"蒋萼，字跗棠，自号醉园，性闲静寡，自称为竹山后裔，仿蒋捷以诗词自娱"①。蒋萼弟蒋彬若、妻储慧等也擅长于词，蒋萼子蒋兆兰还是民国初著名的词论家，有《词说》一卷，凸显出家族传统与地域文化相交融的特色。

义兴山水秀丽，铜官山以神奇著称，南岳山以古松闻名，龙池山险奇，玉女潭灵秀，罨画溪水则碧绿如玉，最令人称绝的是散落在苍茫群山中那些神奇的岩洞，其中最有名的当属善卷洞与张公洞，这些景观都为义兴增添了无限的魅力。明人王慎中曾叹服于义兴山水的美景，曰：

> 予出行县至义兴入其境，顾而美之曰："此非吴地与？何其风景物象不类吴中也！"及其纵而游之，益以得其美焉。其山水之胜者，往往幽邃而旷远，明秀而静深，至于草木泉石，亦皆发色含气，而有余光与！夫澶曼绮美腴衍而泽丽者，大不同焉！②

义兴秀丽的自然山水激发了文人雅士创作的灵感，所谓"清淑之气，钟而为人，而词藻发焉"③。蒋氏族人在家乡寻幽访胜的同时，也留下了众多的诗文创作，为家乡的灵山秀水又增添了几分浓厚的人文气息。例如蒋如奇有诗《张公福地》《周侯古祠》《浰淵雪霁》《阳羡茶泉》《玉潭凝碧》《蛟桥夜月》等；蒋捷作《铜官山》《季子庙》《多稼亭》《报恩寺》《宜兴长桥》《文笔峰》等；蒋堂诗作有《望太湖》《吴江桥》《游松江二首》等。这些带有历史沉淀的人文景观和秀丽怡人的自然景观触发了生长于斯的义兴士人的灵感，并由此产生连篇的佳作。对故乡自然名胜的反复吟咏，既得益于对故乡山水的喜爱，也源于他们与先贤精神契合的心境。

"任何一个民族的文化只能理解为历史的产物，其特性决定于各民族的社会环境和地理环境"④，地域是考察家族文学的重要标度之一，"如果没有关于文学的深入的地域研究，就既难具体说明我国各个时期

---

① 邢蕊杰：《清代阳羡姻娅家族文学生态探论》，《甘肃联合大学学报》2012年第1期。
② （明）王慎中：《双溪诗集序》，（清）卢文弨撰，庄翊昆校：《常郡艺文志》卷6，清光绪十六年刻本。
③ （明）谢庭桂：《嘉靖隆庆志》卷10，明嘉靖刻本。
④ ［美］弗朗兹·博厄斯：《原始艺术》，金辉译，上海文艺出版社1989年版，第8页。

的文学的面貌,也不易说清我国文学演变的确切原因"①。所以,此章节就是从义兴的地域环境揳入,研究地域对于家族文学的影响,以及家族文学对于地方人文风尚的形成所起到的作用。

---

① 章培恒:《唐代三大地域文学士族研究·序》,李浩:《唐代地域文学士族研究》,中华书局2002年版,第1页。

第八章　蒋之奇研究

蒋之奇（1032—1114），字颖叔，为义兴蒋氏第九十世裔孙，无论在历史、家族史、学术史、文学史上，蒋之奇都是起到过重要影响的人物。从历史上来看，他历仁宗、英宗、神宗、哲宗、徽宗五朝，仕宦四十余年，曾拜同知枢密院，这是相当于宰辅的官职，《宋史》曰："为部使者十二任，六典会府，以治办称。且孜孜以人物为己任。"[1] 从家族史来说，位极人臣的蒋之奇大力提携族中子弟，开设义庄，为家族成员踏入仕宦提供了有力的支持；同时利用丁忧的空闲时期，蒋之奇全面整理修订了家族文献与家谱，邀请好友苏轼等为其家谱作序，在完善家族文献的基础上进一步扩大了家族影响。从学术史来看，他一生以儒学为己业，孜孜以求，同时在释道方面也有很高的造诣。从文学史上看，蒋之奇的诗文赋都有一定的艺术造诣。同时，蒋之奇还是知名的书法大家，明王世贞誉其："书有苏、黄法。"[2]

蒋之奇有着丰富的仕宦经历，可谓是北宋末的一位治世能臣，他还是欧阳修的门生，在英宗朝的"濮议之争"中坚定地支持自己的老师，并由此受到提携重用，但又"特以畔欧阳修之故，为清议所薄"[3]。任地方官期间，蒋之奇积极推行王安石的新法，却又与苏轼等旧党交游密切，以致被列入"元祐党碑"中，遭到新党的打击迫害。他出于自保，对于涉及权相章惇、蔡京的事宜，采取了违背原则的退让容忍，但又敢于对因言事得罪哲宗的邹浩折简送别，并因此遭贬汝州。他丰富传奇的

---

[1] （元）脱脱等：《宋史》卷343，中华书局2011年版，第10915页。
[2] （明）王世贞：《弇州四部稿》卷135，台湾商务印书馆1986年《景印文渊阁四库全书》，第1281册，第239页。
[3] （元）脱脱等：《宋史》卷343，中华书局2011年版，第10917页。

一生以及复杂矛盾的性格值得研究者细细考量，作进一步的探讨。

第一节　蒋之奇生平考

有关蒋之奇的生卒年，家谱载，"生于仁宗明道元年壬申（1032），死于徽宗政和二年（1112）壬午，寿八十有三"；李纲所撰墓志铭记载较详，"公生于明道壬申（1032）正月十二日，享年八十有三，卒于政和甲午（1114）秋八月二十八日"；《宋史·蒋之奇传》没有载生年，只是称："（崇宁）三年（1104），卒，年七十四。"家谱和墓志对于蒋之奇生年的记载是一致的，即仁宗明道元年，据《宋史》所载的卒年上推，蒋氏的生年应该是1031年（古人用虚岁），即仁宗天圣九年。至于卒年，家谱称其死于徽宗政和二年壬午，但是政和二年（1112）为壬辰，而非壬午，当是抄写有误。综合来看，《宋史》作为史籍最为可靠，但也难免谬误；家谱在传抄中也会出现疏漏；墓志的记载详细到生卒的具体年月日，看似最为可信，但李纲的这篇墓志并未收入其文集，而是保存于蒋氏族谱中，虽然从文章内容风格来看，不似作伪，但也不能完全保证其可信度。所以，综上文献所列，只能大致推测出蒋之奇的生年在1131年至1132年之间，而其卒年则难以确定，这有待于相关文献资料的进一步发现。

蒋之奇的生父蒋滂，曾做过国子监主簿。大约在蒋之奇十四岁的时候，蒋滂去世，蒋之奇从此由伯父蒋堂抚养。《宋史》称其先是"以伯父枢密直学士堂荫得官"，后于嘉祐二年（1057）进士及第，同榜的有苏轼兄弟、曾巩、胡宗愈等，可谓是龙虎榜，主持这次考试的则是大文豪欧阳修。不久，蒋之奇又中"春秋三传"科，官至太常博士，后又举贤良方正，得到英宗的赏识，被擢为监察御史。也就在蒋之奇的仕宦生涯越发多姿多彩之时，朝廷发生了一件大事。英宗皇帝非仁宗嫡出，即位之后打算为从父仁宗守孝三年，但因群臣反对作罢。后来出于对生父"濮王"的孝顺，英宗仍想称其为"父"，这当然是违背封建宗法制度的。围绕英宗称"濮王"为"父"还是"伯父"的问题，朝臣展开了激烈的争论，以欧阳修、韩琦为代表的一派从血缘人情的角度，主张英宗应该称"濮王"赵允让为父亲；而以司马光为首的主张儒家宗法

第八章 蒋之奇研究

的一派则主张英宗应该称其父为伯父,这就是宋代有名的"濮议之争"。以司马光为首的保守派因人数众多而占据了上风,蒋之奇由于在争论中坚定地支持自己的恩师而被保守派视作欧阳修一党,欧阳修也视弟子为政治上可靠的同盟者。但蒋之奇接下来的举动却远远超出人们的意料,作为御史的蒋之奇居然上书弹劾自己的恩师欧阳修"帷薄不脩",这段历史公案在司马光的《温公日录》中记载得很详细:

> 欧阳公长子发,娶冲卿之女。郎中薛良孺,欧阳之妻族也,前岁坐举官不当被劾,迁延逾南郊赦,冀以脱罪。欧阳避嫌,上言请不以赦原。良孺由是怨之,扬言于众云:"欧阳公有帷薄之丑。"朝士以濮议故多疾欧阳,由是流布遂广。先是,台官既以紫袍事劾奏欧阳,朝廷不行,蒋之奇遂以此事上殿劾之,仍言某月日中丞彭思永为臣言。上以为无是事,之奇伏地叩头,固请以其奏付密院。于是,永叔及冲卿皆上章自辩。后数日,复取其奏以入。因谓执政曰:"言事者以闺门暧昧之事中伤大臣,此风渐不可长。"乃命之奇、思永分析,皆无以对,俱坐谪官,仍敕榜朝堂。先是,之奇盛称濮议之是以媚修,由是荐为御史。既而,反攻修。修寻亦外迁,故其谢上表曰:"未干蒋衍之墨,已关射羿之弓"。①

蒋之奇在这件事上做得确实过分,虽然有学者以北宋台谏可以"风闻言事"②,为其做辩解开脱,但是在视儒家思想为最高道德准则的封建社会,指责一位士大夫"帷薄不脩",这是比要其性命更严重的人格侮辱,况且乱伦之罪的惩罚也是相当严重的,"上初欲诛欧阳修,以诏密问天章阁待制孙思恭,思恭极力救解,上悟"③,可见欧阳修的生死也在神宗的一念之间。

蒋之奇之所以出手弹劾自己的恩师,"始缘濮议合修意,修特荐为

---

① (宋)欧阳修:《温公日录》,顾宏义、李文整理标校:《宋代日记丛编》,上海书店出版社2013年版,第81—82页。
② "风闻言事"是北宋台谏的一项重要特权,即洪迈在《容斋随笔》中所云:"御史许风闻论事,相承有此言,而不究所从来。"
③ (宋)李焘:《续资治通鉴长编》卷209,中华书局1986年版,第7105页。

御史，方患众论，指目为奸邪，求所以自解"①。然而，蒋之奇最终也为自己的莽撞行为付出了代价，被贬出京，监道州（今湖南永州）酒税。这是相当于财税工作的官职，蒋之奇精于理财的天赋也由此得以展现。在监道州酒税不久，朝廷改命其任湖北通山县令，这在《宋史》本传中没有记载，但其墓志和《通山县志》却有相关记录。由于蒋之奇在当地颇得民心，还被当作名宦收录于县志中。《全宋诗》中收录在蒋之奇名下的若干首《我爱通羊好》②，也是蒋之奇曾仕宦于通山的明证。其实，神宗虽然处罚了蒋之奇，但内心对其还是很赏识的，"上谓吴奎曰：'蒋之奇敢言，而所言暧昧，既罪其妄，欲赏其敢'"③。所以，在通山任职未久，神宗以考虑其家中有老母为借口，改任蒋之奇为监宣州（今安徽宣城）税，其衔则升为"尚书金部员外郎"。

熙宁二年（1069），也就是蒋之奇外放的第二年，神宗重用王安石在全国推行新法。于是机遇很快就降临到蒋之奇的身上，他被调任福建转运判官，这是督办福建一路财税的官职。"时诸道免役推行失平，之奇约傲庸费，随算钱高下均取之，民以为便"④。免役法推行之初，由于在执行的过程中诸多疏漏，一时间显得很是混乱，但蒋之奇却凭借才干，采取一种标准相对平均、百姓容易接受的方式进行征收，显示出其杰出的理财本领。不久，蒋之奇获迁，升任淮东转运副使。淮东是漕运的咽喉要道，这次调职无疑是对蒋之奇才能的肯定。蒋之奇果然也不负众望，是年"岁恶民流，之奇募使修水利以食流者"，在安徽天长、宿县一带兴修"三十六陂""横斜三沟"等大型水利，"用功至百万，溉田九千顷，活民八万四千"⑤。这一举动，既赈济了灾民，又消除了水患，可谓一举两得。由于出色的政绩，此后数年，蒋之奇先后任江西、河北、陕西等路转运副使。在陕西的时候，"经赋入以给用度，公私用足"，等其离任的时候，"库缗八十余万，边粟皆支二年"⑥。

---

① （宋）李焘：《续资治通鉴长编》卷209，中华书局1986年版，第7106页。
② 经研究者考证，《全宋诗》中蒋之奇名下的《我爱通羊好》三组诗，第一组为李传正所作，第三组作者为张根，只有第二组的作者为蒋之奇。
③ （宋）李焘：《续资治通鉴长编》卷209，中华书局1986年版，第7106页。
④ （元）脱脱等：《宋史》卷343，中华书局2011年版，第10915页。
⑤ 同上书，第10916页。
⑥ 同上。

第八章　蒋之奇研究

熙宁八年至熙宁十年（1075—1077）之间，蒋之奇回到阔别已久的故乡义兴。在家乡逗留期间，蒋之奇不仅筑坟、扩墓、修祠堂、立碑、舍寺庙，而且对蒋氏的姓氏来源和家族历史作过系统的研究及考证。现存的蒋氏谱牒中大都保存着蒋之奇这方面的著述，如《蒋氏远祖总要考》《蒋氏近祖总要考》《蒋氏姓源辨说》《蒋氏宗谱例引》《蒋氏世系赋》等，成为现在研究义兴蒋氏起源、历史和迁徙的重要资料。

元丰初（1078），蒋之奇仍兼领"提举楚州市易司"，这是"新法"的衍生之物。元丰二年，因蒋之奇颇有建树，移淮南，擢江、淮、荆、浙发运副使。这在当时是主管全国漕运的要职，蒋之奇仍旧干得极为出色，"元丰六年，漕粟至京，比常岁溢六百二十万石"[1]。由于经营有方，神宗亲自召见他，曰："朕不复除官，漕事一以委卿。"[2] 并锡服三品，诏增二秩，加直龙图阁，升发运使。此后，蒋之奇被尊称为"大漕"，类似后世的漕运总督。

在"大漕"任上，蒋之奇一干就是六年，"凡六年，其所经度，皆为一司故事"[3]。由于其出色的表现，元祐初（1086）晋升为天章阁待制、出知潭州，也由此拉开了作为封疆大吏辗转任职各地的序幕。这一年，朝廷重新启用司马光，尽废新法，王安石郁郁而终，不久司马光也溘然长逝。于是朝堂之上起了微妙的变化。因为当年畔欧阳修之故，有些人旧话重提，"御史韩川孙升、谏官朱光庭皆言之奇小人，不足当斯选"[4]。于是，改任集贤殿修撰，知广州。

蒋之奇赴广东任上之时恰逢"岑探之乱"，"妖人岑探善幻，聚党两千人，谋取新兴，略番禺，包据岭表，群不逞借之为虐，其势张甚"[5]。朝廷派去平乱的士卒却趁机劫掠屠戮平民，其况比"岑探之乱"更为惨烈。苏轼曾言："广东妖贼岑探反，围新州，差将官童政救之。政贼杀平民数千，其害甚于岑探。"[6] 黄庭坚亦言："童政之祸，百岑探

---

[1]（元）脱脱等：《宋史》卷343，中华书局2011年版，第10916页。
[2]（宋）李焘：《续资治通鉴长编》卷336，中华书局2004年版，第8102页。
[3]（元）脱脱等：《宋史》卷343，中华书局2011年版，第10916页。
[4] 同上。
[5] 同上。
[6]（宋）苏轼撰，孔凡礼点校：《苏轼文集》卷29，中华书局1986年版，第824页。

不足云。"① 在此情势下,"之奇遣钤辖杨从先致讨,生擒之"②,而滥杀民众的士卒亦被诛。由此,蒋之奇的戡乱才能也得到展现,不久被加封为宝文阁待制,镇守广州一路。

元祐七年(1092),大宋的北疆越发动荡,朝廷于是调蒋之奇任河北都转运使,知瀛州府(今河北河间市)。正月,"辽使耶律迪道死,所过郡守皆再拜致祭。之奇曰:'天子方伯,奈何为之屈膝邪!'奠而不拜"③,显示了天子所授一方大员的凛然气节。六月,蒋之奇调入京,任尚书户部侍郎。此时,西夏人扰边不止,时有征战,十一月,回京仅半年的蒋之奇临危受命,以尚书户部侍郎、宝文阁待制衔出镇熙州府(今甘肃临洮县)。刚到熙州,西夏国使者即来谈判,要求划分疆界。蒋之奇"揣其非诚心,务修守备,谨斥候,常若敌至"④。所以在蒋之奇调走之前,西夏人一直不敢来犯。

元祐八年(1093)九月,高太后去世,哲宗开始亲政,对曾经管束自己的"元祐党人"加以清算惩罚。推行新法颇有力的蒋之奇不久被召为中书舍人,因其有功于社稷,加封为弋阳郡开国侯。绍圣二年(1095)初,蒋之奇改知开封府,进龙图阁直学士、拜翰林学士兼侍读学士。元符元年(1098),贡院抓住了考试作弊之人,作为开封府尹,蒋之奇本想按律处罚,但事情涉及前科状元徐铎,而徐铎有靠山宰相章惇,蒋之奇也只有作罢。元符二年(1099),右正言邹浩上书,劝哲宗不要废后而立得宠的刘妃。哲宗大怒,将邹浩贬往新州(今广东新兴),蒋之奇因为向邹浩"折简别之",也被"责守汝州(今属河南)",几个月后,哲宗仍怒气未消,将其贬至更偏远的庆州(今甘肃庆阳)。

元符三年(1100)初,徽宗即位。四月,蒋之奇被召入京,"复为翰林学士,拜同知枢密院"⑤,掌管全国的军事。这一年,蒋之奇对西北边陲政军合一的体制进行了改革,"罢陕西五路并河东提举司、罢提

---

① 曾枣庄、刘琳主编:《全宋文》卷 2335,上海辞书出版社、安徽教育出版社 2006 年版,第 108 册,第 75 页。
② (元)脱脱等:《宋史》卷 343,中华书局 2011 年版,第 10916 页。
③ 同上。
④ 同上。
⑤ 同上。

举弓箭手司"（《宋史·兵志》），这一举措也是湟州及河东失守的直接原因。建中元年（1101），蒋之奇知院事，由副职调任为正职。这期间，蒋之奇调兵遣将，讨伐平定了南方沅州（今湖南黔阳）的蛮民之乱，将其地设为徽、靖二州。这次平乱，《宋史·蒋之奇传》的记载是："沅州蛮扰边，之奇请遣将讨之，以其地为徽、靖二州。"①但《宋史·蔡京传》对这次平叛却是颇有微词："辰溪瑶叛，杀溆浦令，京重为赏，募杀一首领者赐之绢三百，官以班行，且不令质究本末。荆南守马城言：'有生瑶，有省地瑶，今未知叛者为何种族，若计级行赏，俱不能无枉滥。'蒋之奇知枢密院，恐忤京意，白言城不体国，京罢城，命舒亶代之，以剿绝群瑶为期。"②

崇宁二年（1102），徽宗开始重用蔡京，蒋之奇"除观文殿学士、知杭州"。此前，西北边陲丢失了大片土地，河东、湟州复被羌人夺去，蒋之奇虽没有直接责任，但他当年的军政改革是导致此后果的原因之一，所以被夺职并削去爵位，"由正议大夫降中大夫。以疾告归，提举灵仙观"③。《宋史》载崇宁三年（1104），蒋之奇去世，终年七十四岁。后来，徽宗追念"其尝陈绍述之言"，也就是蒋之奇在推行熙丰新法过程中的功绩，全部恢复了他的官职，加封其为魏国公，谥号"文穆"。

纵观蒋之奇的一生，其人可谓是北宋历史上的一位能臣。他长于理财，擅办漕运，精通军事，谋于平叛，注重教化，善于推荐人才，《宋史》称："为部使者十二任，六曲会府，以治办称。"④但同时他又是一个备受争议的人物，在"濮议之争"中支持恩师欧阳修，但又"以畔欧阳修之故，为清议所薄"；他时而表现得很有气节，曾因邹浩之故而遭贬谪，祭金使灵柩而不拜，但又因怕得罪当权者，权衡得失而丧失原则，如在科举舞弊案中对徐铎的迁就袒护，在平息瑶民叛乱中无视是非，导致当地的瑶民几近灭绝等。

不仅在后世看来，蒋之奇是一位性格复杂的封建能吏，即使在当时，人们对其评价也多有抵牾。如宋人王迈的诗：

---

① （元）脱脱等：《宋史》卷343，中华书局2011年版，第10917页。
② （元）脱脱等：《宋史》卷472，中华书局2011年版，第13723—13724页。
③ （元）脱脱等：《宋史》卷343，中华书局2011年版，第10917页。
④ 同上。

读报欣然共赋诗，古来忠佞各殊歧。彼犹愧见蒋颖叔，君盍自期刘器之。恶草剪除虽一快，芳兰销歇已多时。怀哉康节先生语，作事莫教人皱眉。①

诗意旨在讽刺蒋岘的被贬，叹其有何面目对先人蒋之奇②，这是把蒋之奇当作了正面人物的典范，而刘克庄的诗却把其当作了忘恩负义的小人：

私怨有公论者，反噬非人情哉。颖叔发修阴事，资深叹轼奇才。③

资深是李定的字，李定是王安石的支持者，视苏轼为政敌，是"乌台诗案"的主要策划者，但私下又赞叹苏轼为奇才。此诗将李定与蒋之奇划为一类，同列入小人系统。王迈与刘克庄都是南宋人，但对蒋之奇的评价却是截然相反，这从侧面也说明了蒋性格的复杂之处。换一个角度看，即使那些视蒋之奇为小人的士大夫也不得不承认其杰出的治世才干，如《宋史》载："蒋之奇始怂恿濮议，晚摭飞语，击举主以自文，小人之魁杰者也。"④

蒋之奇仕宦的另一个特点是由于在地方任职多年，做过不同的地方官，其足迹几乎遍布大半个中国，这在封建官吏中也是罕见的。

从北宋疆域图可以看出，蒋之奇仕宦的经历最北到过瀛州府（今河北河间市），最南到过广州，最东到过通州（今江苏南通市），最西到过熙州（今甘肃临洮县）。在不同地方的任职，不仅彰显了蒋之奇在各个领域的才干，而且使他远离政治中心，从而避免过多地卷入政治旋涡中。虽然身处官场，蒋之奇也曾受到新旧党争的影响，但由于他是擅长地方事务的能吏，所以并未受到太大的冲击，一生的仕途也算顺利，并

---

① （宋）王迈：《和刘编修潜夫读近报蒋岘被逐二首》其一，《臞轩集》卷16，台湾商务印书馆1986年《景印文渊阁四库全书》，第1178册，第672页。
② 蒋岘的无辜被贬是由于直言相谏得罪了权贵，王迈写此诗源于个人恩怨，有失公允。
③ （宋）刘克庄：《春夜温故六言二十首》，《后村先生大全集》卷25，四川大学出版社2008年版，第685页。
④ （元）脱脱等：《宋史》卷343，中华书局2011年版，第10923页。

最终做到了宰辅级别的大吏，追封魏国公，正如其好友郭祥正所云："廊庙乏材终大用，愿均和气及严幽。"①（《送颖叔待制拜六路都运之命》）其本人也成为宋代蒋氏家族的翘楚。

第二节　蒋之奇诗文考

时至今日，蒋之奇的著述因年代久远、兵燹战乱等故，大部分散佚，现存的诗文主要录入《全宋诗》与《全宋文》中，另外《四库全书·两宋名贤小集》之《三径集》，清人盛宣怀的《春卿遗稿》辑佚了其部分作品；江南各地的地方志中也保留了零星的佚诗佚文；由于蒋之奇仕宦经历丰富又喜游历，所以各地的题刻也保存了若干佚诗。

蒋之奇的文学创作达到了相当高的水准，与其同时代的曾布曾对哲宗言："之奇文字虽繁，然却有可道，亦时有好语，非蔡京可比。"②好友郭祥正也自叹不如，"云间骥尾终难附"，自注："公屡有佳句"，并称誉其诗"诗如老杜犹为达"③。从蒋之奇的诗文创作中，我们不仅可以窥到蒋之奇思想的深邃，也能了解到当时的民俗风情，以及与同时代名士交往的轶闻。

蒋之奇生性喜游山水，每到风景佳处，往往题名题诗，并镌刻于石。据清陆增祥《八琼室金石补正》统计，蒋之奇的题刻有八条，分别为福建侯官"熙宁辛亥（1074）题名"、湖南永州"题澹山岩诗"、湖南九嶷山"碧虚岩铭"和"无为洞题名"、湖南江华"游寒亭题刻"、广东英德"碧落洞刻石"、安徽铜川"玉华宫五言律诗刻石"、安徽滁州"琅琊山五言律诗刻石"。另外，张宏明、谭庆龙所撰的《北宋蒋之奇五言律诗题刻研究》亦提到了安徽滁州琅琊山题刻、安徽泾县琴高山题刻、安徽齐山题刻。蒋之奇仕宦范围广，游历地方，其题名题刻必不止这些，现根据地方志、山志、文人笔记等文献，将其在各地的题刻整理如下。

---

① 傅璇琮等主编：《全宋诗》卷752，北京大学出版社1990年版，第13册，第8957页。
② （宋）李焘：《续资治通鉴长编》卷514，中华书局2004年版，第12230页。
③ 傅璇琮等主编：《全宋诗》卷752，北京大学出版社1990年版，第13册，第8957页。

一　题刻与题刻诗

蒋之奇的题诗题刻都在其曾经仕宦过的区域，大多位于名山寺庙内，有些题诗还是佚诗，如琅琊山题刻（摽揖莺德碑）、陕西玉华宫题刻（跨谷建殿阁）等。保存下来的石刻诗可以与流传于世的纸质文献相互校雠，加之蒋之奇本身为著名的书法大家，所以他的石刻极具文献考古价值。

地点	题刻	时间
江苏连云港	孔望山龙洞内壁有题记刻石："蒋之奇来观海，壬子。"题记为行书阴刻，字径五厘米，虽经九百多年，依然醒目	熙宁五年（1072）
江苏盱眙	南山有题名石刻，现仍有残石。题刻内容不详	元丰六年（1083）
江苏南通	狼山观音岩北麓有蒋之奇题刻	熙宁六年（1073）
江苏苏州	《吴郡诸山录》云："尧峰蒋堂所居，寺奉其香火，蒋之奇壬子岁留题数百字尚可辨。"	熙宁五年（1072）
江苏泰州	宫伟镠《微尚录存》卷三载："今州学有石刻云：'余过洛，拜谒富郑公，眉目疏秀，神仙中人也。公之事业载在国史，故不复书。诗僧云，寺之东庑，即郑公修学之地，盖尝侍其父征商于海陵云。元丰壬戌八月二十六日，蒋之奇颖叔书。"	元丰五年（1082）
浙江杭州	《湖山胜概》："临安龙泓洞有蒋之奇篆字。"	
广东真阳	碧落洞有蒋之奇刻石留名	元祐四年（1089）
福建闽侯	闽侯白沙汤院温泉有题刻，见《竹间十日话》记："汤泉，距雪峰院八十里，僧可遵尝作偈……有曾巩、程师孟、蒋之奇诸公留题。今南北冠盖必憩此。"	
福建长乐	三溪村北柏山的仙字岩右方有两首五言律诗篆书，记述宋代当地"飓风掀涨海，潺卤灌低原"的情景和海啸灾情，分别为宋熙宁年间福州知府兼转运使张徽和福建转运判官蒋之奇题	
福建侯官	熙宁辛亥题名	熙宁七年（1074）
福建福州	《乌石山志》："熙宁辛亥六月晦，蒋之奇颖叔、张徽伯常登乌石绝顶。"楷书，径六寸，镌乌石山绝顶处	熙宁四年（1071）
福建泉州	陈知柔《墨庙堂记》："蒋颖叔将漕径来，亦题名以其寺，改律为禅，屋老而碑非，惟端明蔡君谟（蔡襄）之刻巍然并存焉。"	

第八章 蒋之奇研究

续表

地点	题刻	时间
湖南宜章	九成台有蒋之奇碑刻，台北有蒋之奇石刻像	
湖南武陵源	有蒋之奇石刻诗词数首	
湖南宁远	九嶷山有蒋之奇"碧虚岩铭"，取元次山"无为洞天"四字，正其体篆，刻诸岩窦而纪其右。 九嶷山紫霞洞有蒋之奇赠黄冠何仲涓诗，刻舜祠右石间	治平四年（1067） 熙宁庚戌（1070）
湖南江华	有蒋之奇"寒亭"题刻	治平四年（1067）
甘肃陇南	凤凰山寺东窟壁有蒋之奇题记	
甘肃麦积山	有石刻："蒋之奇登麦积山，观悬崖置屋之处，知杜诗为不诬矣。元丰四年三月二十六日。"	元丰四年（1081）
甘肃庆城	鹅池洞文昌阁有蒋之奇题刻："创修鹅池临川阁诗碑。"	
甘肃成县	狮子洞题刻："蒋颖叔至狮子洞，辛酉五月二十六日。"行书，字径59厘米	元丰四年（1081）
甘肃成县	大云寺题刻："辛酉五月二十六日，蒋之奇登大云寺。"楷书，字径9—16厘米	元丰四年（1081）
甘肃成县	睡佛寺有蒋之奇题名壁	元丰四年（1081）
河南宝丰	香山大普门禅寺有蒋之奇撰文、蔡京书丹的《香山大悲菩萨传》碑	元符三年（1100）
安徽宿州	蒋之奇题灵璧县张氏兰皋园奇石："荆溪居士暑中观此，爽然而凉。"	
安徽滁州	琅琊山有蒋之奇五言诗摩崖题刻："摽挥莺德碑，僧房绝顶边。窗外□绿野，林近日升天。鸟道云长逝，箫秋丹牟园。长夫□弥践，金玉有遗篇。"东风亭有蒋之奇"琅琊东峰"摩崖题刻	熙宁年间
安徽泾县	琴高山有蒋之奇正书题刻："熙宁二年八月，晋陵蒋之奇过此题绝句云。时与宣城万机、吴兴刘谊，同自水西入岩坞，至此观杜伟□□之刻，与平武一行，具之诗，而去。"	熙宁二年（1069）
安徽池州	齐山有蒋之奇正书题刻："傅燮志康、蒋之奇颖叔，元祐元年十月十三日，同游齐山之上清岩。"	元祐元年（1086）
安徽池州	《九华山志》卷三："开山时，有白龟出现之瑞，乃名其山曰龟山，泉曰'白龟泉'，又名'灵源泉'。泉在山门右，有蒋之奇题字。"	

续表

地点	题刻	时间
安徽池州	《九华山志》卷二："翠瀑，在崇圣院前，蒋颖叔诗有'云窦落来如曳练'之句。"	
安徽新安	《新安志》卷三："发运使蒋之奇为作赋，刻石亭（松风亭）上。"	元丰年间
陕西铜川	蒋之奇有咏玉华宫五言诗题刻	元丰三年（1080）
河北河间	长芦寺有蒋之奇题壁	

二 诗与民俗

法国哲学家丹纳曾经探讨过民俗与诗歌的关系，他认为："要了解一件艺术品，一个艺术家，一群艺术家，必须正确地设想他们所属的时代的精神和风俗概况。这是艺术品最后的解释，也是决定一切的基本原因。"① 由此可以看出民俗风情对诗歌创作具有重要的影响，诗歌亦在体现深化着民俗。赵睿才师认为："唐诗犹如一幅幅风俗画卷，不仅表述着唐人的生活方式与生活艺术，而且反映与深化着唐代特有的'时代精神'——看似相对独立的各个部分正是以此建构起来的。"② 此观点同样适用于宋诗。

宋代是文人生活高度雅化的社会，士大夫阶层在衣食住行等方面越发趋于讲究，由此也形成一些独特的民俗风尚。所谓"食色，性也"，蒋之奇与好友苏轼、钱勰皆为好吃之人，三人的唱和诗中也常提到一些独特的吃食。比如苏轼《次韵钱穆父马上寄蒋颖叔二首》其一曰：

> 玉关不用一丸泥，自有长城鸟鼠西。剩与故人寻土物，腊糟红曲寄驼蹄。
>
> 《次韵钱穆父马上寄蒋颖叔》其一③

"驼蹄"是唐宋时期的一道名菜，它曾经出现在杜甫的诗句"劝客驼蹄羹，霜橙压香橘"（《自京赴奉先县咏怀五百字》）中，主料是驼

---

① [法]丹纳：《艺术哲学》，人民文学出版社1994年版，第7页。
② 赵睿才：《唐诗与民俗》，河北人民出版社2013年版，第3页。
③ （宋）苏轼撰，王友胜点校：《苏诗补注》卷36，凤凰出版社2013年版，第1114页。

蹄，配以葱姜、胡椒等，佐以香菇等菜蔬，汁浓如乳，入口清香鲜美，令人回味不已。苏轼作此诗时，蒋之奇正帅熙和（甘肃），千里迢迢，寄去红曲糟好的驼蹄，足见二人对吃的热爱与同好。

蒋之奇有诗：

> 一斛槟榔互献酬，禅房亦自种浮留。凭师稍稍添松竹，便可封为潇洒侯。①

诗中将槟榔视作了送礼的佳品，其实槟榔在六朝时就为人所崇尚，到了宋代则被视作具有药用价值的吃食，苏轼诗曰：

> 北客初未谙，劝食俗难阻。中虚畏泄气，始嚼忽半吐。吸津得微甘，著齿随亦苦。面目太严冷，滋味绝媚妩。
> 《食槟榔》②

苏轼道出了北人初食槟榔的感受，起而不适，继而上瘾。
罗大经《鹤林玉露》载：

> 岭南人以槟榔代茶，且谓可以御瘴，……槟榔之功有四：一曰醒能使之醉，盖每食之，则熏然颊赤，若饮酒然；……二曰醉能使之醒，盖酒后嚼之，则宽气下疾，余酲顿解；三曰饥能使之饱，盖饥而食之，则充然气盛，若有饱意。四曰饱能使之饥，盖食后食之，则饮食消化不至停积，……槟榔赋性疏通而不泄气，禀味严正而有余甘，有是德，故有是功也。③

正因为槟榔有药用价值，蒋之奇的好友黄庭坚也曾托人几觅槟榔：

> 蛮烟雨里红千树，逐水排痰肘后方。莫笑忍饥穷县令，烦君一

---

① 此为佚诗，见蒋之奇《光孝寺潇洒轩》，明嘉靖本《广东通志》卷19，《舆地志》7。
② （宋）苏轼撰，王友胜点校：《苏诗补注》卷39，凤凰出版社2013年版，第1209页。
③ （宋）罗大经：《鹤林玉露》卷1，商务印书馆影印涵芬楼本，1941年版，第8页。

斛寄槟榔。

《几道复觅槟榔》①

茶兴于唐，盛于宋，宋代的茶道比唐更加精致。宋代士大夫阶层流行"斗茶"，名人雅士三五相约，相互点评谁的茶艺水平高明。"斗茶"的内容包括斗茶品、斗茶令和茶百戏。茶品又分一斗汤色、二斗水痕；茶令则比的是吟诗作赋；茶百戏又称分茶，通过茶水注入杯盏的技巧，使茶汤激起若山水若花鸟的水花图案。宋人的茶艺实际上已经发展成为一种艺术，不仅注重茶具、汤色等的形式美，对用水也颇有讲究，蒋之奇有诗：

释子幽居远俗氛，停桡登览日将曛。湖光已叹千年变，山势犹惊九陇分。迸溜泠喷双沼雪，煮茶香透一杯云。偶因流落寻佳致，何意声名世外闻。

《题慧山寺》②

此诗为蒋之奇《游慧山二首》中的一首，慧山位于无锡城西，以山中泉水之佳而闻名天下。唐代陆羽曾将慧山泉誉为"天下第二泉"，独孤及也因"其泉而悦之，乃志美于石"（《慧山寺新泉记》）。宋代苏轼有咏慧山泉的名句"独携天上小团月，来试人间第二泉"（《惠山谒钱道人烹小龙团登绝顶望太湖》），小团月是当时的御用贡茶，以此珍品来试慧山泉，可见词人对泉水的重视了。苏轼晚年还对慧山泉水念念不忘，作诗言"雪芽为我求阳羡，乳水君应饷惠泉"（《次韵完夫再赠之什某已卜居毗陵与完夫有庐里之约云》），认为以慧山泉泡宜兴雪芽茶绝配。由此可见，蒋之奇"煮茶香透一瓯云"绝非虚言。

宋代，士大夫阶层将饮茶视作一种艺术享受，而在民间，饮茶则被视作一种待客之道，如徐积曾作诗与蒋之奇："便著青衫迎谢傅，更无茶果荐杯盘。"（《谢蒋颖叔》其一）这种以茶待客的习俗保存到现在。

---

① （宋）黄庭坚撰，刘尚荣点校：《黄庭坚诗集注》外集卷11，中华书局2003年版，第1151页。

② 傅璇琮等主编：《全宋诗》卷687，北京大学出版社1993年版，第12册，第8026页。

第八章 蒋之奇研究

"春帖子"为宋代节令民俗,是立春日贴在宫中门帐上题有诗句的帖子。春帖子词多为五、七言绝句,字句工丽,或歌功颂德,或寓规谏之意。这种文体也很受皇帝重视:

> 一日,仁宗乘闲,举首见御阁春帖子,读而爱之,问何人作,左右以公对。即悉取皇后、夫人诸阁中者阅之,见其篇篇有意,叹曰:"举笔不忘规谏,真侍从之臣也!"①

宋代的士大夫大都擅长做"春帖子",蒋之奇也有佳作:

> 昧旦求衣向晓鸡,蓬莱仗下日将西。花添漏鼓三声远,柳映春旗一色齐。
>
> 《春帖子》②

清赵翼《陔馀丛考》称蒋之奇等人的春帖子词"皆庄丽可诵,见太平景象"③,以此诗观之,并没有言过其实。

蒋之奇是书法大家,因此对纸张的要求也很高,他不仅自己收藏有纸张珍品,还以此作为礼物赠送朋友,郭祥正接受其赠送后,曾作诗《谢蒋颖叔惠澄心纸》:

> 流转既久乃珍绝,一轴不换千明珠。乐安御史辄寄我,二十五幅无纤污。
>
> 却疑织女秋夜醉,素段割裂天所须。又如美玉才出璞,莹采射目争阳乌。④

被郭诗推崇备至的澄心纸亦称澄心堂纸,出产于五代十国时期南唐的徽州地区,纸质肤卵如膜,坚洁如玉,细薄光润,李后主视之为珍

---

① (宋)欧阳修撰,李逸安点校:《欧阳修全集》附录卷2,中华书局2001年版,第2636页。
② 傅璇琮等主编:《全宋诗》,卷687,北京大学出版社1999年版,第2册,第8020页。
③ (清)赵翼:《帖子词》,《陔馀丛考》卷24,商务印书馆1957年版,第484页。
④ 傅璇琮等主编:《全宋诗》卷752,北京大学出版社1999年版,第13册,第8770页。

宝，特辟"澄心堂"来储藏，这也是此纸名称的由来。到了宋代，苏轼、欧阳修、梅尧臣等人也都与澄心纸结缘，以此作为绘画、书法的珍品。欧阳修亲笔撰写的《新五代史》《新唐书》等均取澄心纸书写；李公麟的传世之作《五马图》也是取澄心纸而画。但可惜的是，南唐的澄心堂纸早已失传，宋代书法大家蔡襄曾言："李王澄心堂为第一，其物为出江南池、歙二郡，今世不复作精品。"① 可见，宋代的澄心纸应为仿造，但从郭诗所描述的纸质来看，确实也是难获的珍品，以至到了"一轴不换千明珠"的程度。

杭州开化寺池塘中养有名贵的金鲫，令人称奇的是此处的金鲫居然不食投饵。宋人戴植对此有详细的记载：

> 坡公《百斛明珠》载："旧读苏子美《六和塔寺诗》：'沿桥待金鲫，竟日独迟留。'初不谕此语，及卒钱塘，乃知寺后池中有此鱼，如金色，投饼饵久之，略出，不食，复入。自子美至今四十年，已有迟留之语，苟非难进易退，不妄食，安得如此寿。"观此则金鲫始于钱塘，惟六和寺有之，未若今之盛。②

崇宁元年（1102），蒋之奇以观文殿学士出知杭州，于六和塔下也见到了金鲫不食投饵的奇观，并赋诗记之：

> 全体若金银，深藏如自珍。应知贪饵者，毕竟是凡人。
> 　　　　　　　　　　　　　　　《六和寺金鱼池》③

宋代文人士大夫多心思细腻敏感，追求精致，对于奇石的爱好玩赏就体现了他们的生活美学态度，据《墨庄漫录》载：

> 宿州灵璧县张氏兰皋园，一石甚奇，所谓小蓬莱也。苏子瞻爱

---

① 曾枣庄、刘琳主编：《全宋文》卷1016，上海辞书出版社、安徽教育出版社2006年版，第47册，第165页。
② （宋）戴植：《鼠璞》卷下，中华书局1985年版，第35页。
③ 傅璇琮等主编：《全宋诗》卷688，北京大学出版社1999年版，第12册，第8033页。

之，题其上云："东坡居士醉中观此，洒然而醒。"……蒋颖叔过见之，复题云："荆溪居士暑中观此，爽然而凉。"吴右司师礼安中为宿守，题其后云："紫溪翁大暑醉中读二题，一笑而去。"张氏皆刻之，其石后归禁中。①

苏轼爱石成癖，还因此引发了一场不小的纠纷：

> 仆所藏"仇池石"，希代之宝也。王晋卿以小诗借观，意在于夺。不敢不借，然以此诗先之。……王晋卿示诗，欲夺海石。钱穆父、王仲至、蒋颖叔皆次韵。穆、至二公以为不可许。独颖叔不然。今日颖叔见访，亲睹此石之妙，遂悔前语。轼以谓晋卿岂可终闭不予者，若能以韩干二散马易之者，盖可许也。复次前韵。……轼欲以石易画，晋卿难之。穆父欲兼取二物。颖叔欲焚画碎石。乃复次前韵，并解三诗之意。②

王晋卿即驸马都尉王诜，也是北宋有名的画家，与苏轼为书画友。这场纠纷显然有些玩闹的性质。蒋之奇作为苏轼的好友，从其对待"仇池石"的态度来看，爱石之癖不亚于苏轼。

广州在宋代是当时最大的贸易港口，由于对外贸易的繁荣，此地聚集了许多蕃客，即阿拉伯人。蕃客的居住区也被称作蕃坊，此外还有供蕃客子弟读书的蕃学，供蕃客进行贸易的蕃市，还有寄托信仰的蕃塔。总之，宋时的广州充满阿拉伯风情的民俗风尚。元祐元年（1086），蒋之奇知广州，好友徐积听闻后，曰："广为雄蕃，……初至，蛮酋必以琉璃瓶注蔷薇水挥洒于太守。"③ 蔷薇水是古代香水，多来自大食国，宋蔡涤言：

> 旧说蔷薇水乃外国采蔷薇花上露，殆不然，实用白金为甑，采

---

① （宋）张邦基：《墨庄漫录》卷1，上海古籍出版社1992年版，第864页。
② （宋）苏轼撰，（宋）王十朋纂：《王状元集百家注分类东坡先生诗二十五卷东坡纪年录一卷》卷8，元建安熊氏刻本。
③ （宋）徐积：《节孝集》卷31，台湾商务印书馆1986年《景印文渊阁四库全书》，第1101册，第953页。

蔷薇花蒸气成水，则屡采屡蒸，积而为香，此所以不败，但异域蔷薇花气，馨烈非常，故大食国蔷薇水，虽贮琉璃缶中，腊蜜封其外，然香犹透彻闻数十步，洒著人衣袂，经十数日不歇也。①

蔷薇水在广州之盛，一时有香满五羊之说，蒋之奇到广州后曾宴请好友郭祥正，估计宴会上就使用了蔷薇水，所以郭作诗《颖叔招饮吴圃》曰：

番禺二月尾，落花已无春。唯有蔷薇水，衣襟四时熏。②

蔷薇水不仅流行于广州，还传入内陆民间。而在宫闱之内，蔷薇水早在五代时期即已经作为贡品为皇家所特享。到了宋代，普通宫人也可以使用蔷薇水了，南宋刘克庄《宫词四首》曰：

先帝宫人总道妆，遥瞻陵柏泪成行。旧恩恰似芙蓉水，滴在罗衣到死香。③

据孔凡礼《郭祥正事迹编年》考证，郭祥正于元祐三年（1088）正月到广州，二月离广赴任端州知州，逗留期间郭祥正与老友蒋之奇欢聚，游览了很多地方。广州充满异域风情的民俗让其新奇不已：

宝塔凝神运，擎天此柱雄。势分吴越半，影插斗牛中。拔地无层限，登霄有路通。三城依作镇，一海自横空。礼佛诸蕃异，焚香与汉同。祝尧齐北极，望舶请南风。瑞气凝仙露，灵光散玉虹。铎音争响亮，春色正冲融。视笔添清逸，凭栏洗困蒙。更当高万丈，吾欲跨冥鸿。

《同颖叔修撰登蕃塔》④

---

① （宋）蔡絛撰，惠民、沈锡麟点校：《铁围山丛谈》卷5，中华书局1983年版，第97页。
② 傅璇琮等主编：《全宋诗》卷764，北京大学出版社1999年版，第13册，第8873页。
③ （宋）刘克庄撰，辛更儒笺校：《刘克庄集笺校》卷1，中华书局2011年版，第68页。
④ 傅璇琮等主编：《全宋诗》卷771，北京大学出版社1999年版，第13册，第8930页。

第八章 蒋之奇研究

诗中的蕃塔即是现在广州怀圣寺的光塔,怀圣寺是伊斯兰教传入中国后最早建立的清真寺之一。据《广东新语》载:"每岁五月,蕃人望海舶至,以五鼓登顶呼号,以祈风信。"① 教徒在塔顶诵经时,常呼喊"邦卡"(呼唤之意),因粤语"邦"与"光"音似,故人亦称"光塔"。郭祥正在另一首题为《广州越王台呈蒋帅待制》的七古诗中再次提及了蕃塔,而且描写更为详细,因诗歌较长,笔者节引如下:

> 番禺城北越王台,登临下瞰何壮哉。三城连环铁为瓮,睥睨百世无倾摧。蕃坊翠塔卓椽笔,欲蘸河汉濡烟煤。沧溟忽见飓风作,雪山崩倒随惊雷。有时一碧淳万里,洗濯日月光明开。屯门钲铙杂大鼓,舶船接尾天南回。斛量珠玑若市米,担束犀象如肩柴。②

诗中的越王台位于广州城北的悟性寺,"左右瞻顾,则越中诸山,不召而自至"③,登此台一望,广州形胜尽收眼底,其中最为醒目的当属蕃塔。由"蕃坊翠塔卓椽笔,欲蘸河汉濡烟煤"句可知,蕃塔位于蕃坊中,塔的外形犹如一支如椽大笔,直指天穹,似乎要饱蘸河汉的墨汁。因此诗细致地描写了蕃塔的外形,极具史料文献价值。如"翠塔"的描述,我们可以推测当时蕃塔很可能被装饰成绿色,这也正是伊斯兰教所崇尚的色彩,"斛量珠玑若市米,担束犀象如肩柴"则极言广州对外贸易的繁盛景象。此诗的后半段还有这样的描写:

> 邦人每逢二月二,熙熙载酒倾城来。元戎广宴命宾客,即时海若收风霾。群心愈喜召和气,百伎尽入呈优俳。乐声珊珊送妙舞,春色盎盎浮樽罍。鬼奴金盘献羊羔,蔷薇瓶水倾诸怀。④

"二月二"在宋代并非一个重要的传统节日,但是在广州由于特殊的民俗,这一天格外隆重。在节日当天,地方长官亲自出面宴请宾客,

---

① (清)屈大均:《广东新语》卷19,中华书局1985年版,第501页。
② 傅璇琮等主编:《全宋诗》卷753,北京大学出版社1999年版,第13册,第8782页。
③ 曾枣庄、刘琳主编:《全宋文》卷3011,上海辞书出版社、安徽教育出版社2006年版,第140册,第13页。
④ 傅璇琮等主编:《全宋诗》卷753,北京大学出版社1999年版,第13册,第8782页。

赴宴的客人中既有当地民众，也有侨居的外来蕃客，"百伎"与"妙舞"则透露出宴会浓浓的异国情调，蕃客金盘献礼，并以蔷薇香水挥洒于诸人，将宴会的气氛推向了高潮。

广州亦称"羊城"，这一别称来自一个古老的传说。蒋之奇曾有诗云：

> 州宅之西敞华堂，我来拜跪焚宝香。堂中塑像何所见，乃有五仙乘五羊。
>
> 《咏五仙观》①

相传周夷王时，有五位仙人骑着口含麦穗的五只羊飞临广州，将几束优良的麦穗赠与当地人，祝愿广州城永无饥荒，然后仙人腾空而去，所乘的五只羊化为石，所以广州又名羊城、穗城。广州人民为了纪念这五位仙人，特建造了五仙观，在观内塑了五仙乘羊像以祭祀，蒋之奇的这首诗即是《咏五仙观》。

蒋之奇的思想是极为复杂的，虽然说儒家的正统思想占据了他的主流价值观，但释道等思想也对其产生了重要的影响。所以，对于一些神异的传说轶闻，蒋之奇也是深信不疑，并记诸笔端。家谱有云：

> 琳宇有巨槐，高达三四丈。夏日蝴蝶翩翩，连珠串串，绿茵如盖，阁子生风。原为唐学士周选书斋，继为道人修炼功德之处。蒋之奇诗云："学道功成就，冲霄愿必从。他年随羽化，横跨葛坡龙。"②

蒋之奇的另一首诗也流露出对道家修炼丹药的推崇：

> 便道行经董奉山，农餐聊为解征鞍。青林漠漠岚烟重，白昼昏昏海宇寒。县令来时寻旧舄，仙人去后有空坛。一丸曾遗交州药，应是当年炼就丹。

---

① 该诗辑自明《广东通志》卷59《艺文志》，宋张励：《五仙观记》。
② 此诗句为《冲寂观》节选，《冲寂观》一诗见《全宋诗》卷688。

第八章 蒋之奇研究

《董奉山》①

蒋之奇还喜与神仙道士交往：

> 徐守信，海陵人，少孤，役于天庆观。……自是，常放言笑歌，日诵度人经，绝粒至数日。为人言祸福如影响，发运使蒋之奇以经中有神公，受命普扫不祥之语，呼曰神公。自是，人以神翁目之。②

蒋之奇与徐神翁交往，问得最多的是祸福之兆：

> 元丰中，蒋颖叔为发运。初见公，问："会何事？"公云："不会。"问："知祸福否？"云："不知。"问："看《度人经》还通晓否？"云："不晓。"问："我为官如何？"云："官人好聪明。"再三问之，云："宜臧邢。""不臧邢如何？"公以手扪背，曰："瘤子痛，说不得也。"盖蒋背有瘤，盛怒则痛，至不能语，未尝告人也。乃命二吏掖公而拜之，曰："真人也。"……因留诗曰："持帚扫诸尘，经今三十春。怜渠独行意，雌静不先人。"为公立守雌堂。或云："吕吉甫赠诗，有'为止矜夸独守雌'之句，故蒋公取以为名也。"蒋又见殿侧有乐子长真人碑，题诗曰："瑶坛三级满苍苔，想象真人饮赤杯。飒飒仙风动杉桧，只应飙驭暂归来"。子长旧宅，在今冲真坊乐真桥之侧，盖飞升之地。梁大同中，建乐真观。至唐大中时，徙而东之，今天庆观是也。又公所居，亦在乐真桥之东，故蒋诗谓公乃子长再来也。③

蒋之奇在仕宦的重要关头也往往求助徐神翁，而徐神翁所语竟皆与其后的仕宦相合：

---

① 此为佚诗，见《正德福州府志》卷38，亦收入陈庆元《全宋诗札记（二）》，《中国韵文学刊》2004年第2期。
② （清）厉鹗：《宋诗纪事》卷90，台湾商务印书馆1986年《景印文渊阁四库全书》，第1485册，第688页。
③ 《道藏》第32册，文物出版社、上海书店、天津古籍出版社1988年版，第397页。

蒋颖叔尝求字，书"龙"字。问："何故不全？"曰："后来添之。"是年，除龙图阁直学士。再问之，曰："且得久而。"再叩之，乃加三点。问："背瘤如何？"曰："阁下则下也。"后除龙图阁学士，瘤果移稍下。又尝求字，得"赤天魔王"字，又得"负天担石"字。问："担得几石？"曰："二千石。"未几移帅广州，乃应"赤天魔王"之语。后入为枢密，则"负天担石"之验。①

宋阮阅编撰的《诗话总龟》将涉及蒋之奇的一则逸闻列入《奇怪门》下：

太子中允王纶，祥符中登进士第。有女子年十八岁，一日昼夜中忽魇声，其父与家人亟往问之，已起，谓父曰："与汝有洞天之缘，降人间四百年矣。今夕会此。"自是谓父曰"清非生"，自称曰"燕华君"。初不识字，忽善三十六体大篆，皆世所未识。每与清非生唱和，及百余篇。有送人诗云："南去过潇湘，休问屈氏狂。而今圣天子，不是楚怀王。"又《赠清非生》末句云："自有燕华无限景，清非何事恋东宫！"又《雪诗》云："何事月娥期不在，乱飞端叶落人间？"说与人云："天上端木开花六出。"《赠清非生》云："君为秋桐，我为春风。春风会使秋桐变，秋桐不识春风面。"《题金山》云："涛头风滚雪，山脚石蟠虬。"又诗云："落笔非俗子，鼓吹皆天声。岂俟耳目□，慰子华燕情。"蒋颖叔以楷字释之刻于石。后嫁为吕氏妻，既嫁则懵然不复能诗。康定间进篆字二十四轴，仁宗嘉之，有《女仙传》行于时。②

王纶女的故事显然荒诞，所谓的神异之处也不过是人为的装神弄鬼而已，至于"既嫁则懵然不复能诗"，则不过是失去作诗枪手的缘故。而蒋之奇却将此神异之事刻之于石，可见他对此是深信不疑的。

我国的天文学历史极为悠久，"浑天说"即是古代一种重要的宇宙

---

① 《道藏》第32册，文物出版社、上海书店、天津古籍出版社1988年版，第397—398页。
② （宋）阮阅：《诗话总龟》卷49《奇怪门》下，人民文学出版社1987年版，第473页。

第八章 蒋之奇研究

理论：

> 浑天如鸡子，天体圆如弹丸，地如鸡子中黄，孤居于内。天大而地小，天表里有水，天之包地，犹壳之裹黄。天地各乘气而立，载水而浮。①

浑天仪是反映浑天说的一种仪器，最初由西汉巴郡阆中（今四川阆中市）人落下闳发明，后被东汉天文学家张衡改进。历朝历代的太史官在张衡所制浑天仪的基础上不断改进，至宋朱弁《曲洧旧闻》载："元祐四年三月己卯，铜浑仪新成，盖苏子容所造也，古谓之浑天仪。"② 宋高似孙《纬略》对此有更为详细的记载：

> 蒋颖叔观太史局铜浑仪诗："日月双连璧，乾坤一弹丸。""弹丸"字，出孔颖达曰："天包地外，犹鸡卵之裹黄，圆如弹丸。"然《汉书》曰："日月如连璧耳。""连璧"二字出《易坤灵图》，曰："至德之明，日月若合璧。"余愚见，用日月双旋蚁，对之亦佳。"旋蚁"二字出《抱朴子》，曰："天圆如盖，地方如綦局，天□□□□□□蚁行磨上，磨左旋，蚁右去。磨行速，蚁不得已□□□□□，对弹丸尤妙。"③

苏子容即宋天文学家苏颂，他与韩公廉等将浑象和自动计时装置结合起来，发明世界上最早的天文时钟，蒋之奇的"日月双连璧，乾坤一弹丸"极为形象地描摹出此装置的外观，具有文献价值。

中国古代驿站客舍不仅促进了交通的繁荣，而且在信息传播中也扮演了重要的角色。南来北往的旅客在驿站客舍短暂停留，然后带着此处获得的信息各奔东西，并四处传播，所以驿站客舍成为理想的信息发布地。于是，一些文人骚客为了让自己的题诗以最快的形式传播，往往在

---

① （唐）瞿昙悉达：《唐开元占经》卷1，（清）严可均编：《全上古三代秦汉三国六朝文·全后汉文》卷55张衡《浑天仪》，中华书局1958年，第1554页。
② （宋）朱弁：《曲洧旧闻》卷8，中华书局1985年版，第65页。
③ （宋）高似孙：《纬略》卷10，《乾坤一弹丸》条下，中华书局1985年版，第162—163页。

驿站客舍的壁上题诗。宋周辉《清波杂志》载：

>邮亭客舍，当午炊暮宿，驰担小留，次观壁间题字，或得亲旧姓字，写途路艰辛之状，篇什有可采者。其笔画柔弱，语言哀怨，皆好事者戏为妇人女子之作。顷于常山道上得一诗："迢递投前店，飕飗守破窗。一灯明复暗，顾影不成双。"后书"女郎张惠卿。"迨回程，和已满壁。衢、信间驿名彡溪，谓其水作三道来，作"彡"字形。鲍娘有诗云："溪驿旧名彡，烟光满翠岚。须知今夜好，宿处是江南。"后蒋颖叔和之云："尽日行荒径，全家出瘴岚。鲍娘诗句好，今夜宿江南。"颖叔岂固欲和妇人女子之诗，特北归读此句，有当于心，戏次其韵，以志喜耳。辉顷随侍赴官上饶，舟行至钓台，敬谒祠下，诗板留题，莫知其数。刘武僖自柯山赴召，亦记岁月于仰高亭上，末云："侍儿意真代书。"后有人题云："一入侯门海样深，谩留名字恼行人。夜来仿佛高唐梦，犹恐行云意未真。"①

题壁诗始自两汉，而盛于唐宋。最早有关题壁的记载可以追溯到汉末，"至灵帝好书，时多能者，而师宜官为最，大则一字径丈，小则方寸千言，甚矜其能。或时不持钱，诣酒家饮，因书其壁，顾观者以酬酒，讨钱足而灭之"②。师宜官是东汉著名书法家，他以题壁字来筹钱换取酒家饮，饶有风趣。至唐代，由于经济文化的繁荣，题壁诗蔚然成风，元稹有诗云："邮亭壁上数行字，崔李题名王白诗。尽日无人共言语，不离墙下至行时。"③元稹为了赏诗竟然尽日"不离墙下"，可见当时题壁诗之多。元稹的好友白居易也热衷于写题壁诗，在《答微之》诗中曰："君写我诗盈寺壁，我题君句满屏风。与君相遇知何处，两叶浮萍大海中。"④相互题对方诗句于壁上，也可见二人之交谊深厚，葛

---

① （宋）周辉：《清波杂志》卷10，中华书局1985年版，第92—93页。
② （宋）王钦若等撰，周勋初等校订：《册府元龟》卷861《笔札》，凤凰出版社2006年版，第10035页。
③ （唐）元稹撰，冀勤点校：《元稹集》卷17《骆口驿二首》其一，中华书局2010年版，第222页。
④ （唐）元稹撰，冀勤点校：《元稹集》附录，中华书局2010年版，第909页。

立方《韵语阳秋》云:"元白齐名,有自来矣。元微之写白诗于阆州西寺,白乐天写元诗百篇,合为屏风,更相倾慕如此。"① 到了宋代题壁之风愈演愈炽,邮亭、舍壁、寺壁多有题咏,让人目不暇接。

唐宋时期虽然已有雕版印刷,但印刷能力受限,且费时费力,价格不菲,而诗歌的大量涌现需要以尽快的时间传播,所以题壁诗一度繁盛。诗人题诗于壁上,过往行人见而诵之,并随着旅人的行迹快速传播开来,不用花费任何价格成本,所以"题壁"是当时诗人"发表"作品的最佳途径。题壁诗不仅有利于传播,而且可以使作者与读者互动,如果把题壁诗与当今的互联网传播相比,始作诗者相当于互联网的"发帖",而诸多的和诗则相当于"跟帖"。就在"发帖"与"跟帖"的互动中,促进了诗歌的传播与交流,也是唐宋诗歌繁荣的体现之一。

第三节 蒋之奇与佛教

蒋之奇一生以儒学为己业,孜孜以求,同时在释道方面也有很高的造诣。他尤其热衷于佛教,不仅广交得道高僧,题诗遍布名寺,而且积极与友人探讨佛学心得,佛学著作闳约,有深厚的佛学修养。因为有虔诚的佛教信仰,"靖国初,蒋枢密之奇请为坟刹,赐今额",这就是宋徽宗赐额的"显亲追孝禅院"②。

笔者拟从蒋之奇的佛学著述入手,探求其与佛学的渊源,厘清其佛学著作的脉络,考证其与名僧的交游,力求解释其与佛学结缘的时代家族等深层原因。

一 蒋之奇与《香山大悲菩萨传》

元符二年(1099),谏言邹浩上书得罪哲宗,时任翰林学士兼侍读的蒋之奇因同情邹浩而被贬出守汝州(今属河南),在汝州一月又徙庆州(今甘肃省庆阳市)。就在汝州所居的不长时间内,蒋之奇为佛教界做了一件功德圆满的大事,即加工润色了三千余言的《香山大悲菩萨传》,直接促成了观音菩萨信仰在各界民众中的空前普及与流传。"大

---

① (宋)葛立方:《韵语阳秋》卷3,中华书局1985年版,第19页。
② (宋)史能之:《咸淳重修毗陵志》卷25,明初刻本。

悲"一词早期用来形容观音,当《千手千眼观世音菩萨广大圆满无碍大悲心陀罗尼经》在唐代传入后,"大悲"即成为千手千眼观世音的专指。有关观世音菩萨的佛典早在南北朝时就译成了汉文,如《悲华经》卷二《大施品》载:"时王千子第一太子名曰不眴,终竟三月供养如来及比丘僧。"① 不眴即观世音,在印度是一位男性,成菩萨前是太子,随父亲转轮圣王皈依佛门修行。按照佛经所言,观世音菩萨本为男身,南北朝时期观世音的造像皆为男身。到了唐朝,因为要避太宗李世民之讳,"观世音"改称"观音"。在这一时期,观音逐渐由男身向女身转化,随着佛教中国化的过程,按照人们的信仰心理,大慈大悲救苦救难的观音菩萨似乎应该为女性更为合理。

香山寺始建于东汉后期,大悲塔始建于何时已无从可考,宋神宗熙宁元年(1068)香山寺敕修"大悲观音大士塔",塔矗立在寺庙中央,呈八角形,为九级密檐砖塔。1996年出版的《宝丰县志》称:"此塔建于北宋熙宁元年(1048年)。"②[按:熙宁元年应为1068]这应该是一次大规模的重建,因为嘉庆二年(1797)刊刻的《宝丰县志》保存了一篇名为《灵塔志》的石刻碑文,碑文是为纪念白雀寺主重海上人而作:

> 上人法名重海,俗姓张氏,西京永宁人,世袭净业为农家。幼便警悟,深乐佛乘,闻汝南龙山有古迹,俗传为香山大悲塔者,心所信慕,遂告其父母,恳求出家,礼智元和尚为师,宝元二年(1039)特敕剃度为僧。③

可见,在宝元二年之前,香山已有大悲塔。庆历年间(1041—1048),白雀寺又被宋仁宗赐额为"慈寿院",是香山寺的下院,这里也是大悲观音——妙善公主出家的寺院。

和蒋之奇同时代的李廌(1059—1109),是"苏门六学士"之一,

---

① [日]高楠顺次郎等:《大正新修大藏经》,新文丰出版公司影印本1983年版,第157页。
② 宝丰县史志编纂委员会编:《宝丰县志》,方志出版社1996年版,第692页。
③ (清)陆蓉修、武亿纂:嘉庆二年《宝丰县志》卷15《金石志》,《石刻史料新编》第3辑地方类(河南省、山西省),新文丰出版公司1986年版,第138页。

他在《画品》中提到："唐大中年（847—859）范琼所画像，躯不盈尺，而三十六臂，皆端重安稳，如汝州香山大悲化身自作塑像，襄阳东津大悲化身自作画像，意韵相若。"① 香山成为观音信仰的朝圣地，这是现在所能看到的最早的文献记载。由此我们也可以推测出早在公元九世纪，"大悲化身"的观音传说已经盛行。

蒋之奇在汝州居官的短暂期间，喜好方外之交的他与香山寺主持怀昼禅师时相过往，蒋之奇曾详细叙述过他加工润色《香山大悲菩萨传》的缘由：

> 香山千手千眼大悲菩萨乃观音化身，异哉！元符二年（1099）仲冬晦日，余出守汝州，而香山实在境内。住持沙门怀昼访予，语及菩萨因缘。已而持一编书□，且言：此月之吉，有比丘入山，风貌甚古，三衣蓝缕。问之，云："居于长安终南山，闻香山有大悲菩萨，故来瞻礼。"乃延馆之。是夕，僧绕塔行道，达旦已，乃造方丈谓昼曰："贫道昔在南山灵感寺古屋经堆中得一卷书，题曰《香山大悲成道传》，乃终南宣律师所闻天神之语，叙菩萨应化之迹。藏之积年，晚闻京西汝州香山即菩萨成道之地，故跋涉而来，冀获瞻礼，果有灵迹在焉。"遂出传示昼。昼自念住持于此久矣，欲求其传而未之得，今是僧实携以来，岂非缘契？遂录传之。□日既暮，僧辄告去，固留不止，遂行。昼曰："日久夕矣，彼僧何诣？"命追之，莫知所止。昼亦不知其凡耶圣耶，因以其传为示。予读之，本末甚详，但其语或俚俗，岂义常者少文，而失天神本语耶？然至菩萨之言，皆卓然奇特，入理之极谈。予以菩萨之显化香山若此，而未有传，比予至汝，其书适出，岂大悲付嘱，欲予撰者乎？遂为论次，刊灭俚辞，采菩萨实语著于篇。噫！天神所谓后三百年重兴者，岂在是哉？元符三年岁次庚辰九月朔书。②

---

① （宋）李廌：《德隅斋画品》，转自于安澜编《画品丛书》，上海人民美术出版社1982年版，第157页。

② 曾枣庄、刘琳主编：《全宋文》卷1707，题作《香山大悲成道传赞》，上海辞书出版社、安徽教育出版社2006年版，第78册，第252—253页。

由这篇序我们可知《香山大悲菩萨传》的底本充满神话色彩，乃唐道宣律师受天神所言而作，蒋之奇不满于原本言辞的俚俗，但对"菩萨之言，皆卓然奇特，入理之极谈"却深信不疑，于是"遂为论次，刊灭俚辞，采菩萨实语著于篇"。

《香山大悲菩萨传》讲述的是：嵩岳之南二百余里有香山，香山东南过去有国王名庄王，庄王有三女，小女名妙善。妙善拒婚出家，触怒父王。后妙善入香山修行，父王患恶疾，妙善自断双手双眼为父治病，父疾遂愈，妙善也生出千手千眼，是谓千手千眼观音。

蒋之奇所作《香山大悲菩萨传》由当时的朝廷重臣大书法家蔡京手书，并刻碑立于香山寺中，因蔡京杰出的书法造诣，这块碑又称为"蔡京碑"。同时代的朱弁对蒋之奇所作传文不满，认为："考古德翻经所传者，绝不相合。浮屠氏喜夸大自神，盖不足怪，而颖叔为粉饰之，欲以传信后世，岂未之思耶！"① 显然，朱弁不信佛，他对蒋之奇的批评也就不足为怪了。但是，在宋代文人普遍信仰佛教，几乎人人致力于佛学研究的背景下，由蒋之奇润饰过的《香山大悲菩萨传》迅速在知识分子阶层传播开来，加之蔡京的手书，该传文影响更加广泛深远。至元代，大书法家赵孟頫之妻管道昇据传文所撰写的《观音菩萨传略》，更是将观音菩萨的传说推向文雅化的高峰。而在将观音菩萨传说文雅化，为广大知识分子接受的传播过程中，蒋之奇起到了至关重要的作用。

蒋之奇的《香山大悲菩萨传》和管道昇《观音菩萨传略》多在文人雅士知识阶层中传播，直到我国第一部宝卷《香山宝卷》出现后，才以其动人的情节、通俗明快的语言，真正受到平民阶层的欢迎，使观音信仰迅速在善男信女中传播开来。

《香山宝卷》卷首题记"宋崇宁二年天竺寺普明禅师编撰"②，对于宝卷的作者是否为普明禅师，学界尚无定论，据郑振铎先生考证："相传最早的宝卷《香山宝卷》为宋普明禅师所作。普明于宋崇宁二年（1103）八月十五日，在武林上天竺受神之感示而写作此卷，这当然是

---

① （宋）朱弁：《曲洧旧闻》，《历代史料笔记丛刊》，中华书局2002年版，第170页。
② 车锡伦等：《中国宝卷总目》，北京燕山出版社2000年版，第307—308页。

神话。但宝卷之已于那时出现于世，实非不可能。"[1] 普明受神示作《香山宝卷》自然不可信，但细考之下，他受到的"神示"应该是蒋之奇所作的《香山大悲菩萨传》。因为在宋崇宁元年，蒋之奇调任杭州知府时，杭州当时是佛教繁盛的中心之一，为了在更大范围内传播观音信仰，蒋之奇将亲手所撰、蔡京书写的《香山大悲菩萨传》带到任所，并于崇宁三年重新刊刻，立碑于天竺寺内，自此观音信仰也在吴越大地广泛兴盛起来。这是宋崇宁元年到崇宁三年所发生的事，考天竺寺普明禅师于崇宁二年作《香山宝卷》，这显然是受了蒋之奇碑文的影响，也侧面证实了我国第一部宝卷于宋崇宁二年面世并非是不可能的。从另一个角度讲，《香山宝卷》受《香山大悲菩萨传》启发，是其进一步俗化后的作品。

佛经中原为男身的观世音菩萨逐渐演变成女身的妙善公主，最终幻化为身披白色长袍、手持杨柳枝净瓶、慈祥端庄的观世音大士，这是佛教中国化的一个进程。在这个过程中，蒋之奇起到了至关重要的作用，他所作传文不仅为知识阶层所接受，并且在他影响下产生的俗文学《香山宝卷》推动了观音信仰在平民阶层的广泛传播。可以说，是他的《香山大悲菩萨传》直接促成了近一千年来观音信仰在中国大地的流传。

二 蒋之奇与《泗州普照国师传》

僧伽信仰与崇拜始于唐，最早的记载见唐李邕（673—742）的《大唐泗州临淮县普光王寺碑》。到了宋朝则更加普及，宋僧赞宁（919—1001）在《宋高僧传》中为僧伽立传，归入感应篇。赞宁描述了僧伽的种种神异：僧伽自称是泗州寺僧，常现身于泗州塔顶，保佑全城。他能够留衣于殿梁上，使废寺重兴，也可以用"澡罐水"令驸马都尉武攸暨病愈，甚至死后复现于市井间，化身为不同的面相为众生解救灾难，种种神异，不一而足。

太平兴国七年（982），宋太宗下旨重修僧伽塔，进一步推动了宋代的僧伽信仰。《宋史》有两次有关僧伽塔遭风雨雷击的记载，可见因

---

[1] 郑振铎：《中国俗文化史》，团结出版社2006年版，第508页。

为宋太宗信仰僧伽，所以史官也特别留意僧伽塔的状况。泗水僧伽塔下也成了北宋祭奠天地的重要场所，时任翰林学士、知制诰的欧阳修，王安石等人都为此写过祭文。

宋太宗崇信僧伽推动了僧伽信仰在北宋的盛行，继而又有几位有佛学造诣的士大夫把僧伽信仰推向了高潮。蒋之奇就是其中最具影响力的一位，他撰写的《泗州大圣明觉普照国师传》广泛为封建士大夫阶层接受，并直接引发了南宋僧伽信仰的高潮。他在《泗州大圣明觉普照国师传》序中，介绍了写作传文的缘起：

> 余读李白诗云："真僧法号曰僧伽，有时与我论三车。"于是知所谓僧伽者，李白盖尝见之矣。又读韩愈诗云："僧伽晚出淮泗上，势到众佛尤魁奇。"又韩愈斥佛，至老不变，若僧伽之神异，虽愈亦不敢诬也！故常欲为作传，而未暇遑。比余之楚之秦，而得僧伽事益详，于是遂纂辑而为之传。①

由序文，我们可知蒋之奇是因读李白诗歌才识得僧伽，又因韩愈一生辟佛，而在诗歌中却对僧伽赞叹不已，遂使其越发对僧伽的神异深信不疑。"比余之楚之秦"是蒋之奇作传的时间，考其一生多次在秦楚间做地方官，最早一次是熙宁四年（1071）历江西、河北、陕西副使，传文最早的写作时间应该在此之后。蒋之奇由读李白、韩愈诗歌起缘，加之在秦楚间所闻的僧伽故事，最终撰写了这部《泗州大圣明觉普照国师传》：

> 普照明觉大师僧伽者，盖西域人，莫知其国土与姓氏也。年三十，自西竺来，唐高宗龙朔中，至长安洛阳悬化，遂南游江淮，手持杨柳枝，携瓶水，混稠众中，或问师何姓，答曰："姓何。"又问师何国人，答曰："何国人。"然人莫测其为何等语也。武后称周帝，号武氏周，万岁通天中，有制："番僧乐住听！"遂隶楚州龙兴寺。后欲于泗上建寺，遂至临淮，宿山阳令贺跋玄济

---

① （宋）蒋之奇：《泗州大圣明觉普照国师传》，明万历十九年李元嗣刻本，第827页。

第八章 蒋之奇研究

家，谓曰："吾欲于此，建立伽蓝。"即现十二面观音相。玄济惊异，请舍所居为寺。师曰："此地旧佛宇也。"令掘地，得古碑，乃齐香积寺铭，李龙建所创。并获金像一躯，众以为燃灯佛。师曰："普照王佛也！"视之，有石刻焉，果普照王佛。景龙二年，中宗遣使迎师入内，号称国师，帝及百官执弟子礼。与度慧岸、慧俨、木义三人，以嗣传灯，并赐临淮寺额，师请以佛号榜之，帝以照字触天后讳，改号普光王寺，为亲书寺额。景龙四年，师寝疾，出住大荐福寺。二月三日，端坐而化，春秋八十有三，在西土三十年，入中国五十三年。帝命即荐福漆身建塔，忽臭气满城，巫祝送师归临淮。言讫，异香腾馥，遂送真身。以是年五月五日至临淮建塔，安大师真身于塔内。敕百官送至都门，士庶至灞水，僧尼至骊山。帝问万回："僧伽大师何人也？"对曰："观音化身也。《普门品》云：'应以比丘身得度者，即皆现之，而为说法，斯之谓也。'"①

从时间来看，蒋之奇作《泗州大圣明觉普照国师传》在李邕作《泗州临淮县普光王寺碑》以及赞宁作《唐泗州普光王寺僧伽传》之后；从篇幅看，蒋之奇的传文最为简练；从情节看，三文内容上都有出入，例如《泗州大圣明觉普照国师传》载僧伽武则天万岁通天（696）中隶楚州龙兴寺，《唐泗州普光王寺僧伽传》却载其唐高宗龙朔初（龙朔元年为661年）隶楚州龙兴寺，前后相差三十多年，《泗州临淮县普光王寺碑》则没有说其隶楚州龙兴寺的确切时间。蒋之奇作传的缘起之一是读李白的《僧伽歌》："真僧法号曰僧伽，有时与我论三车。"②但是考李白生卒年为701—762，而李邕《泗州临淮县普光王寺碑》却载僧伽"以景龙四年（710）三月二日，端坐，弃代于京荐福寺，迹也"③，即使李白再早慧，也不可能在八岁前与僧伽"论三车"吧。李邕是在僧伽逝后两三年奉唐中宗敕命写就碑文，其

---

① （宋）蒋之奇：《泗州大圣明觉普照国师传》，明万历十九年李元嗣刻本，第827页。
② （唐）李白撰，安旗主编：《新版李白全集编年注释》上册，巴蜀书社2000年版，第824页。
③ （宋）李邕：《大唐泗州临淮县普光王寺碑》，周绍良主编《全唐文新编》卷263，吉林文史出版社2000年版，第2970页。

文最具史料价值，可信度最高。至于李白诗歌中所论与僧伽交游之事，我们可以推测有两种可能：一是与李白一起谈佛法的另有其人，因为"僧伽"一词最早是对来华的异域僧人之统称，如南朝梁释慧皎所作《高僧传》，卷一就有《僧伽跋澄》《僧伽提婆》二传①，这两人均是前秦时来华传教的西域人。唐之后，"僧伽"才特指泗州普光王寺的僧伽大师。二是我们可以理解为生性浪漫的李白在诗歌中一向喜欢用夸张想象的手法营造奇异的景象，他与僧伽的交往是诗意幻化出来的一种与名僧谈佛论道的莫测高深的境界。

李邕与蒋之奇对僧伽籍贯的考证也有分歧，李邕认为："普光王寺者，僧伽和尚之所经始焉，和尚之姓何，何国人，得眼入地。"蒋之奇却认为："普照明觉大师僧伽者，盖西域人也，莫知其国土与姓氏也。年三十，自西域来。"

蒋之奇的侄子、书法家蒋璨在仕宦途中经过长安僧伽故地，怀着对僧伽的信仰以及对伯父的怀念，重新书写了《泗州大圣明觉普照国师传》，并撰写了《题僧伽传后》，对李邕所述进行了嘲讽：

《僧伽传》载僧伽姓何，何国人之对，有味其言哉。彼所以妙悟者，乃在于是。至于赴感应化固其余事。然接物利生盖菩萨方便，此所以异于小乘欤。余西入关，至雍，过僧伽故寺，读李邕所作《临淮普光王寺碑》，言僧伽姓何，何国人也，而窃笑之。噫，至言妙断，以待知者而后晓，顾岂邕等所及邪！唯万回以为观音化身，信哉。②

其实，李邕文具史传散文性质，基本写实，他认为僧伽是何国人，何国并非是玄化的禅意虚指，而是在唐朝确有何国。《隋书·何国传》载："（何国）东去曹国百五十里，西去小安国三百里，东去瓜洲六千七百五十里。"③《唐会要》云："（曹国）西北至何国二百里。"④可见，

---

① （梁）释慧皎撰，朱恒夫、王学钧、赵益注：《高僧传》，陕西人民出版社2010年版，第1页。
② （宋）蒋之奇：《泗州大圣明觉普照国师传》，明万历十九年李元嗣刻本，第828页。
③ （唐）魏徵等：《隋书》卷83，中华书局1973年版，第1855页。
④ （宋）王溥：《唐会要》，中华书局1955年版，第1754页。

何国实际存在，有学者考证"何"为阿拉伯语的音译。《新唐书·西域传》载："贞观十五年，（何国）遣使者入朝。永徽时上言：'闻唐出师西讨，愿输粮于军。'"①何国愿意输军粮与西征唐军，一般附属国才会有输粮献物的义务，由此可知，何国或许是唐朝的附属国。以蒋之奇叔侄的家学渊源与学识修养，不可能不知道何国在地域上确实存在。他们之所以并不认可僧伽是何国人，是源于他们的僧伽信仰。他们认为僧伽是充满神异力量的，深信"唯万回以为观音化身，信哉"。如果具体考证出僧伽的国籍姓氏，岂不失去了传奇色彩，等同凡人了吗？所以蒋之奇读李白《僧伽歌》"此僧本住南天竺，为法头陀来此国"后，既不相信僧伽是天竺人，也不认可僧伽是何国人。"或问师何姓，答曰：'姓何。'又问师何国人，答曰：'何国人。'然人莫测其为何等语也。"显然，蒋之奇认为僧伽自称何国人，不过是与人禅意的对答而已，他深信僧伽乃"观音化身也"。

蒋之奇的《泗州大圣明觉普照国师传》既不同于李邕的写实性质，也迥异于赞宁在《唐泗州普光王寺僧伽传》中对僧伽的一味神化，他叙述僧伽、僧伽寺、僧伽塔、僧伽真身的由来始末简明清晰，特别强调僧伽是"观音化身"之说，这就很容易引起知识分子的阅读兴趣，实际上是在文人士大夫中宣扬了僧伽信仰。而僧伽信仰也由于为越来越多的知识分子所接受，影响力越发深远，据不完全统计，截至北宋末，各地有僧伽寺、塔、堂、像等二十三处。至于信奉僧伽的知识分子则是数不胜数，下面就举几个有影响的例子：

黄庭坚（1045—1105），字鲁直，英宗治平四年（1067）进士及第，与蒋之奇为好友，两人多有诗歌唱和，黄庭坚曾赞蒋之奇"荆溪居士（蒋之奇）傲轩冕，胸吞云梦如秋毫"②。北宋僧伽寺塔很多，黄庭坚对此感叹："僧伽本起于盱眙，于今宝祠遍天下，其道化乃溢于异域，何哉？其释氏所谓愿力普及者乎？"③神宗元丰七年（1084）三月，黄庭坚别蒋之奇，过泗州僧伽塔时曾作发愿文："痛戒酒色，但朝粥午

---

① （宋）欧阳修等：《新唐书》卷221，中华书局1975年版，第6247页。
② （宋）黄庭坚撰，郑永晓整理：《黄庭坚全年集校编年》，江西人民出版社2008年版，第368页。
③ （宋）黄庭坚撰：《江陵府承天禅院塔记》，政协宜州市委员会编：《宣州文史》第11辑，1977年版，第41页。

饭而已。"① 作出如此信誓旦旦的发愿文，可见黄庭坚对僧伽信仰的虔诚。

苏轼（1037—1101），字子瞻，号东坡居士，与蒋之奇同为嘉祐二年（1057）进士。苏轼曾于治平三年（1066）回蜀途中写作《僧伽塔》诗，元祐七年（1092），因所辖区大旱而作《祈雨僧伽塔祝文》，祈请："伏愿大圣普照王，以解脱力，行平等慈。噫欠风雷，咳唾雨泽，救焚拯溺。"② 绍圣元年（1094），他还写了《泗州大圣僧伽像赞》：

> 泗滨大士谁不见？而有熟视不见者。彼岂无眼业障故，以知见者皆希有。若能便做希有见，从此成佛如反掌。③

张舜民（生卒年不详），字芸叟，治平二年（1065）进士，曾与蒋之奇、王纯中等一起游泗州僧伽塔。因张舜民此行中作诗称呼蒋之奇为发运副使，那么他们游览的时间应在元丰年间（1080—1083），蒋之奇在此间任江淮荆浙发运副使。又考蒋之奇于元丰六年（1083）曾到泗州查看水运，莅盱眙游南山，并留有题名石刻，与张舜民一行游僧伽塔应在此时。作为僧伽信仰的忠实信徒，张舜民作文描述了僧伽显现的神异景象：

> 大圣见塔上，始见香烟如雾，笼闭四周。少顷，有物如拳许，在相轮上或坐或作，往来周旋不止。每至东南角上伫立，至暮不灭。又自塔下烟雾如甑气上腾，少间雨作。④

李纲（1083—1140），字伯纪，政和二年（1112）进士，曾为蒋之奇撰写墓志铭。李纲是宋重臣，也是僧伽的信仰者，他深信僧伽是观音化身之说。早在宣和二年（1120），李纲三十八岁第一次被贬至福建沙

---

① （宋）普济辑，朱俊红点校：《五灯会元》，海南出版社2011年版，第1541页。
② （宋）苏轼撰，李之亮注：《苏轼文集编年笺注》，巴蜀书社2011年版，第351页。
③ 同上书，第260页。
④ （宋）张舜民：《画墁集》附补遗，中华书局1985年版，第52页。

第八章 蒋之奇研究

阳，就在贬谪处写了《书僧伽事》一文。开头就点明僧伽为观音化身之说："世传僧伽为观音大士化身，其神变示现之迹，载于传记，著于耳目，不可胜纪。予独书其近年亲所见闻者三事。"① 其中"世传僧伽为观音大士化身"就与蒋之奇撰文在士大夫阶层推行观音僧伽信仰有密切关系。李纲以自身亲眼所见僧伽塔上的神迹、亲闻僧伽退泗州水患、亲历僧伽消京师水患三事，来证僧伽确为观音化身，拥有无边的法力，且言辞恳切，令人信服：

> 惟普慈巨济大士灭度至今五百余年，而乃以光景形相、威神神力与人相济，拯危弭患，灵迹显然，如常住世。盖其誓愿宏深，神化自在，具大慈悲。与此士众生有大因缘，故能示现昭昭，若此世谓："观音化身。"而《维摩诘所说经》亦云："菩萨住不可思议解脱门，能以神变作诸佛事，摄受众生。"宁不信与！②

宣和七年（1125），李纲到泗州旧地重游，并再次瞻礼僧伽塔，写下了《泗上瞻礼僧伽塔》五言古诗一首：

> 汤汤淮泗滨，实为至人居。至人骨已冷，灵响初不渝。巍然窣堵波，金碧耀云衢。突兀三百尺，势欲凌霄虚。乃知天人师，宜有神明扶。忆昔岁乙未，奉亲由此途。开关瞻晬容，端相不可诬。清秋日当午，为现摩尼珠。蝉联宝铎间，悬缀如流苏。万目共瞻睹，稚耋欢惊呼。重来念旧事，感叹涕潸如。再拜礼双足，如师真丈夫。③

在诗中，李纲回忆了他当年亲睹僧伽神迹显现的壮观景象，流露了对于僧伽信仰的虔诚之心。高宗建炎三年（1129），当他听说僧伽塔遭火灾焚毁后，非常痛心，又写下了一首七言诗：

---

① （宋）李纲：《书僧伽事》，《李纲全集》下，岳麓书社2004年版，第1477页。
② 同上书，第1478页。
③ （宋）李纲：《泗上瞻礼僧伽塔》，《李纲全集》下，岳麓书社2004年版，第210页。

谁知兴废相绸缪，铁马驰突横戈矛。四方群盗起如蝱，付以一炬成荒丘。慈航济物众所休。舍我去矣真可忧。昨宵梦到淮上洲，窣堵再造工方鸠。千章巨木回万牛，此岂有意重来不？塔成大士还旧游，更扶休运三千秋。①

诗中有深重的兴废之感，既有对时局混乱的无奈，亦有寄托于僧伽重来、帮助淮泗地区恢复安定的热切希望。李纲曾任宰相，虽然任期不长，但由于他在靖康之际的功绩，在当时非常有影响力，由于他的提倡，僧伽信仰在南宋的传播更加兴盛。

李祥（1128—1201），字元德，隆兴元年（1163）进士。与其他人不同，李祥最初对僧伽的信仰来自家族的影响。建炎三年（1129），李父带着一家老小逃难途中，不幸家人离散，李父乱中落水，危难之中"忽念一门主祀将推托，俄见一塔，火光星迸，有僧伽立焉，忽变观音像，手持线三寸，命吞之。始惊觉，自水中奋身而起"②，李父因此逃生，次日与家人重聚。李祥自幼听家人谈及此事，他的僧伽信仰可以说是源于幼年时期。庆元间（1195—1200），他致仕在家，从守坟僧人知忠处得"故枢密蒋公所作僧伽传"，"见其叙引，灵矣。且有观音大士应身之说，与予父兄所说略同"③。于是，作为僧伽信仰的崇信者，李祥又撰写《大士生存应化灵异事一十八种》，继续推动了僧伽信仰的传播。

在蒋之奇撰《泗州大圣明觉普照国师传》之前，文人士大夫对僧伽的信仰罕有记载，在此之后僧伽信仰在知识阶层迅速传播，到南宋达到高潮。这主要表现在各地僧伽寺、塔、堂、像等如雨后春笋般地涌现，即使是在泗州僧伽塔焚毁之后，南宋的岳珂、楼钥等仍去塔址凭吊，僧伽应化的故事出现在宋人笔记小说如《夷坚志》中，由此可见蒋之奇对僧伽信仰的推动之功。

---

① （宋）李纲：《夜寝梦游泗上观重建僧伽塔》，《李纲全集》下，岳麓书社2004年版，第273—274页。

② （宋）蒋之奇：《泗州大圣明觉普照国师传》附录《题僧伽传后》，明万历十九年李元嗣刻本，第835页。

③ 同上。

三 蒋之奇的其他佛学著述

《杯渡山纪略》。杯渡，相传为魏晋南北朝僧人，其人放浪不羁，颇具神话传奇色彩。《嘉庆新安县志》载："杯渡禅师，不知姓名，尝乘木杯渡水，因而为号。"[①] 蒋之奇曾作《杯渡山纪略》：

> 《广州图经》：杯渡山在屯门界三百八十里，旧传有杯渡师来此。《高僧传》云："宋元嘉时，杯渡常来赴齐谐家，后辞去，云：'贫道去交广之间。'退之诗云：'屯门虽云高，亦映波浪没。'"所谓屯门者，即杯渡山也。旧有军寨在北之麓。今捕盗廨之东，有伪刘大宝十二年己巳岁二月十八日汉封瑞应山勒碑在焉。榜文刻："汉乾和十一年岁次甲寅，开翊卫指挥、同知屯门镇检点防遏、右靖海都巡陈巡，命工镌杯渡禅师像供养。"杯渡事，余已删定著于篇。刘汉大宝己巳至今元祐己巳，盖一百二十一年矣，事之显晦有时哉。昔余读李白《南陵隐静诗》："严种郎公橘，门深杯渡松。"以为杯渡迹见江淮间，不知又应现交广云。为赋之曰：
>
> 吾闻杯渡师，尝来交广间。至今东莞县，犹有杯渡山。兹山在屯门，相望横木湾。往昔韩湘州，赋诗壮险艰。飓风真可畏，波浪没峰峦。伪刘昔营军，攘摽防蛮。镌碑封瑞应，藓痕半斓斑。南邦及福地，达摩初结缘。灵机契震旦，乘航下西天。长江一苇过，葱岭只履还。渡也益复奇，一杯当乘船。大风忽怒作，滚滚惊涛掀。须臾到彼岸，垒足自安然。掷杯入青云，不见三四年。安得荷芦图，相从救急患。累迹巨浪侧，真风杳难攀。鲸波岂小患，浮游如等闲。仰止路行人，不辞行路难。[②]

据诗序所云"至今元祐己巳盖一百二十一年矣"，《杯渡山诗》应作于元祐己巳（1089），蒋之奇其时知广州。此诗见于崇祯《东莞县志》与康熙《新安县志》，亦收入《全宋文》。

[①] 张一兵校点：《深圳旧志三种》，海天出版社2006年版，第994页。
[②] 曾枣庄、刘琳主编：《全宋文》卷1706，上海辞书出版社、安徽教育出版社2006年版，第78册，第239—240页。

《杯渡山纪略》极具史料价值，保存了若干颇可珍视的历史信息。香港原属东莞郡，到唐代香港以"屯门"之称见于史籍。屯门的青山又名杯渡山，在魏晋南北朝是外来船只的必经之地。"南邦及福地，达摩初结缘"是说达摩西来是在屯门一带靠岸停留，补给充足后才经海上到达广州。"渡也益复奇，一杯当乘船。"讲述了杯渡同达摩一样也是在屯门登岸，所以青山又名杯渡山。与达摩不同的是，杯渡于此灵渡寺驻足，弘扬佛法。又南汉大宝十二年（969）南汉主刘鋹敕封杯渡山为瑞应山，并立碑为记；南汉乾和十二年（954），陈巡命工镌杯渡禅师之像置于杯渡山中供养。这些可补正史记载之不足，生动地再现了历史事件的细节，对于杯渡信仰在交广之间传播的研究极具史料价值。

《楞伽阿跋多罗宝经序》。蒋之奇写此序时的官衔为朝议大夫直龙图阁权江淮荆浙等路制置盐矾兼发运副使，考蒋之奇于熙宁八年至元丰八年（1075—1085）权江淮荆浙等路制置盐矾兼发运副使，又苏轼《书楞伽经后》也记其事，且落款时间是元丰八年（1085）九月九日，所以蒋之奇的序言也应作于此时间前后。序文开始即点名作序的缘起："之奇尝苦《楞伽经》难读，又难得善本。会南都太子太保致政张公施此经，而眉山苏子瞻为书而刻之板，以为金山常住。金山长老佛印大师了元持以见寄。之奇为之言曰。"[1] 南都太子太保致政张公即张方平（1007—1091），景祐元年进士，出入朝廷四十年，以气节闻于世。张方平与《楞伽经》渊源颇深，暮年以钱三十万印施此经于江淮间，由苏轼手书并刻之板。

禅宗有两种不同的源头，一是《金刚般若波罗蜜经》中的"般若"，也即"空"的思想，一是《楞伽经》的"佛性"，也即"如来藏"的思想。蒋之奇认为"昔达摩西来，既已传心印于二祖，且云：'吾有《楞伽经》四卷，亦用付汝，即是如来心地要门，令诸众生开示悟入。'……至五祖，始易以《金刚经》传授"[2]，这种观点业已被各种文献证实。蒋之奇反对"学佛之敝，至于溺经文、惑句义，

---

[1] （宋）蒋之奇：《楞伽经序》，曾枣庄、刘琳主编：《全宋文》卷1706，上海辞书出版社、安徽教育出版社2006年版，第78册，第229页。

[2] 同上书，第230页。

第八章　蒋之奇研究

而人不体玄，则言禅以救之；学禅之敝，至于驰空言、玩琦辩，而人不了义，则言佛以救之。二者更相救。而佛法完矣"①，抨击"由是去佛而谓之禅，离义而谓之玄。故学佛者必诋禅，而讳义者亦必宗玄"②，主张"禅出于佛，而玄出于义，不以佛废禅，不以玄废义，则其近之矣"③。以上是蒋之奇在《楞伽阿跋多罗宝经序》中阐述的几个佛学观点。

《答蒋颖叔书》④。此书为王安石所作。蒋之奇与王安石交往甚厚，李壁《王荆公诗注》卷四十三《戏示蒋颖叔》注下云："王荆公元丰末居金陵，大漕蒋之奇夜谒公于蒋山，驹唱甚都，公取'松下喝道'语作此诗戏之，自此，'杀风景'之语颇著于世。"⑤从《答蒋颖叔书》内容来看，蒋之奇应该有《与王荆公书》之类的书信，可惜蒋作原文已佚，我们只能从王安石给他的回信中推测他与王安石探讨的佛学思想。首先他们探讨了"神变"问题，王安石赞同蒋之奇的观点，认为佛、菩萨具有不可思议的神奇能力，相信"神通"的存在，否则"非神不能变"，如果"神通"不存在就不会有"神变"。接下来探讨"有性"与"无性"的关系，王安石认为"性"非"有"非"无"，实际为"空"。同时，王安石又提醒蒋之奇也不能执着于"空"，所谓"不此岸，不彼岸，不中流"。最后，王安石与蒋之奇讨论了佛家的"第一义谛"，认为"有即是无，无即是有"，佛家的不二法门，是脱离一切"计度言说"的，其本身也是一种"方便说"，亦不可执着于此。

蒋之奇的佛学思想非常复杂，他热衷于佛学研究，曾在三日内作《华严经解》三十篇，可惜的是，他的大部分佛学著作都佚失了，我们无缘一睹其佛学著作的全貌，唯有期望文献辑佚有新的进展，可以继续对蒋之奇的佛学思想做深一步全面研究。

---

① （宋）蒋之奇：《楞伽经序》，曾枣庄、刘琳主编：《全宋文》卷1706，上海辞书出版社、安徽教育出版社2006年版，第78册，第230页。
② 同上书，第229页。
③ 同上。
④ （宋）王安石：《王安石文集》，《唐宋八大家文集》编委会编，中央民族大学出版社2002年版，第232页。
⑤ （宋）王安石撰，（宋）李壁注，李之亮补笺：《王荆公诗注补笺》，巴蜀书社2002年版，第825页。

四　蒋之奇与名僧的交游

佛印（1032—1098），北宋云门宗僧，俗姓林，法号了元，曾先后礼宝积寺日用禅师、庐山开先寺善暹禅师等学习禅法，因用功参悟，宋神宗赐号"佛印"。佛印自幼熟习儒家经典，又曾做过地方官，有"道冠儒履佛袈裟，和会三家做一家"之语，兼具儒释道三教的气度。出家后，佛印与苏轼、黄庭坚、蒋之奇等多有交往，并以诗词相酬酢。《萍洲可谈》记载过蒋之奇与佛印之间发生的一桩趣闻：

> 慈圣光献皇后尝梦神人语云："太平宰相项安节。"神宗密求诸朝臣，及遍询吏部，无有是姓名者。久之，吴充为上相，瘰疬生颈间，百药不瘥。一日立朝，项上肿如拳，后见之告曰："此真项安疖也。"蒋之奇既贵，项上大赘，每忌人视之。为六路大漕，至金山寺。僧了元，滑稽人也，与蒋相善，一日见蒋，手扪其赘，蒋心恶之，了元徐曰："冲卿（吴充字冲卿）在前，颖叔在后。"蒋即大喜。①

了元卒后，蒋之奇曾为其撰写碑文。

法秀，号圆通，曾在东京法云寺开法，又称法云秀，陈垣先生考证其生年为1027年，卒年为1090年。②法云秀受法于无为义怀禅师，尽得心传。《释氏稽古略》载："春三月，哲宗即帝位。四月，诏法云秀禅师诣先帝神御说法，赐号圆通禅师。"③黄庭坚曾作《法云秀禅师真赞》，曰："法云大士，天骨岩岩。如来津梁，我实荷担。手捉日月，断取庄严。"④《续传灯录》载："大鉴下第十三世法云秀禅师法嗣五十九人"，其中就有"颖叔蒋之奇居士"。⑤云门宗晓莹禅师在《罗湖野录》中说："公（蒋之奇）平日虽究心宗，亦泥于教乘，因撰《华严经解》三十篇，颇负其知见。元丰间漕淮上，至长芦访秀，而题方丈壁

---

① （宋）朱彧撰：《萍洲可谈》，中华书局1985年版，第9页。
② 陈垣：《现代佛学大系》卷7《释氏疑年录》，弥勒出版社1982年版，第225—226页。
③ （元）释觉岸，（明）释幻轮撰：《释氏稽古略·续集》，江苏广陵古籍刻印社1992年版，第493页。
④ （宋）黄庭坚：《黄庭坚全集》第2册，四川大学出版社2001年版，第583页。
⑤ 整理委员会编：《永乐北藏》，线装书局2000年影印本，第196册，第250页。

第八章 蒋之奇研究

曰：'余凡三日遂成华严解，我于佛法有大因缘。异日，常观此地比觉城东际，惟具佛眼者当知之。'"①

蕴齐，《续藏经》载："蕴齐字择贤，赐号清辩，钱唐周氏。师湖山净明子猷，二十三试经进具，传教官于法明……以辩才三昧锡之，住钱塘道林……方丈南屏乃蒋枢密所请，赠诗云：'道人重演莲华教。佛陇家风好谛听。'"②

净源，《释氏稽古录略》载：

> 杭州南山慧因寺法师名净源，生晋江杨氏。先世泉之晋水人，故学者以晋水称师。受具参方，受华严于五台承迁，学合论于横海明覃，南迁听楞伽圆觉，起信于长水法师子璿。四方宿学推为义龙。……至是元祐三年十一月己酉，师乃入灭，世寿七十八岁。塔舍利于寺西北隅。其宗称为中兴教主。太尉吕惠卿，字吉甫，为建行业碑，仍作华严阁记。蒋之奇立石。③

怀昼，蒋之奇在《香山大悲菩萨传》的序言中说："元符二年（1099）仲冬晦日，余出守汝州，而香山实在境内。住持沙门怀昼访予，语及菩萨因缘。"④ 因与怀昼禅师的交往，蒋之奇才有因缘作《香山大悲菩萨传》。

普明，《香山宝卷》题记所言："宋崇宁二年天竺寺普明禅师编撰。"⑤ 考崇宁元年（1102），蒋之奇调任杭州知府，并将《香山大悲菩萨传》带至任所，崇宁三年重新刊刻，并立碑于天竺寺内，显然普明禅师于崇宁二年作《香山宝卷》是受蒋之奇的影响，两人应该相识。

与僧侣的交往是宋代文人士大夫禅性生活的一个重要方面，蒋之奇

---

① 释晓莹撰：《罗湖野录》，《丛书集成初编》，中华书局1985年版，第50页。
② ［日］前田慧云等：《续藏经》，新文丰出版公司1983年版，第130册，第868页。
③ （元）释觉岸，（明）释幻轮撰：《释氏稽古略·续集》，江苏广陵古籍刻印社1992年版，第496—497页。
④ 曾枣庄、刘琳主编：《全宋文》卷1707，上海辞书出版社、安徽教育出版社2006年版，第78册，第252页。
⑤ 车锡伦等编：《中国宝卷总目》，北京燕山出版社2000年版，第307—308页。

喜研佛理，仕宦遍及大半个中国，足迹遍布名山大川佛迹古寺，所交往的得道僧人必不止以上所列，但鉴于史料所限，有文献可辑的，只有了元、法秀、蕴齐、净源、怀昼、普明几位大师而已。

佛教作为一种外来宗教于东汉传入中国，在魏晋南北朝至唐朝一段时期内迅速传播，为社会各阶层广泛接受，其接受的过程也即是与中国文化交融的过程。至宋代，佛教呈现出与以往不同的特征，即佛教的世俗化倾向。这一倾向一方面体现在普通大众对佛教的神秘化的宗教信仰上，另一方面体现在知识阶层对佛学的理性研究上。在北宋后期的文化阶层中，几乎出现了"不谈禅，无以言"的状况，他们对于佛学不再是盲目地崇拜，而是理性的充满怀疑的思考。在这种学术背景下，蒋之奇、苏轼、苏辙、王安石、黄庭坚等一批文化精英投入到佛学研究中，可以说是受时代思潮影响的结果。

蒋氏家学以儒学为主，兼容释道、医学等，至宋代禅风日盛，蒋氏家族精研佛学，广与名僧交游，家学也具有了浓厚的释家色彩。例如蒋之奇的伯父蒋堂与当时闻名的惟政（黄牛禅师）交往甚密，惟政有诗赠蒋堂："昨日曾将今日期，出门依杖又思惟。为僧只合居岩谷，国士筵中甚不宜。"① 家族学术氛围的影响是蒋之奇与佛教结缘的先天因素。

嘉祐二年（1057），时年26岁的蒋之奇进士及第，此后近五十年的仕宦生涯，蒋之奇历经宦海风波，曾知枢密院事，位极人臣，但也曾被贬谪，先是在治平四年（1067），因弹劾欧阳修"帷薄不修"被贬监道州酒税，然后是元符二年（1099），因同情邹浩被贬至庆州，最后是崇宁二年（1102），因元符三年（1100）失熙州湟州事削秩三等，一生可谓是经历了官场的变幻莫测和艰难险恶。宋代是儒释道三教合流的时期，这种变化对士大夫的影响是巨大的。在官场顺利之时，儒家积极入世是蒋之奇的人生主导方向，他主漕运、理财政、辖军事，彰显了多方面的管理才能，达到了儒家所论"齐家治国平天下"的人生高度。而在他贬谪于穷乡僻壤的岁月中，释道的思想又占据了上风，他研习佛学，广交名僧，题诗遍布古寺，官场打击对他造成的思想压力有了宣泄，真正做到了进退自如，宠辱不惊。

---

① 佛光大藏经编修委员会：《禅林僧宝传》，《佛光大藏经·禅藏·史传部》，佛光出版社1994年版，第366页。

概括言之，时代思潮、家庭影响、个人经历是蒋之奇与佛教结缘的主要原因。宋代佛学研究因文人士大夫的积极参与而呈现出与以往不同的风貌，儒释道三者相互影响相互渗透，佛教进一步中国化，使中国文化越发丰富多彩。

第九章　蒋捷研究

蒋捷，字胜欲，宋度宗咸淳十年（1274）进士，南宋遗民词人，与周密、王沂孙、张炎并称"宋末四大家"。蒋捷生于宋元易代之际，中进士两年后未及授官南宋即灭亡。入元后，蒋捷坚持气节不肯仕元，长期过着隐居漂泊的生活，曾一度隐居太湖湖畔的竹山，号"竹山先生"。笔者曾对蒋捷的家世、生卒年、交游、晚年行迹等做过详细考证，此处不再赘述。

蒋捷著有《竹山词》一部，《四库总目提要》称其词"炼字精深，词音谐畅，为倚声家之榘矱"①。《竹山词》现存词九十三首又一阕，数量上虽不多，但艺术造诣水平很高，如"红了樱桃，绿了芭蕉"一句广为流传，其中透露出的生命意识和淡淡的感伤意味，很是触动人心，其他如《贺新郎·秋晓》《虞美人·听雨》等词作都营造了很美的词境，蕴含着丰富的哲理意味。

第一节　宋代理学影响下的《竹山词》

宋代理学，亦称道学、义理之学，是对隋唐以来日趋没落的传统儒学的复兴，并最终成为占据宋代统治地位的儒家哲学思想体系。从根本上来说，宋代理学是为了突破传统儒学发展的瓶颈而产生的，是在儒释道三教合流的基础上，以儒家伦理道德思想为核心和根本，批判吸收了佛学、玄学的思维形式，以及道家关于宇宙生成、万物化一的理论，从而弥补了传统儒学因宇宙论、本体论、心性论的不完善而导致的粗糙，

---

① （清）永瑢等撰：《四库全书总目》卷199，中华书局1965年版，第1822页。

建立起了一套思维精致的哲学体系。

广义的理学包括由周敦颐创始，经二程兄弟（程颢、程颐）发展，至朱熹集大成的程朱理学，以及由陆九渊开创的心学。周敦颐（1017—1073），字茂叔，号濂溪，北宋著名的哲学家，是学术界公认的理学开山鼻祖。《宋史·道学传》载："两汉而下，……儒学几至大坏。千有余载，至宋中叶，周敦颐出于舂陵，乃得圣贤不传之学，作《太极图说》《通书》，推明阴阳五行之理，命于天而性于人者，了若指掌。"① 对其学术给予了高度的评价。程颢（1032—1085），字伯淳，又称明道先生。程颐（1033—1107），字正叔，又称伊川先生。二程兄弟都曾就学于周敦颐，他们的思想体系极为丰富，其最高哲学范畴是理，理作为绝对本体衍生出宇宙万物，他们的最高心理范畴是心，心作为理的等同物而产生人的形体。这样就把客观精神的理和主观精神的心共同看作是世界的本原。朱熹（1130—1200），字元晦，一字仲晦，号晦庵、晦翁等，是宋代理学的集大成者。朱熹建立起完整的理学客观唯心主义体系，认为理是世界的本原，"理在先，气在后"，"天理"是人们一切行为的标准，只有格物穷理和遵循天理，才是真、善、美，而破坏这种真、善、美的是"人欲"。因此，他提出"存天理，去人欲"。陆九渊（1139—1193）字子静，号象山，世称象山先生。他融合孟子"良知""良能""万物皆备于我"的观点，以及佛教禅宗"心生""心灭"等论点，提出"心即理"的哲学命题，形成一个新的学派——"心学"，断言天理、人理、物理只在吾心中，心是唯一实在："宇宙便是吾心，吾心即是宇宙。"② 认为心即理是永恒不变的："千万世之前，有圣人出焉，同此心同此理也；千万世之后，有圣人出焉，同此心同此理也。"③ 人同此心，心同此理，古往今来，概莫能外。由此，建立起完整的理学主观唯心主义体系。

宋人主理重文，理学作为占主导的社会思潮，对文学产生了深刻的影响，明代李梦阳认为：

---

① （元）脱脱等：《宋史》卷427，中华书局1977年版，第12710页。
② （宋）陆九渊：《象山集》，台湾商务印书馆1986年《景印文渊阁四库全书》，第1156册，第451页。
③ 同上。

>夫诗，比兴错杂，假物以神变者也。……宋人主理，作理语。……诗何尝无理，若专作理语，何不作文而诗为邪？①

李梦阳对诗歌的理性化倾向持批评态度，但不可否认的是，在理学的影响下，宋代的文学体裁，比如诗、词、赋等都染有明显的"理学"色彩。

一 蒋捷与理学的渊源

蒋捷不仅写得一手好词，而且在理学上也有很高造诣。武进蒋氏宗谱《蒋氏家乘·宋进士捷公传》中载："（捷）平生著述，一以义理为主。"②"一"者，全也，指蒋捷所有的著述都以义理为指导思想，可见义理在他的著述过程中如此重要。遗憾的是"至正丙申，家歼于兵，书皆不存"③，经历过至正丙申（1356）的一场战乱，蒋氏家族遭遇兵燹的浩劫，除一部不完整的《竹山词》保存下来外，蒋捷的其他著述皆毁于兵乱中。所幸《宋史艺文志补编》中存有蒋捷一部名为《小学详断》的书，《宋元学案补遗》中亦载："平生著述，一以义理为主，其《小学详断》，发明旨趣尤多。"④《无锡通史》又称蒋捷治经，既"重经义的阐述注疏，尤精于小学。所著《小学详断》，对文字的析义，多有发明"⑤，俨然将蒋捷视为讲究名物训诂的汉学流派人物。固然，在传统意义上讲，"小学"是指古汉语的文字、音韵、训诂，但蒋捷生活在理学兴盛的宋代，且在《宋元学案补遗》目录中被列为"朱学之余"，则《小学详断》一书，显然是针对朱熹《小学》一书发明以成。虽然蒋捷的理学著述都已不存，但从史料家谱的记载"学者称为竹山先生"，足见其理学造诣的深厚。

前文已述蒋捷的师承渊源为：周敦颐（1017—1073）—程颢

---

① （明）李梦阳：《空同集》卷52，台湾商务印书馆1986年《景印文渊阁四库全书》，第1262册，第477页。
② 蒋文忠等：《蒋氏家乘》，1947年修，上海图书馆藏，资料号：902901—12。
③ 同上。
④ （清）王梓材、冯云濠辑：《宋元学案补遗》，北京图书馆出版社2002年版，第381—382页。
⑤ 宗菊如等：《无锡通史》，江苏人民出版社2003年版，第115页。

（1032—1085）、程颐（1033—1107）—杨时（1053—1135）—喻樗（？—1177）—尤袤（1127—1202）—蒋重珍（1188—1249）—陈肖梅（不详）[①]。由此看来，《蒋氏家乘》称赞蒋捷"源渊有自"是有道统可寻的，"所学纯正"是因为受过名师硕儒的教诲。

蒋捷对于理学的兴趣以及所取得的成就，还与其家族的影响有关。《增补宋元学案》卷四中《庐陵学案》内记有蒋之奇，《宋元学案补遗》卷四中《庐陵学案》内则记有蒋瑎、蒋璨，又九十九卷之《苏氏学案》内记有蒋堂。蒋之奇著有《尚书集解》等著作，蒋堂曾在自己的属任内大力办学，再来看蒋捷的家庭，他的高祖蒋及祖、曾祖蒋夔、祖父蒋亿皆曾中过进士，其父蒋惟晃"举淳熙五年博学宏词，充益州学教授"，可见他的家庭累代簪缨，以理学传世，蒋捷从小就受到儒学思想的熏陶。

程朱理学主要是讲天理和人欲的关系，蒋捷字胜欲，他的两个弟弟则为靖欲、政欲。兄弟三人的字都含有"欲"字，都是讲怎样处理与"欲"的关系。"胜欲"者，意思是战胜欲念。以什么战胜欲念？程朱学派提倡"存天理，去人欲"，应该是以理胜欲。说胜，并不是取而代之，彻底消灭，而是以理作为指导，让欲接受理的安排调度。

理学注重的是性理之学，文学注重的是情辞之美。但是处于同一历史时代中，理学与文学便形成了交流与沟通。理学家以文学的形式传道明心，文学家重理而文以致用，宋代士人往往集理学家、文学家于一身的现象，更是直接推动了文学与理学的交流、融合、发展的过程。

蒋捷"平生著述，一以义理为主"，他的《竹山词》不可避免地受到其学术的影响，带有"理学"的意味。

二　崇陶源于"孔颜之乐"

蒋捷非常仰慕东晋诗人陶渊明，他的《竹山词》存词九十三首又一阕，其中多处词句与陶渊明有关，或是化用陶渊明的诗意，或是采用

[①] 《儒藏史部儒林史传》提要《毗陵正学编》提要载："毗陵道学一脉，首崇龟山（杨时）而次道乡（邹浩），故以杨时为首，其余诸子，如周孚先、周恭先、唐棣、邹柄、喻樗、胡珵、尤袤、李祥、蒋重珍、谢应芳，或曾游学程门，或为龟山高弟，或师弟相承，可谓学之而得其正也，故号为毗陵正学。"

有关陶渊明的典故，或是用整首词来抒发对陶渊明的仰慕、崇敬之情。蒋捷对陶渊明的崇拜，不仅源于个人的品行和处境，还与当时的理学思潮有着密不可分的联系。早在北宋，当时的文人就十分推崇陶渊明，钱锺书先生指出："渊明文名，至宋而极。永叔推《归去来兮辞》谓晋文独一；东坡和陶，称为曹、刘、鲍、谢、李、杜所不及。自是厥后，说诗者几于万口同声，翕然无间。"①苏轼称赞陶渊明"质而实绮，癯而实腴"。南宋的理学家更是普遍对陶渊明其人其诗表现出崇敬之情，如陆游多次在诗中谓："我诗慕渊明，恨不造其微……千载无斯人，吾将谁与归。"②又谓："平生慕陶谢，着语终不近。"③朱熹赞扬陶渊明诗歌的高超意境曰："若但以诗言之，则渊明所以为高，正在其超然自得，不费安排处。"④

宋人崇陶是三教合流在当时文学艺术上的反映。宋代理学是在传统儒学日趋没落的形势下，为应对佛道思想的挑战而产生的新思潮。三教合流既是理学以传统的儒家伦理道德为核心，吸收并融合佛老精华的过程，也是释道两家儒学化的过程。宋代禅门高僧契嵩认为："儒佛者，圣人之教也，其所出虽不同，而同归于治。"⑤三教合流的交汇点是"天人合一"，理学家从理的角度赋予儒家传统的伦理道德观念形而上的本体依据，使宋代士人有了观察社会、思考宇宙、安顿心灵的哲学依据。在这一方面，道教的宇宙发生理论为其提供了依据，佛老的修行理论和方法也为其提供了借鉴。实际上，宋代士人发展了孔子道德自适的一面，达则兼济天下，穷则独善其身，抱道而居，避处山林而不改其节操。遁世隐居、悠游自适的情怀成为他们所向往的人生境界，这与佛道的出世思想已经极为相似了。所以说宋代士人对于陶渊明及其诗作的高度推崇，是三教合流后趋于近似的美学思想的反映。

"宋人崇陶，不仅仅是因为陶诗的平淡自然淳古，而是陶渊明的人

---

① 钱锺书：《谈艺录》，中华书局1984年版，第88页。
② （宋）陆游撰，钱仲联校注：《剑南诗稿校注》卷27，上海古籍出版社2005年版，第1903页。
③ 同上书，第1580页。
④ （宋）朱熹撰，郭齐等点校：《朱熹集》卷58，四川教育出版社1996年版，第2947页。
⑤ （宋）释契嵩：《镡津文集》卷8《寂子解》，台湾商务印书馆1986年《景印文渊阁四库全书》，第1091册，第487页。

生境界。但是，他们对陶渊明人生境界的理解，却与前人不同，而是注入了自己的人生体验。一般认为陶渊明的诗歌境界深受玄学的影响，实际上就是老、庄的思想。理学家则更注重陶渊明的人格，认为他的高风亮节主要出于儒家的忠义"①。东晋是玄学盛行的时代，陶渊明的诗歌不可避免地受到老庄思想的影响。真德秀说："予闻近世之评诗者曰：'渊明之辞甚高，而其指则出于庄、老；康节之辞若卑，而其指则源于六经。'以余观之，渊明之学，正自经术中来，故形之于诗，有不可掩，《荣木》之忧，逝川之叹也，贫士之咏、箪瓢之乐也。"②实际上，陶诗既受儒学的影响，亦受玄学的影响，这两者并不矛盾。庄子崇尚自然的思想与理学家所津津乐道的天理流行、万物自得的境界本有相通之处。

陆九渊的心学重"体验"和"妙悟"，这使人的心灵处于空明灵动的活泼状态，万物如一，深切地感觉到大自然鱼跃鸢飞的勃勃生机。在观物中悟道，在悟道中感受心灵的自由与洒脱，心中充满盎然的诗意。这种浑然与物同体的天人合一之境界，即理学家津津乐道的"孔颜之乐"。"孔颜之乐"乐其"道"也。《论语·雍也》："子曰：'贤哉，回也！一箪食，一瓢饮，在陋巷。人不堪其忧，回也不改其乐。贤哉，回也！'"③又《论语·述而》："子曰：'饭疏食饮水，曲肱而枕之，乐亦在其中矣。不义而富且贵，于我如浮云。'"④孔颜所乐之"道"就是人伦之道，即《论语·里仁》所讲"士志于道，而耻恶衣恶食者，未足与议也"⑤。程朱理学将人伦之道归根于天理，并贯通于自然万物，因而通过"格物"可以得道。

蒋捷崇陶，盖因"孔颜之乐"。词人甘于"一闲且向贫中觅"（《满江红》）的淡泊生活，享受"笑人间无此，小窗幽闃"（《满江红》）的平淡，体会"浪远微听葭叶响，雨残细数桐梢滴"（《满江红》）的快

---

① 石明庆：《南宋文化与诗学》，中国社会科学出版社2006年版，第198页。
② （宋）真德秀：《跋黄瀛甫拟陶诗》，曾枣庄、刘琳主编：《全宋文》卷7174，上海辞书出版社、安徽教育出版社2006年版，第313册，第235页。
③ （三国魏）何晏等注，（宋）邢昺疏：《论语注疏》，（清）阮元校刻：《十三经注疏》，第2478页。
④ 同上书，第2482页。
⑤ 同上书，第2471页。

乐。他的《探芳信·菊》就是由崇陶而表现出"孔颜之乐"的趣味：

> 翠吟悄。似有人黄裳，孤竚埃表。渐老侵芳岁，识君恨不早。料应陶令吟魂在，凝此秋香妙。傲霜姿，尚想前身，倚窗馀傲。回首醉年少。控骏马蓉边，红鞞茸帽。淡泊东篱，有谁肯，梦飞到。正襟三诵悠然句，聊遣花微笑。酒休赊，醒眼看花正好。①

这首词是咏菊之作，但表现上颇为别致。起句从声音切入"翠吟悄"，词人凝神静坐，屏气静听，清朗的吟咏声渐渐低下来，神情恍惚之间，"似有人黄裳，孤竚埃表"，似乎看到一位身着黄裳的飘逸之士，伫立于尘外。这两句把黄菊拟人化，把其比之为立于尘外的高洁之士，似人似物，恍惚间，人与物同体，天人合一。这是眼中景，更是心中景。菊因人而被赋予了人格精神，人因菊而更加清高出尘。"渐老侵芳岁，识君恨不早"，词人悔恨识菊太晚，光阴荏苒，韶华不再，直到年岁老大，才认识到菊花的高洁可贵。"料应陶令吟魂在，凝此秋香妙"两句，卓人月《古今词统》卷十一："竟把陶公做菊花前身，绝奇。"词人感觉是陶渊明的吟魂幻化成菊花这秋香妙品。人花合一，把"古今隐逸诗人之宗"的陶渊明的品格赋予了菊花，以陶渊明高洁的人品映衬菊花的清雅不俗。"傲霜姿，尚想前身，倚窗馀傲"，因花及人，由菊花的傲霜之姿，联想到菊花的"前身"陶渊明"倚南窗以寄傲"的不凡身姿。花傲霜而凌寒，人傲世而独立，花与人因相同的品格合而为一。换头转入对年少时的回忆，"回首醉年少，控骏马蓉边，红鞞茸帽"，写年少时裘马轻狂的模样，终日追欢逐乐。"淡泊东篱，有谁肯，梦飞到"，年少的词人做梦也难以梦到那淡泊东篱的菊花啊。这充满悔意的回顾反思，颇具理学家的内省精神，解答了上阕"识君恨不早"的原因。"正襟三诵悠然句，聊遣花微笑"二句回到现实，渐入老境的词人，经历了改朝换代、国破家亡的人生惨剧，终于"豪华落尽见真淳"，心境归于淡泊平静，于反复诵读"采菊东篱下，悠然见南山"中认识到了傲霜的菊花和傲世的诗人的真正价值。"聊遣花微笑"写词人

---

① （宋）蒋捷撰，杨景龙校注：《蒋捷词校注》，中华书局2010年版，第151页。

悟"道"后的愉悦,作为遗民词人,处在异族的高压统治下,词人需要从菊花和陶渊明的身上汲取人格的力量,获得精神上的支持。词人在观物中悟道,在悟道中最终获得解脱。"酒休赊,醒眼看花正好",人皆言醉眼看花花更好,词人偏要"醒眼看花",词人心境澄明,仁者浑然与物同体,已不需酒来麻醉自己,秋花不与春花同,词人洒脱的心胸自是与理为一、天人合一境界的反映。

三 以气节自许

宋人尚"养气"说,理学家重"存养"功夫,如陆游特别重视"气",认为"天下万事皆当以气为主"①。又如文天祥有《正气歌》:"天地有正气,杂然赋流形。下则为河岳,上则为日星。于人曰浩然,沛乎塞苍冥。"②这主要受孟子"我善养吾浩然之气"③思想的影响,也与宋理学重"心性修养"说有关。"养气"说使宋人普遍重视人的气节,推崇孟子"富贵不能淫,贫贱不能移,威武不能屈"的大丈夫气节。魏了翁就曾盛赞苏轼兄弟"平生大节在于临死生利害而不可夺"④,朱熹《四书章句集注·论语集注》亦曰:"其节至于死生之际而不可夺,可谓君子矣。……程子曰:'节操如是,可谓君子矣。'"⑤

南宋灭亡后,作为遗民,深受理学影响的士人更重"气节"。如宋无,南宋亡国时才17岁,一生经历了自元世祖至元最后一个皇帝惠宗这样漫长的时期,始终坚持气节,义不仕元。再如潘音,十岁而宋亡,及长,"居闲感愤,或形之咏歌,以泄其悲思慷慨之志","衣服礼节,皆仍宋时之旧"⑥。文天祥更是留下了千古之下仍令人一洒热泪的词句:"为子死孝,为臣死忠,死又何妨。自光岳气分,士无全节,君臣义缺,谁负刚肠。骂贼睢阳,爱君许远,留得声名万古香。"⑦

---

① (宋)陆游:《渭南文集》卷4《上殿札子二》,北京图书馆出版社2004年版,第126页。
② (宋)文天祥:《文天祥全集》,中国书店1985年版,第375页。
③ (汉)赵岐注,(宋)孙奭疏:《孟子注疏》,(清)阮元校刻:《十三经注疏》,第2685页。
④ (宋)魏了翁:《重校鹤山先生大全文集》卷62《跋苏文定(忠)公帖》,《四部丛刊》第1173册,第43页。
⑤ (宋)朱熹:《四书章句集注》,中华书局1993年版,第104页。
⑥ (清)顾嗣立:《元诗选》,中华书局1987年版,第1968页。
⑦ 唐圭璋:《全宋词》,中华书局1965年版,第3306页。

蒋捷中进士后不久，南宋就宣告灭亡。国家的破灭、民族的屈辱、个体的不幸对时值壮年的蒋捷来说是巨大的打击。同当时大多数遗民一样，蒋捷选择了隐逸来对抗新朝，保持民族气节，虽然他也曾有过设帐授徒的经历，但也可以看作特殊的隐逸途径。可以说，以隐逸的方式抗争元蒙政权，是宋末士人经历了国破家亡的人生惨剧，体验了异族的残酷统治后做出的明智抉择。因此，只要我们翻开他的《竹山词》，就可以清楚地聆听到回旋于其中的隐逸漂泊以保气节的旋律声。如《尾犯·寒夜》：

夜倚读书床，敲碎唾壶，灯晕明灭。多事西风，把斋铃频掣，人共语，温温芋火，雁孤飞，萧萧桧雪。徧栏干外，万顷鱼天，未了予愁绝。　鸡边长剑舞，念不到、此样豪杰。瘦骨棱棱，但凄其衾铁。是非梦，无痕堪记，似双瞳，缤纷翠缬。浩然心在，我逢著，梅花便说。①

这是一个西风凛冽的寒夜，在隐居的斋房里，词人斜倚在读书床上，和来探望自己的友人倾心交谈。国破家亡的惨痛，令词人禁不住"敲碎唾壶"，大有当年王敦酒后诵曹诗的冲天气概。屋外西风凄厉，房檐下的铁铃发出频掣的声响。屋内老友相对，连床夜话，点火取暖，烤芋冲饥，足见遗民生活的清苦。夜空中有失群的大雁孤飞，桧雪萧萧，天地间一派凄冷的景象。寒夜倾谈，不觉间，天色微明，词人与友人走出斋房，眼望万顷鱼天，心中的悲愤难以消绝。黎明前报晓的鸡鸣让词人想起了晋代的爱国志士祖逖和刘琨，他们闻鸡起舞的故事，让词人心底升起报国的无限豪情。但现实中已见不到这样的英雄豪杰，国破家亡、改朝换代的事实已非个人能力所能挽回。词人所能做的，就是在斋房四壁萧然、衾被冷硬如铁、仅靠薯芋充饥极端恶劣的生活条件下，保持棱棱的铁骨，此心不改，矢志不渝，决不变节求荣。世事沧桑，是非如梦，词人心中一片迷惘。但有一点是不容置疑的，就是词人永怀一颗"浩然之心"，这颗"浩然之心"也唯有说与梅花知晓，梅花是《竹

---

① （宋）蒋捷撰，杨景龙校注：《蒋捷词校注》，中华书局2010年版，第139页。

《山词》中反复出现的意象，象征着词人高尚的气节、不屈的精神。

"作为遗民词人，蒋捷始终把民族气节放在第一位，不论是对自己，还是对他人，都是如此。评价与之交往的人物，也是以这个人的品格气节为着眼点的。透过他对所摹写人物的情感态度，我们看到的是词人的人生选择和价值取向"①。此评价是很公允的，我们来看他为朋友祝寿时写的一首《念奴娇·寿薛稼堂》：

> 稼翁居士，有几多抱负，几多声价。玉立绣衣霄汉表，曾览八州风化。进退行藏，此时正要，一著高天下。黄埃扑面，不成也成控羸马。　人道云出无心，才离山后，岂是无心者。自古达官酣富贵，往往遭人描画。只有青门，种瓜贤客，千载传佳话。稼翁一笑，吾今亦爱吾稼。②

稼翁居士是宋元异代之际一位弃官学稼的隐逸之士，起三句回忆稼翁在前朝做官时的远大抱负和崇高声望。元朝建立后曾开展过几次大规模的征士活动，像稼翁这样在前朝任要职有声望的高官往往是他们重点拉拢的对象，处于"进退行藏"的关键时刻，稼翁自然比旁人更多了许多诱惑。词人担心稼翁禁不住诱惑，也作出"黄埃扑面，不成也成控羸马"的不堪之事，所以词人特别用陶渊明《归去来兮辞》提醒稼翁，要坚持气节，做出"一著高天下"的表率，为天下士人树立榜样。词人还用"青门种瓜"的典故来勉励稼翁，不要与新朝合作，甘守淡泊，才会千载流芳，传为佳话。结句写稼翁面对词人的疑惑给出的答案"稼翁一笑，吾今亦爱吾稼"。平淡的话语隐含着稼翁对现实的清醒认知，此刻的进退行藏已不再是个人的人生抉择和价值判断，而是涉及民族大义的凛凛气节。

南宋遗民的隐居生活，不再是吟风弄月的颐养性情，而是充满着辛酸、艰苦、愤激和无奈。蒋捷在漂泊流浪中过着"明日枯荷包冷饭"（《贺新郎·兵后寓吴》）的凄苦生活，充溢着"故乡一望一心酸"（《一剪梅·宿龙游朱氏楼》）的思乡之情，孤寂中产生"故人远，问谁

---

① （宋）蒋捷撰，杨景龙校注：《蒋捷词校注》，中华书局2010年版，第128页。
② 同上书，第126页。

摇玉佩，檐底铃声"（《声声慢·秋声》）的恍惚，度过了无数个"黄云水驿秋笳夜，吹人双鬓如雪"（《秋夜雨·秋夜》）的不眠之夜。

列在《竹山词》第一篇的《贺新郎·秋晓》，就是书写隐居于太湖之滨的词人度过一个不眠之夜后所迎来的拂晓：

> 渺渺啼鸦了。亘鱼天、寒生峭屿，五湖秋晓。竹几一灯人做梦，嘶马谁行古道。起搔首、窥星多少。月有微黄篱无影，挂牵牛、数朵青花小。秋太淡，添红枣。　秋痕依赖西风扫。被西风、翻催鬓鬓，与秋俱老。旧院隔霜帘不卷，金粉屏边醉倒。计无此、中年怀抱。万里江南吹箫恨，恨参差、白雁横天杪。烟未敛，楚山杳。①

胡适先生《词选》中称："'起搔首、窥星多少。月有微黄篱无影，挂牵牛、数朵青花小。'这是很美的描写。"② 透过这极美的描写，我们仿佛回到了七百多年前太湖之滨那个清冷的秋日拂晓，枯枝啼鸦，古道嘶马，通宵未眠，凭几假寐的词人因梦惊起，万里泛着鱼肚白的天空，太湖上一片清寒。朦胧的光色中，竹篱无影，牵牛花小，是暗淡萧瑟的秋意，还好挂在枝头的几枚红枣给这萧瑟的秋景添了几抹亮色。陈廷焯《白雨斋词话》中批评这几句写景是"无味至极，与通首词意，均不融洽"③，似乎失察，不为准确。其实这几句写景，极为传神地描绘出太湖之滨的秋色，又映衬出词人孤独寂寥的内心世界。词的下片抒情，回忆少年时的放荡生活，抒发"与秋俱老"的中年怀抱。《晋书·王羲之传》载："谢安尝谓羲之曰：'中年以来，伤于哀乐，与亲友别，辄作数日恶。'"④ 谢安的"中年怀抱"因时间流逝而起，蒋捷的"中年怀抱"却是由人生的沧桑剧变而起，数十年的漂泊流浪，为的是坚守气节，义不仕元。

"万里江南吹箫恨"用春秋时期楚国伍员逃奔吴国"鼓腹吹箫，乞

---

① （宋）蒋捷撰，杨景龙校注：《蒋捷词校注》，中华书局2010年版，第1页。
② 胡适：《词选》，商务印书馆1926年版，第346页。
③ 吴熊和：《唐宋词汇评》，浙江教育出版社2004年版，第4117页。
④ （唐）房玄龄等：《晋书》卷80，列传50，中华书局1974年版，第2101页。

食于吴市"的典故抒发自己国破家亡之恨。结句"烟未敛，楚山杳"是词人伫立湖边、遥望天际时的目中所见，湖上烟雾弥漫，楚山杳渺，故国何在，唯有一片惆怅之情终日萦绕在心头。以景结情，余味缭绕，令人唏嘘不已。

宋末元初，士人们经历了民族的巨大不幸和个体的严重失落之后，对杜甫的人格价值进一步加深了认识，特别推崇杜甫"以诗存史"的精神。士人们在像杜甫那样奔波流走中意识到，他们所处的时代比杜甫的时代更需要唤起士人的气节，他们有责任拿起手中的笔去记录和评价这个多难时代所发生的一切。舒岳祥就曾说过："平生欲学杜，漂泊始成真。"①（《九月朔晨起忆故园晚易》）文天祥还曾把专集杜句以成"诗史"作为一项严肃的创作活动，所撰《集杜诗》充满着忠贞爱国之心，感情真挚，如从己出。蒋捷在《竹山词》中不仅多处化用杜甫的诗句，还曾专门隐括杜甫的诗《佳人》为词《贺新郎·隐括杜诗》：

绝代有幽人独。掩芳姿、深居何处，乱云深谷。自说关中良家子，零落聊依草木。世丧败、谁收骨肉。轻薄儿郎为夫婿，爱新人、窕窈颜如玉。千万事，风前烛。　鸳鸯一旦成孤宿。最堪怜，新人欢笑，旧人哀哭。侍婢卖珠回来后，相与牵萝补屋。漫采得、柏枝盈掬。日暮山中天寒也，翠绡衣、薄甚肌生粟。空敛袖，倚修竹。②

黄生在《读杜诗说》中分析杜甫创作《佳人》一诗的动机云："偶然有此人，有此事，适切放臣之感，故作此诗。"③乾元二年（759）秋，杜甫被排挤出朝廷，由华州往秦州的途中，眼见社会动乱，有感而发，遂作《佳人》，以抒身世之感，借佳人自喻，表达对高尚人格情操的赞誉和向往。蒋捷身经丧乱，辗转流浪，但仍坚持气节，自然也会与甘于清苦、坚贞自持的佳人产生情感上的共鸣，隐括杜诗，亦是写词明志，永葆气节，决不随波逐流。

---

① 傅璇琮等主编：《全宋诗》卷3439，北京大学出版社2011年版，第65册，第40962页。
② （宋）蒋捷撰，杨景龙校注：《蒋捷词校注》，中华书局2010年版，第307页。
③ （清）黄生撰，诸伟奇主编：《黄生全集》二《杜工部诗说》，安徽大学出版社2009年版，第53页。

词人暮年所作《少年游》是对自己亡国之后二十多年漂泊生涯和创作历程的回顾与总结：

> 枫林红透晚烟青。客思满鸥汀。二十年来，无家种竹，犹借竹为名。　春风未了秋风到，老去万缘轻。只把平生，闲吟闲咏，谱作棹歌声。①

枫林红透，暮霭青青，黄昏时分栖息于沙洲上的鸥鸟勾起了词人强烈的思乡之情。"二十年来，无家种竹，犹借竹为名"写出了词人因拒绝出仕新朝而选择了自我的放逐，二十多年来，漂泊流浪，虽无家种竹，但"君子以竹比德"，词人自号"竹山"，即是以竹自喻，希望像青青翠竹一般历风霜而颜色不改，守节不移。

这种以旷达的口吻所谱出的"闲吟闲咏"，实际上透露出词人深藏于内心的深哀剧痛，"老去万缘轻"不过是一种"大悲无声"的悲痛。

四　严于华夷之辨

宋恭帝德祐二年正月（1276），元兵攻破临安城。对于南宋士人来说，这不仅仅是一般意义上的改朝换代，而是一个朴野强悍的漠北落后民族对于一个有着数千年文明史的先进民族的野蛮征服。这种来自异族的野蛮残酷的入侵，带给南宋士人的是强烈的感情激荡和巨大的心灵创伤。

所谓华夷之辨，就是把未开化的夷狄与先进的华夏文明区分开来。这是早在春秋之前就已经存在于华夏先民思想中的一种民族意识，孔子认为"夷狄之有君，不如诸夏之亡也"②，孟子也曾谓"吾闻用夏变夷者，未闻变于夷者也"③。由于两宋一直处于夷狄交侵之中，华夷之辨的思想也愈趋盛炽。到了南宋，朱熹甚至提出了华夷之辨高于君臣之分的观点。元军进逼临安时，谢太后为了苟且求生，遂向元军统帅伯颜交

---

① （宋）蒋捷撰，杨景龙校注：《蒋捷词校注》，中华书局2010年版，第334页。
② （三国魏）何晏等注，（宋）邢昺疏：《论语注疏》，（清）阮元校刻：《十三经注疏》，第62页。
③ （汉）赵岐注，（宋）孙奭疏：《孟子注疏》，（清）阮元校刻：《十三经注疏》，第2106页。

出传国玉玺，献上归降表。面对巨大的耻辱，汪元量敢于突破"君臣之礼"而痛加讽刺："侍臣已写归降表，臣妾佥名谢道清。"①（《醉歌·其五》）

作为一位有着深厚理学修养的读书人，南宋的灭亡对于蒋捷来说，不仅仅是一个国家的覆灭，而是象征着整个华夏民族充满儒雅文化色彩的礼乐文化的消亡。翻开《竹山词》，我们可以看到其中所蕴含的"持民族观念至坚，主夷夏之防至严"（郑振铎语）的思想。词人鄙视元蒙人的野蛮，直呼其为"番马儿"（《阮郎归·客中思马迹山》），更视与新朝合作为"人间富贵总腥膻"（《步蟾宫·木犀》），甚至是来自异域的"笳声"也令词人夜不成眠，心烦不已，"黄云水驿秋笳夜，吹人双鬓如雪"（《秋夜雨·秋夜》）。对元蒙实施的暴政，词人予以辛辣的讽刺"桃花湾内岂无花，吕政马来拦不住"（《玉楼春·桃花湾马迹》）。世上已无桃花源，到处充斥着元蒙铁骑的野蛮践踏。作为象征传统华夏文明的礼乐文化也在逐渐消失，词人对此感到惆怅与无奈。

《念奴娇·梦有奏方响而舞者》是词人的记梦之作：

> 夜深清梦，到丛花深处，满襟冰雪。人在琼云方响乐，杳杳冲牙清绝。翠篸翔龙，金枞跃凤，不是蕤宾铁。凄锵仙调，风敲珠树新折。　　中有五色光开，参差帔影，对舞山香彻。雾阁云窗归去也，笑拥灵君旌节。六曲栏杆，一声鹦鹉，霍地空花灭。梦回孤馆，秋笳霜外呜咽。②

这首词中出现了两种乐器：一是象征着华夏正声的方响，一是北方少数民族乐器胡笳。在梦境中，词人置身于丛花深处，幽静美丽，令人神清气爽。恍惚中，空际传来方响的乐声，乐声美妙绝伦，如卫牙碰触玉璜般清脆悦耳，这优雅的乐声竟使龙凤在翠篸、金枞上翩翩起舞。这美丽的情景令人感伤。伴随着乐声，"五色光开"，仙人们于馥郁的花香中起舞，舞姿婆娑，舞影成双。但随着鹦鹉的一声鸣叫，这神奇的梦境"霍地空花灭"。词人于清冷的孤馆中深夜梦醒，听到的却是霜天外

---

① 钱锺书：《宋诗选注》，人民文学出版社2002年版，第282页。
② （宋）蒋捷撰，杨景龙校注：《蒋捷词校注》，中华书局2010年版，第300页。

呜咽的胡笳声。梦中优雅的方响乐与梦醒后凄凉的胡笳声形成鲜明的对比，表达了词人对逝去的华夏正声的留恋与惋惜。

我国古代文明有礼乐文明之称，西周时期，礼乐作为国家制度存在，春秋时期开始"礼崩乐坏"，但礼乐文明作为一种文化还是保存了下来并继续发展。中国传统节日的渊源可以追溯到史前，但最早出现是在春秋时期，至汉代大致定型。所以说，礼乐文化是我国传统节日形成的文化大背景，传统文化必然渗透着礼乐文化的精神。元宵节是宋人最重要的一个节日之一，又称上元、灯夕、烧灯节、正月十五等。[1] 元宵词在宋词中占有很大的比例。蒋捷《竹山词》九十三首又一阕，其中有五首是元宵词。元宵节对于南宋遗民来说，象征着故国繁华的礼乐文化，对元宵节的追忆，实际是对故国表达眷恋的一种方式：

> 翠幰夜游车。不到山边与水涯。随分纸灯三四盏，邻家。便做元宵好景夸。　　谁解倚梅花。思想灯毬坠绛纱。旧说梦华犹未了，堪嗟。才百余年又梦华。[2]

这首《南乡子·唐门元宵》起句"翠幰夜游车。不到山边与水涯"，一片萧条冷清，再也不见"宝马雕车香满路"的盛况。湖山游人稀少，"邻家"挂出的几盏"纸灯"居然也成了如今元宵节可以夸说的好景致。《元史》卷一五《刑法志·禁令》载："一更三点，钟声绝，禁人行。五更三点，钟声动，听人行。"[3] 蒙元统治者为了防止人民反抗，长期实行禁夜、禁灯火的法令，这是元宵节萧条的原因之一，同时也说明汉民族的风俗文化遭到了严重破坏。如今元宵节冷落寂寥，只有一树梅花相伴，这一切使词人陷入了对往昔元宵盛况的美好回忆。"旧说梦华犹未了，堪嗟。才百余年又梦华。"北宋亡国后，孟元老作《东京梦华录》追忆故都汴梁的繁华旧事，抒"怅然"之惑，"怅恨之情"（《东京梦华录序》）。然而才不过百余年，南宋又亡，临安城的繁华旧事又如梦境般逝去了。北宋灭亡，尚存半壁江山，而南宋已彻底亡于异

---

[1] （宋）孟元老：《东京梦华录》卷6，中华书局1985年版，第109页。
[2] （宋）蒋捷撰，杨景龙校注：《蒋捷词校注》，中华书局2010年版，第230页。
[3] （明）宋濂等：《元史》卷105，志53，中华书局1976年版，第2682页。

族的铁蹄之下，词人的沉痛与愤慨已无法言说。

五 以理节情

"以理节情"的思想渊源可以追溯到孔子的"以礼节人，克己复礼"和荀子的"情安于礼"说。生活在现实中的人们会经历人生的种种不幸，这自然会引起人们情感的强烈起伏变化，反映在文学创作中是自我情感的真实流露。但是如果不加节制，情感的无休止宣泄就会打破道德伦理精神世界的和谐秩序。所以宋理学家推崇"遗佚而不怨，厄穷而不悯"（《孟子·公孙丑上》），要求文学创作遵守"发乎情，止乎礼义"（《诗大序》）这一以礼节情的法则。

南宋的理学家强调"心主性情"，朱熹认为："性以理言，情乃发用处，心即管摄性情者也。"① 也即是主张"以理节情"，认为理智应该对情感有控制作用。受此影响，《竹山词》中的词作大都吟咏性情之正，抑制情感的过度抒发，其《恋绣衾》即体现出怨而不怒、温柔敦厚的倾向。

> 蒨金小袖花下行。过桥亭、倚树听莺。被柳线、低萦鬓，绀云垂、钗凤半横。 红薇影转晴窗画，漾兰心、未到绣絣。奈一点、春来恨，在青蛾、弯处又生。②

词写春恨，表达方式上却是委婉含蓄，得性情之正。上阕写女子游园，"蒨金小袖"隐喻女子容貌之美。年轻美丽的女子被大好春光召唤而走出闺房，在春日的繁花下踽踽而行，她走过水上的小桥，静静地倚树倾听莺儿清脆的鸣声，陶醉于明媚的春光里。这如花的美眷与大好的春光不禁令人想起《牡丹亭》中的杜丽娘。"不到园林，怎知春色如许？"杜丽娘的生命意识和爱情意识就是在游园中被唤醒。词中的女子被柳丝拂乱了鬓发，以至钗凤半横。这实际是个隐喻，象征女子芳心的荡漾。所谓"春女善怀"，面对姹紫嫣红的韶光，女子自然产生怀春之

---

① （宋）朱熹撰，黎靖德编，王星贤点校：《朱子语类》卷5，中华书局1986年版，第94页。

② （宋）蒋捷撰，杨景龙校注：《蒋捷词校注》，中华书局2010年版，第242页。

情。只是女子不同于杜丽娘，后者在被唤醒的生命意识和爱情意识的激发下喊出了"花花草草由人恋，生生死死随人愿"那般炽热狂放的心声，女子只是心神恍惚，以至"红薇影转晴窗书，漾兰心、未到绣絣"而已，并未像杜丽娘那样为青春生命的幸福展开生生死死的不懈追求。词写春日怀人之愁，但表达上含蓄慰藉，女子只是将"春恨"凝于眉间，怨而不怒，温柔敦厚，令人低回不已。

宋理学强调"格物""致知"，朱熹认为只要穷理学道，就可以做到"有德者必有言"。由此出发，朱熹认为要排除一切困扰，虚心、平心静气地读书明理，体会义理的滋味，不断提高心性的修养，他说："今人所以事事做得不好者，缘不识之故。只如个诗，举世之人尽命去奔做，只是无一个人做得成诗。他是不识，好底将做不好底，不好底将做好底。这个只是心里闹，不虚静之故。不虚不静故不明，不明故不识。若虚静而明，便识好物事。"① 虚静实际上还是体现了居敬涵养的功夫，真正做到居敬涵养的功夫，还要以理节情，使感情趋于稳定平和的状态。

宜兴唐门有岳飞后裔一支，蒋捷隐居的沙塘港竹山距唐门不远，词人与岳飞后人岳君选算是世交，两人自然时相过往。蒋捷有词《珍珠帘》一首，词下小序标明：寿岳君选。

> 书楼四面筠帘卷。微熏起，翠弄悬签丝软。楼上读书仙，对宝狻霏转。绣馆钗行云度影，滟寿觥、盈盈争劝。争劝。奈芸边事切，花中情浅。　　金奏未响昏蜩，早传言放却，舞衫歌扇。柳雨一窝凉，再展开湘卷。万颗蔗心琼珠辊，细滴与、银朱小砚。深院。待月满廊腰，玉笙又远。②

这首祝友人寿辰之词并没有渲染贺寿的热闹场面，却凸现了寿主不贪声色之乐，酷爱读书的性格。初夏的清晨，书楼上竹帘卷起，微风吹过，翠色的丝质书签轻轻摆动，酷嗜读书的岳君选，生日这天也同往常

---

① （宋）朱熹撰，黎靖德编，王星贤点校：《朱子语类》卷140，中华书局1986年版，第3333页。
② （宋）蒋捷撰，杨景龙校注：《蒋捷词校注》，中华书局2010年版，第105页。

第九章 蒋捷研究

一样,坐在书楼上焚香读书。尽管仪态美丽的女子争相劝酒,但岳君选心思全在读书上,"奈芸边事切,花中情浅",对女色不甚在意。下阕开始写寿主早早传话,提早结束祝寿的歌舞娱乐。清凉的雨后,寿主重上书楼,楼外柳色青青,荷叶田田,取荷叶上露珠研成朱墨,挥毫遣兴,足见其雅人深致,高雅脱俗。入夜后雨过天晴,明亮的月光洒满屋廊,又是寿主楼上读书,掩卷自乐的好时光。

读书,涵咏、领悟义理,就要虚心、静心,以理节情,保持一种宁静的心态。朱熹认为:"人心如一个镜,先未有一个影像,有事物来,方始照见妍丑。若先有一个影像在里,如何照得!人心本是湛然虚明,事物之来,随感而应,自然见得高下轻重。事过便当依前恁地虚,方得。"① 岳君选不为性情所动,远离声色娱乐享受,自然与他个人的心性修养有关。这也正是词人所敬重推崇的地方,词的字里行间也流露出浓厚的理学意味。

蒋捷曾有过"少年听雨歌楼上,红烛昏罗帐"的风流放荡生活,这固然与其出身宜兴巨族的贵公子身份有关,也与宋代享乐之风盛行的社会风气有关。与此相应,美人醇酒也就成为宋词的重要题材,蒋捷有多首赠予青楼歌伎的词作,旖旎多情,记录了词人少年风流的感情经历。但经历了江山易代的惨痛后,词人的心境也有了变化,将感情的重心更多地投向了家人。

> 深阁帘垂绣。记家人、软语灯边,笑涡红透。万叠城头哀怨角,吹落霜花满袖。影厮伴、东奔西走。望断乡关知何处,羡寒鸦、到着黄昏后,一点点,归杨柳。　相看只有山如旧。叹浮云、本是无心,也成苍狗。明日枯荷包冷饭,又过前头小阜。趁未发、且尝村酒。醉探枵囊毛锥在,问邻翁、要写牛经否。翁不应,但摇手。②

杨景龙在《蒋捷词》校注中认为这首词有两点值得注意:"从文学形象的典型意义来看,词人自身的遭遇对比概括了元兵灭宋给广大人民

---

① (宋)朱熹撰,黎靖德编,王星贤点校:《朱子语类》卷16,中华书局1986年版,第347页。

② (宋)蒋捷撰,杨景龙校注:《蒋捷词校注》,中华书局2010年版,第19页。

生活造成的巨大灾难；从宋词言情的角度来看，两宋词人每每写及令人销魂的欢爱场面，多是发生在秦楼楚馆，他们所眷恋的多是年轻漂亮的歌女艺伎，令他们难以忘怀的往往是'情人'而非'家人'。蒋捷此词独独钟情于'家人'，且把家中妻子写得异常娇媚，显示了这位在大节上义不仕元的遗民词人，在私生活的小节上重视伦理感情的品格。"①

宋代理学又称道学，作为其核心内涵的"理"在很大程度上就是儒学之"道"，人们常常为"道"与"欲"、"理"与"欲"的关系所困惑，蒋捷有词《沁园春·次强云卿韵》就是以此为主题展开的。

> 结算平生，风流债负，请一笔勾。盖攻性之兵，花围锦阵，毒身之鸩，笑齿歌喉。岂识吾儒，道中乐地，绝胜珠帘十里楼。迷因底，叹晴干不去，待雨淋头。　　休休。著甚来由。硬铁汉从来气食牛。但只有千篇，好诗好曲，都无半点，闲闷闲愁。自古娇波，溺人多矣，试问还能溺我不？高抬眼，看牵丝傀儡，谁弄谁收。②

宋词向来以言情为主，这首词反其道行之，以议论的形式重道崇理，带有明显的受程朱理学影响的痕迹。暮年的词人彻底觉悟，"结算平生"，决绝地表示要把所欠下的"风流债"一笔勾销。"盖攻性之兵，花团锦阵，毒身之鸩，笑齿歌喉"写声色享乐的危害，流露出词人站在道学立场上对待女色的态度。《吕氏春秋·本生》载："靡曼皓齿，郑卫之音，务以自乐，命之曰伐性之斧。"③古人一向视红颜为祸水，发出"吾未见好德如好色者也"的感叹，时刻防范女性，以道制欲，以理节情，这固然有对女性的歧视，更多的是对自身修养的不自信。词人在词中所表达的却是彻底的悟道之语，"岂识吾儒，道中乐地，绝胜珠帘十里楼"是词人自信的原因，认为道中之乐远胜于声色之娱。面对沉溺于欲海之中的芸芸众生，词人不禁发出"迷因底，叹晴干不去，待雨淋头"的诘问，以守初禅师语感叹欲胜于道的人们祸至方醒，却已晚矣。词人于"但只有千篇，好诗好曲，都无半点，闲闷闲愁"中

---

① （宋）蒋捷撰，杨景龙校注：《蒋捷词校注》，中华书局2010年版，第22页。
② 同上书，第27页。
③ （秦）吕不韦等撰，陈奇猷校释：《吕氏春秋校释》，学林出版社1986年版，第21页。

自乐，渡越欲海舍筏登岸的词人，极为自信地宣称"自古娇波，溺人多矣，试问还能溺我不？"

摆脱了欲望纠缠的词人，抬眼看世间众人被各种欲望所纠缠，正如牵丝傀儡般失去自由。词人语气淡定，虽居高临下，但更悲天悯人。李调元《雨村词话》卷二载："每读之爽神数日。"[1] 卓人月《词统》卷一五载："盖字未用。冷水灌顶，过身一汗。"[2] 这些评价都是对词人道胜欲、理胜情的那份操守修为的肯定。蒋捷字"胜欲"，确实也做到了战胜欲望，以理胜情，真正领会了悟道后的人生境界。

宋词以内敛的思绪、优美的情怀、婉约的格调营造了堪称中国文学艺术中最美的"词境"，然而，"文变染乎世情，兴废系乎时序"，词在有宋一代也经历了不同时期的发展变化，作为一种文学形式，其与当时兴起的理学思潮也有着极为密切的联系。可以说，宋词的兴盛、衰落与理学思潮的发展几乎是同步的。尤其到了南宋，内忧外患的社会现实激发了理学的兴盛，许多著名的词人本身亦是颇有造诣的理学家，身为理学家的蒋捷，其《竹山词》也就不可避免地受到理学的影响和渗透，留给世人另一种不同的审美角度与感悟。

第二节 "基层写作"：蒋捷漂泊行迹与《竹山词》创作考辨

"基层写作"是罗时进近年来所提倡的一种家族文学研究方法，他认为：

> 文学创作本质上是一种基于自我立场的思维和写作过程，但这种思维和写作过程总是在一定的文化空间和地域空间进行的，而文化空间和地域空间无论在精神意义或地理意义上，总会对文学写作产生不同程度的影响。基层写作是就文化空间和地理空间而言的，它既区别于朝廷的御用性写作，也区别于台阁、方镇幕府以及各种

---

[1] （清）李调元：《雨村词话》卷2，唐圭璋：《词话丛编》，中华书局1986年版，第1412页。

[2] （明）卓人月：《古今词统》卷15，明崇祯刻本。

贵族集团性的群体或个体性写作，和众多与仕宦职务相关联的写作亦有所不同。从作者身份来看，一般不具有体制内性质，而相互之间有地缘、血缘或学缘等关系；从写作地点来看，多在地方基层，与乡土社会相联系；从写作内容来看，大都反映在地方化生活和由此激发的情感，去功利化色彩较为浓厚；从写作方式上看，既包括个人独自创作，也包括群体性互动，而后者往往形成某种地方写作的组织形态。正如近年来学者们研究所揭示的，这种基层写作现象自东汉至唐宋逐渐显现和发展，到明清时代便相当突出了。①

罗时进提倡"基层写作"的研究，是基于长期以来文学史研究的一般现象，即先确定每一个历史阶段代表性的文体，并以此为典范；然后确定每个阶段代表性文体写作中最具成就的作家作品，并以此为示范。但是这种点、线结合的思路和方法，在使得各阶段代表作家在文学史中享有优先地位和典范意义的同时，基层写作现场的大量生动创作成果被淹没了。这种研究方法与模式不符合东汉以后学术文化日益家族化、地域化的趋势。

> 家族文学研究目的显然并不在于追求其典范意义，而在于发掘家族文化的天地，在家族天地中拓展文学解释空间。因此创作现场的描述、创作过程的再现与创作成就的评价同等重要。从一定意义上说，这是一种过程、形式、内容、价值相统一的研究。②

罗时进在提出"基层写作"研究概念后，随之在《苏州大学学报》上发表了《基层写作：明清地域性文学社团考察》一文，以明清地域性文学社团考察的角度揳入，对基层写作进行了详细的阐述，论证了其研究的必要性。但可惜的是，此后对于"基层写作"方法的进一步研究以及运用却没有开展起来。基于此，本章节以"宋末四大家"遗民词人蒋捷的漂泊行迹为揳入点，以"基层写作"的研究方法，把蒋捷及其《竹山词》放到基层写作的语境中加以考察，对具体地域空间中

---

① 罗时进：《基层写作：明清地域性文学社团考察》，《苏州大学学报》2012年第1期。
② 罗时进：《关于文学家族学建构的思考》，《江海学刊》2009年第3期。

的文学场景和版图加以复原,以探析蒋捷词作生成的地域文化背景,这对于理解一个时代的文学创作环境也具有特殊的意义。

蒋捷是一个有着"漂泊情结"的词人,他的《竹山词》大多创作于四处漂泊的途中。漂泊源于对家园的寻求,因为宗法伦理机制和家国同构的形态使家园更具有了人生精神归宿上的终极意义,所以乡关何处成为中国文化亘古不变的主题。而"家园永远是那么漂泊不定,难寻芳踪。哲学意义上的家园从来不是一个确定的概念:人的灵魂不可能安分守己,一次漂泊结束,新的漂泊又会开始,家园永远在途中"①。蒋捷的漂泊情结既是怀着乡愁对精神家园的追寻,也是在自我的放逐中对个体在不同环境中存在感的品味,而这些都借助文学的形式加以表现记录下来。

据以蒋捷为始迁祖的《蒋氏家乘》所载以及《竹山词》中所透露出的蒋捷的行迹,大致可以列出其漂泊的三条路线。江南水乡以舟代步,既减轻了长途跋涉的辛劳,又有"杨柳岸晓风残月"的风致,确是词人出行的最佳选择,所以这三条路线均为水路。

第一条路线,是从词人最初的居处也是其祖居地𬀩亭出发,乘坐小船经渭湖,自西而东,沿着西氿岸边,穿过横贯宜兴城的荆溪,进入东氿,然后再沿着东氿进入太湖的大浦港。因为太湖中心风大浪险,所以一般不走穿过湖中心的捷径直奔苏州,而是沿太湖南岸即浙北一带的水面,绕远路到达吴江、苏州等地。在太湖南岸停留时,词人还曾弃舟登陆,南行至杭州,最远到达浙中金华一带。《梅花引·荆溪阻雪》《喜迁莺·金村阻风》《一剪梅·宿龙游朱氏楼》《行香子·舟宿兰湾》等词就作于此条线上。

> 白鹭问我泊孤舟。是身留。是心留。心若留时、何事锁眉头。风拍小帘灯晕舞,对闲影,冷清清,忆旧游。　旧游旧游今在不。花外楼。柳下舟。梦也梦也,梦不到、寒水空流。漠漠黄云、湿透木棉裘。都道无人愁似我,今夜雪,有梅花,似我愁。
>
> 《梅花引·荆溪阻雪》②

---

① 杨经建:《论现代化进程中的家族文学》,《学术研究》2005 年第 6 期。
② (宋)蒋捷撰,杨景龙校注:《蒋捷词校注》,中华书局 2010 年版,第 154 页。

荆溪在宜兴城南，以近荆南山得名，上承永阳江，东流入太湖。这首词描述的是某个风雪夜，词人的小舟被阻于荆溪河畔的情景。习惯于江湖漂泊的词人，虽逆风阻雪，但心情还是比较乐观，词的基调也是幽默风趣的。盘旋于舟头江面的白鹭向词人提出了是"身留"还是"心留"的问题，寒夜阻雪词人被迫泊舟岸边，自然是无奈的"身留"而非不舍的"心留"，但大雪满江，人舟被困，虽不愿但也不得不留。但鸥鸟不依不饶，继续追问："心若留时、何事锁眉头。"豁达的词人没有回答鸥鸟的提问，而是词笔一荡，用"风拍小帘灯晕舞"渲染了气氛，同时引入对"旧游"的回忆与牵念，词人的心思也早已飞回昔日携手同游的"花外楼，柳下舟"，但旧游不在，昔日的欢乐转眼成空，眼前唯有漠漠黄云，寒水空流，而身上的木棉裘湿冷，更加重了词人的愁绪。就在我们同情词人的孤独无助之时，词人却出人意外地说"有梅花，似我愁"。有梅花的分忧，词人的愁绪似乎也减轻了。鸥鸟象征超然忘机，梅花则喻意孤洁坚贞，词人在意象选择上也是别有深意的。

  风涛如此，被闲鸥诮我，君行良苦。槲叶深湾，芦窠窄港，小憩倦高慵舻。壮年夜吹笛去，惊得鱼龙噪舞。怅今老，但蓬船紧掩，荒凉愁悰。 别浦。云断处。低雁一绳，拦断家山路。佩玉无诗，飞霞乏序，满席快飙谁付。醉中几番重九，今度芳尊辜负。便晴否。怕明朝蝶冷，黄花秋圃。

《喜迁莺·金村阻风》[1]

《浙江通志》载：湖州府长兴县有金村港，位于太湖以南、杭州以北，词人遇阻风的金村或即此地。起句即交代风大浪急，无法行舟，加之鸥鸟的讥诮，更显旅途的艰辛。词人被迫泊舟"槲叶深湾，芦窠窄港"，"小憩倦高慵舻"透出厌于漂泊的悲苦情绪。想当年，故国新破，词人壮年漂泊流浪，彼时悲愤难平，唯有黑夜里借助穿云裂石的笛声来抒发内心的悲痛。但长年的漂泊生涯已经让暮年的词人变得麻木，也仅

---

[1]（宋）蒋捷撰，杨景龙校注：《蒋捷词校注》，中华书局2010年版，第289页。

仅是"蓬船紧掩",任由"荒凉愁悴"而已。眼前所见,向南低飞的大雁像一道绳索,拦断了词人的归乡之路。归乡受阻,却又恰逢重阳佳节,遂叹无法与家人登高饮酒赋诗。即使明日天放晴,佳节欢聚的机缘也已经错失,似乎连蝴蝶都嫌弃天气的寒凉,词人落寞的情绪也就更加不堪了。

小巧楼台眼界宽。朝卷帘看。暮卷帘看。故乡一望一心酸。云又弥漫。水又弥漫。 天不教人客梦安。昨夜春寒。今夜春寒。梨花月底两眉攒。敲遍阑干,拍遍阑干。

《一剪梅·宿龙游朱氏楼》[①]

龙游,明清时属浙江衢州府,今浙江衢州市龙游县。词人漂泊于浙中一带,客中借宿于龙游的朱氏楼。寓居异乡,词人心情的压抑可想而知,所幸借宿的楼台虽小,但视野开阔,宜于远眺。朝朝暮暮,词人不停地卷帘远眺故乡。但每一次的眺望,都触动了词人的乡愁,加之烟水弥漫,遮挡了词人的视线,更加重了思乡的酸楚。料峭的春寒,让词人夜不成眠,徘徊于梨花月影下,本想攒眉望月,略解乡愁,但溶溶的月色反而使他的乡愁更加浓烈,词人唯有借助"敲遍阑干,拍遍阑干"来宣泄内心的缭乱思绪。

一片春愁待酒浇。江上舟摇。楼上帘招。秋娘度与泰娘娇。风又飘飘,雨又潇潇。 何日归家洗客袍。银字笙调。心字香烧。流光容易把人抛。红了樱桃,绿了芭蕉。

《一剪梅·舟过吴江》[②]

吴江,即今苏州吴江区,位于苏州南,太湖东。词人江上行舟,"一片春愁"是漂泊之愁,停于江边酒家饮酒,愁绪略缓,但舟过秋娘渡和泰娘桥,冷风吹面,寒雨湿衣,满是流离失所的心酸。于是词人更加怀念"银字笙调,心字香烧"的家居生活,渴望早日"归家洗客

---

① (宋)蒋捷撰,杨景龙校注:《蒋捷词校注》,中华书局2010年版,第181页。
② 同上书,第185页。

329

袍"。"红了樱桃,绿了芭蕉"是对时光易逝、人生易老的感叹,以艳丽的色彩反衬词人的春愁与乡思,别是一番滋味。

蒋捷曾多次沿这条路线漂泊,从时间上看,南宋亡国后,词人为避祸,不得不离开家乡,漂泊于此线路上。这种飘忽不定的生活自然困顿不堪,这在《贺新郎·吴江》《贺新郎·兵后寓吴》等词中有充分的表现:

> 浪涌孤亭起。是当年、蓬莱顶上,海风飘坠,帝遣江神长守护,八柱蛟龙缠尾。斗吐出、寒烟寒雨。昨夜鲸翻坤轴动,卷雕翚、掷向虚空里。但留得,绛虹住。 五湖有客扁舟舣。怕群仙、重游到此,翠旌难驻。手拍阑干呼白鹭,为我殷勤寄语。奈鹭也、惊飞沙渚。星月一天云万壑,览茫茫、宇宙知何处。鼓双楫,浩歌去。
>
> 《贺新郎·吴江》[1]

吴江即太湖最大的支流吴淞江,垂虹亭建于北宋庆历年间,在吴江县东长桥上。"鲸翻坤轴动"就是喻指元蒙的野蛮入侵和南宋的覆亡,面对这江山巨变,词人唯有"鼓双楫,浩歌去",表现了对苦难的超越。

> 深阁帘垂绣。记家人、软语灯边,笑涡红透。万叠城头哀怨角,吹落霜花满袖。影厮伴、东奔西走。望断乡关知何处,羡寒鸦、到着黄昏后,一点点,归杨柳。 相看只有山如旧。叹浮云、本是无心,也成苍狗。明日枯荷包冷饭,又过前头小阜。趁未发、且尝村酒。醉探枵囊毛锥在,问邻翁、要写牛经否。翁不应,但摇手。
>
> 《贺新郎·兵后寓吴》[2]

漂泊的生活如此心酸与孤单,词人甚至羡慕寒鸦在黄昏之后还有处

---

[1] (宋)蒋捷撰,杨景龙校注:《蒋捷词校注》,中华书局2010年版,第11页。
[2] 同上书,第19页。

可栖,而词人"望断乡关知何处",有家难回,以致沦落到"枯荷包冷饭"的境遇,想要替农人书写牛经来赚几个钱糊口,却也不能。

在南宋亡国之前,蒋捷也有在此路线上漂泊的经历,这颇让人费解,词人为何抛弃"记家人、软语灯边,笑涡红透"的生活,而甘愿居无定所地流浪呢?带着疑问,笔者反复读《竹山词》,似乎找到了答案。封建社会的文人士子多与风月场所的歌妓或是友人家的侍妾婢女产生恋情。蒋捷作为江南的风流才子,自然也不例外,他多次离家漫游,即是为了所爱恋的若干女性。

> 燕卷晴丝,蜂粘落絮,天教绾住闲愁。闲里清明,匆匆粉涩红羞。灯摇缥晕茸窗冷,语未阑、娥影分收。好伤情,春也难留、人也难留。　芳尘满目悠悠。问紫云佩响,还绕谁楼。别酒才斟、从前心事都休。飞莺纵有风吹转,奈旧家、苑已成秋。莫思量,杨柳湾西,且欋吟舟。

《高阳台·送翠英》①

这首词是送别之作,翠英或是歌女或是侍妾,词人与之感情至深,但由于迫不得已的现实原因,两人被迫分离,这首词表现了诗人无法主宰自身命运与情感的无奈与痛苦。

> 泊雁小汀州。冷淡湔裙水漫秋。裙上唾花无觅处,重游。隔柳惟存月半钩。　准拟架层楼。望得伊家见始休。还怕粉云天末起,悠悠,化作相思一片愁。

《南乡子》②

这是蒋捷怀念恋人之作。秋日的黄昏,水边的小汀州,是昔日和情人携手同游之处。他还记得当日在此处戏水,水花溅湿了情人的裙裾,那是多么美好的时光。而如今词人独自徘徊踟蹰于小汀州上,却再也不见那个美丽的倩影,心中一片相思也唯有化作无边的愁绪。

---

① (宋)蒋捷撰,杨景龙校注:《蒋捷词校注》,中华书局2010年版,第113页。
② 同上书,第227页。

此外，反复出现于蒋捷词中的还有另外两位女性，一位是擅弹琵琶者：

> 妾有琵琶谱。抱金槽、慢捻轻抛，柳梢莺妒。羽调六幺弹偏了，花底灵犀暗度。奈敲断、玉钗织股。低画屏深朱户掩，卷西风、满地吹尘土，芳事往，蝶空诉。　天天把妾芳心误。小楼东、隐约谁家，凤箫龟鼓。泪点染衫双袖翠，修竹凄其又暮。背灯影、萧条情互。揖佩洲前裙步步，渺无边、一片相思苦。春去也，乱红舞。
>
> 《贺新郎·弹琵琶者》①

> 绿坠云垂领。背琵琶、盈盈袖手，粉闲红靓。依约春游归来倦，又似春眠未醒。泞寒泚，低迷蓉影。莺带松声飞过也，柳窗深、尚记停针听。魂浩荡，孤芳景。　金钗断股瓶沈井。问苏城、香销卷子，倩谁题咏。灯晕青红残醉在，小院屏昏帐暝。误瞋怪、眉心慵整。人道真真招得下，任千呼万唤无言应。空对此，泪花冷。
>
> 《贺新郎·题后院画像》②

这两首词中擅弹琵琶的女主人公或为一人。词人与之在宴会上初见，女子琵琶演奏技艺出众，听者倾心，词人也为之动情。就在这美妙的乐声中，词人与之心有灵犀，款曲暗通。但之后不知为何，男子负心，女主人公独自徘徊于水边，陷入无尽的相思中。女子的相思最终酿成悲剧，"金钗断股瓶沈井"，情人被迫分离，恩爱断绝。"问苏城、香销卷子，倩谁题咏"，女子香消玉殒，空余一张画卷，偌大的姑苏城，又有谁还记得这位美丽的女子呢？篇末"空对此，泪花冷"，含有无尽的哀戚与绝望。

词中擅弹琵琶的女性与词人的关系匪浅，对女子情态的描写即沾染了词人强烈的感情色彩，她的早逝带给词人无尽的悲痛。这位居住在姑苏城的女性，笔者猜测或是蒋捷在南宋灭亡之前长期在苏州、吴江一带

---

① （宋）蒋捷撰，杨景龙校注：《蒋捷词校注》，中华书局2010年版，第274页。
② 同上书，第278页。

第九章 蒋捷研究

漂泊的原因。

多次出现在《竹山词》中的,还有一位擅作缝纫的女子:

> 柳湖载酒,梅墅赊棋,东风袖里寒色。转眼翠笼池阁,含樱荐莺食。匆匆过、春是客。弄细雨、书阴生寂。似琼花、谪下红裳,再返仙籍。 无限倚阑愁,梦断云箫,鹃叫度青壁。漫有戏龙盘□,盈盈住花宅。骄骢马、嘶巷陌。户半掩、坠鞭无迹。但追想,白苎裁缝,灯下初识。
>
> 《应天长·次清真韵》①
>
> 正春晴,又春冷,云低欲落。琼苞未剖,早是东风作恶。旋安排、一只银蒜镇罗幕。幽壑。水生漪,皱嫩绿、潜鳞初跃。悻悻门巷,桃树红才约略。知甚时,霁华烘破青青萼。 忆昨。□□□□,引蝶花边,近来重现,身学垂杨瘦削。问小翠眉山,为谁攒却。斜阳院宇,任蛛丝冒遍,玉筝弦索。户外惟闻,放剪刀声,深在妆阁。料想裁缝,白苎春衫薄。
>
> 《白苎》②

这两首词皆写春愁,都自然引出对一位女子的思念。从词中意可以悟出伊人已去,往事成空,无可奈何的词人只能回忆初见的情景,以了慰藉。词人所钟情的这位女子,不仅容貌美丽,而且勤于女红,那灯下裁剪的身影让人难以忘怀,词人当初的漂泊流浪,或许也与此有关。

蒋捷漂泊的第二条路线,是隐居太湖沙塘港竹山后,以此为中心所形成的几条放射性短途路线。在经历了二十年的漂泊生涯后,蒋捷将家由滆湖傍的近亭迁至晋陵(今武进)。据《蒋氏家乘》载:"献明(蒋捷长子)元成宗元贞二年,随父迁居晋陵西乡,分迁傅村之南,地名前馀,号前馀先生。"③ 元成宗元贞二年为1296年,此时据南宋临安城被攻破(至元十三年,1276)已经过去了二十年。多年的漂泊流浪之后,词人在武进前馀竹山度过了一段短暂的家居生活,其《少年游》

---

① (宋)蒋捷撰,杨景龙校注:《蒋捷词校注》,中华书局2010年版,第304页。
② 同上书,第214页。
③ 蒋文忠等:《蒋氏家乘》,1947年修,上海图书馆藏,资料号:902901—12。

即写于此时：

> 枫林红透晚烟青。客思满鸥汀。二十年来，无家种竹，犹借竹为名。　春风未了秋风到，老去万缘轻。只把平生，闲吟闲咏，谱作棹歌声。①

蒋捷有三子，据《蒋氏家乘》载，长子献明随父迁居晋陵西乡傅村之南，地名前馀；次子伟明迁傅村之北，地名后馀；三子陟明徙居延政乡堰下（后改名蒋渡）。这是一个很耐人寻味的安排，为何蒋捷将三个儿子分居三处？这不禁令我们想起蒋氏的始祖蒋横被害后，其九子为避祸而分散四方，蒋默、蒋澄来到阳羡，分居滆湖东西的经历。或许是出于避祸的打算，蒋捷才将三个儿子分别安排在不同的地方，这恐怕也是蒋捷被迫离开晋陵的原因。

据笔者硕士学位论文《蒋捷研究》考证，离开晋陵后，蒋捷隐居于太湖之畔的沙塘港竹山，《木兰花慢·再赋冰》记载了此处特有的风俗："渺琉璃万顷，冷光射、夕阳洲。见败柳漂枝，残芦泛叶，欲去仍留。"② 据熟悉当地生活的周坤生老先生介绍，这番情景正是冬日太湖畔沙塘港口特有的景象。这一带的湖滨是浅水地带，杨柳棋布，芦苇密生。那些秋日凋零的枝叶，漂浮于湖畔水面，农民称为"浪渣"。蒋捷一句"欲去仍留"把这一特殊景象形象地再现出来，至今到了秋冬时节，在太湖边还可以看到这一景象。

蒋捷有多首词记录了从此处去探亲访友的路线。一条短线是乘舟去竹山对面的马迹山探望老友。这位老友号东轩，《竹山词》中保存下来的蒋捷与其祝寿词就有四首之多。例如《唐多令·寿东轩》："秋碧泻晴湾。楼台云影间。记仙家、元在蓬山。飞到雁峰尘更少，三万顷、玉无边。"③ "三万顷、玉无边"，就是号称三万六千顷的太湖。"雁峰"是太湖对岸的马迹山（今称马山）。笔者曾在沙塘港竹山上眺望过太湖对岸，春季艳阳下，碧波粼粼，湖对岸的雁峰则清晰可见。又《玉漏

---

① （宋）蒋捷撰，杨景龙校注：《蒋捷词校注》，中华书局2010年版，第334页。
② 同上书，第101页。
③ 同上书，第189页。

迟·寿东轩》中描述道:"隔水神仙洞府,但只有、飞霞能到。谁信道。西风送我,还陪清啸。"①"隔水神仙洞府"即是指太湖对岸的雁峰,"西风送我"是指蒋捷从太湖之西的竹山乘坐小舟,由西向东航行。据当地人介绍,旧时马山四面环水,沙塘港及附近溇边的人到马山去时,都取道竹山。小船扯起帆来,不消一刻的工夫就到达对面马山雁门峰。

笔者在硕士论文《蒋捷研究》中考证,东轩即曾晞颜,与词人同为南宋进士,居处仅一水之隔,共抱黍离之悲,时相过从。蒋捷有词《玉楼春·桃花湾马迹》记录了两人的交游:

> 秦人占得桃源地。说道花深堪避世。桃花湾内岂无花,吕政马来拦不住。　明朝与子穿花去。去看霜蹄剜石处。茫茫秦事是耶非,万一问花花解语。②

"霜蹄剜石处"指今马山龙头渚公园湖边的马迹石,石上有四个如马蹄印般的浅穴,约两厘米深。相传这是秦始皇东巡时,其坐骑神马踏上马山时所留下的蹄印。蒋捷称秦始皇为"吕政",当是影射元朝异族统治者,这偏僻的世外桃花源也"拦不住"元军的入侵,躲不过他们的暴行。"明朝与子穿花去,去看霜蹄剜石处",其亲热地呼为"子"的那个人,当是住在马迹山的老友曾晞颜。

蒋捷多次乘坐小舟去对面的马迹山,除了拜访老友外,还似乎是为了一位女子:

> 雪飞灯背雁声低。寒生红被池。小屏风畔立多时。闲看番马儿。　新揾泪,旧题诗。一般罗带垂。琼箫夜夜挟愁吹。梅花知不知。
>
> 《阮郎归·客中思马迹山》③

---

① (宋)蒋捷撰,杨景龙校注:《蒋捷词校注》,中华书局2010年版,第311页。
② 同上书,第239页。
③ 同上书,第194页。

这是一个漂泊于异乡的风雪之夜，天气寒冷，词人无法入眠，索性披衣起来，久久立于屏风旁，看那上面所画的"番马儿"。这实际是暗示元蒙铁骑已经踏灭南宋的现实，也是词人被迫远离家乡躲避战乱的原因。客居雪夜，词人不禁回忆起一位生活在马迹山的女子，词人曾经为她在衣带上题写诗句，此刻想必这位女子也在为离情所苦，暗自垂泪吧。篇末以梅花结束，也暗喻词人宁愿过漂泊苦寒的生活也不向异族统治者屈服的坚贞气节。

由沙塘港竹山辐射开来的第二条短线是西行至塘门，蒋捷有词《南乡子·塘门元宵》：

> 翠幰夜游车。不到山边与水涯。随分纸灯三四盏，邻家。便做元宵好景夸。　谁解倚梅花。思想灯毬坠绛纱。旧说梦华犹未了，堪嗟。才百余年又梦华。①

塘门在沙塘港竹山西十多里处②，谢应芳曾为宜兴塘门《岳氏族谱》作序，称自己年轻时到过塘门，"且闻竹山蒋先生言宋乾德间（1165—1173）岳王弟经略使之孙（岳霖之子岳琮）自九江来居"③。岳飞得以平反后，其三子岳霖之后定居宜兴塘门，其后子孙繁衍，遂成当地望族，而蒋捷多次去塘门，就是拜访岳氏族人。

> 昔裴晋公，生甲辰岁，秉唐相钧。向东都治第，才娱老眼，北门建节，又绊闲身。燠馆花浓，凉台月淡，不记功刀千骑尘。谁堪羡，羡南塘居士，做散仙人。　南塘水向晴云。三百树凤洲杨柳春。有绿衣奏曲，金斜小雁，彩衣劝酒，玉跪双麟。前后同年，逸老异趣，中立翻成雌甲辰。斯言也，是梅花说与，竹里山民。
>
> 　　　　　　　　　　　《沁园春·寿岳君举》④

书楼四面筠帘卷。微熏起，翠弄悬签丝软。楼上读书仙，对宝

---

① （宋）蒋捷撰，杨景龙校注：《蒋捷词校注》，中华书局 2010 年版，第 230 页。
② 杨景龙认为词题中的"塘门"即南宋都城临安的钱塘门，误。
③ （明）谢应芳：《龟巢集》卷 14，台湾商务印书馆 1986 年《景印文渊阁四库全书》，第 1218 册，第 315 页。
④ （宋）蒋捷撰，杨景龙校注：《蒋捷词校注》，中华书局 2010 年版，第 285 页。

狻霜转。绣馆钗行云度影,滟寿觥、盈盈争劝。争劝。奈芸边事切,花中情浅。　　金奏未响昏蜩,早传言放却,舞衫歌扇。柳雨一窝凉,再展开湘卷。万颗蓁心琼珠辊,细滴与、银朱小砚。深院。待月满廊腰,玉笙又远。

《珍珠帘·寿岳君选》①

岳君举、岳君选兄弟为岳飞后裔,据《负暄野录》载:"蒋宣卿待制璨,绍兴中以善书著名,因救解岳侯,遂忤秦相,讽言者论罢,闲废十年"②,所以蒋捷与岳君举等算是世交,加之大家都在新朝隐居不仕,共抱黍离之悲,时相过从也就是很自然的事了。

第三条短线是从沙塘港竹山坐船北行至无锡太湖之滨的南泉镇竹山。南泉镇今谓太湖镇,旧称开化乡。《开化乡志·山水志》载:"竹山在沙渚山东南……方湖落时,盘盘洄溯,怪石叠出,或凹凸,或俯仰,或突露如牙,或迸裂成洞。……又喜不高,石根而土其顶,旧植竹,今改植松。"③蒋捷曾于此隐居,据《开化乡志》载:"蒋捷,字胜欲,本阳羡人。德祐元年进士,好著述,主于义理,不事剿说,其《小学详断》尤能发明旨趣。入元遁迹不仕。大德中,宪臣交荐,皆不就。家竹山,人称竹山先生。按胜欲又擅诗名。"④王抱成将蒋捷看作祖籍阳羡(宜兴)而迁居无锡开化乡的儒士。开化乡隶属无锡,境内有风景名胜竹山,所以我们可以推测蒋捷曾隐居于无锡南泉镇竹山。

相关文献也确实证明蒋捷与南泉竹山的渊源,据《开化乡志·山水志》载,明朝诗人邵宝游南泉镇竹山后曾作诗:"十九年来复此游,醉眸高阁五湖秋。孤松似盖峰前立,万舸如云水面浮。有兴直须瞻北极,无诗真恐负南州。凭谁再作登临约,淮海先生未白头。"⑤此后,明清两代陆续有和诗,其中王抱承的和诗为:"胜欲先生首倡游,得名四百有余秋。曾无秀菉千竿映,剩有空明一片浮。星聚昔偏来胜友,陆沉今

---

① (宋)蒋捷撰,杨景龙校注:《蒋捷词校注》,中华书局2010年版,第105页。
② (宋)陈槱:《负暄野录》卷上,台湾商务印书馆1986年《景印文渊阁四库全书》,第871册,第37页。
③ (清)王抱承:《无锡开化乡志》卷上,1916年修。
④ 同上。
⑤ 同上。

已尽神州。眼前风景犹然好，一一题诗在上头。"诗下小注："胜欲姓蒋名捷，宋德祐元年进士，家竹山。"① 这就证明蒋捷确实曾在无锡南泉竹山寓居过一段时间，且南泉竹山风景之美，也因蒋捷大力推崇而广为人知。

蒋捷或许还由南泉竹山隐居地北上至江阴，有词《高阳台·江阴道中有怀》：

> 宛转怜香，徘徊顾影，临芳更倚苔身。多些残英，飞来远远随人。回顾却望晴檐下，等几番、小摘微熏。到而今、独袅鞭梢，笑不成春。　愁吟未了烟林晓，有垂杨夹路，也为轻喷。今夜山窗，还□□绕梨云。行囊不是吴笺少，问倩谁、去写花真。待归时，叶底红肥，细雨如尘。②

这首词也是写旅愁思乡之苦。开篇"宛转怜香，徘徊顾影，临芳更倚苔身"写家居赏花的情状，但"到而今、独袅鞭梢，笑不成春"，旅途的孤单寂寞，春天简直都不像春天了。旅途的苦况以及对家乡的思念，也曾令词人设想把家园中的花容形于纸笺，随身携带，以慰乡思，但又无人可托付"去写花真"，恐怕等到归乡时，已是"叶底红肥，细雨如尘"，无花可赏了。其实，江阴离词人的故乡义兴不远，行程也不过两三日而已，而词人不能兼程赶回故园赏花，一定是有不得已的苦衷。

蒋捷的《竹山词》大部分写于漂泊的旅途中，可谓是一部漂泊者的词集。从时间来看，在南宋亡国前后，词人都有漂泊的经历；从漂泊的目的看，南宋亡国之前，词人的漂泊主要为了访友或是探望热恋的情人，南宋亡国之后，词人的漂泊则主要是为了避难，不得不离开家乡，四处流浪；从其漂泊的范围来看，则不出江浙地区，主要集中于环太湖流域。可以说，正是在这一带的漂泊经历成就了他的《竹山词》，其本人也位列"宋末四大家"之列，在宋词史上占有一席之地。

---

① （清）王抱承：《无锡开化乡志》卷上，1916年修。
② （宋）蒋捷撰，杨景龙校注：《蒋捷词校注》，中华书局2010年版，第317页。

结　　语

所谓"江南无二蒋，尽是九侯家"，江南蒋氏大都源于汉末蒋横散居义兴、金华、会稽等地的九子，其中以定居义兴滆湖东西的云阳侯蒋默、亭侯蒋澄的子嗣最盛。但云阳支系在唐之后杳然无闻，查阅蒋氏各族谱发现，原来云阳一支与亭一支合谱，因亭后裔名声日炽，遂云阳支湮没于亭支系中。①

蒋氏家族谱系之久远，各支系家谱的繁多与修谱的相对规范，是义兴蒋氏不同于其他家族的一个显著特色，对此蒋氏后人也是倍感自豪：

> 自五季乱后，故家右族谱牒沦亡，欧阳氏为唐书宰相世系表称述，先代大抵近引梁陈魏周而止，更不远溯汉晋。我蒋氏犹能及今，考寻先系，上逮汉世，二千年来一脉相承，固有阙失，何幸如之。②

蒋介石出身浙江奉化溪口武岭蒋氏，而武岭蒋氏即为汉亭侯之后裔。

> 民国三十二年十一月，先太夫人八十生辰纪念，适长儿经国遣人从故乡倭寇重围中密携宗谱间道入赣，辗转送达于重庆。余三复循诵，几忘寝食。……旧谱列叙世次，自五代时延恭公始，由是而

---

① 《蒋氏楼王支宗谱》卷3《义兴云阳亭蒋氏世纪卷之四》详述了蒋氏云阳、亭支自四十八至八十六世系的情况。第八十六世经历了后汉隐帝、后晋高祖、宋太祖、宋太宗和宋真宗等朝代，也即是在唐末宋初之前已完成云阳与亭支系的合谱。

② 蒋介石：《先系考序》，陈布雷等：《武岭蒋氏宗谱》卷首，中华书局1948年版，第36—40页。

上，或云来自天台，或言旧居栝仓，未能详也。自抗战胜利还都以来，乃假集江浙各地同宗谱牒参校研核，仍苦无端绪，盖年湮代远，书阙有间久矣。嗣有天台宗人，以家藏旧钞本龙山蒋氏家谱相示。龙山者，在宁海与天台诸蒋统系不相属，不知其谱何由入天台，谱中则有摩诃公、金紫公（蒋介石先祖）一支，且载金紫公以下数世葬奉化禽孝乡三岭。余大喜，慰惜其纂例未严，非出学者之手，所系世次亦有羼入旁支及时代颠倒之误，孤本传钞，未敢遽以为信。久之乃从鄞县横山蒋氏、奉化峨阳蒋氏两谱中发现延恭公、摩诃公两世之名。……于是参互勾稽，详加考订，上起汉兖州刺史元卿公（即蒋诩，蒋澄的四世祖），下与旧谱相衔接，确有世次可考者，凡得三十有三。……足慰平生溯源追本之志。①

从序文中可知，武岭蒋氏最早可追溯到五代时的延恭公，再往上则"未能详也"，但追本溯源乃是中国人的普遍心理诉求，通过与江浙龙山、鄞县横山、奉化峨阳等蒋氏宗谱的相互参校研核之后，武岭蒋氏最终确认自己一支系出义兴。② 所谓渊源有自，在明确自己家族的世系后，蒋介石于1948年5月16日，偕夫人宋美龄专程从南京到宜兴官林都山蒋澄墓致祭。这次祭祖，对蒋介石及其家族来说具有特别重要的意义，因为此举不仅有光宗耀祖、托庇福荫的夙愿，而且有正本清源、树立权威的意义。

义兴蒋氏修谱有确切文献可考的始自唐代蒋防，他所整理的家族谱系，是为蒋氏宋代家谱的雏形。到了宋代，蒋之奇丁忧期间对家族起源、世系等进行了详细的考证。当世的两大谱牒大家，一为欧阳修，是蒋之奇的恩师，一为苏轼，是蒋之奇的同年，而且两人算是终生的至交，在他们的影响下，蒋之奇对家谱进行了整理、规范与完善，并使之最终定型。现存的蒋氏各支家谱大都为清代所续修，但他们所遵循的原

---

① 蒋介石：《先系考序》，陈布雷等：《武岭蒋氏宗谱》卷首，中华书局1948年版，第42页。
② 两晋时，蒋澄的第十代孙蒋枢任吴郡太守，后迁居浙江台州；至唐代，蒋枢的第二十孙蒋显任四明监盐官，生子蒋光，蒋光又生二子：长子蒋宗祥、次子蒋宗霸；北宋时，蒋宗霸之孙蒋浚明始迁奉化三岭；蒋浚明的第十代孙蒋士杰即为武岭始迁祖，于元代由三岭迁居武岭（今溪口），是为溪口蒋介石先祖。

结　语

本都是上溯到蒋之奇所修被称为"龙边家谱"的范本，据相关记载，在清代还有蒋氏族人见过此谱，可惜年代久远，现已不存。

蒋氏家谱遵循三十年一大修的惯例，自宋代至明清乃至当代，皆班班可考，一脉相承。家族世系的清晰可考，也使得家族充满凝聚力。因为义兴蒋氏的迁徙很早就形成了规模①，其迁徙早已超出了江南地区，至今远在福州三明市还存有唐蒋洌书写的《蒋氏大宗碑》，这是当年迁居福州的蒋氏族人所建。而徙居海外的蒋氏后人更是数不胜数。在祖父祭祖之后，时隔六十八年，2015年10月18日，蒋孝严先生来到宜兴官林镇都山下的"东汉蒋澄墓园"祭祖，落叶归根，蒋氏子孙无论身处何地，心之所系，乃是祖先最早的栖居地——义兴亭。"有百世不迁之宗，有五世则迁之宗"（《礼记·大传》），在不断的迁徙中，蒋氏以始迁祖为祭祀的祖宗，但昭穆之序仍追溯到亭侯蒋澄，这就使得蒋氏虽散居各处，但仍旧因宗法关系而具有强大的凝聚力。这种凝聚力也成为蒋氏不断发展的动力之一。

义兴蒋氏家族自汉末以来，虽偶有发展期的停滞，但总体势头是长盛不衰的。孟子曰："君子之泽，五世而斩。"（《孟子·离娄下》）民间亦有"富不过五代"的说法，而蒋氏独能发展昌盛达两千年之久，这不得不说是个奇迹，也是蒋氏迥异于其他世家大族的另一个显著特点。

> 宜兴著姓皆衣冠之胄也，而得侯者两家，曰蒋氏，曰周氏。周氏在司马氏时，一门五侯，可谓盛矣！而权势相倾，卒为王敦所忌，芟刘殆尽，而其后遂无闻焉。独蒋氏之后，代有传人，自汉而唐而宋，而明载于传志者，班班可考，或以德行，或以事功，或以文学，尚论之事，皆能言之，以为蒋氏流泽之长，未有匹也。②

汉晋时，义兴周、蒋两族几乎同时出现过"一门五侯"的盛况，

---

① 据谱载：至六朝唐宋，蒋氏散居他乡郡邑者一百二十六支；明朝万历八年（1580），亭侯后裔迁移江南各郡县嫡支共五十八派，宜兴共十七派。这个统计是很保守的，蒋氏在江南地区的迁移必不只是五七派，而迁徙江南之外的派支亦不在少数。

② （清）蒋惟高等：《阳羡蒋氏先烈考序》，《茗岭蒋氏宗谱》卷2，康熙年间修，宜兴档案馆藏，资料号：1—2—113—128。

但周氏繁盛一时之后即湮没于历史长河之中,而蒋氏则一直繁盛到近代,这背后自然有深刻的历史、家族等方面的原因。

首先,家学与家风是蒋氏发展的坚实基础。蒋氏的家学包括了文学、儒学、史学、书法、绘画、医学等,其中文学、儒学、史学是其家学的主流,是家族子弟登第仕进的有力保障,而医学、书法、绘画等则是实用之学,给蒋氏提供了另一条安身立命的道路。自汉代有蒋诩"三径竹"的典故以来,蒋氏的家风即是"清白自守,守节不移"。在"君子以竹比德"的激励下,两千年来,蒋氏族人把"三径竹"看作是人生追求的精神高度,家族中既有如蒋兴祖等壮烈殉国的忠烈之士,也有如蒋捷等以清苦寂寞的隐逸生活来对抗污浊乱世的隐逸之士,亦有如蒋璨、蒋瑎等拒绝奸佞权臣的拉拢,决不与恶势力同流合污的气节之士。"三径竹"的家风,真正如青青翠竹一般,经历风霜而不改色,是激励蒋氏后裔保持气节的精神力量。

其次,科举与仕宦是蒋氏发展的两翼。蒋氏家学素养的深厚,促使其在科举考试中表现出色,仅唐宋两代,有文献可考的科举及第的蒋氏族人即有79人之多,其中包括一名状元、一名榜眼、一名探花,可谓是科举盛族。而封建社会科举及第是走向仕宦的重要通道,蒋氏由科举走向仕宦,仅唐宋时期蒋氏家族宰辅级的人物就多达5人,其他任刺史、发运使等重要官职的则多不胜数。反之,家族的官宦优势又促进了蒋氏子弟的科举及第。所谓累代科举及第、累代仕宦,如此良性循环,最终将蒋氏家族推向了江南望族的地位。

再次,姻亲与交游是蒋氏发展的有力支撑。封建社会中,家族之间的联姻实际上是一种政治行为,姻娅关系是扩大加强家族势力的重要途径。唐宋两代,蒋氏以婚姻的形式实现了与宰相张镒、宰相裴垍等家族的政治结盟,而蒋凝娶唐懿宗之女,与皇族的联姻进一步提高了家族地位。与文学大家韩愈、独孤及,书法家王无悔等家族的联姻,则实现了蒋氏与其他家族的文化资源共享与交流,客观上也促进了家族的发展。义兴蒋氏在唐宋时有文献可考的交游对象众多,如张说、杜牧、李商隐、苏轼、黄庭坚等大多为文坛非常有影响力的人物,另有米芾、沈辽等为当时的书法大家,蒋氏家族与这些声名显赫人物的交往无疑提高了家族文学修养与书法造诣;与朱熹等理学家的交往,也一定程度上促进

结　语

了蒋氏家族理学的发展。

以上所列促进蒋氏家族发展的因素也是所有家族发展所具有的共性，另外，蒋氏还有若干自身的特性也保障了其家族长足发展的势头。

一是随时代更替成功转型。汉末魏晋战乱频繁，社会极具动荡，蒋氏即以军功起家。时至唐宋，社会转型，门阀家族衰落，官位不再世袭，蒋氏于是致力于科举。反之，科举考试的内容也催发了蒋氏在儒学、文学方面的成就，并最终推动了蒋氏家族由科宦家族向文学家族的转变。到了明清，蒋氏家族逐渐从仕宦中淡出，身份向学者转化，出现了著名学者蒋永修等。蒋氏在这一时期的转型远离了政治中心，弱化了由政治旋涡带给家族的消极影响。蒋氏于历史变革中每一次的正确选择都使得家族成功转型，适应了时代的特性，将家族的发展导向了正确的方向。

二是迁徙。蒋氏早在光武帝时，因蒋横为谗言所谮，其九子奔赴江南隐居避祸，始居蒋州（今南京），后又四处藏匿，八子默与九子澄来到义兴，却又分居滆湖东西，所以从家族开始兴旺之初，蒋氏就保持了迁徙的家族传统。谱载，蒋氏在一个村落居住的时间一般不可以超过五代，五代之后必须迁居他处，而迁徙之地也是有选择的，"迁就必择营耕之地、仁睦之乡，为子孙世守计也"。[①]

蒋氏频繁的迁徙保证了蒋氏的开枝散叶，使得蒋氏在江南大地四处生根，从而分散了蒋氏的力量，使之不足以产生与朝廷相抗衡的力量，从而保全了家族。东晋时，义兴得侯者两家，分别为蒋氏与周氏，周氏盛时曾一门五侯，最终因权力相倾轧而覆亡。而蒋氏独能善存且持续发展，与其家族的迁徙也是具有一定关系的。

三是对失怙子弟的培养。封建社会由于医疗等条件所限，一个家族中孩子失去父亲，甚至父母双亡的现象很是常见。蒋氏的家族教育注重在血缘的基础上，家族成员血亲相爱，所以家族成员往往承担起抚养失怙从子的重任。例如北宋能臣蒋之奇早孤，自幼由伯父蒋堂抚养，并"以伯父枢密直学士堂荫得官"。蒋璨是蒋之奇的侄子，父之美早亡，

[①] 陈布雷等：《旧谱考》，《武岭蒋氏宗谱》卷2，中华书局1948年版，第117页。

"公生十三岁而孤,鞠于世父魏公"①。蒋伦墓志载:"君有子三人,皆□笄冠,晁躬自教训,加之以慈爱。男登清秩,□□良士。岂唯晁□至性欤!"② 蒋圆墓志铭亦载:"抚四女弟如其子,皆择配嫁之。"③ 诸如此类的例子在蒋氏家族可谓举不胜举,正是家族成员之间孝悌友爱、相互扶持,才使得家族兴旺,后继有人。

四是蒋氏的隐逸之风。每逢乱世或是改朝换代,蒋氏家族大部分成员秉承"天下有道则见,无道则隐"(《论语·微子》)的儒家古训,如蒋诩、蒋捷等纷纷以清苦寂寞的隐逸生活来对抗污浊的乱世。"隐逸"给蒋氏家族提供了一种不同的生活方式,一个亲近自然山水的空间,同时也是一个抚慰心灵的精神寄托。如果说科宦是蒋氏家族的儒家理想,是其生活的主流价值观,那么隐逸则是道家的,是蒋氏家族主流价值观的有益补充。科宦与隐逸,正如儒道互补,成为蒋氏家族繁荣发展的因素之一。

陈寅恪先生治中古史时强调:"东汉以后学术文化,其重心不在政治中心首都,而分散于各地之名都大邑。是以地方大族盛门乃为学术文化之所寄托。"④ "地方大族成为学术文化之所寄托",就文学来说在于"文学"与"家族"具有的深度关联性,这种关联性与中国文学深受地域血缘的影响相关,同时也与宗法伦理机制、家国同构形态构成的中国文化内核有关。文学与地域血缘相关联,催生出如义兴蒋氏这样有文化意义的家族性文学共同体,并且产生了丰富的创作成果。

唐宋是我国古代文学的黄金时期,唐诗宋词铸就了古代文学不朽的辉煌,纵观唐宋两代,义兴蒋氏家族的文学创作在此时期的文学史上可谓是占有一席之地。唐初,蒋涣的宫体诗创作被称为宫体诗的"白眉"(闻一多《唐诗杂论》),蒋防的《霍小玉传》被誉为"唐人最精彩动

---

① (宋)孙觌:《宋故右大中大夫敷文阁待制赠正议大夫蒋公墓志铭》,《鸿庆居士集》卷42,台湾商务印书馆1986年《景印文渊阁四库全书》,第1135册,第393—396页。

② (唐)殷亮:《唐故摄福昌县令蒋君(伦)墓铭并序》,吴钢主编:《千唐志斋新收墓志》,三秦出版社2006年版,第253页。

③ (宋)张守:《左中奉大夫充秘阁修撰蒋公墓志铭》,《毗陵集》卷13,中华书局1985年版,第191页。

④ 陈寅恪:《崔浩与寇谦之》,《金明馆丛稿初编》,生活·读书·新知三联书店2001年版,第147—148页。

人之传奇"（胡应麟《少室山房笔丛》），中唐，蒋佶的边塞诗别具特色，唐末，蒋凝的赋作也广受时人的称誉。宋初，蒋堂、蒋之奇的诗赋创作卓有成就，蒋璨、蒋瑎、蒋重珍继以诗文创作为家族赢得了文学声誉，至宋末则出现了"宋末四大家"之一的蒋捷，他的《竹山词》脍炙人口，影响深远。

蒋氏的文学创作不仅与同时代的文学思潮合拍，而且具有明显的文学传承性，以蒋捷的词作为例，他的《竹山词》直接影响了清代的阳羡词派创作。自称"阳羡后学"的蒋景祁即为蒋捷的后人，蒋景祁与陈维崧私交甚厚，经常诗词唱和，其词创作为阳羡派中期的发展做出了贡献。到了清末，蒋氏后人蒋萼、蒋萼弟蒋彬若、蒋萼妻储慧、蒋萼子蒋兆兰以其家族的词创作延续了阳羡词派的发展，凸显了家族传统与地域文风相融合的文学特色。从艺术风格来看，阳羡词派开创者陈维崧词风慷慨激昂，雄健豪放，作为阳羡中兴词人的史承谦的词风则风流婉约，情致缠绵。同处一个文化地域中，追根溯源，陈维崧与史承谦分别得《竹山词》的"豪"与"雅"的特色，体现了地域环境对于文学创作的影响。

家族文学作为中国文学的支脉研究，从一个特定角度展现出中国文学发展的整体态势，家之萃即国之萃，正因为有了如义兴蒋氏这样的文学家族的存在，中国文学的发展才有了绵延不绝的根基。

附录一　唐代蒋氏大事记

610 年 隋炀帝大业六年
蒋俨生。

619 年 唐高祖武德二年
蒋元超为茅州刺史。

620 年 唐高祖武德三年
蒋元超战死。

625 年 唐高祖武德八年
废南兴州及阳羡、临津两县，复置义兴县，隶常州。

627 年 唐太宗贞观元年
蒋俨（贞观初）明经及第。

628 年 唐太宗贞观二年
蒋敳任通州刺史。

629 年 唐太宗贞观三年
善伏禅师（蒋等照），常州刺史窦德明闻其名，是年被追充州学。

634 年 唐太宗贞观八年
蒋子慎（约在此年）进士及第。

639 年 唐太宗贞观十三年
太宗将征高丽，蒋俨为使，为莫离支（高丽官职）所囚。

645 年 唐太宗贞观十九年
高丽平定，蒋俨归国，授朝散大夫。

646 年 唐太宗贞观二十年
蒋俨为幽州司马。

647 年 唐太宗贞观二十一年

蒋俨再迁殿中少监。

蒋义忠（蒋孝璋子）生。

651 年 唐高宗永徽二年

蒋俨为会州刺史。

655 年 唐高宗永徽六年

八月，尚药奉御蒋孝璋为员外特置（尚药局设"奉御"二人，孝璋系于二人之外的增员，因需要而"特置"），仍同正员。唐朝员外同正员自蒋孝璋始。

657 年 唐高宗显庆二年

三月已丑朔七日乙未，蒋少卿（蒋俨父）卒，年八十。

660 年 唐高宗显庆五年

五月，敕遣供奉上医、尚药奉御蒋孝璋、针医上官琮为玄奘诊病。

善伏禅师圆寂。

670 年 唐高宗总章三年 唐高宗咸亨元年

蒋俨为蒲州刺史，号"良二千石"。

671 年 唐高宗咸亨二年

高智周（蒋挺外祖）召拜正谏大夫，兼检校礼部侍郎；寻迁黄门侍郎，同中书门下三品，监修国史。

673 年 唐高宗咸亨四年

十一月二十日，李宝手（蒋少卿妻）卒，年八十五。

678 年 唐高宗仪凤三年

二月十一日，蒋孝璋卒。

681 年 唐高宗永隆二年 唐高宗开耀元年

蒋俨以老致仕。

682 年 唐高宗开耀二年 唐高宗永淳元年

蒋俨拜太仆卿，以父名卿，固辞，乃除太子右卫副率。

蒋绘永淳中为缑氏尉、郑州司兵卒。

683 年 唐高宗永淳二年 唐高宗弘道元年

蒋俨寻徙右卫大将军，封义兴县子，以太子詹事致仕。

蒋岑（高宗时）举明经。

十月，高智周卒，年八十二，赠越州都督府。

684 年 唐中宗嗣圣元年 唐睿宗文明元年 武则天光宅元年

中宗以旧恩赠蒋俨礼部尚书、义兴县子。

蒋安遇（约在此年）为鄞州刺史。

687 年 武则天垂拱三年

蒋俨卒，年七十八，崔融作《哭蒋詹事俨》。

700 年 武则天圣历三年 武则天久视元年

陆余庆（陆元方从父）任凤阁舍人，（约在此年）荐蒋洌。

702 年 武则天长安二年

十一月七日，蒋孝璋妻刘氏（令淑）卒，年六十四。

706 年 唐中宗神龙二年

七月六日，蒋义忠卒，年六十。

吴兢（蒋乂外祖），（神龙中）与韦承庆、崔融等撰《则天实录》。

709 年 唐中宗景龙三年

六月二十日，蒋义忠妻李氏（司勋郎中李思俭女）卒，年六十五。

711 年 唐睿宗景云二年

蒋挺进士及第。

713 年 唐玄宗先天二年 唐玄宗开元元年

蒋励已，（开元间）擢书判拔萃科。

714 年 唐玄宗开元二年

蒋挺为监察御史。

717 年 唐玄宗开元五年

蒋挺，自国子司业授选申王府长史。

725 年 唐玄宗开元十三年

蒋挺为湖州刺史。

蒋环为弘文馆学士。

727 年 唐玄宗开元十五年

蒋挺改延州刺史。

源溥（蒋镇妹婿）生。

728 年 唐玄宗开元十六年

蒋岑（蒋俨子、蒋晁父）任司农少卿，赠汾州刺史。

733 年 唐玄宗开元二十一年

六月二日，蒋鏼（蒋洌子）夭折，年十二。

737年 唐玄宗开元二十五年

蒋婉（蒋涣女）生。

743年 唐玄宗天宝二年

蒋洌，（天宝年间）擢进士。

蒋涣，（天宝年间）擢进士。

蒋环，（天宝年间）擢进士。

蒋洌作《唐魏州参军事裴迥故夫人李氏墓志铭》。

745年 唐玄宗天宝四载

二月十八日，李蒋氏卒（蒋岑女），苏州别驾李公之妻。

蒋涣为太子司议郎，撰《贺兰府君夫人墓铭》。

746年 唐玄宗天宝五载

蒋坛任河中府功曹参军。

747年 唐玄宗天宝六载

蒋乂生。

十月七日，蒋鏼葬于延州都督府君（祖父蒋挺）之茔。

蒋至进士及第。

750年 唐玄宗天宝九载

源溥（蒋镇妹婿），以崇玄学生徒及第。

755年 唐玄宗天宝十四载

安史之乱起。

独孤及（蒋镇连襟）天宝末以道举高第、代宗召为左拾遗，安史之乱避义兴。

蒋涣，天宝末为给事中。

蒋镇，天宝末举贤良，累授左拾遗、司封员外郎，转谏议大夫。

六月十一日，蒋伦妻房氏卒，年四十五。

756年 唐玄宗天宝十五载 唐肃宗至德元载

蒋准，（肃宗朝）擢书判拔萃科。

蒋晃任监察御史。

蒋将明，（天宝末）辟河中使府。安禄山反，以计佐其师，全并、潞等州。两京陷，被拘，乃阳狂以免。

蒋洌撰《蒋氏大宗碑记》，时为正议大夫文部（即吏部）侍郎上柱国汝阳县开国男。

蒋涣撰《云阳亭候碑记》，时为给事中。

秘书少监前集贤殿学士齐光义撰《后汉★亭乡侯蒋澄碑》（家谱中名《★亭乡侯墓碑记》）。

757 年 唐肃宗至德二载

蒋晃立★亭乡侯庙碑，时为监察御史。

十月甲子，蒋伦（蒋岑子）卒，年五十四。

763 年 唐代宗宝应二年 唐代宗广德元年

安史之乱平息。

764 年 唐代宗广德二年

蒋晃为检校户部员外郎。

蒋将明守侍御史，充东都留台。

765 年 唐代宗永泰元年

蒋涣历鸿胪卿，日本使尝遗金帛，不纳，唯取笺一番。

767 年 唐代宗大历二年

蒋晃任扬州牧侍御史、尚书员外郎，独孤及有《送蒋员外奏事毕还扬州序》。

768 年 唐代宗大历三年

蒋涣转尚书左丞，出为华州刺史、充镇国军潼关防御使。

769 年 唐代宗大历四年

蒋至任秘书郎。

772 年 唐代宗大历七年

五月，蒋涣以检校礼部尚书充东都留守，耿湋作《奉送蒋尚书兼御史大夫东都留守》。

773 年 唐代宗大历八年

九月，蒋涣兼知东都贡举。

独孤及守常州。

774 年 唐代宗大历九年

蒋涣知贡举于东都洛阳。

777 年 唐代宗大历十二年

独孤及卒于常州。。

779 年 唐代宗大历十四年

刘商（蒋凝友）登进士第（大历间），官至检校礼部郎中，汴州观察判官。

780 年 唐德宗建中元年

蒋镇为给事中，与于邵、袁高、薛邕为同僚。

蒋将明（德宗朝）为国子司业。

781 年 唐德宗建中二年

德宗拟削藩镇，引发"二帝四王"之乱（包括四镇之乱、泾原兵变）。

782 年 唐德宗建中三年

源溥（蒋镇妹夫，蒋婉夫）卒，年五十五，蒋鉌为其撰墓志。

783 年 唐德宗建中四年

朱泚称帝，国号为大秦，改元应天。

蒋镇、蒋鍊同受伪职；蒋镇同平章事，蒋鍊御史中丞、太常卿。

784 年 唐德宗兴元元年

正月，德宗痛下"罪己诏"，声明"朕实不君"，公开承担导致天下大乱的责任。

朱泚改国号为汉，改元天皇。

朱泚为部下所杀。

792 年 唐德宗贞元八年

蒋防生。

793 年 唐德宗贞元九年

蒋乂转右拾遗、充史馆修撰。

十二月四日，蒋婉（嗣子源晋）卒，年五十七。

蒋挺卒。

796 年 唐德宗贞元十二年

蒋係生。

798 年 唐德宗贞元十四年

蒋坛女（书法家王无悔妻）生。

799 年 唐德宗贞元十五年

蒋伸生。

802 年 唐德宗贞元十八年

蒋乂，迁起居舍人，转司勋员外郎，皆兼史职。

803 年 唐德宗贞元十九年

蒋偕生。

806 年 唐宪宗元和元年

蒋仙生。

李逊（蒋伸岳父）出为衢州刺史。

807 年 唐宪宗元和二年

蒋乂，迁兵部郎中，删定《制敕》三十卷。

808 年 唐宪宗元和三年

秋，李吉甫出镇淮南，裴垍（蒋仙岳父）代为中书侍郎、同平章事。

蒋乂，改秘书少监，复兼史馆修撰。

蒋佶生。

810 年 唐宪宗元和五年

蒋乂，任秘书少监，《德宗实录》书成，迁右谏议大夫。

裴垍因暴风痹卒，赠太子太傅。

蒋防，父诫令作《秋河赋》，援笔即成；李绅即席命赋《鞲上鹰》，荐为右拾遗。

811 年 唐宪宗元和六年

陈从谏（义兴县令），重立《平西将军周府君碑》。

蒋乂改授太常少卿。

812 年 唐宪宗元和七年

蒋防任尚书司封郎中知制诰、翰林学士。

815 年 唐宪宗元和十年

蒋係娶韩愈五女。

权德舆上蒋乂删定《格敕》三十卷。

821 年 唐穆宗长庆元年

蒋乂卒，年七十五，赠礼部尚书，谥曰懿。

李逊进检校礼部尚书，寻改凤翔节度使、改刑部尚书。

823 年 唐穆宗长庆三年

正月，李逊卒，年六十三，赠右仆射。

824 年 唐穆宗长庆四年

蒋防为汀州刺史。

827 年 唐敬宗宝历三年 唐文宗大和元年

蒋係授昭应尉、直史馆。

蒋防为连州刺史。

828 年 唐文宗大和二年

蒋係拜右拾遗、史馆修撰，与沈传师、郑瀚、陈夷行、李汉参撰《宪宗实录》。

蒋防为袁州刺史。

829 年 唐文宗大和三年

八月二十九日，蒋建（蒋涣从孙）卒，年五十五。

830 年 唐文宗大和四年

蒋係与李汉等受诏修成《宪宗实录》，转尚书工部员外，仍兼史职。

835 年 唐文宗大和九年

蒋防卒。

836 年 唐文宗开成元年

正月三日，蒋坛女卒，婿王无悔为岭南观察使。

840 年 唐文宗开成五年

蒋係转谏议大夫、出为桂管观察使。

841 年 唐武宗会昌元年

蒋係任唐州刺史。

847 年 唐宣宗大中元年

蒋係为给事中、集贤殿学士。

蒋佋任泉州刺史。

蒋伸，（大中年间）擢进士。

848 年 唐宣宗大中二年

蒋伸以右补阙为史馆修撰，在此期间可能参与了对《宪宗实录》的最后判定。

850 年 唐宣宗大中四年

杜牧（蒋係友），任湖州刺史。

851 年 唐宣宗大中五年

四月，知制诰蒋伸为右庶子，充节度副使，随白敏中征讨党项。

七月，蒋偕参与修撰的《续唐历》修成。

蒋侑任剑州普安县令。

853 年 唐宣宗大中七年

蒋兆（蒋係子），（大中年间）进士及第。

854 年 唐宣宗大中八年

蒋係为兴元尹。

蒋偕，累迁太常少卿，与卢耽等撰《文宗实录》。

蒋侑任剑州刺史；创重阳亭，李商隐序而铭之。

855 年 唐宣宗大中九年

蒋伸为翰林学士、进承旨。

856 年 唐宣宗大中十年

蒋伸改兵部侍郎，判户部。。

857 年 唐宣宗大中十一年

十二月，以中散大夫、权知刑部尚书、上柱国、赐紫金鱼袋蒋係检校户部尚书、凤翔尹、御史大夫、凤翔陇右节度观察处置史。

858 年 唐宣宗大中十二年

蒋伸以本官同中书门下平章事。逾四月，解户部，加中书侍郎。

860 年 唐宣宗大中十四年　唐懿宗咸通元年

蒋係任襄州刺史。后拜兵部尚书，以弟伸位丞相，恳辞，任山南东道节度使。

中书侍郎、平章事蒋伸兼工部尚书，并依前知政事。

蒋凝，（咸通年间）擢进士。

861 年 唐懿宗咸通二年

蒋係，（约在此年）任东都留守。

862 年 唐懿宗咸通三年

正月，蒋伸检校兵部尚书、同平章事、河中节度使。

蒋佶，（咸通中）留守东都。

864 年 唐懿宗咸通五年

五月，蒋伸为太子少保，分司东都。

866 年 唐懿宗咸通七年

蒋伸为镇国军节度使、华州刺史。

蒋泳（蒋伸子）进士及第。

870 年 唐懿宗咸通十一年

蒋係再徙东都留守。

蒋伸以病罢，再迁太子太傅，表乞骸骨，以本官致仕。

872 年 唐懿宗咸通十三年

蒋係卒。

874 年 唐懿宗咸通十五年

蒋曙（蒋係子）由进士及第，署鄂岳团练判官，除虞、工二部员外，改起居郎。

875 年 唐僖宗乾符二年

黄巢、王仙芝起义；王郢在浙西起兵反唐。

黄巢之难，蒋曙阖门无噍类，以是绝意仕进，隐居沈痛。

877 年 唐僖宗乾符四年

蒋凝（蒋防曾孙），应博学宏辞科（乾符间）。

878 年 唐僖宗乾符五年

蒋琛（蒋佶子）充雪州教授。

王仙芝战败而死。

881 年 唐僖宗广明二年 唐僖宗中和元年

蒋伸卒，赠太尉。

882 年 唐僖宗中和二年

蒋曙表请为道士，许之。

883 年 唐僖宗中和三年

蒋瑰任婺州刺史。

884 年 唐僖宗中和四年

黄巢起义失败。

892 年 唐昭宗景福元年

十一月，王坛陷婺州，刺史蒋瑰奔于越州。

蒋泳知贡举。
904 年 唐昭宗天复四年 唐昭宗天祐元年
蒋玄晖为枢密使、弑昭宗。
钱镠改封吴王。
905 年 唐哀帝天祐二年
十二月，蒋玄晖为朱温所杀。
朱温制造"白马之祸"。
907 年 唐哀帝天祐四年
朱温废哀帝，自立为皇，改国号"梁"。

附录二　蒋之奇年表

1032 年　天圣十年　明道元年　1 岁

蒋之奇生。

父蒋滂为国子监主簿，伯父为尚书礼部侍郎蒋堂，祖父为兵部尚书赠太傅蒋九皋。

1037 年　景祐四年　6 岁

蒋堂知苏州。

1039 年　宝元二年　8 岁

堂弟蒋之仪生。

1041 年　康定二年　庆历元年　10 岁

蒋堂知益州；汉文翁石室在孔子庙中，蒋堂广其舍为学宫。

1042 年　庆历二年　11 岁

蒋堂知杭州。

1043 年　庆历三年　12 岁

蒋圆生。

范仲淹实行新政，推行改革。

1045 年　庆历五年　14 岁

蒋滂卒，葬宜兴南庄；蒋之奇由伯父蒋堂抚养。

范仲淹、韩琦、富弼等因庆历新政相继被贬，欧阳修（后为蒋之奇师）也被贬为滁州太守。

1048 年　庆历八年　17 岁

蒋之奇举解元。

欧阳修起居舍人，仍知制诰，徙扬州。

1049 年　皇祐元年　18 岁

蒋之奇（或是年）娶胡宿女为妻。

蒋堂再守苏州。

1053 年 皇祐五年 22 岁

蒋之奇荫蒋堂得官。

蒋堂以尚书礼部侍郎致仕，居苏州灵芝坊隐圃。

1054 年 皇祐六年 至和元年 23 岁

三月，蒋堂卒，年七十五，赠吏部侍郎；胡宿为其作神道碑。

蒋之奇丁父忧。

欧阳修任翰林学士、史馆修撰，与宋祁修《新唐书》。

1055 年 至和二年 24 岁

蒋之奇丁父忧。

九月，蒋堂葬于吴县尧峰鲁门。

1056 年 至和三年 嘉祐元年 25 岁

蒋之奇丁父忧。

1057 年 嘉祐二年 26 岁

蒋之奇进士及第，中《春秋三传》科，至太常博士（正七品）。

欧阳修知贡举，录取苏轼、苏辙、吕惠卿、曾巩、曾布、张载、程灏等，这年科举被称为龙虎榜。

蒋之奇与苏轼琼林宴相识，因蒋之奇称许义兴山水之美，苏轼才有后来常州买田之举。

1060 年 嘉祐五年 29 岁

沈扶（蒋之奇第二位妻子之父、沈括的堂兄弟）任江浙等路提点公事。

欧阳修拜枢密副使。

堂弟蒋之方、蒋之策、蒋之杰（嘉祐年间）进士及第

1061 年 嘉祐六年 30 岁

欧阳修参知政事。

苏轼应中制科（三年京察），为"百年第一"，授大理评事、签书凤翔府判官。

1063 年 嘉祐八年 32 岁

蒋瑎（蒋之奇季子）生。

1065 年 治平二年 34 岁

十月，蒋之奇举贤良方正，试六论中选，诣欧阳修盛言濮议之善，以得御史。

蒋猷生。

欧阳修上表请求外任，不准。

苏轼回京任判登闻鼓院。

1066 年 治平三年 35 岁

胡宿罢为观文殿学士、知杭州。

九月十日，蒋之奇岳母沈扶夫人翟氏卒，年五十七。

1067 年 治平四年 36 岁

蒋之奇转殿中侍御史。

二月劾欧阳修"帷薄不修"，贬监道州酒税，仍榜朝堂。

二月，欧阳修上《乞根究〈蒋之奇弹疏〉札子》。

游湖南宁远、江华，分别有九嶷山"碧虚岩铭""寒亭"题刻。

胡宿以太子少师致仕，未拜而薨，年七十二；赠太子太傅，谥曰"文恭"。

1068 年 熙宁元年 37 岁

蒋之奇（或为）湖北通山县令；撰有《我爱通羊好》组诗。

湘西武陵源有其石刻诗词数首。

改监宣州税，其衔升为"尚书金部员外郎"。

是年，召王安石入京；王安石上《本朝百年无事札子》。

1069 年 熙宁二年 38 岁

蒋之奇任福建转运判官，推行新法有力，民以为便。

游安徽泾县，有琴高山题刻。

二月，王安石出任参政知事，设立制置三司条例司。

1070 年 熙宁三年 39 岁

蒋之奇擢江淮荆浙发运副使；以募代赈，招募流民兴修水利。

九嶷山紫霞洞有蒋之奇赠黄冠何仲涓诗，刻舜祠右石间。

侄蒋津进士及第，后由兖州教授召为直学士，迁太常博士。

二月，擢司马光枢密副使，坚辞不受，自请离京，以端明殿学士知永兴军。

七月，欧阳修除检校太保、宣徽南院使等职，坚辞不受，改知蔡州，号"六一居士"。

王安石同中书门下平章事，位同宰相，继续推行变法。

1071 年 熙宁四年 40 岁

蒋之奇历江西、河北、陕西副使。

六月，登福州乌石山绝顶，有题刻。

迁苏州蒋堂墓于宜兴城东南龙潭。

蒋之奇《泗州大圣明觉普照国师传》最早或作于此年。

欧阳修以太子少师致仕，居颍州。

苏轼由殿中丞直使馆判官权开封推官，再由太常博士直史馆知杭州通判。

司马光退居洛阳，继续编撰《资治通鉴》。

1072 年 熙宁五年 41 岁

蒋之奇游汝州题尧山、游连云港孔望山龙洞，有题刻。

苏州尧峰蒋堂故居，是年有蒋之奇题刻。

欧阳修卒，谥"文忠"，赠太子太师。

1073 年 熙宁六年 42 岁

蒋之奇游南通狼山观音岩，有题刻。

弟蒋之美进士及第，司马光有《之美举进士寓京师此诗寄之》。

1074 年 熙宁七年 43 岁

蒋之奇移淮南、提举楚州市易司。

蒋之奇游福州侯官，有题刻。

蒋彝（蒋堂孙）生。

四月，王安石第一次罢相，改任昭文殿大学士知江宁。

苏轼知密州。

1075 年 熙宁八年 44 岁

大约从此年起至熙宁十年，蒋之奇丁忧。在故乡期间，不仅筑坟、立碑、舍寺庙，而且对家族历史进行了翔实地考证。

二月，王安石复相，撰《三经义》。

1076 年 熙宁九年 45 岁

王安石再辞相职，判江宁府，外调镇南军节度使，同平章事。

1078 年 元丰元年 47 岁

蒋之奇仍兼领提举楚州市易司。

1079 年 元丰二年 48 岁

蒋之奇移淮南,擢江淮荆浙发运副使;游江苏高邮。

蒋之奇举荐虞策,其后官至吏部尚书。

侄蒋静及第,调安仁令。

蒋天麟及第。

四月,苏轼改湖州太守,上神宗《湖州谢表》;四至七月间又到宜兴。

七月二十八日,"乌台诗案"发,苏轼被御史台解往京师。

王安石复拜左仆射,观文殿大学士,改封荆国公。

1080 年 元丰三年 49 岁

十一月,诏蒋之奇点检环庆经略安抚司违法支用抚养士卒钱。

蒋之奇游历陕西铜川,有咏玉华宫五言诗题刻。

蒋津除江东提刑使。

1081 年 元丰四年 50 岁

四月二十六日,蒋之奇游甘肃天水麦积山、成县狮子洞、成县大云寺、成县睡佛寺,均有题刻。

1082 年 元丰五年 51 岁

八月二十六日,蒋之奇游江苏泰州州学,有题刻。

苏轼于黄州作《前后赤壁赋》。

1083 年 元丰六年 52 岁

是年,漕粟至京,比常岁溢六百二十万石,蒋之奇因经营有方,神宗赐服三品,加直龙图阁,被尊为"大漕"。

蒋之奇请凿龟山左肘至洪泽为新河,以避淮险,自是无复溺之患。

到泗州察看水运,莅盱眙游南山,有题刻。

1084 年 元丰七年 53 岁

三月,黄庭坚别蒋之奇,移监德州德平镇,过泗州僧伽塔时曾作发愿文:"痛戒酒色,但朝粥午饭而已。"

十月,司马光上《资治通鉴》。

苏轼改汝州团练副使,七月于金陵晤王安石,八月于真州晤蒋

361

之奇。

1085 年 元丰八年 54 岁

蒋之奇撰《楞伽经序》,游镇江金山寺,访了元(佛印禅师)。

蒋猷进士及第。

蒋璨(蒋之美子)生。

司马光除门下侍郎,上《乞开言路札子》。

苏轼过淮南晤蒋之奇,以礼部郎中被召还朝。

苏轼宜兴买田,作《菩萨蛮·买田阳羡吾将老》。

(元丰末)王安石居金陵,蒋之奇夜谒于蒋山,王安石作《戏示蒋颖叔》。

1086 年 元祐元年 55 岁

蒋之奇进天章阁待制、知潭州,旋改集贤殿修撰、知广州,加宝文阁待制;徐积有"蛮酋必以琉璃瓶注蔷薇水挥洒于太守"语。

平岑探之乱。

游安徽池州,有齐山题刻。

二月,司马光除尚书兼门下侍郎左仆射;九月,司马光卒,年六十八,赠太傅、温国公,谥"文正"。

四月,王安石卒,年六十六,赠太傅。

苏轼为中书舍人,后为翰林学士、知制诰、知礼部贡举。

赴任亳州刺史前,蒋长源(蒋堂次子)得到绢本《兰亭序》,米芾《书史》有载。

1088 年 元祐三年 57 岁

蒋之奇知广州。

正月,与郭祥正游览羊城各处名胜;郭作有《同颖叔修撰登蕃塔》《广州越王台呈蒋帅待制》等诗。

季子蒋瑎擢进士第,调寿州司户参军。

1089 年 元祐四年 58 岁

蒋之奇作《杯渡山纪略》。

游广州碧落洞有题刻,署"宝文阁待制蒋之奇罢帅广州移领六□制□发运使携家来游真阳碧落洞,遂宿奉先寺"。

蒋之奇转河北路都转运使、直秘阁。

三月，太史局铜浑仪新成，蒋之奇有诗"日月双连璧，乾坤一弹丸"。

蒋长生（蒋堂长子）为泉州太守，游延福寺，有题刻。

苏轼任龙图阁学士、知杭州。

1091年 元祐六年 60岁

九月，宝文阁待制、河北路都转运使蒋之奇为刑部侍郎；中书舍人孙升言其因弹劾欧阳修事不当擢用；寻命之奇知瀛洲。

蒋圆、蒋芊、蒋琳进士及第。

蒋绍祖（蒋之奇孙）生。

八月，苏轼知颖州。

1092年 元祐七年 61岁

蒋之奇徙河北都转运使、知瀛洲；正月，辽宁昌军节度使耶律迪卒，蒋之奇奠而不拜。

五月，蒋之奇知河中府。

六月，蒋之奇为尚书户部侍郎。

十一月，蒋之奇知熙州。

二月，苏轼知扬州，作《祈雨僧伽塔祝文》。

1093年 元祐八年 62岁

蒋之奇知熙州；苏轼作《再送蒋颖叔帅熙河二首》诗。

哲宗亲政，元祐党人获罪。

九月，苏轼知定州。

兄蒋之瀚（元祐中）知苏州。

1094年 绍圣元年 63岁

蒋之奇被召为中书舍人；三月，封弋阳郡开国侯。

蒋安上进士及第。

1095年 绍圣二年 64岁

蒋之奇以宝文阁待制权知开封府，进龙图阁直学士，拜翰林学士兼侍读。

1096年 绍圣三年 65岁

蒋之奇与蒋之翰、蒋之方、蒋之杰重修蒋氏大宗碑于葛墟，亭侯碑于冲寂观。

蒋之翰（哲宗朝）知苏州。

七月，蒋之仪卒，年五十八。

1097 年 绍圣四年 66 岁

五月，龙图阁直学士、权知开封府蒋之奇为翰林学士、试吏部侍郎。

蒋之武、蒋璹进士及第。

蒋之美因事受罚铜三十斤。

蒋津除吏部侍郎。

苏轼贬儋州。

蒋之美卒，其子蒋璨年十三岁，由伯父蒋之奇抚养。

1098 年 绍圣五年 元符元年 67 岁

蒋之奇加封上柱国弋阳郡开国侯，食邑一千三百户，赐紫金鱼袋。

八月，蒋之奇应诏荐知开封府阳武县陈遘，累官至光禄大夫，死金难。

好友了元（佛印）圆寂，年六十七，蒋之奇为其撰碑。

贡院抓住考试作弊之人，蒋之奇想处罚，但事关前科状元徐铎，徐铎靠山为章惇，只得作罢。

1099 年 元符二年 68 岁

十一月，因送邹浩，蒋之奇被责守汝、徙庆州。

是年冬，汝州香山寺住持怀昼访蒋之奇，示蒋之奇《香山大悲成道传》。

蒋之翰以朝散大夫知洪州。

1100 年 元符三年 69 岁

蒋之奇复为翰林学士、拜同知枢密院事。

荐任谅，其后官至龙图阁直学士。

荐米芾任江淮荆浙等路制置发运司属官，米芾有《廷议帖》给蒋之奇。

是年，蒋之奇对西北军政合一的体制进行了改革，罢陕西五路并河东提举司、罢提举弓箭手司，这是西北失熙湟的直接原因。

九月，蒋之奇撰《香山大悲菩萨传》（又名《香山大悲成道传赞》），推动了观音信仰在文人士大夫阶层的传播。

蒋湝以明经荐徽宗，擢为大司乐；与权臣梁司成议乐舞不合。

（徽宗初立），蒋静上言，多诋元祐间事，蔡京第为正等，擢职方员外郎。

1101 年 建中靖国元年 70 岁

七月，蒋之奇知枢密院事；讨平沅州之乱。

荐用张叔夜，后官至资政殿学士，降宋江，抗金兵，死于靖康之难，年六十五。

苏轼北返，六月抵常州，七月二十八日病逝。

蒋静迁国子司业，徽宗幸太学，命讲《书·无逸》篇；赐服金紫，进祭酒，为中书舍人。

1102 年 崇宁元年 71 岁

九月，蒋之奇与司马光、苏轼等同入"元祐党人碑"；蒋津亦入元祐党人碑。

十月，自知枢密院事、依前右正议大夫，以观文殿学士出知杭州。

1103 年 崇宁二年 72 岁

蒋之奇因失熙州湟州事，被削秩三等。

杭州天竺寺普明禅师作《香山宝卷》，《香山宝卷》受蒋之奇《香山大悲菩萨传》启发，是进一步俗化的作品。

蒋庄（崇宁年间）进士及第。

1104 年 崇宁三年 73 岁

《宋史》载蒋之奇是年卒，年七十四。

徽宗念其推行新法的功绩，追复右正议大夫，加封魏国公，谥曰"文穆"。

杭州天竺寺《香山大悲菩萨传》碑落成，此碑由蒋之奇撰文，蔡京书丹。

1106 年 崇宁五年 75 岁

蒋璨调将仕郎婺州兰溪县主簿。

1107 年 大观元年 76 岁

三月，米芾任淮阳军知州，卒于任上，年五十七。

1108 年 大观二年 77 岁

九月，蒋之瀚卒，年七十六，官至朝请大夫，蒋之奇为其撰墓志。

1112 年 政和二年 81 岁

蒋宁祖、蒋益祖进士及第。

蒋彝（蒋堂孙）权提辖陕西坑冶，催铸钱事。

蒋益祖由南庄迁洴浰，自号三舍，筑揽胜亭于洴浰浦中。

1113 年 政和三年 82 岁

蒋球卒，年六十。

1114 年 政和四年 83 岁

李纲撰《宋故观文殿大学士枢密使刑部侍郎赠太师魏国公墓志铭》载，蒋之奇卒于是年八月二十八日，年八十三。

蒋猷拜御史中丞兼侍读。

参考文献

一　古籍文献

（一）经部

（汉）许慎撰，（清）段玉裁注：《说文解字注》，上海古籍出版社2006年版。

（汉）赵岐注，（宋）孙奭疏：《孟子注疏》，（清）阮元校刻：《十三经注疏》（嘉庆刊本），中华书局2009年版。

（汉）郑玄注，（唐）孔颖达正义：《礼记正义》，（清）阮元校刻：《十三经注疏》（嘉庆刊本），中华书局2009年版。

（三国魏）何晏等注，（宋）邢昺疏：《论语注疏》，（清）阮元校刻：《十三经注疏》（嘉庆刊本），中华书局2009年版。

（西晋）杜预：《春秋经传集解》，上海古籍出版社1988年版。

（宋）朱熹：《四书章句集注》，中华书局1993年版。

（宋）朱熹撰，黎靖德编，王星贤点校：《朱子语类》，中华书局1986年版。

（清）阎若璩：《四书释地》，清乾隆王氏眷西堂刻本。

杨伯峻编著：《春秋左传注》，中华书局2009年版。

（二）史部

（汉）司马迁：《史记》，中华书局1959年版。

（汉）班固撰，（唐）颜师古注：《汉书》，中华书局1983年版。

（汉）宋衷注，（清）秦嘉谟等辑：《世本八种》，商务印书馆1957年版。

（汉）赵岐：《三辅决录》，中华书局1991年版。

（晋）陈寿：《三国志》，中华书局2011年版。

（梁）沈约：《宋书》，中华书局1974年版。

（梁）沈约注：《竹书纪年》，中州古籍出版社1990年版。

（北魏）郦道元撰，陈桥驿校：《水经注校证》，中华书局2013年版。

（后晋）刘昫等：《旧唐书》，中华书局2011年版。

（唐）魏徵等：《隋书》，中华书局1973年版。

（唐）封演撰，赵贞信注：《封氏闻见记校注》，中华书局2012年版。

（唐）李延寿：《北史》，中华书局2011年版。

（唐）姚思廉：《陈书》，中华书局2011年版。

（唐）王焘撰，高文铸校注：《外台秘要方》，华夏出版社1993年版。

（唐）瞿昙悉达：《唐开元占经》，台湾商务印书馆1986年版。

（唐）房玄龄等：《晋书》，中华书局1974年版。

（宋）欧阳修、宋祁：《新唐书》，中华书局2011年版。

（宋）欧阳修：《温公日录》，顾宏义、李文整理标校：《宋代日记丛编》，上海书店出版社2013年版。

（宋）欧阳忞：《舆地广记》，四川大学出版社2003年版。

（宋）乐史：《太平寰宇记》，台湾商务印书馆1986年版。

（宋）史能之：《咸淳重修毗陵志》，明初刻本。

（宋）李焘：《续资治通鉴长编》，中华书局2004年版。

（宋）王溥：《唐会要》，中华书局1955年版。

（宋）蒋之奇：《泗州大圣明觉普照国师传》，明万历十九年李元嗣刻本。

（宋）李心传撰，徐规点校：《建炎杂记》，中华书局2000年版。

（宋）李心传：《建炎以来系年要录》，中华书局1988年版。

（宋）李心传撰，崔文印点校：《旧闻证误》，中华书局1981年版。

（宋）范成大撰，陆振岳校点：《吴郡志》，江苏古籍出版社1999年版。

（宋）萧常：《萧氏续后汉书》，台湾商务印书馆1986年版。

（宋）龚明之撰，孙菊园点校：《中吴纪闻》，上海古籍出版社2012年版。

（宋）方凤：《宋遗民录》，《丛书集成初编》，中华书局1985年版。

（宋）孟元老撰，邓之诚注：《东京梦华录》，中华书局1982年版。

（宋）潜说友纂修：《咸淳临安志》，《中华再造善本》据中国国家图书馆藏宋咸淳临安府刻本影印，北京图书馆出版社2006年版。

（宋）陈思：《宝刻丛编》，《历代碑志丛书》据清光绪十四年吴兴陆氏十万卷楼刊本影印，江苏古籍出版社1998年版。

（元）脱脱等：《宋史》，中华书局2011年版。

（元）辛文房撰，周绍良笺证：《唐才子传笺证》，中华书局2010年版。

（元）陆友仁：《吴中旧事》，中华书局1985年版。

（明）宋濂等：《元史》，中华书局1976年版。

（明）凌迪知：《万姓统谱》，台湾商务印书馆1986年版。

（明）吴亮辑：《毗陵人品记》，万历四十六年刻本。

（明）李贤等：《明一统志》，台湾商务印书馆1986年版。

（明）徐喈凤修：《宜兴县旧志》，康熙二十五年刻本。

（明）戴璟、张岳等纂修：《广东通志》，嘉靖刻本。

（明）黄汝亨：《廉吏传》，台湾商务印书馆1986年版。

（清）黄宗羲撰，吴光校点：《宋元学案》，浙江古籍出版社2012年版。

（清）黄宗羲撰，魏得良校点：《黄宗羲全集》，浙江古籍出版社2012年版。

（清）张廷玉等：《明史》，中华书局2011年版。

（清）张廷玉等：《皇朝文献通考》，台湾商务印书馆1986年版。

（清）和珅等：《大清一统志》，台湾商务印书馆1986年版。

（清）王梓材、冯云濠辑：《宋元学案补遗》，北京图书馆出版社2002年版。

（清）王梓材、冯云濠辑：《增补宋元学案》《四部备要》本，中华书局据清道光道州何氏刻本校刊。

（清）徐永言等：康熙《无锡县志》，《无锡文库》，凤凰出版传媒集团2011年版。

（清）卢文弨撰，庄翊昆校：《常郡艺文志》，清光绪十六年刻本。

（清）李先荣修，阮升基增修，宁楷等增纂：《嘉庆增修宜兴县旧志》，江苏古籍出版社1991年版。

（清）胡宗宪：《浙江通志》，台湾商务印书馆1986年版。

（清）阮升基、唐仲冕等：《增修宜兴县旧志》，嘉庆二年修，宜兴档案馆藏本。

（清）赵宏恩等监修：《江南通志》，台湾商务印书馆1986年版。

（清）施惠、钱志澄修，吴景墙等纂：《光绪宜兴荆溪县新志》，《中国地方志集成》据光绪八年刻本影印，江苏古籍出版社1991年版。

（清）李先荣原本，阮升基增修，宁楷等增纂：《嘉庆增修宜兴县旧志》，《中国地方志集成》据嘉庆二年刻本影印，江苏古籍出版社1991年。

（清）王抱承修：《无锡开化乡志》，民国五年修。

（清）徐松辑，刘琳点校：《宋会要辑稿》，上海古籍出版社2014年版。

（清）徐松撰，赵守俨点校：《登科记考》，中华书局1984年版。

（清）章学诚撰，仓修良编注：《文史通义新编新注》，浙江古籍出版社2005年版。

（清）陆蓉修，武亿纂：《嘉庆二年宝丰县志》，《石刻史料新编》第3辑，台北新文丰出版公司1982年版。

张一兵校点：《深圳旧志三种》，海天出版社2006年版。

（清）赵翼：《陔馀丛考》，商务印书馆1957年版。

官林镇志编纂委员会编：《官林镇志》，新华出版社1998年版。

周传忠等：《元圣裔周氏族谱》，《中华周氏联谱》，2009年修，国家图书馆藏。

（清）蒋汝铭等：《蒋氏宗谱》，光绪三十年修，宜兴档案馆藏，资料号：1—2—3189—3204。

（清）蒋维盛等：《砖场蒋氏宗谱》，光绪十四年修，上海图书馆藏，资料号：JP763。

（清）蒋聚祺等：《西馀蒋氏宗谱》，民国九年修，宜兴档案馆藏，资料号：1—2—1538—1557。

（清）蒋玉琪等：《双桥蒋氏家谱》，光绪二十八年修，上海图书馆藏，资料号：919033—39。

（清）蒋惟高等：《茗岭蒋氏宗谱》，康熙年间修，宜兴档案馆藏，资料号：1—2—113—128。

（清）蒋柏清等：《回图蒋氏宗谱》，宣统元年修，宜兴档案馆藏，资料号：1—2—111—112。

蒋魁元等：《湖岭蒋氏宗谱》，1927年修，宜兴档案馆藏，资料号：1—2—314—325。

佚名：《蒋府圩蒋氏宗谱》，1927修，宜兴档案馆藏，资料号：1—2—2721—2727。

佚名：《涧桥蒋氏宗谱》，宜兴档案馆藏，民国年间修，资料号：1—2—1598—1601。

蒋潮淙等：《大华蒋氏宗谱》，1930年修，宜兴档案馆藏，资料号：1—2—2082—2093。

蒋永成等：《楼王蒋氏宗谱》，1940年修，上海图书馆藏，资料号：919520—27。

蒋福颖：《北店蒋氏宗谱》，1942年修，宜兴档案馆藏，资料号：1—2—2892—2905。

蒋文忠等：《蒋氏家乘》，1947年修，上海图书馆藏，资料号：902901—12。

陈布雷等撰：《武陵蒋氏宗谱》，中华书局1948年版。

续修编辑组：《洴浰蒋氏宗谱》，2006年修，宜兴档案馆藏，资料号：1—2—472—481。

续修编辑组：《富春大坞三支蒋氏宗谱》，2008年修，私人收藏。

（三）子部

（秦）吕不韦等撰，陈奇猷校释：《吕氏春秋校释》，学林出版社1986年版。

（汉）班固撰：《白虎通德论》，上海古籍出版社1990年版。

（晋）干宝撰，曹光甫校点：《搜神记》，上海古籍出版社2012年版。

（唐）释道宣：《续高僧传》，丁福保编著：《大正新修大藏经》，1983年版。

（唐）张彦远：《历代名画记》，人民美术出版社1964年版。

（南朝宋）刘义庆撰，张万起、刘尚慈译注：《世说新语译注》，中华书局2003年版。

（梁）释慧皎撰，朱恒夫、王学钧、赵益注：《高僧传》，陕西人民出版社2010年版。

（五代）王定保：《唐摭言》，上海古籍出版社 1978 年版。

（宋）司马光撰，（元）胡三省音注：《资治通鉴》，中华书局 2013 年版。

（宋）司马光：《涑水记闻》，中华书局 1989 年版。

（宋）王钦若等编：《册府元龟》，中华书局 1960 年版。

（宋）米芾：《画史》，中华书局 1985 年版。

（宋）董更：《书录》，台湾商务印书馆 1986 年版。

（宋）戴植：《鼠璞》，中华书局 1985 年版。

（宋）王谠撰，周勋初校证：《唐语林校证》，中华书局 1987 年版。

（宋）蔡絛：《铁围山丛谈》，中华书局 1983 年版。

（宋）赵彦卫：《云麓漫钞》，古典文学出版社 1957 年版。

（宋）徐度：《却扫编》，中华书局 1985 年版。

（宋）叶梦得：《避暑录话》，中华书局 1985 年版。

（宋）陈槱：《负暄野录》，台湾商务印书馆 1986 年版。

（宋）方勺撰，许沛藻等点校：《泊宅编》，中华书局 1983 年版。

（宋）李廌：《师友谈记》，中华书局 1985 年版。

（宋）李廌：《德隅斋画品》，于安澜编：《画品丛书》，上海人民美术出版社 1982 年版。

（宋）郑樵：《通志》，台湾华文书局 1967 年版。

（宋）周辉：《清波杂志》，中华书局 1985 年版。

（宋）朱弁：《曲洧旧闻》，中华书局 1985 年版。

（宋）高似孙：《纬略》，中华书局 1985 年版。

（宋）张邦基：《墨庄漫录》，中华书局 2002 年版。

（宋）李昉等：《太平御览》，中华书局 1960 年版。

（宋）罗大经：《鹤林玉露》，商务印书馆 1941 年影印涵芬楼本。

（宋）朱彧：《萍洲可谈》，中华书局 1985 年版。

（宋）普济辑，朱俊红点校：《五灯会元》，海南出版社 2011 年版。

（宋）沈括撰，胡道静校：《梦溪笔谈校证》，中华书局 1959 年版。

（宋）洪迈撰，何卓点校：《夷坚志》，中华书局 2006 年版。

（宋）洪迈：《容斋随笔》四笔，中华书局 2005 年版。

（宋）释晓莹：《罗湖野录》，《丛书集成初编》，中华书局 1985 年版。

（元）释觉岸：《释氏稽古略》，江苏广陵古籍刻印社 1992 年版。
（明）释幻轮：《释鉴稽古略续集》，江苏广陵古籍刻印社 1992 年版。
（明）陶宗仪：《说郛》，上海古籍出版社 1986 年版。
（明）陶宗仪：《书史会要》，台湾商务印书馆 1986 年版。
（明）朱存理集录，韩进、朱春峰校证：《铁网珊瑚校证》，广陵书社 2012 年版。
（明）朱谋垔：《画史会要》，台湾商务印书馆 1986 年版。
《永乐北藏》整理委员会编：《永乐北藏》，线装书局 2000 年影印本。
（清）王士禛撰，靳斯仁点校：《池北偶谈》，中华书局 1982 年版。
（清）张英、王士禛编：《御定渊鉴类函》，台湾商务印书馆 1986 年版。
（清）雍正敕修：《乾隆大藏经》，传正有限公司乾隆版大藏经刊印处 1997 年版。
（清）倪涛：《六艺之一录》，台湾商务印书馆 1986 年版。
（清）潘永因编，刘卓英点校：《宋稗类钞》，书目文献出版社 1985 年版。
（清）宫梦仁：《读书纪数略》，台湾商务印书馆 1986 年版。
（清）沈宗骞：《芥舟学画编·论山水》，俞剑华编《中国古代画论类编》，人民美术出版社 2004 年版。
（清）徐崧、张大纯辑：《百城烟水》，江苏古籍出版社 1988 年版。
（清）道忞撰：《密云禅师语录》，蓝吉富主编：《禅宗全书》，台北文殊文化有限公司 1989 年版。
陈垣：《释氏疑年录》，蓝吉福主编：《现代佛学大系》，台北弥勒出版社 1982 年版。
《续藏经》，台北新文丰出版公司 1983 年版。
佛光大藏经编修委员会：《禅林僧宝传》，《佛光大藏经》，台湾佛光出版社 1994 年版。
李英武注：《禅宗三经》，巴蜀书社 2005 年版。
《道藏》，文物出版社、上海书店、天津古籍出版社 1988 年版。

（四）集部

（东晋）陶渊明撰，袁行霈笺注：《陶渊明集笺注》，中华书局 2003

年版。

（战国）屈原撰，蒋天枢校释：《楚辞校释》，上海古籍出版社 1989 年版。

（梁）刘勰撰，（清）黄叔琳注，（清）纪昀评：《文心雕龙辑注》，中华书局 1957 年版。

（唐）元稹撰，冀勤点校：《元稹集》，中华书局 2010 年版。

（唐）杜牧：《樊川文集》，《四部丛刊》景江南图书馆藏明翻宋刊本。

（宋）程颢、程颐：《河南程氏遗书》，中华书局 1981 年版。

（宋）米芾：《宝晋英光集》，中华书局 1985 年版。

（宋）王安石撰，李壁注，李之亮补笺：《王荆公诗注补笺》，巴蜀书社 2002 年版。

（宋）释契嵩：《镡津文集》，台湾商务印书馆 1986 年版。

（宋）苏轼：《东坡全集》，台湾商务印书馆 1986 年版。

（宋）苏轼：《苏东坡全集》，上海中央书店 1936 年版。

（宋）王十朋纂：《王状元集百家注分类东坡先生诗二十五卷东坡纪年录一卷》，元建安熊氏刻本。

（宋）黄庭坚：《山谷集》，台湾商务印书馆 1986 年版。

（宋）黄庭坚：《黄庭坚全集》，四川大学出版社 2001 年版。

（宋）苏辙撰，陈宏天、高秀芳点校：《苏辙集》，中华书局 2004 年版。

（宋）魏了翁：《重校鹤山先生大全文集》，上海书店 1989 年版。

（宋）汪藻：《浮溪集》，中华书局 1985 年版。

（宋）王应麟：《困学纪闻》，辽宁教育出版社 1998 年版。

（宋）刘克庄：《后村先生大全集》，四川大学出版社 2008 年版。

（宋）刘克庄撰，辛更儒笺校：《刘克庄集笺校》，中华书局 2011 年版。

（宋）李纲：《李纲全集》，岳麓书社 2004 年版。

（宋）曾巩：《元丰类稿》，商务印书馆 1937 年版。

培均：《秦少游年谱长编》，中华书局 2002 年版。

（宋）郑虎臣编：《吴都文粹》，台湾商务印书馆 1986 年版。

（宋）洪迈编：《万首唐人绝句》，台湾商务印书馆 1986 年版。

（宋）叶适：《水心集》，《四部备要·集部》，中华书局民国二十五年版。

（宋）彭汝砺：《鄱阳集》，台湾商务印书馆 1986 年版。

（宋）徐积：《节孝集》，明嘉靖四十四年刻本。

（宋）阮阅：《诗话总龟》，人民文学出版社1987年版。

（宋）张舜民：《画墁集》，中华书局1985年版。

（宋）陆游撰，钱仲联校注：《剑南诗稿校注》，上海古籍出版社2005年版。

（宋）陆游：《渭南文集》，北京图书馆出版社2004年版。

（宋）朱熹撰，郭齐等点校：《朱熹集》，四川教育出版社1996年版。

（宋）真德秀：《真文忠公文集》，《四部丛刊》本，1985年版。

（宋）孙觌：《鸿庆居士集》，台湾商务印书馆1986年版。

（宋）张守：《毗陵集》，中华书局1985年版。

（宋）蒋捷撰，杨景龙校注：《蒋捷词校注》，中华书局2010年版。

（宋）计有功：《唐诗纪事》，中华书局1965年版。

（宋）程俱：《北山集》，台湾商务印书馆1986年版。

（宋）葛立方：《韵语阳秋》，中华书局1985年版。

（宋）王迈：《臞轩集》，台湾商务印书馆1986年版。

（宋）韩驹：《陵阳集》，台湾商务印书馆1986年版。

（宋）陆九渊：《象山集》，台湾商务印书馆1986年版。

（宋）朱熹撰，李庆甲校点：《楚辞集注》，上海古籍出版社1979年版。

（宋）文天祥：《文天祥全集》，中国书店1985年版。

（元）韦居安：《梅涧诗话》，丁福保辑：《历代诗话续编》，中华书局2006年版。

（元）谢应芳：《龟巢集》，台湾商务印书馆1986年版。

（明）梅鼎祚编：《西汉文纪》，明崇祯刻本。

（明）杨慎：《升庵集》，台湾商务印书馆1986年版。

（明）王世贞：《弇州四部稿》，台湾商务印书馆1986年版。

（明）卓人月：《古今词统》，明崇祯刻本。

（明）李梦阳：《空同集》，台湾商务印书馆1986年版。

（清）全祖望：《鲒埼亭集》，《近代中国史料丛编三编》本，台北文海出版社1988年版。

（清）蒋景祁：《荆溪词初集》，清康熙刻本。

（清）蒲松龄：《聊斋志异》，上海古籍出版社2010年版。

（清）彭定求等编：《全唐诗》，中华书局1979年版。

（清）董诰等编：《全唐文》，中华书局1983年版。

（清）厉鹗：《宋诗纪事》，上海古籍出版社1983年版。

（清）纪昀等纂：《四库全书总目》，中华书局1965年版。

（清）王芑孙撰，何沛雄编：《读赋卮言》，《赋话六种》（增订本），生活·读书·新知三联书店1982年版。

（清）黄生撰，诸伟奇主编：《黄生全集》二《杜工部诗说》，安徽大学出版社2009版。

（清）李调元：《雨村词话》，唐圭璋：《词话丛编》，中华书局1986年版。

（清）龙顾山人纂，卞孝萱、姚松点校：《十朝诗乘》，福建人民出版社2000年版。

（清）章学诚撰，仓修良编注：《文史通义新编新注》，浙江古籍出版社2005年版。

傅璇琮主编：《全宋诗》，北京大学出版社1998年版。

顾嗣立编：《元诗选》，中华书局1987年版。

胡适：《词选》，中华书局2007年版。

刘世南、刘松来选注：《清文选》，人民文学出版社2006年版。

钱锺书：《宋诗选注》，人民文学出版社2002年版。

唐圭璋：《全宋词》，中华书局1965年版。

吴钢主编：《千唐志斋新收墓志》，三秦出版社2006年版。

吴钢主编：《全唐文补遗》，三秦出版社1999年版。

曾枣庄、刘琳主编：《全宋文》，上海辞书出版社、安徽教育出版社2006年版。

周绍良等：《唐代墓志汇编》，上海古籍出版社1992年版。

周绍良等：《唐代墓志汇编续集》，上海古籍出版社2001年版。

周绍良主编：《全唐文新编》，吉林文史出版社2000年版。

二 研究论著

安旗主编：《新版李白全集编年注释》，巴蜀书社2000年版。

参考文献

岑仲勉：《唐史餘瀋》，中华书局1960年版。

车锡伦等编：《中国宝卷总目》，北京燕山出版社2000年版。

陈寅恪：《陈寅恪集·柳如是别传》，生活·读书·新知三联书店2001年版。

陈寅恪：《金明馆丛稿初编》，生活·读书·新知三联书店2001年版。

陈寅恪：《隋唐制度渊源略论稿》，生活·读书·新知三联书店2002年版。

陈寅恪：《唐代政治史述论稿》，上海古籍出版社1982年版。

陈寅恪：《元白诗笺证稿》，生活·读书·新知三联书店2001年版。

程毅中：《唐代小说史》，人民文学出版社2011年版。

程章灿：《魏晋南北朝赋史》，江苏古籍出版社2001年版。

费孝通：《乡土中国》（修订版），上海人民出版社2013年版。

费正清、赖肖尔：《中国传统与变革》，江苏人民出版社1992年版。

冯尔康：《中国社会结构的演变》，河南人民出版社1994年版。

光中编著：《唐玄奘三藏传史汇编》，台北东大图书股份有限公司1989年版。

蒋继申：《中华姓氏通史蒋姓》，东方出版社2011年版。

李浩：《唐代地域文学士族研究》，中华书局2002年版。

李绍曾：《淮上文物史迹纵横谈》，河南人民出版社1993年版。

李之亮注：《苏轼文集编年笺注》，巴蜀书社2011年版。

梁启超：《饮冰室文集》，中华书局1941年版。

林岩：《北宋科举考试与文学》，上海古籍出版社2006年版。

刘海峰、李兵：《中国科举史》，东方出版中心2004年版。

罗时进：《地域·家族·文学：清代江南诗文研究》，上海古籍出版社2010年版。

潘光旦：《明清两代嘉兴的望族》，《民国丛书》第三编，上海书店1991年版。

潘光旦：《潘光旦文集》，北京大学出版社2000年版。

钱穆：《国史大纲》，台湾商务印书馆1987年版。

钱穆：《中国学术思想史论丛》，安徽教育出版社2004年版。

石明庆：《理学文化与南宋诗学》，中国社会科学出版社2006年版。

四川省地方志编纂委员会编纂：《峨嵋山志》，四川科学技术出版社1996年版。
唐圭璋等选注：《中国古典文学精华·宋词》，北京十月文艺出版社1995年版。
陶希圣：《婚姻与家族》，上海书店1992年版。
闻一多：《唐诗杂论》，中华书局2009年版。
闻一多：《闻一多全集》，湖北人民出版社1994年版。
魏平柱编著：《米襄阳年谱》，湖北人民出版社2013年版。
吴熊和：《唐宋词汇评》，浙江教育出版社2004年版。
冼玉清：《广东女子艺文考》，商务印书馆1941年版。
徐邦达：《古书画过眼要录》，紫禁城出版社2005年版。
徐扬杰：《宋明家族制度史论》，中华书局1995年版。
徐自强主编：《中国佛学文献丛刊·中国历代禅师传记资料汇编》（中），全国图书馆文献缩微复刊中心1994年版。
余英时：《士与中国文化》，上海人民出版社1987年版。
郁贤皓：《唐刺史考》，江苏古籍出版社1987年版。
郁贤皓：《唐刺史考全编》，安徽大学出版社2000年版。
张国刚：《汉唐"家法"观念的演变》，牟发松主编：《社会与国家视野下的汉唐历史变迁》，华东师范大学出版社2005年版。
张剑：《宋代家族与文学——以澶州晁氏为中心》，北京出版社2006年版。
张元济：《张元济诗文》，商务印书馆1986年版。
赵睿才：《唐诗与民俗》，河北人民出版社2013年版。
郑永晓整理：《黄庭坚全年集校编年》，江西人民出版社2008年版。
郑振铎：《中国俗文化史》，团结出版社2006年版。
政协宣城市政协委员会编：《宣州文史资料》，宣城市政协文史委员会1977年版。
周扬波：《宋代士绅结社研究》，中华书局2008年版。
朱光潜：《诗论》，广西师范大学出版社2004年版。
宗菊如等：《无锡通史》，江苏人民出版社2003年版。
［法］伊波利特·丹纳：《艺术哲学》，人民文学出版社1994年版。

［美］弗朗兹·博厄斯：《原始艺术》，金辉译，上海文艺出版社1989年版。

三 研究论文

陈庆元：《〈全宋诗〉札记二》，《中国韵文学刊》2004年第2期。

陈永正：《从广东方志及地方文献中新发现的〈全宋诗〉辑佚83首》，《岭南文史》2007年第3期。

陈永正：《明嘉靖本〈广东通志〉中的宋人佚诗》，《岭南文史》2006年第1期。

李浩：《从人地关系看唐代关中的地域文学》，《西北大学学报》1999年第4期。

李真瑜：《明代一个引人注目的文学世家》，《光明日报》1986年1月28日。

李真瑜：《文学世家：一种特殊的文学家群体》，《文艺研究》2003年第6期。

刘冰莉：《蒋捷研究》，硕士学位论文，山东大学，2011年。

刘仿澜：《蒋超与〈峨眉山志〉》，《文史杂志》1986年第4期。

吕肖奂、张剑：《两宋科举与家族文学》，《西北师大学报》2008年第4期。

罗时进、陈燕妮：《清代江南文化家族的特征及其对文学的影响》，《江苏社会科学》2009年第2期。

罗时进：《关于文学家族学建构的思考》，《江海学刊》2009年第3期。

罗时进：《基层写作：明清地域性文学社团考察》，《苏州大学学报》2012年第1期。

罗时进：《家族文学研究的逻辑起点与问题视域》，《中国社会科学》2012年第1期。

罗时进：《明清近代诗文研究：明清家族文学研究》，《苏州大学学报》2012年第4期

罗时进：《清代江南文化家族雅集与文学创作》，《文学遗产》2009年第2期。

罗时进：《吴文化的典范建立与知识建构》，《苏州大学学报》2013 年第 2 期。

罗时进：《在地域和家族视野中展开清代江南文学研究》，《苏州教育学院学报》2010 年第 3 期。

梅新林、崔小敬：《论文学世家的生命周期》，《苏州大学学报》2014 年第 1 期。

梅新林：《文学世家的历史还原》，《中国社会科学》2011 年第 1 期。

潘光旦：《中国家谱学略史》，《东方杂志》1929 年第 1 号。

《〈儒藏·史部·儒林史传〉提要》，《儒藏论坛》2009 年 12 月。

汤华泉：《石刻文献中宋佚诗续录》，《中国韵文学刊》2009 年第 1 期。

温春香：《祖先何在，人类学视野下的坟墓风水观之争》，《民俗研究》2010 年第 2 期。

西安市文物保护考古所：《西安唐殿中侍御医蒋少卿及夫人宝手墓发掘简报》，《文物》2012 年第 10 期。

邢蕊杰：《清代阳羡姻娅家族文学生态探论》，《甘肃联合大学学报》2012 年第 1 期。

邢蕊杰：《清代阳羡文化家族文学活动研究》，博士学位论文，苏州大学，2008 年。

严正道：《李绅及其诗歌研究》，博士学位论文，南京师范大学，2011 年。

余重：《关于赋史研究的几个问题》，《艺谭》1989 年第 1 期。

张宏明、谭庆龙：《北宋蒋之奇五言律诗题刻研究》，《东南文化》1993 年第 5 期。

张剑：《家族文学研究的分层与守界原则》，《华南师范大学学报》2011 年第 3 期。

张剑、吕肖奂：《两宋党争与家族文学》，《江海学刊》2009 年第 3 期。

张剑：《宋代以降家族文学研究的理论、方法及文献问题》，《文学评论》2010 年第 4 期。

张明雪：《宋代女性词人酒意象研究》，硕士学位论文，苏州大学，2009 年。

张伟：《汉魏六朝画赞、像赞考论》，《海南师范大学学报》（社会科学版）2003 年第 11 期。

张新民：《贵州临济禅宗灯系溯源》，《贵州文史丛刊》1998 年第 1 期。

后　　记

　　这本书取材于我2016年的博士学位论文，然而缘起却可以追溯到2010年的初夏。彼时，我的硕士学位论文开题在即，经过再三考量，我选择了南宋词人蒋捷作为研究对象。这个题目的选择一方面源于当时学界对于蒋捷的研究还不是很充分，有研究空间，同时蒋捷传下来的《竹山词》不足百首，作为硕士学位论文研究很是适合；另一方面我很喜欢蒋捷的词"红了樱桃，绿了芭蕉"（《一剪梅·舟过吴江》），这句词有很强的画面感，透露出无奈的生命意识和淡淡的感伤意味。每当读到这句词，我不禁想起柏格森关于时间的"绵延"说，这是一种通过直觉体验到的时间，它唯有在记忆中才可能存在。"红了樱桃，绿了芭蕉"无论对于作者还是读者来说，都是一种"绵延"的时间感知，令人沉醉于美好的时光回忆里。

　　由于《竹山词》所给予的审美享受以及对词人的景仰，我来到了蒋捷的故乡——江苏宜兴进行田野考察。这座江南小城人文荟萃，是名副其实的文化名城，走出了25位两院院士，近百位大学校长，因教授人数众多，还被誉为"教授之乡"。无锡第五中学退休教师周坤生是宜兴周铁镇人，而蒋捷隐居的沙塘港竹山就在周铁域内，所以周老先生对于这位乡贤的生平以及作品极为熟悉。站在太湖西畔的竹山上远眺对岸，夏阳高照下，碧波静泻，周老先生指点说对岸马迹山就是蒋捷词中的"马山"，另外介绍蒋捷"渺琉璃万顷，冷光射、夕阳洲。见败柳漂枝，残芦泛叶，欲去仍留"（《木兰花慢·再赋冰》）描写的正是冬日太湖畔沙塘港口特有的景象。

　　站在竹山上蒋捷曾隐居过的寺庙遗址前，我望着"三万顷玉无边"（《唐多令·寿东轩》）的太湖，思绪穿越回700多年前太湖畔那个初秋的黎明,"起搔首、窥星多少。月有微黄篱无影,挂牵牛、数朵青花小"(《贺新郎·秋晓》),清冷的秋日拂晓,枯枝啼鸦,古道嘶马,通宵未眠,凭几假寐的词人因梦惊起,万里泛着鱼肚白的天空,太湖上一片清寒。这是词人隐居生活中的一个片段,作为义不仕元的遗民词人,蒋捷大半生就是在这孤独寂寞中度过。

上海图书馆以家谱的丰富收藏闻名,但就义兴蒋氏来说,当属宜兴档案局收藏颇丰,当时对此抱有疑问,直到认识了时任宜兴档案局副局长的宗伟方后才释然。宗局长毕业于华东师范大学,是宜兴的文化名人,尤其擅长对家谱的研究。在他的多方努力下,宜兴档案局收藏了很多地方世家大族的家谱,这为家谱文化的传承以及学者的研究提供了极大的便利。

义兴蒋氏是江南望族,家族谱系的久远,各支系家谱的繁多与修谱的相对规范,是义兴蒋氏的一个显著特色。家谱的使用自然要谨慎,要存疑,但好在义兴蒋氏自汉以来,代有闻人,其家谱所载大都可以在笔记小说、地方志、史书等其他文献中得到佐证。在查阅有关词人蒋捷的文献过程中,义兴蒋氏繁盛历史之久、族人出色辈之多给予我深深地震撼,那时我就想如有机会要好好研究一下这个伟大家族的历史,所以我的博士论文以义兴蒋氏为题是水到渠成的事。在论文的撰写中,我花费了大半年的时间翻阅家谱等文献,又用一年多时间完成了论文,整个过程充满苦辛,但更多的是乐趣,这是一段人生中难忘的时光。

洪国梁师曾提及他的治学观念:"本静安先生之教,既持尊重证据之科学精神,亦持尊重传统之史学精神。凡撰一题,必先求古人之说,详加研讨,较其利弊得失;其可信者证之,其不可信者,亦必指陈谬误之所在,而后另寻他解。"赵睿才师在我刚研究生入学时,亦要求我多了解王国维先生的二重证据法以及陈寅恪先生的文史互证法,以打下作研究的基础。

在老师们的影响下,每研究一题,我亦是努力全面了解今古人之说,或是证旧说,或是认为有误而另释他说。例如家谱、《太平御览》等文献皆载,汉宣帝时蒋满与蒋万父子"同日剖符",满为淮南王相,万任弘农太守。民国时期,陈布雷等修《武岭蒋氏宗谱》时对此提出质疑:自淮南王安谋反,宣帝时已无淮南国,满为淮南相亦非实录。陈

后 记

布雷等本着科学实证的态度令人叹服,但囿于当时文献检索的不发达,其实在很多文献版本,例如《西汉杂纪》《全汉文》中"淮南相"作"淮阳相"。汉宣帝子刘钦被封淮阳宪王,所以蒋满为淮阳相是极有可能的。再如论及蒋氏为医学世家一章节时,所引文献除有传世文献之外,还有考古新发现的蒋少卿墓志铭。蒋氏家族在唐代初期的官方医学机构中权势颇大,但相关文献记载并不多。这次考古发现不仅弥补了蒋氏医学成就文献之不足,而且对研究唐代的医疗官署有重要意义。而对于最新考古发现的使用,以"地下之新材料"与传世文献相互印证,考量古代之历史文化,也是笔者有意遵循的学术正流。

本书从选题到出版,经历了十余年时间,这十多年我的生活也发生了很大变化,感谢多年来读书所形成的人文素养积淀,让我内心有笃定的坚持,以较为坦然的态度面对各种变化,一直走到今天。

在本书即将出版之际,我要特别感谢周坤生老先生以及宗伟方局长所提供的的文献资料支持,尤其感谢赵睿才师对博士论文的审阅定稿,感谢蒋福培先生、蒋勤明先生、蒋建强先生、蒋国强先生、胡孝忠同学对论文出版的帮助,还要感谢本书的责任编辑宋燕鹏主任的辛苦付出,最后还要感谢我亲爱的父亲,您深情的期待是我一直向前的动力!

二〇二〇年六月冰莉于济南